Die Entdeckung der Landschaft

Valentin Hammerschmidt
Joachim Wilke

# Die Entdeckung der Landschaft

Englische Gärten des 18. Jahrhunderts

Deutsche Verlags-Anstalt
Stuttgart

Unseren Eltern

CIP-Titelaufnahme der Deutschen Bibliothek

Die Entdeckung der Landschaft :
Englische Gärten des 18. Jahrhunderts /
Valentin Hammerschmidt; Joachim Wilke. –
Stuttgart : Deutsche Verlags-Anstalt, 1990
ISBN 3-421-02978-4
NE: Hammerschmidt, Valentin [Mitverf.];
Wilke, Joachim [Mitverf.]

© 1990 Deutsche Verlags-Anstalt GmbH, Stuttgart
und Trio Verlag Franz Stadelmann, Düdingen (Schweiz)
Alle Rechte vorbehalten
Satz: Febel AG, Basel
Photolithos: Liton srl, Mailand und Cliché+Litho AG, Zürich
Druck und Einband: Druckerei Ernst Uhl GmbH+Co, Radolfzell
Lektorat: Hubertus von Gemmingen
Typographische Gestaltung: Franz Stadelmann
Printed in Germany

# Inhaltsverzeichnis

| | |
|---|---|
| Vorwort | 7 |

## »Natur« im Wandel — 9

| | |
|---|---|
| Einführung | 9 |
| Natur und Freiheit | 9 |
| »City« und »Country« | 10 |
| »Rural retirement«: Rückzug aufs Land | 10 |
| Studley: ein Garten des Übergangs | 10 |
| Natur und Moral | 15 |
| Natur-Wissenschaft und natürliche Religion | 17 |
| Shotover: Natur und Geschichte | 19 |
| Die »georgianische Renaissance« | 22 |
| Castle Howard: eine monumentale Landschaftselegie | 27 |
| Der Garten des Dichters: Alexander Pope in Twickenham | 32 |

## Der Garten als »Historiengemälde« — 37

| | |
|---|---|
| William Kent als Gartenplaner | 37 |
| Stowe: Politik und Moral im Garten | 51 |
| Rousham: der Garten als Ort der Philosophie | 61 |
| Stourhead: Procul, o procul este profani! | 71 |

## Lancelot Brown: Höhepunkt und Erstarrung — 81

| | |
|---|---|
| Frühe Arbeiten | 81 |
| Petworth Park: Browns besterhaltene Landschaft | 82 |
| Aufträge in wachsender Zahl | 85 |
| Chatsworth: Elysische Felder zwischen kahlen Bergen | 85 |
| Blenheim: eine Landschaft für einen Palast | 89 |
| Die Ästhetisierung des Vergangenen | 92 |

## Die Emanzipation des Landschaftlichen — 97

| | |
|---|---|
| Die literarische Begründung des Naturalismus | 97 |
| Woburn Farm: die erste »ferme ornée« | 98 |
| The Leasowes: Ort melancholischen Vergnügens | 100 |
| Hagley Park: Ein Denkmal für die Freundschaft | 105 |
| Painshill: A Sentimental Journey | 110 |
| Der versunkene Park von Hackfall | 120 |

## Von der Lust am Schrecken: das »Erhabene« — 129

| | |
|---|---|
| Von der Physiko-Theologie zur Landschaftswahrnehmung | 129 |
| Edmund Burkes Traktat über das Erhabene und Schöne | 130 |
| Chambers und die Phantasien vom Schrecklichen | 130 |
| Wo die Natur der Kunst überlegen ist | 131 |
| Architektur für erhabene Landschaften | 131 |
| Hawkstone Park: die Natur als Predigt | 137 |
| Belsay: der Park im Steinbruch | 142 |
| Fonthill Abbey oder Das Leben ein Alptraum | 144 |

## Das Exotische im Landschaftsgarten — 151

| | |
|---|---|
| China in England | 151 |
| Moghul-Architektur für die Nabobs | 161 |
| Sezincote: Erinnerungen an Indien | 162 |
| Ein Spielzeug für den Prince of Wales | 170 |

## Die Ästhetik des Malerischen — 173

| | |
|---|---|
| William Gilpin und die »malerische« Wahrnehmung | 173 |
| Nuneham Courtenay: ein Garten für Rousseau | 173 |
| Die Gotik im Landschaftsgarten | 176 |
| Uvedale Price | 180 |
| Die Malerei und das »Malerische« | 181 |
| Die Rückkehr zum Formalen | 184 |
| Humphry Repton | 184 |
| Ashridge und Sheringham: Krönung und Abschluß | 191 |

## Anhang

| | |
|---|---|
| Anmerkungen | 199 |
| Ausgewählte Bibliographie | 206 |
| Glossar | 211 |
| Übersichtskarte | 212 |
| Register | 213 |

Our eye sees as our mind reads.
                        Edgar Wind

# Vorwort

Dilettierenden Intellektuellen, nicht etwa Gärtnern oder Architekten verdankt der Englische Landschaftsgarten seine Entstehung in der ersten Hälfte des 18. Jahrhunderts – darüber zumindest sind sich die Kunst- und Gartenhistoriker heute weitgehend einig. Hommes de lettres, kunstbesessene Landbesitzer, Dichter und Philosophen waren es auch, die seine weitere Entwicklung maßgeblich bestimmten. Sie verliehen ihm das Gepräge eines Kunstwerkes, dessen Reiz nicht nur in seiner sinnlichen Wahrnehmung liegt, sondern auch und vor allem in den »Freuden«, die es der menschlichen »Einbildungskraft« vermittelt.

Der Landschaftsgarten ist in zweifacher Hinsicht ein geistesgeschichtliches Phänomen: zum einen, was jene Ideen betrifft, die zur Abkehr vom französischen Barockgarten führten, und zum anderen, was das Verständnis der einzelnen Gärten betrifft. Denn deren Bedeutung erschließt sich dem Betrachter erst, wenn er bereit ist, sich auf ihre oft komplizierte Assoziationsstruktur einzulassen.

Ein Aspekt, der unsere Auseinandersetzung mit dem Englischen Garten entscheidend geprägt hat, ist die Erkenntnis von der Vielgestaltigkeit und Komplexität der Faktoren, die seinen Entwicklungsgang beeinflußten. Damit verbunden ist die Einsicht, daß sich die Geschichte des Landschaftsgartens nicht als einsträngig-lineare Entwicklung darstellen läßt, sondern daß es notwendig erscheint, von einem Überlagerungsmodell auszugehen, das von Dominanz- und Unterordnungsverhältnissen bestimmt wird.

Dies trifft auch auf die Entstehung des Landschaftsgartens zu, die wir als ein Ergebnis des sich wandelnden Naturverständnisses in der Zeit um 1700 begreifen – was nicht im Sinne einer monokausalen Erklärung mißzuverstehen ist. Denn das Naturverständnis und der daraus ableitbare Naturbegriff sind heterogene Gebilde, deren Inhalt nur aus dem sozio-kulturellen Kontext begreifbar wird. Die politisch-gesellschaftlichen Veränderungen nach 1688/89 finden deshalb ebenso Berücksichtigung wie der Einfluß der Naturwissenschaft, der »natürlichen Religion«, der Literatur und Philosophie oder der Reiseerfahrungen.

Daß dabei vieles nur skizzenhaft angedeutet werden kann, läßt sich kaum vermeiden. Wir haben dennoch versucht, auf eine Typologisierung zu verzichten und stattdessen den individuellen Charakter der einzelnen Gärten und Parkanlagen hervorzuheben. Dieses Vorgehen entspricht nicht nur der Forderung Alexander Popes, »den genius loci zu konsultieren«, sondern auch unserer Auffassung, daß die dem Landschaftsgarten eigentümliche Chronologie sich gerade an der Ausprägung des Untypischen und Vereinzelten oft am deutlichsten darstellen läßt.

Gärten sind Kunstwerke, die wachsen und sich verändern. Dies gilt in besonderem Maße für den Landschaftsgarten. Vergänglichkeit und Veränderlichkeit sind Bedingungen seiner Existenz. Es gibt daher kaum einen Landschaftsgarten des 18. Jahrhunderts, dessen heutiger Zustand dem ursprünglich intendierten entspricht. Viele wurden im Laufe der Zeit umgestaltet, manche existieren heute gar nicht mehr oder befinden sich in ruinösem Zustand, und wieder andere haben nie den Zustand erreicht, den ihre Schöpfer angestrebt hatten. Aus diesen Umständen ergibt sich ein grundsätzliches Problem der Darstellung. Wir haben versucht, diesem Problem durch die umfangreiche Einbeziehung von Quellenmaterial zu begegnen und, wo es notwendig erschien, unterschiedliche Planungsstadien zu berücksichtigen, diese in die Darstellung miteinzubeziehen und ihre Bedeutung zu erörtern. Dennoch war es aus Platzgründen notwendig, manchen Garten auf ein Planungsstadium einzuengen, das heißt, eine Phase seiner Entwicklung herauszugreifen, die uns von besonderer Bedeutung für die Gesamtentwicklung erschien.

Der Aufbau des Buches ist bestimmt von einem Wechsel zwischen theoretischen, ideengeschichtlichen Abschnitten und der Darstellung einzelner Gärten. Die wichtigsten und einflußreichsten Anlagen des 18. Jahrhunderts werden detailliert untersucht. Ausgehend von ihrer Entstehungsgeschichte suchen wir ihre ursprüngliche Form bzw. ihre jeweiligen historischen Zustände zu rekonstruieren, ihre Gestalt zu analysieren und im ideengeschichtlichen Zusammenhang zu deuten.

Eine Gesamtdarstellung wie die vorliegende ist undenkbar ohne den Rückgriff auf zahlreiche Einzeluntersuchungen und übergreifende Forschungsarbeiten. Stellvertretend für alle Autoren, denen dieses Buch zahllose Anregungen und Informationen verdankt, seien hier neben John Dixon Hunt, dessen Arbeiten wegweisend für uns waren, Adrian von Buttlar, H.F. Clark, George Clarke, Christopher Hussey, Michael McCarthy, Dorothy Stroud, Peter Willis und Kenneth Woodbridge genannt.

Unser Dank gilt auch allen Institutionen, Bibliotheken, Galerien und Archiven, die uns bei der Beschaffung von Quellenmaterial behilflich waren, namentlich dem British Museum, der British Library, dem Victoria and Albert Museum, der Tate Gallery, dem National Trust, der Bodleian Library, der Kunstbibliothek der Stiftung Preußischer Kulturbesitz Berlin, der Bibliothek des Royal Institute of British Architects, der Bibliothek der Royal Commission on the Historical Monuments of England, der Lewis Walpole Library, Farmington, Connecticut, den County Record Offices von Chichester, Oxford und York, der Reference Library von Halesowen und nicht zuletzt der Bibliothek der Universität Kaiserslautern, die uns unermüdlich mit Fernleihen versorgte.

Für die Zeit und die Geduld, die sie für uns aufbrachten, und für ihre unschätzbare Hilfe bei unseren Recherchen in England danken wir ganz besonders: Mavis Batey, Viscount Cobham, Mavis Collier und Teigh O'Brien vom Painshill Park Trust, Mr. und Mrs. Cottrell-Dormer, Lord Egremont, Patrick Eyres, Peter Goodchild vom Institute of Advanced Architectural Studies der Universität York, Mark Laird, dem Management des Hawkstone Park Hotel, der Verwaltung von Rothman's Estate Nuneham Courtenay, Lieut. Col. Sir John Miller, dem Earl of Leicester, der Verwaltung des Ashridge Management College, Stowe School, der Sabin Gallery und Margaret Wind.

Für ihren fachlichen Rat und ihre Hilfe bei der Beschaffung von Bildmaterial bedanken wir uns bei Prof. Jörg Gamer, Universität Hannover, Prof. Jan Pieper, TU Berlin, und Dipl. Ing. Dietrich W. Schmidt, Universität Stuttgart. Manfred Kage danken wir, daß er uns seine Kamera so großzügig zur Verfügung stellte, und Franz Barth und Brigitte Saupp danken wir für ihren Bus, der uns auf unseren Reisen als gemütliches Wohn-Büro diente.

Abschließend gilt unser ganz besonderer Dank unseren Professoren Günther Bien und Antonio Hernandez von der Universität Stuttgart, durch die wir die Anregung zu diesem Buch erhielten, Nora von Mühlendahl, Hubertus von Gemmingen und Franz Stadelmann für ihren unermüdlichen Einsatz, ohne den dieses Buch nie verwirklicht worden wäre, und natürlich unseren Familien und unseren Freunden für ihre Geduld und ihre fortwährende Aufmunterung und Ermutigung.

Valentin Hammerschmidt und Joachim Wilke

1 Wimpole. In der Achse der »chinesischen« Brücke erscheint der Eyecatcher, eine scheinbar gotische Ruine nach einem Entwurf von James Essex.

# »Natur« im Wandel

### Einführung

Die Geschichte der Gartenkunst ist die Geschichte des sich stetig wandelnden Verhältnisses des Menschen zur Natur. Im Garten spiegeln sich die Sehnsucht des Menschen nach dem Paradies wie seine Furcht vor der realen Natur und sein Wunsch, diese zu beherrschen. Der Garten ist somit nicht so sehr eine Welt im kleinen, sondern eher Ausdruck des menschlichen Weltbildes, eines Bildes, in dem jeweils abhängig vom Selbstbewußtsein des Menschen definiert ist, was unter »Natur« zu verstehen sei.

Obgleich es dem modernen Menschen selbstverständlich ist, Natur als Landschaft in jeglicher Erscheinungsform ästhetisch zu genießen, handelt es sich dabei um ein – historisch betrachtet – verhältnismäßig junges Phänomen. Natur als zweckfrei betrachtete, absolute Landschaft mußte erst einmal entdeckt werden. Voraussetzung dafür war ein gewisses Maß an Naturerkenntnis und Naturbeherrschung sowie damit einhergehender Entfremdung des Menschen von seiner ursprünglichen Naturverbundenheit. Zwar wurden bereits in der Antike bestimmte Landschaften unter ästhetischen Gesichtspunkten betrachtet (beredte Beispiele dafür sind die Pliniusbriefe) und auch die Renaissance zeigte nicht nur in Italien, sondern auch nördlich der Alpen (man denke an Albrecht Altdorfer und Wolf Huber) ein verstärktes Interesse an Landschaften, doch dauerte es bis zum 18. Jahrhundert, bis die Natur in all ihren Erscheinungsformen goutiert werden konnte und zugleich zum selbständigen Gegenstand der Kunst avancierte. Erst der »aufgeklärte« Mensch des 18. Jahrhunderts hatte sich so weit von der Natur entfernt, daß es ihm möglich war, das Landschaftliche selbst in jenen Formen ästhetisch zu genießen, die bis dahin als schrecklich, furchterregend oder bedrohlich abgelehnt worden waren. Das »Erhabene« in der Natur – Symbol eines gewandelten Weltbildes – wurde entdeckt. Literatur, Malerei, Gartenkunst und die »Kunst« des Reisens verschmolzen aufgrund ihres gemeinsamen Bestrebens, die Natur – neben dem Menschen – als gleichberechtigten Gegenstand zu thematisieren, zur »Landschaftskunst« (Christopher Hussey).

Die Geschichte dieses Entdeckungsprozesses und der Autonomisierung der Landschaft zeigt sich am handgreiflichsten in der Entstehung und Entwicklung des Landschaftsgartens im England des 18. Jahrhunderts, in der Abwendung von der Bildwelt des architektonisch-geometrischen Barockgartens zugunsten des zuletzt autonomen, nach malerischen Aspekten komponierten Englischen Gartens. Verständlich wird dieser Prozeß allerdings erst, wenn man ihn im Kontext der Faktoren betrachtet, die das englische Weltbild jener Zeit bestimmten und damit die notwendigen Voraussetzungen und Bedingungen für die Entdeckung der Landschaft bildeten.

Diese Faktoren lassen sich drei Hauptbereichen zuordnen: zunächst den aufgrund der »Glorreichen Revolution« von 1688/89 stattfindenden politischen, ökonomischen und sozialen Veränderungen und dem darauf gründenden politisch-kulturellen Mythos; des weiteren der spezifisch englischen, empirischen Tradition der Naturwissenschaften und den damit in Zusammenhang stehenden Formen der »natürlichen Religion«; schließlich dem Bemühen um einen kulturellen Neubeginn, der England entsprechend seiner neugewonnenen politisch-sozialen Vormachtstellung eine ebensolche auf künstlerischem Gebiet durch die Schaffung einer nationalen Kunst bescheren sollte.

### Natur und Freiheit

In der 1718 erschienenen »Ichnographia Rustica«[1] des Gärtners und Gartentheoretikers Stephen Switzer stellt der Autor eine Korrespondenz zwischen bestimmten Regierungssystemen in der Geschichte und den unter diesen Regierungen angelegten Gärten fest. Besonderes Augenmerk schenkt er dabei der Regierungszeit des Augustus im antiken Rom, einer Epoche, von der er behauptet, daß sie beispielhaft für eine vollkommene Harmonie zwischen politischem System, landwirtschaftlicher Entwicklung und Landschaftsimagination gewesen sei; dabei stilisiert er vor allem Vergil, der nicht nur die Aeneis, sondern auch die Georgica geschrieben hat, zur Vorbildfigur, die eine perfekte Mischung aus Dichter, Philosoph mit moralisch-politischem Impetus und Gärtner gewesen sei. Diese besondere Betonung des augusteischen Roms ist kein Zufall, sondern Bestandteil einer politischen Mythologie, deren Propagierung in unmittelbarem Zusammenhang mit der englischen Geschichte zwischen 1648 und 1714 gesehen werden muß, deren Eckdaten scheinbar mit der römischen Geschichte übereinstimmen. Die vermeintliche Parallelität der geschichtlichen Ereignisse wurde zum Brennpunkt nicht nur der ideologischen, sondern auch der kulturellen Auseinandersetzung jener Zeit.

Die bedeutendste Errungenschaft sah man in der Abschaffung der absolutistischen Willkürherrschaft zugunsten des »mixed government« durch die Revolution von 1688/89, ein Kompromiß, der fortan ein Gleichgewicht zwischen Krone und Parlament garantierte. Das Bemerkenswerte daran ist jedoch, daß der antiabsolutistischen Argumentation, die vor allem von dem Whig-Philosophen John Locke in seinem »Second Treatise of Government« entwickelt wurde, eine positive Neuinterpretation des menschlichen Naturzustandes und des darin herrschenden Naturrechts zugrundelag. Locke identifizierte die Natur ganz im Sinne der Aufklärung mit einer ordnenden und geordneten Vernunft und setzte sie als überzeitliches Argument gegen die Geschichte ein, auf die sich die Thronfolge der absolutistischen Herrscher stützt. Erst eine staatliche Ordnung, die ihr Fundament in dem als vernünftig erkannten Gefüge des natürlichen Kosmos hat, garantiert die Freiheit des Menschen, die im Laufe der Geschichte aufgrund staatlicher, kirchlicher und zivilisatorischer Zwänge verloren gegangen ist. Schon sehr bald fand diese politische Neuinterpretation des Begriffs »Natur« ein Äquivalent in der allegorischen Ausdeutung von Gegenständen der äußeren Natur, die in den meisten Fällen mit einer Kritik am formalen Garten gekoppelt war. »Wie Freiheit aus dem Naturrecht begründet wurde, konnte umgekehrt unverfälschte Natur zum Freiheitssymbol werden.«[2] So erzählt der Essayist Joseph Addison in der von ihm herausgegebenen Zeitschrift »Tatler« 1710 einen Traum, in dem er von den Gipfeln der Alpen herab in ein idyllisches Tal mit grünen Wiesen, Wäldern und kristallklaren, sich schlängelnden Wasserläufen blickt. Er beschreibt, wie dort jede Pflanze, jede Blume in ihrer individuellen Schönheit gedeiht, »ohne durch regulierende Begrenzungen und Parterres eingeengt zu sein«, und ihm wird schlagartig klar, daß »diese glücklichen Gefilde von der Göttin der Freiheit bewohnt werden«[3]. Und der Dichter Alexander Pope schrieb in seinem »Essay on Criticism« 1711, als ob er Addisons Zeilen kommentieren wollte: »Die Natur – wie die politische Freiheit – wird nur eingeschränkt / durch dieselben Gesetze, die zuerst sie selbst erlassen hat.«[4] Von dieser Zeit an wird die Formel »Zurechtgestutzte Natur = Absolutismus französischer Prägung, unberührte Natur = politische Freiheit in England« zum beliebten und oft gebrauchten Topos der zeitgenössischen Literatur.

»City« und »Country«

Die Stellung des Hofes hatte sich in England nach der »Glorreichen Revolution« von 1688/89 grundlegend verändert. War er während der Restauration noch einmal zum glanzvollen Mittelpunkt einer gemäßigt absolutistischen Gesellschaft geworden, so verblaßte dieser Glanz nach der Revolution sehr schnell. »Weder die politische Stellung des Hofes noch die persönlichen Eigenschaften seiner Träger entsprachen mehr dem Maßstab der Vergangenheit (...). Der Hof war fürderhin die Residenz einer zurückgezogen lebenden königlichen Familie (...).«[5] So konzentrierte sich das gesellschaftlich-kulturelle und das politische Leben nicht, wie zum Beispiel im Frankreich Ludwigs XIV., zentralistisch auf den Hof (was eine Verarmung der Provinz zur Folge hatte), sondern es bildete sich eine neue Polarität aus: das Spannungsfeld zwischen der ständig wachsenden Metropole London (»city«) und dem Land (»country«).[6]
Forciert wurde diese Entwicklung durch die Vermischung der (Whig-)Aristokratie mit der handel- und gewerbetreibenden Oberschicht des Großbürgertums. So lebten die Teile der Oberschicht, die nicht aus beruflichen Gründen an die Londoner City gebunden waren, das Jahr über fern von Hof und Metropole, über ganz England verstreut, in ihren Wahlkreisen auf ihren Landsitzen. Sie hielten sich nur während der »London Season« im Frühsommer in der Stadt auf. Man nützte die »Season«, um Politik zu treiben, Beziehungen zu knüpfen, Geschäfte zu machen und nicht zuletzt, um das kulturelle Leben der Metropole zu genießen und modisch »up to date« zu bleiben. Wenn die »Season« in der ersten Juniwoche zu Ende ging, zog man sich wieder auf seinen Landsitz zurück. Umgekehrt verhielt es sich bei dem Teil der Oberschicht, der beruflich oder durch ein politisches Amt an London gebunden war. Er hielt sich den großen Teil des Jahres in London auf, versuchte jedoch, wann immer es möglich war, der Stadt zu entfliehen und sich auf das umliegende Land oder in einen der ständig wachsenden Villenvororte zurückzuziehen.

Etwas vereinfacht ausgedrückt, verlagerte sich der Schwerpunkt des ökonomischen und politischen Lebens in die Stadt, der des familiären Lebens aufs Land. In der Folge erhielt der Landsitz zunehmend den Charakter einer »villa suburbana« und diente damit vorwiegend der »Selbstdarstellung einer neuen privaten Lebensform«[7] auf dem Lande. Mit diesem Funktionswandel, durch den die Repräsentation immer mehr in den Vordergrund rückte und den Landsitz zu einem »show place« werden ließ, mußte die Betonung auf die ästhetische Gestaltung auch jener Bereiche, die bislang vorwiegend ökonomisch genutzt worden waren, zwangsläufig größeres Gewicht bekommen.

»Rural retirement«: Rückzug aufs Land

Eine Sonderform des Landlebens, die für den »furor hortensis« des 18. Jahrhunderts in England gleichfalls von entscheidender Bedeutung war, ist der durch äußere Umstände erzwungene Rückzug auf das Land. Von besonderem Interesse ist diese Form deshalb, weil hier das Landleben oft ideologisch überhöht ist und damit seine Funktion und Wertigkeit stärker als gewöhnlich zum Ausdruck kommen – ob nun im Sinne der »vita solitaria« Petrarcas, in der das tugendhafte, einfache Leben auf dem Lande mit dem lasterhaften Leben in der Stadt kontrastiert, oder im Sinne eines resignativen Rückzugs aus der »Welt« in eine selbstgeschaffene, scheinautonome Idylle.
»Äußere Umstände« konnten der Verlust eines politischen Amtes durch eine Regierungsumbildung sein, das abrupte Ende einer militärischen Karriere durch einen »unzeitgemäßen« Friedensschluß oder, wie im Falle von John Aislabie, die Verwicklung in einen Finanzskandal.

Studley: ein Garten des Übergangs

Aislabie, der in den Jahren 1718–1720 Schatzkanzler der Whig-Administration unter dem Earl of Sunderland war, wurde für schuldig befunden, maßgeblich an der staatlichen Verstrickung in den Südseeschwindel (»South Sea Bubble«) beteiligt gewesen zu sein und Bestechungsgelder angenommen zu haben. Er verlor nicht nur sein Amt, sondern auch seinen Parlamentssitz und zog sich

nach dreimonatiger Kerkerhaft im Tower auf seinen Landsitz Studley nahe Ripon in Yorkshire zurück, wo er die folgenden beiden Jahrzehnte damit verbrachte, einen Garten anzulegen.[8] Obgleich er Studley bereits 1699 geerbt hatte, war sein Interesse an dem mehrere Tagesreisen von London entfernten Anwesen bis zu jenem Zeitpunkt nur sehr mäßig gewesen. Er hatte sich vor allem in Hall Barn in Buckinghamshire, dem Landsitz des Dichters Edmund Waller, aufgehalten, mit dessen verwitweter Schwiegertochter er seit 1711 verheiratet war. Waller hatte zwischen 1651 und 1687 in Hall Barn einen Garten im französischen Stil angelegt, den Aislabie ab 1713 zusammen mit seinem Stiefsohn Harry Waller zu modernisieren begann. Bereits 1712 hatte er die von John James veröffentlichte englische Übersetzung von Antoine Joseph Dézallier d'Argenvilles 1709 erschienener »Theorie und Praxis der Gartenkunst« subskribiert, einem einzigartigen Kompendium, in dem die barocke Gartenkunst Le Nôtres eine streng systematische und umfassende Darstellung erfuhr.
Sowohl der Garten von Hall Barn als auch d'Argenvilles »Theorie« waren von maßgeblichem Einfluß auf Aislabies Unternehmen in Studley. Doch trotz aller Geometrie und Strenge in der formalen Konzeption entstand eine Anlage, die sich nicht mehr ausschließlich mit den bis dahin üblichen Maßstäben beurteilen ließ: Studley wurde ein Garten des Übergangs.
Dies zeigt sich bereits bei der Wahl des Terrains. Denn Aislabie legte seinen Garten – vom Haus aus nicht sichtbar – in einem vom River Skell durchflossenen Tal an, das beidseitig von steilen Hängen eingefaßt wird. Die stimmungsreiche Abgeschiedenheit des Ortes hatte nicht nur ihre besonderen landschaftlichen Reize, sondern bot zudem noch einen ausgesprochen exquisiten »Blickfänger«: die gotischen Ruinen von Fountains Abbey. Wenngleich es erst 1768 seinem Sohn gelang, diese Ruinen zu erwerben und sie in den Garten einzubeziehen, war Fountains Abbey doch von Anfang an Bestandteil von Aislabies Gesamtkonzept. Dies ist um so bemerkenswerter, als er damit seiner Zeit weit voraus war, denn die ästhetische (nicht historisch motivierte) Rezeption echter gotischer Ruinen gewann erst in der zweiten Jahrhunderthälfte an Bedeutung. Mit einer Ausnahme: Der Dichter und Architekt John Vanbrugh hatte bereits 1709 in einem Brief an die Duchess of Marlborough für die Erhaltung des ruinösen alten Manor House im Park

2 Studley. Blick über den Kanal und den Moon Pond des Wassergartens zum Herkulestempel (später: Temple of Piety).

»Natur« im Wandel

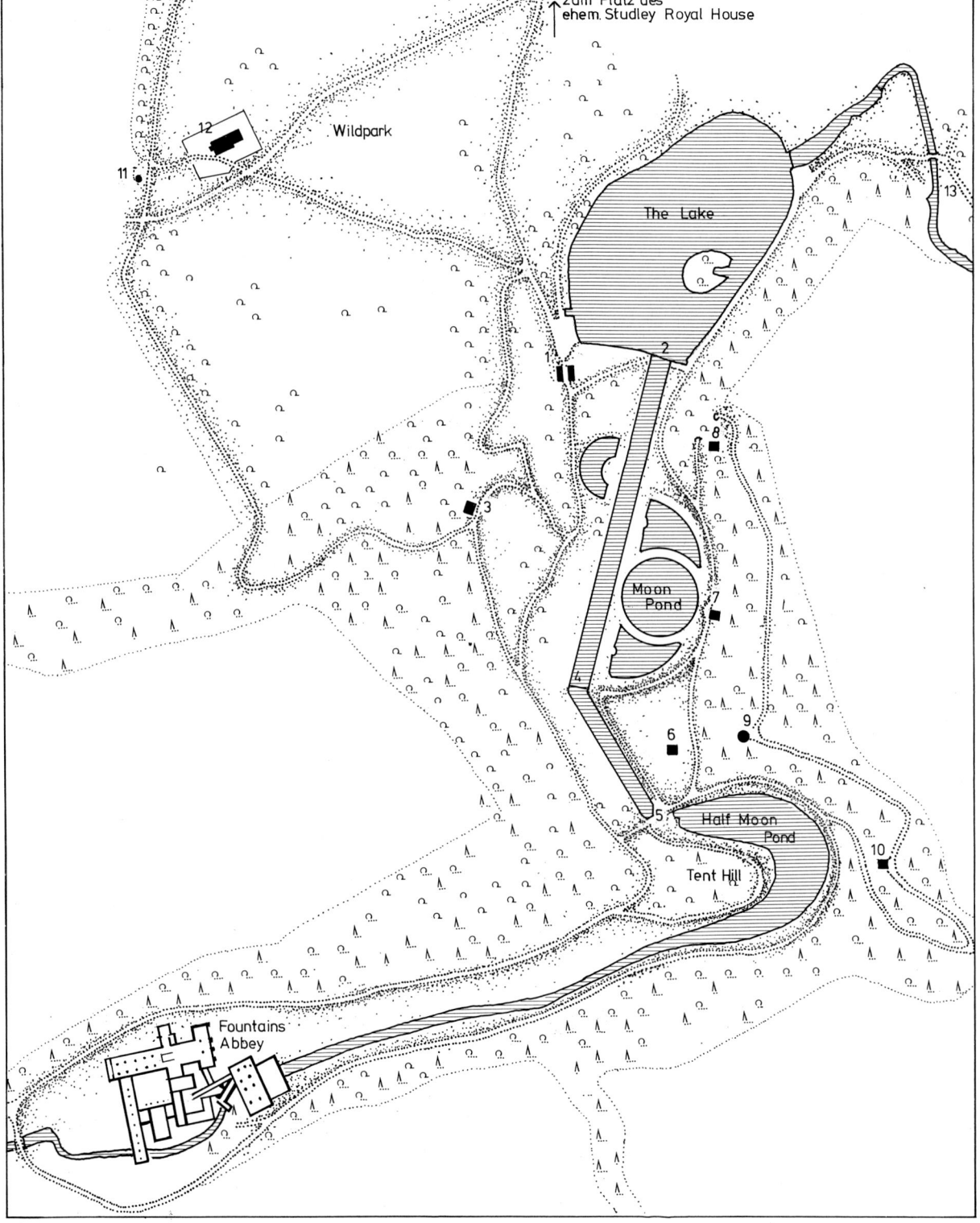

3  Studley. Plan des Parks. Heutiger Zustand auf Grundlage der 6" Ordonance Survey Map.
1  Pavillons am Eingang zum Wassergarten
2  Staudamm und Kaskade
3  Banqueting House und ehemaliger Standort des Temple of Fame
4  Kaskade
5  Rustizierte Brücke
6  Quebec Monument
7  Herkulestempel (Temple of Piety)
8  Octagon Tower
9  Temple of Fame (heutiger Standort)
10  »Surprise View« auf Fountains Abbey
11  Obelisk
12  Kirche St. Mary (von William Burges, 1871–1878)

4  Studley. Der mit Statuen geschmückte Wassergarten. Links der Herkulestempel. Stich von Anthony Walker aus dem Jahre 1758.

5  Studley. Blick über den Half Moon Pond zu den Ruinen von Fountains Abbey. In der Bildmitte der künstlich aufgeschüttete Tent Hill mit dem Venustempel. Stich von Anthony Walker aus dem Jahre 1758.

»Natur« im Wandel

6  Studley. Herkules-und-Antaeus-Gruppe im Wassergarten. Im Hintergrund die rustizierte Brücke.

7  Studley. Blick vom Octagon Tower über den Wassergarten zum Banqueting House.

8   Die Ruinen des Manor House im Park von Blenheim, für deren Erhalt sich Vanbrugh vergebens einsetzte. Anonyme Federzeichnung aus dem Jahre 1714.

NATUR UND MORAL

von Blenheim plädiert, das, »promiscuously« bepflanzt, »wou'd make One of the Most Agreeable Objects that the best of Landskip Painters can invent«.[9] Die Duchess war anderer Ansicht. 1719 stritt Vanbrugh für die Erhaltung des Holbein Gate in Whitehall. Unterstützt wurde er dabei vom damaligen Schatzkanzler John Aislabie.

Die erste Gestaltungsphase in Studley dauerte bis etwa 1730. In dieser Zeit wurden der Wassergarten im Talgrund mit seinen geometrischen Bassins ausgeführt, der als Reservoir dienende Half Moon Pond und der See am Eingang des Gartens ausgehoben und die Geländemodellierung, die hauptsächlich aus Rasenrampen bestand, fertiggestellt. Die Rasenflächen erhielten Eibenhecken-Einfassungen, Wege wurden angelegt und die Hänge mit Bäumen bepflanzt: Buchen, Ulmen und dort, wo Gebäude vorgesehen waren, Koniferen. Als Unterholz diente Eibe. In den dreißiger Jahren erfolgte die Ausstattung des Geländes mit Zierarchitekturen und Skulpturenschmuck. Am Eingang wurden zwei Pavillons mit venezianischen Fenstern erbaut; auf einer Terrasse entstand das ursprünglich als Orangerie genutzte Banqueting House und ein Monopteros, der als Temple of Fame bezeichnet wurde. Die gegenüberliegende Anhöhe zierte ein achteckiger Turm, dessen ursprünglich klassische Architektur Ende der dreißiger Jahre gotisiert wurde, und auf dem künstlich aufgeschütteten Tent Hill befand sich ein ebenfalls achteckiger, mit einem Kuppeldach versehener Venustempel. Eines der letzten Gebäude, das noch unter der Regie John Aislabies erbaut wurde, war der dorische Herkulestempel am Moon Pond, der nach seinem Tod von William, seinem Sohn, zu einem Temple of Piety umgewidmet wurde. Wer im einzelnen für die Entwürfe verantwortlich war, ist nicht genau bekannt. Lediglich das Banqueting House ist als Entwurf Colen Campbells identifizierbar. Campbell war kurz zuvor in Hall Barn beschäftigt. Auch der Palladianer Roger Morris war an der Planung in Studley beteiligt. Die Skulpturen, die den Wassergarten zierten, stammten vermutlich aus der Werkstatt von Andrew Carpenter. Erwähnt werden Bleiversionen von Bacchus, Endymion, den römischen Ringern, dem sterbenden Gladiator, Priapus, Galen und Pan sowie eine seitenverkehrte Kopie von Niccolo Tribolos Herkules-und-Antaeus-Gruppe aus Stein.

Vergleicht man das Resultat von Aislabies zwanzigjährigem Bemühen mit d'Argenvilles »Theorie«, so stellt man fest, daß Aislabie das Werk zum Teil wörtlicher nahm, als es dessen Autor – legt man die Musterpläne von Le Blond zugrunde – vermutlich meinte. So interpretierte er d'Argenvilles Diktum, daß die Natur Vorrang vor der Kunst haben müsse, im Sinne einer Ausrichtung des Layouts an den natürlichen Gegebenheiten des Ortes. Konsequenzen dieser Uminterpretation waren, daß es keine orthogonale Achsensymmetrie und keine schematische Dreiteilung des Gartens mehr geben konnte. Auch bei der Situierung der Gebäude, die als Blickfänger wie als Aussichtspunkte dienten, orientierte man sich – mit Ausnahme des Herkulestempels – primär an den topographischen Gegebenheiten.

Nach dem Tode John Aislabies 1742 führte sein Sohn William die Gestaltungsarbeiten fort, indem er das Gelände unterhalb des Sees, das Seven Bridges Valley, landschaftlich gestaltete und Fountains Abbey dem Gartengelände einverleibte. Den Wassergarten, der in den fünfziger Jahren stilistisch bereits als überholt angesehen wurde, ließ er jedoch, abgesehen von einigen kleinen Umbauten und Erweiterungen, unangetastet. Anstatt das Werk seines Vaters zu zerstören, schuf er unweit von Studley einen neuen Park, in dem sich die nächste Stufe der Entdeckung der Landschaft spiegelt: die sublime Landschaft von Hackfall.

Natur und Moral

John Aislabie mußte sich letztlich deswegen aufs Land zurückziehen, weil er jener vorherrschenden liberalistischen Maxime folgte, deren lapidarste Formulierung man im Untertitel von Bernard Mandevilles berühmter Bienenfabel findet: »Private Laster, öffentliche Vorteile«. Diese Auffassung, der

15

eine Ethik des Eigeninteresses (»self-love«) zugrundelag, bedurfte – sollte nicht Hobbes' Vision vom Krieg aller gegen alle traurige Realität werden – dringend einer moralphilosophischen Erweiterung.

Eine solche wurde in den Jahren zwischen 1700 und 1714 vor allem von Antony Ashley Cooper, dem Dritten Earl of Shaftesbury, entwickelt, einem Enkel des Begründers der Whig-Partei. Hauptsächlich in seiner »philosophischen Rhapsodie« »The Moralists« von 1709 schuf er eine von einem harmonistischen Universalkonzept abgeleitete Ethik, die in die »Überwindung« der »self-love« als Antrieb des gesellschaftlichen Prozesses mündet. Grundlage ist der seit der Antike geläufige Gedanke von der »Kette der Wesen« (Arthur O. Lovejoy), die Idee, daß »alle Dinge dieser Welt in Verbindung miteinander stehen«.[10] Diese »Kette der Wesen« wird zusammengehalten durch eine »allgemeine (…) Sympathie der Dinge«,[11] die als Prinzip der Einheit das Aufeinanderbezogensein aller Systemelemente garantiert. Der Mensch bildet in diesem Gesamtsystem ein Teilsystem, bei dem sich diese Sympathie »vertikal« in der Achtung vor allem Natürlichen manifestiert und »horizontal« durch eine »natürliche Zuneigung«,[12] die er bereits im Naturzustand für seine Mitmenschen empfindet.

War bei Hobbes der Mensch im Naturzustand noch ein Wolf unter Wölfen, so hatte Locke dieser Theorie durch die Berufung auf die natürliche Vernunft ein Ende bereitet. Was bei ihm jedoch blieb, war die Selbstsucht als Antrieb, und diese wird nun von seinem Schüler Shaftesbury ebenfalls »überwunden«, indem er die Natur zur sittlichen Macht erhebt, die sich im Menschen durch eine natürliche Moralität, einen ihm angeborenen »moral sense«, zeigt. Durch diesen »moral sense« erwächst dem Menschen das Bewußtsein von der natürlichen Ordnung der Dinge. Durch ihn erkennt er, daß das Ziel des Gesamtsystems, dessen Teil er ist, in der vollkommenen »Balance« zwischen den Einzelsystemen besteht. Daher muß auch die menschliche Seele als Spiegel des Weltganzen diesem Gleichgewicht der Kräfte entsprechen. Nur wenn die Seele sich in der richtigen »Stimmung« (»humour«) befindet, ist die Voraussetzung für ethisches Handeln gegeben, da ihr die »beherrschenden Leidenschaften« (»ruling passions«) in diesem Zustand nichts anhaben können.

Was jedoch für das Weltganze und für jeden einzelnen Menschen gültig ist, muß auch grundlegendes Prinzip der Staatlichkeit sein. Es gibt einen »notwendigen Zusammenhang zwischen der Form des Staates und der Gestalt der Sittlichkeit«,[13] da der »moral sense« die Grundlage dessen ist, was in der Politik als »common sense« wirksam werden muß.[14] Dementsprechend ist die beste Staatsverfassung jene, die durch eine »balance of power« gekennzeichnet ist, eine Eigenschaft, die Shaftesbury in der konstitutionellen Monarchie, wie sie 1688/89 geschaffen worden war, prinzipiell verwirklicht sah.

Doch bereits 1711 mußte er feststellen, daß die von ihm geforderte und als notwendig postulierte Verbindung von Macht und Moral in der Realität keineswegs eine Umsetzung fand, sondern daß selbst »ein bekannter Freund der Freiheit in Kirche und Staat, ein Verächter der sklavischen Abhängigkeit vom Hofe«, wenn er erst an der Macht ist, gezwungen sei, sich anzupassen und ein »königlicher Schmeichler, ein Höfling gegen seine Natur«[15] zu werden. Besonders deutlich wurde dies in der Zeit nach 1714. Denn »wenige Jahre nach der Machtübernahme hatten die Whigs 'in power' den philosophischen Gehalt ihrer Doktrin weitgehend pervertiert«.[16] Dies äußerte sich einerseits im offensichtlichen Bruch mit einigen Prinzipien, die ursprünglich typisch »whiggistisch« waren, andererseits in der von Korruption, Ämterpatronage und Vertuschungen geprägten Machtpolitik des Finanzministers und späteren Premiers Sir Robert Walpole. Die aus dieser Entwicklung resultierende Trennung von Macht und Moral, von politischer Alltagsrealität und gesellschaftspolitischen Idealvorstellungen, führte zu einer Aufweichung der alten Parteiunterschiede und gleichzeitig zur Herausbildung einer parlamentarischen Opposition. Diese bestand aus Whigs, die von der Aushöhlung ihrer Prinzipien durch die Machthaber aus ihren eigenen Reihen enttäuscht waren, und aus reformierten Tories unter der Führung des ehemaligen Stuart-Anhängers Lord Bolingbroke. Bolingbroke war es auch, der den Oppositionsgedanken analog zu Shaftesburys Konzeption der »balance of power« definierte. Der Opposition fiel demnach, indem sie die Position der Moral zu vertreten hatte, die Aufgabe zu, ein korrigierendes Gegengewicht zur ständig von Korruption und Mißbrauch bedrohten Machtausübung der Regierenden herzustellen.[17]

Man darf sich die »country-party«, wie die Opposition genannt wurde, jedoch nicht als festgeformte Partei vorstellen, sondern eher als lockere Gruppierungen von mehr oder weniger Gleichgesinnten, deren gemeinsame Interessengrundlage das Streben nach einer idealen, tugendhaften und in sich vollendeten liberalen Gesellschaft bildete.

In denselben Zusammenhang muß auch die Entstehung der spekulativen Freimaurerei nach 1717 gestellt werden.[18] Was die Opposition im Rahmen der realpolitischen Auseinandersetzung anstrebte, wurde in den Logen in Form einer »imaginären Kontergesellschaft« antizipiert. »Die Freimaurerei ist eine (…) Gegenbewegung gegen die 'unvermeidlichen' Übel, diesen Bereich, dem die staatliche Politik entspringt und mit dem sie es zu tun hat.«[19] Sie ist politisch, auch und gerade wenn die Zielsetzung nur moralisch ist.

Opposition und Freimaurerei – mit diesen beiden Begriffen läßt sich der Kreis jener eingrenzen, die dem »rural retirement« in der Zeit nach 1714 eine neue Bedeutung verliehen. Nicht ohne Grund wurde der neue Interessenverband als »country-party« bezeichnet. Denn der »Beitritt« zur Opposition war in vielen Fällen mit dem Verlust der öffentlichen Ämter (oder mit dem freiwilligen Verzicht darauf) verbunden, was dazu führte, daß die Stadt als Ort des öffentlichen Lebens für die Oppositionellen zum Ort der »corruption« wurde. Die Konsequenz aus dieser Gleichsetzung war der zeitweilige Rückzug auf den Landsitz.[20]

Das oppositionelle »retirement« ist nicht mehr das des passiven Beobachters, der aus der sicheren Entfernung seiner Idylle den Lukrezschen Standpunkt des »alterius spectare laborem« einnimmt,[21] sondern es ist von kämpferischem Engagement für eine bessere Zukunft geprägt. Daher ist der Begriff »retirement«, mit seinem Beigeschmack von »Passivität« und »Resignation«, nicht mehr korrekt. Es wäre besser, von einem Scheinrückzug oder einem notwendigen Umweg zu sprechen. Einem Umweg, der in Analogie zur parlamentarischen Opposition und zum »geheimen Innenraum« der Freimaurer den Versuch darstellte, den Landsitz bzw. die »villa suburbana« in einen Gegenort mit antizipatorischem Modellcharakter zu verwandeln. Dies spiegelte sich ebenso in der idealschönen Natur wider, die, von Shaftesbury zum Sinnbild der Moralität erhoben, in den frühen Landschaftsgärten zur Darstellung kam, wie in der Programmatik der Skulpturen und Gartenarchitekturen, die diese Gärten zierten. Berühmte Beispiele sind Stowe, Rousham, Carlton House und Chiswick.

9 Richmond Gardens. Die von William Kent für Queen Caroline entworfene Einsiedelei. Stich aus dem Jahr 1735 von Claude Du Bosc nach einer Zeichnung von Gravelot.

## Natur-Wissenschaft und natürliche Religion

1730 erhielt William Kent den Auftrag, ein Gebäude für Queen Carolines Garten in Richmond zu entwerfen. Dieses einfach als Einsiedelei bezeichnete Bauwerk zeigte sich nach außen als wildüberwachsener Hügel mit einer vorgesetzten rustizierten Fassade.[22] Was sich da allerdings scheinbar unverfänglich als Grotteneingang präsentierte, entpuppte sich beim Betreten des Inneren als ein »Pantheon« zu Ehren einiger berühmter Zeitgenossen. In den Wandnischen des zentralen Oktogons standen die Büsten des Physikers Isaac Newton, des Philosophen John Locke sowie der beiden Metaphysiker Samuel Clarke und William Wollaston. In einer Exedra hinter dem Oktogon befand sich außerdem die Büste des heute noch als Chemiker und Naturphilosophen bekannten Robert Boyle. Gemäß der damals gebräuchlichen Terminologie war dies ein Tempel für die »new philosophy«, ein Sammelbegriff, den wir heute in die Bereiche theoretische Physik, experimentelle Naturwissenschaft, Erkenntnistheorie, Psychologie, Naturmetaphysik, Ethik und Theologie unterteilen würden. Doch gerade die Tatsache, daß diese Aufsplitterung im beginnenden 18. Jahrhundert noch nicht oder zumindest nur ansatzweise im Bewußtsein des Betrachters vorhanden war, ermöglichte es ihm, das in diesem Tempel der Philosophie implizierte Ideenprogramm ohne große Schwierigkeiten zu verstehen, und dieses Ideenprogramm kreist letztlich um einen Begriff: Natur.

Isaac Newton kann als einer der Hauptverursacher der Begeisterung des 18. Jahrhunderts für die »Ordnung und Schönheit« (Newton) der Natur angesehen werden. Diese Begeisterung, die sich allerdings mehr auf das »Image« Newtons und seiner Lehre als auf seine tatsächlichen Resultate bezog, erreichte ihren Höhepunkt im Jahrzehnt nach seinem Tod 1727 und fand ihren Ausdruck in einer wahren Schwemme »newtonianisch« beeinflußter Populärschriften und Dichtungen. Berühmtestes und aus heutiger Sicht amüsantestes Zeugnis ist Alexander Popes Epigramm: »Nature and Nature's laws lay hid in night: God said, Let Newton be! and all was light!« Nun ist ein geordnetes, nach mathematisch darstellbaren Gesetzmäßigkeiten funktionierendes Universum keine Erfindung Newtons, sondern eine Konzeption, die schon Descartes ausführlich entwickelt hatte. Entscheidend ist jedoch, daß Newton eine wissenschaftliche Kos-

10 Richmond Gardens. Schnitt durch die Einsiedelei. Die Büste von Robert Boyle auf dem »Altar« in der Exedra fehlt. Stich aus: John Vardy, Some Designs of Inigo Jones and Mr. Wm. Kent, 1744.

mologie schuf, die sich deutlich vom kontinentalen Rationalismus cartesianischer Prägung unterschied. Zum einen griff er die empiristische Tradition der englischen Naturforschung auf, die sich an Francis Bacons Konzeption der »natural history« orientierte, zum anderen war er vom Cambridge-Platonismus beeinflußt. Newton und seine Nachfolger mißtrauten jeglichem System der Welt- bzw. Naturerklärung, das sich auf eine apriorische Argumentation stützte. Eine Interpretation der Weltordnung muß notwendigerweise empirische Grundlagen haben. Die wenigen einfachen Gesetze, nach denen die Natur angeblich funktioniert, müssen aus der Mannigfaltigkeit der Einzelphänomene abgeleitet werden.

Zudem lehnten die Engländer das cartesianische Weltbild deshalb ab, weil es Gott aus seiner eigenen Schöpfung entläßt und dadurch zum Atheismus führt. Gott ist Schöpfer und Erhalter der Welt, und die Naturwissenschaft wird als Studium der Werke Gottes zur Suche nach der »wahren ersten Ursache« (Newton). Sie führt daher nicht vom Glauben weg, sondern stärkt ihn. Damit gerät das Experiment zum religiösen Akt.

Diese ausgesprochen fromme Grundhaltung vertrat auch Robert Boyle, der sich zeit seines Lebens wie Newton mehr mit theologischen Fragen als mit naturwissenschaftlichen beschäftigte. Er stiftete eine Vorlesungsreihe, die Boyle-Lectures, deren ausdrückliches Ziel der Kampf gegen den Atheismus auf wissenschaftlicher Grundlage war. Samuel Clarke hielt diese Vorlesungen 1704 und 1705.

John Locke entwickelte in Erweiterung der newtonianischen Methode eine rein empirische Erkenntnistheorie, die jegliches menschliche Wissen, nicht nur das naturwissenschaftliche, von der sinnlichen Wahrnehmung der äußeren Welt abhängig macht.[23] Die Auswirkungen dieser Erkenntnistheorie auf die ästhetische Wahrnehmung – im doppelten Sinne des Wortes – ist kaum zu überschätzen. Vor allem Joseph Addison, dem Herausgeber des »Tatler«, »Spectator« und »Guardian«, ist die Popularisierung und Übertragung von Lockes Wahrnehmungstheorie auf die Ästhetik zu verdanken. Er entwickelte 1712 in seinem berühmt gewordenen Essay »The Pleasures of the Imagination«[24] den Ansatz zu einer ästhetischen Theorie, in der er von Locke ausgehend zwischen »primären« und »sekundären Gefühlen« der Lust unterscheidet. Die ersteren, die sich von Lockes »simple ideas« ableiten, entstehen durch die direkte sinnliche Wahrnehmung und lassen sich in drei Kategorien einteilen: die Empfindung des Großen, Erhabenen; die Erfahrung des Neuen, Überraschenden; die Wahrnehmung des Schönen. Die Phantasie (»imagination«), die zwischen Verstand und reiner Sinnlichkeit angesiedelt ist, ermöglicht es dem Menschen jedoch auch, bereits vergangene Eindrücke zu ordnen, sie zu vergleichen und miteinander zu verbinden. Aus den dadurch hervorgerufenen Assoziationen resultieren die »sekundären Lustgefühle«. Von besonderem Interesse ist, daß Addison diese hier nur andeutungsweise wiedergegebene Theorie an der Psychologisierung des Naturerlebnisses und einer Kritik der zeitgenössischen Gartenkunst entwickelte, was nicht ohne Wirkung blieb.

Die empirische Erkenntnistheorie spiegelte sich jedoch auch in einer Fülle deskriptiver Naturdichtungen, die im zweiten Viertel des 18. Jahrhunderts veröffentlicht wurden, jener Zeit, in der die Popularität Lockes nachweisbar ihren Höhepunkt erlebte, und jener Zeit, in der der Landschaftsgarten seine erste Blütezeit hatte.

Ein weiterer Aspekt seiner Erkenntnistheorie verband Locke mit Newton: die Auffassung, daß der Mensch die Idee von Gott aus der Betrachtung der unendlichen Aspekte der Welt, speziell Raum und Zeit, ableite. Diese Auffassung bezog sich konkret auf Newtons Theorie des absoluten Raums als dem »Sensorium« Gottes. Die Bedeutung dieses Gedankens wird klar, wenn man sich den beiden letzten Repräsentanten der »new philosophy« in Queen Carolines Einsiedelei zuwendet. Gemeint sind die Theologen und Metaphysiker Samuel Clarke und William Wollaston, zwei Vertreter der »Physiko-Theologie«, die neben dem Deismus die zweite Variante der »natural religion« des 17. und 18. Jahrhunderts war.[25]

Während der Deismus den Autoritätsverlust der schriftlichen Offenbarung als Folge der religiösen Konflikte des 16. und 17. Jahrhunderts durch die Offenbarung der menschlichen Vernunft ersetzte, stützte sich die Physiko-Theologie unter Bezug auf die Erkenntnisse der Naturwissenschaften auf die Natur selbst, als die einzig sichere Offenbarung Gottes. Neu daran war nicht so sehr die Idee an sich, denn als zweite Offenbarung existierte das »Buch der Natur« schon bei den Kirchenvätern, sondern der Absolutheitscharakter, mit dem die natürliche Offenbarung zur einzig wahren und zuverlässigen stilisiert wurde. Für den Naturbegriff

11 Shotover. Gesamtansicht. Im Vordergrund die Silhouette des gotischen Blickfängers. Der von Kent entworfene Teil des Gartens befindet sich hinter dem Landhaus. Stich von George Bickham aus dem Jahr 1750.

SHOTOVER: NATUR UND GESCHICHTE

des 18. Jahrhunderts hatte das folgende Auswirkungen: Wenn die Weisheit Gottes sich in der von den Naturwissenschaften aufgezeigten Ordnung und Schönheit der Natur offenbart, dann sind Wunder keine übernatürlichen Gnadenakte, sondern eher Experimente »eines göttlichen Mechanikers«. Das eigentliche Wunder ist jedoch das mehr oder minder reibungslose Funktionieren des Universums. Die traditionelle Sichtweise der Welt als einer durch den Sündenfall entstandenen Ruine muß als hinfällig betrachtet werden. Jeder Teil der Natur ist so, wie er ist, eine Offenbarung Gottes und daher gut und schön.

Im Zusammenhang mit dieser metaphysischen Neubewertung der Gesamtnatur steht die Adaption der Theorie vom unendlichen Raum und der unendlichen Zeit, die in der Folge auf die Teile der Natur übertragen wurde, die die menschliche Vorstellungskraft übersteigen, wie zum Beispiel das Gebirge und das Meer. Diese metaphysisch motivierte Anerkennung und Neubewertung der »schrecklichen Natur« ist die ideengeschichtliche Wurzel der Ästhetik des Sublimen, die in der zweiten Jahrhunderthälfte in den Landschaftsgarten Einzug hielt.

## Shotover: Natur und Geschichte

Zum Kreis jener, die sich in den sechziger Jahren des 17. Jahrhunderts um Robert Boyle in Oxford versammelten, gehörte – neben John Locke – ein junger Gelehrter namens James Tyrrell.[26] Er war, wie viele seiner Zeitgenossen, fasziniert von dem Gedanken, die Welt neu zu erklären, nicht mehr spekulativ, sondern indem man sich den »works of nature« sammelnd, beobachtend und messend näherte, um die ihnen innewohnende Gesetzlichkeit zu entschlüsseln.

Tyrrell war zwar Historiker, doch zu einer Zeit, in der der Universalgelehrte noch kein romantischer Traum geworden war, konnte ein Historiker durchaus mit einem Naturwissenschaftler wie Boyle eine Korrespondenz »concerning natural things« führen.[27] Doch seine Hauptaufgabe als Historiker sah er darin, die Prinzipien der Whig-Ideologie aus der englischen Geschichte zu rechtfertigen. So erschien 1681 (anonym) eine Schrift Tyrrells mit dem Titel »Patriarcha non Monarcha«, in der er sich, ebenso wie John Locke in seiner etwa zur selben Zeit verfaßten, doch erst 1689 veröffentlichten »Abhandlung über die Regierung«, vom Naturrecht

»Natur« im Wandel

12  Shotover. Der von William Kent entworfene Obelisk im westlichen Teil des Gartens.

13  Shotover. Blick vom gotischen Blickfänger auf das Landhaus.

14 Shotover. Der gotische Blickfänger am Ende des Kanals.

ausgehend auf die Theorie vom Sozialvertrag berief und Beispiele gerechtfertigten zivilen Ungehorsams aus der Geschichte zitierte; eine Schrift also, die sich gegen die Stuarts wandte. Auch in seiner monumentalen »History of England«, an der Tyrrell in der Zeit um 1700 in Oxford arbeitete, ging es ihm vor allem darum, die freiheitlichen Aspekte der neuen Verfassung auf Traditionen der eigenen Geschichte zurückzuführen, so zum Beispiel, daß die sächsische Witan die Basis der englischen Demokratie sei.

Im Jahre 1701 hatte Tyrrell den etwas außerhalb von Oxford gelegenen Landsitz Shotover geerbt. Doch erst um 1715, nach der Rückkehr seines Sohnes von den Marlborough-Feldzügen, begann er mit größeren Umgestaltungsarbeiten. Wenige Meter nördlich des alten Wohnhauses wurde ein neues, wesentlich größeres Gebäude errichtet, vor dessen Ostfront sich der neue Garten erstreckte, ein Garten, in dem sich Tyrrells Naturauffassung ebenso spiegelte wie sein Geschichtsbild.

Die Anlage scheint mit ihrer achsensymmetrischen Ausrichtung auf das Haus dem heutigen Betrachter alles andere als »natürlich« zu sein. Vergleicht man sie jedoch mit Stichen anderer englischer Gärten, die etwa gleichzeitig angelegt wurden, so stellt man fest, daß die eigentliche Qualität von Tyrrells Garten im Weglassen bestand. Statt eines elaborierten Parterres vor dem Haus gab es eine schlichte Rasenfläche; statt Berceaux oder »Topiary Work«, das in England durch die Einführung des holländischen Gartens zu jener Zeit sehr populär war, gab es unbeschnittene Bäume und Sträucher, statt komplizierter Wasserspiele gab es einen einfachen Kanal, in dem sich das Haus bzw. ein Blickfänger spiegelte. Kurz, die »Einfachheit der ungeschmückten Natur« (»simplicity of unadorned nature«), wie sie zu jener Zeit von Alexander Pope oder Joseph Addison für die Gartenkunst gefordert wurde, beherrschte die Szene. Shotover gehörte damit zu jenen Gärten des frühen 18. Jahrhunderts, die Switzer in seiner »Ichnographia« mit dem Begriff »natura-linear« kennzeichnete.

Exakt in der Achse des Hauses, am anderen Ende des Kanals, ließ Tyrrell einen gotischen Blickfänger errichten. Geht man davon aus, daß das Gebäude zur ursprünglichen Gesamtkonzeption gehörte und noch zu Lebzeiten Tyrrells, also vor 1719, entstand, so handelt es sich dabei um das früheste bekannte gotische Folly. Formal und konstruktiv steht das Gebäude in der Tradition der Oxforder College-Gotik, was zu der Annahme führte, daß es von William Townesend, dem Oxforder Collegebaumeister, gebaut wurde. Als Vorbild für den Entwurf könnte die Kapelle des All Souls College gedient haben, an die Townesend nach 1716 die Codrington Library nach einem Entwurf von Nicholas Hawksmoor anfügte. Der formalen Zuordnung des Baus zum Gothic-Survival steht jedoch sein ideologischer Gehalt gegenüber, der ihn als sehr frühes Beispiel des Gothic-Revival kennzeichnet. Analog zu Tyrrells Versuch, die Überwindung der absolutistischen Willkürherrschaft in seinen Schriften aus der mittelalterlichen Geschichte Englands zu rechtfertigen, ist der Blickfänger ein Plädoyer für ein neues, positives, wenn auch verklärtes Mittelalterbild, ein Mittelalter, das nicht mehr roh, barbarisch und düster erschien, sondern das die moralischen und kulturellen Werte der englischen Aufklärung (»enlightenment«) in sich vereinigte: religiöse und ethische Ursprünglichkeit (sprich: Natürlichkeit), Freiheitsliebe und Humanität.

Nach dem Tode von James Tyrrell führte sein Sohn Colonel James Tyrrell das von seinem Vater begonnene Werk fort. Er engagierte in den dreißiger Jahren William Kent, der für Shotover einen Obelisk und einen klassischen oktogonalen Tempel entwarf.[28] Wer für die Gartengestaltung westlich des Hauses zuständig war, ist nicht belegt. Sowohl die Tatsache, daß Kent Anfang der dreißiger Jahre mit Charles Bridgeman zusammen in Stowe tätig war, als auch die Charakteristik des Gartenplans, der sehr an den Bridgeman-Entwurf für Stowe erinnert, legen jedoch die Annahme nahe, daß dieser an der Planung zumindest beteiligt war.

## Die »georgianische Renaissance«

In der Nachfolge des politischen Umbruchs entfaltete sich in der zweiten Dekade des 18. Jahrhunderts eine kulturelle Bewegung, deren erklärtes Ziel die Schaffung einer nationalen Kunst war, die der neuen gesellschaftlichen Struktur und dem damit verbundenen, vom Freiheitspathos geprägten Selbstbewußtsein adäquat sein sollte.[29] Programmatisch formuliert wurde dieses Vorhaben zuerst von dem Whig-Philosophen Shaftesbury, der zunächst in seiner erstmals 1709 erschienenen Schrift »Soliloquy, or Advice to an Author« explizit auf die Verbindung zwischen menschlicher Freiheit und dem Erblühen der Künste und Wissenschaften einging, diesen Zusammenhang am Beispiel des Niedergangs der Künste unter der Tyrannei der römischen Cäsaren verdeutlichte und die moderne Situation Englands zu der republikanischen Ära Roms parallel setzte. In seinem 1712 verfaßten »Letter Concerning the Art, or Science of Design« geht er dann den entscheidenden Schritt weiter von der Parallelisierung zu der ausdrücklichen Empfehlung, sich auf der Suche nach den »right models of perfection« der Antike zuzuwenden. Es ist erstaunlich, wie wörtlich seiner Empfehlung in den folgenden Jahrzehnten bei dem Versuch, einen nationalen Geschmack auszubilden, tatsächlich gefolgt wurde.

In der Architektur markiert das Datum 1715 den Beginn der Neuorientierung. In diesem Jahr erschien sowohl der erste Band des »Vitruvius Britannicus« von Colen Campbell als auch der erste Band der englischen Ausgabe der »Vier Bücher zur Architektur« des Palladio von Giacomo Leoni. Damit war die Basis für die zweite Welle des englischen Palladianismus geschaffen, einer Architektur, die nach Meinung der Zeitgenossen die konsequente Fortsetzung antiken Bauens darstellte. Durch die Wiedereinführung des Palladianismus wurde bewußt ein Kontrast zur Syntax des zuvor importierten kontinentalen Barockstils gesetzt, der aus der Sicht der Neopalladianer als Symbol absolutistischen Machtanspruchs und damit ebenso wie der formale Garten suspekt erscheinen mußte.

In der Literatur bildet das Œuvre Alexander Popes das Gegenstück zum strengen Klassizismus der palladianischen Architektur. Doch gerade sein Werk macht deutlich, daß sich der Rückgriff auf die Antike keineswegs in der sklavischen Nachahmung der antiken Vorbilder erschöpfte. Es ging eher um eine »Übersetzung« großer klassischer Muster in den zeitgenössischen englischen Kontext, eine Auffassung, die auch für die Gartenkunst der Folgezeit, an deren Entwicklung Pope maßgeblichen Anteil hatte, von zentraler Bedeutung war. Von besonderem Interesse erscheint Popes Identifikation von »antik« und »natürlich«, die er in seiner Poetik vornimmt. Er fordert den Dichter zwar auf, sich in erster Linie an der Natur zu orientieren, macht jedoch unmißverständlich klar, was dies aus seiner (klassizistischen) Perspektive zu bedeuten hat: »Learn hence for ancient rules a just esteem; / To copy nature is to copy them.«[30]

Daß diese beiden Zeilen nicht nur für die Literaturästhetik als programmatisch angesehen wurden,

15 Topiary Work. Diese Art des Form- und Figurenschnitts war es, die von Alexander Pope in seinem 1713 im »Guardian« veröffentlichten Essay kritisiert wurde. Aus: Peter Lauremberg, Horticultura, 1654.

zeigt auch der »Essay in Defense of Ancient Architecture« des Neopalladianers Robert Morris von 1728, dem das Pope-Zitat als Motto vorangestellt ist. In diesem Architekturtraktat führt Morris aus, daß die Qualität der antiken Baukunst vor allem in ihrer Einfachheit begründet sei und daß diese Einfachheit sie der Natur nahe bringe – eine Argumentation, die wiederum in den gartentheoretischen Schriften jener Zeit nahezu identisch wiederzufinden ist.

Denn auch im Bereich der Gartenkunst fand eine Rückbesinnung auf die Antike statt, die ebenso wie im Falle der palladianischen Architektur politisch motiviert war. Stephen Switzer formulierte in seiner »Ichnographia Rustica« ein Geschichtsmodell, in dem der französische Garten als gescheiterter Versuch einer Wiederbelebung des antiken Gartens dargestellt wird. Wie aus seinem Verweis auf das augusteische Rom unschwer zu schließen ist, führt er dieses Scheitern auf die »willkürliche und despotische Macht« der absolutistischen Herrschaft zurück. Konsequenz dieser Auffassung ist, daß er es als die Pflicht Englands ansieht, »Frankreich, unseren großen Konkurrenten in der Gartenkunst wie im militärischen Bereich«,[31] zu übertreffen. Nur England kann der neue und wahre Erbe der antiken Gartenkunst werden, da nur in England die gesellschaftlich-politischen Voraussetzungen dafür vorhanden sind.

Aus zeitgenössischer Sicht gab es drei Möglichkeiten, sich eine Vorstellung von dem Aussehen der antiken Gärten zu machen: durch das Studium der antiken Texte von Homer über Plinius, Columella und Varro bis zu Vergil, dessen Georgica eines der meistgelesenen Bücher jener Zeit in England war, durch das Aufsuchen der antiken Stätten und den Vergleich zwischen literarischer Vorlage und tatsächlich Vorgefundenem und schließlich durch den Besuch der italienischen Renaissancegärten, die als legitime Nachfolger der römisch-antiken Villengärten angesehen wurden.

Aus der Kombination aller drei Annäherungsweisen kristallisierten sich im Laufe des zweiten und dritten Jahrzehnts des 18. Jahrhunderts eine Anzahl von Merkmalen und Konzepten heraus, die für die neue Gartenkunst prägend sein sollten.

1713 veröffentlichte Alexander Pope einen Essay im »Guardian« Nr. 173, in dem es heißt: »Es ist etwas Bestimmtes in der liebenswürdigen Einfachheit der ungeschmückten Natur, das eine edlere Ruhe auf den Geist ausstrahlt und ein erhabeneres Gefühl des Vergnügens vermittelt als es durch die hübscheren Szenen der Kunst geschehen kann. Solcherart war der Geschmack der Alten in ihren Gärten, wie wir aus den von ihnen noch vorhandenen Beschreibungen entdecken können.«[32] Pope verweist auf den Garten des alten Corycian in Vergils Georgica sowie auf den Garten des Alkinous im 7. Buch der Odyssee. Sein Kommentar zu beiden Texten läßt sich auf den Begriff »Einfachheit« (»simplicity«) reduzieren. Ganz im Gegensatz dazu erscheint Pope »die moderne Praxis der Gartenkunst«, in der sich das Interesse der Planer offenbar darauf richtet, »sich von der Natur zu entfernen«. Woraufhin er die »Unsitte« des Formschnitts von Buchs und Taxus zu immergrünen Skulpturen beklagt und feststellt: »Ich glaube, es ist keine falsche Beobachtung, daß Menschen von Genie und jene, die in der Kunst die begabtesten sind, die Natur immer am meisten lieben; denn sie empfinden besonders stark, daß alle Kunst Nachahmung und Studium der Natur ist.« Die Anwendung des klassischen Postulats von der Naturnachahmung auf die Gartenkunst, wie sie von Pope vorgenommen wird, enthält eine Umdeutung des Naturbegriffs. Während in der Literaturästhetik die »innere Natur«, also das Wesen der Dinge und vor allem des Menschen, gemeint war, die der Dichter zu sich selbst zu befreien hat, so ist im Zusammenhang mit der Gartenkunst von der »äußeren Natur«, also den sinnlich wahrnehmbaren Phänomenen, die Rede. Es wäre allerdings verfehlt, Pope einen wie auch immer gearteten Naturalismus zu unterstellen. Ihm geht es lediglich um die Feststellung, daß es die Aufgabe des Gärtners sei (analog zu der des Dichters), die äußere Natur zu sich selbst zu befreien, entsprechend der ihr innewohnenden Gesetzlichkeit, die nicht vorschreibt, daß Pflanzen zu skurrilen Skulpturen zurechtgestutzt werden.

Ein anderer Aspekt, der durch die Rückbesinnung auf die antike Gartenkunst in den Vordergrund rückte, war das von Switzer formulierte Konzept des »rural gardening«. Bereits 1712 hatte Joseph Addison in »The Pleasures of the Imagination«,[33] beeindruckt von seinen Reiseerfahrungen in Frankreich und Italien, die Frage aufgeworfen: »Warum ließe sich nicht ein ganzes Landgut, durch Anpflanzungen, die dem Eigenthümer so viel Nutzen als Vergnügen bringen würden, in eine Art von Garten verwandeln? Ein Sumpf mit Weiden bewachsen, oder ein Berg mit Eichen beschattet, sind nicht nur schöner, sondern auch einträglicher, als wenn man sie öde und ungeschmückt liegen läßt. Kornfelder machen einen angenehmen Prospekt, und wendete man auf die zwischen ihnen liegenden Gänge ein wenig Sorgfalt, hülfe man dem natürlichen Stickwerk der Wiesen durch einen kleinen Zusatz von Kunst durch Bäume und Bluhmen, die der Boden zu tragen fähig wäre, so könnte man sich eine sehr hübsche Landschaft aus seinen Besitzungen machen.«[34]

Switzer systematisierte Addisons Anregungen in seiner »Ichnographia« unter dem Begriff des »rural gardening«, ein Konzept, das, wie er schreibt, »aus großzügig erweiterten Gärten und Anpflanzungen« besteht, »geschmückt mit schönen Statuen und Wasserspielen (...) und voller langer und schattiger Wege in weitläufigen Gehölzen«, in denen neben dem landwirtschaftlichen Nutzen auch der »Nutzen zum privaten Rückzug durch einige kleine, versteckte Kabinette« nicht ausgeschlossen sei. Außerdem soll »das ganze umliegende Land dem Blick geöffnet und das Auge nicht von hohen Mauern und schlecht plazierten Bäumen behindert werden«. Man muß zudem die Schritte frei »mitten in die umfassenden Reize der Natur und in weite Teile einer angenehmen ländlichen Gegend lenken können«.[35]

Ebenso wie bei Pope und Addison richtete sich Switzers Kritik gegen »those crimping, diminutive und wretched Performances« der holländischen Gartenkunst, die vor allem durch die Inthronisierung Wilhelms von Oranien in England Verbreitung gefunden hatten. Die vorgeschlagene Alternativkonzeption orientierte sich einerseits – hinsichtlich der Großzügigkeit – an den barocken Anlagen Frankreichs, andererseits aber auch an Italien, vor allem was die Öffnung des Gartens zur umgebenden Landschaft bzw. die Einbeziehung oder Vermischung von Gartengelände und Agrarlandschaft zu einem einheitlichen Entwurf betrifft. Autorisiert wurde dieser Ansatz ebenso durch die antike Literatur wie durch die Situierung der italienischen Renaissancevillen. Addison hatte auch diesem Ratschlag bereits eine ideologisierende Begründung vorangestellt, als er schrieb: »Der menschliche Geist hasset von Natur alles, was einem Zwange ähnlich sieht und glaubt sich gewissermaßen gefesselt und eingesperrt, wenn sein Gesicht in einen engen Umfang beschränkt, und von allen Seiten durch nahe Mauern oder Berge verkürzt wird. Ein weit ausgedehnter Horizont hingegen ist ein Bild der Freyheit, wo das Auge Raum hat, umherzuschwärmen, durch die Unermeßlichkeit seiner Aussichten auf und nieder zu wandern, und sich unter Mannichfaltigkeit von Gegenständen, die sich seiner Betrachtung darbiethen, zu verliehren.«[36]

Es war allerdings nicht Switzer, der die Öffnung des Gartens zur umliegenden Landschaft in die Praxis umsetzte. Dieser »Durchbruch, der entscheidende Schritt zu allem was folgte«,[37] wurde von dem Gärtner Charles Bridgeman vollzogen. Er war es, der um 1718/19 die Möglichkeiten des »Aha« entdeckte und dieses in den folgenden Jahren zur heute bekannten Form entwickelte: als trockener Graben mit einer Schrägung an der äußeren Seite und einer senkrechten Steinmauer, die bis zum Gartenniveau hochgezogen ist. Die Idee des Aha war jedoch nicht, wie Horace Walpole annahm, »ein Einfall von Bridgeman«, sondern wurde mit der »Theorie« d'Argenvilles 1712 nach England »importiert«.[38] Während jedoch im französischen Garten das Aha lediglich zur Lösung eines Spezialproblems diente: zur Öffnung des Blickes durch die Hauptachse des Gartens in die Landschaft, schaffte Bridgeman die Mauer als Gartenbegrenzung ganz ab und ersetzte sie durch ein in die Breite gezogenes Aha. So einfach und logisch dieser Schritt aus der Rückschau auch erscheinen mag, er war, wie es den Anschein hat, nur über einen vermittelnden Zwischenschritt möglich. In einem Führer über den Garten von Stowe wird der Home Park beschrieben als »das Feld, das auf militärische Art und Weise eingefaßt ist, mit einer mit Pfählen versehenen Umfriedung«.[39] Was damit gemeint ist, geht aus den zeitgenössischen Stichen hervor. Das von Bridgeman rund um den Home Park angelegte Aha war konstruktiv eine Kopie der zu jener Zeit im militärischen Ingenieurwesen üblichen Befestigungsgräben – einschließlich der horizontal herausragenden, »storm-poles« oder »fraises« genannten Pfähle, die statt der anstürmenden Feinde in diesem Falle die weidenden Rinder abzuwehren hatten. Erst durch das scheinbare Verschwinden der Grenzen zwischen Garten und Agrarlandschaft und/oder »Natur«-Landschaft war die praktische Voraussetzung gegeben, beide Bereiche nicht nur optisch (als Blick nach draußen), sondern auch gestalterisch (durch die Übertragung landschaftlicher Elemente in den Garten) zu einer Einheit zu verschmelzen. Diese Synthese fand jedoch erst ab den dreißiger Jahren unter William Kent statt.

Ein weiteres Motiv, das im Rückgriff auf die Antike zu prägender Bedeutung für die neue Gartenkunst werden sollte, betraf die Verwendung und Situierung von Bauwerken im Garten bzw. in der Landschaft. Von besonderer Bedeutung war in diesem Zusammenhang die 1726 von Giacomo Leoni veröffentlichte Übersetzung der »Zehn Bücher über Architektur« von Leon Battista Alberti. Was dort in Buch VI und VIII zum Thema Architektur und Landschaft zu lesen war, deckte sich exakt mit den Erfahrungen, die die englischen Bildungstouristen während ihrer Grand Tour in Italien machten. Dies betraf ebenso die realen antiken Bauwerke, zum Beispiel den Sibyllentempel in Tivoli, als auch die Architektur-Capriccien der italienischen Landschaftsmaler, die in unschätzbarer Zahl nach England gebracht wurden. Erst durch die Ausstaffierung mit – als Assoziationsauslöser dienenden – Architekturen wurde die Landschaft thematisch definiert und damit für die Zeitgenossen ästhetisch im Sinne eines Kunstwerks faßbar.

Zwei Jahre nach der Alberti-Übersetzung erschien ein Buch, in dem das Bedürfnis der Zeit, die eigene Gartenkunst und Architektur in unmittelbarer Anbindung an die Antike neu zu beleben, deutlicher denn je in den Vordergrund gestellt wurde: Robert Castells »The Villas of the Ancients Illustrated«[40] ist der Versuch, aus Texten von Plinius dem Jüngeren, Varro und Columella das Erscheinungsbild dreier antiker Villentypen zu rekonstruieren. Seinen besonderen Stellenwert für den heutigen Betrachter gewinnt dieses Werk jedoch nicht aufgrund der darin enthaltenen archäologischen Aussagen, sondern durch die Mutmaßungen, auf die Castell angewiesen war, um Lücken bzw. Interpretationsspielräume aufzufüllen. Denn gerade dort wird der Einfluß zeitgenössischer Vorstellungen besonders deutlich, der die Grenze zwischen historischem Anspruch und Wunschvorstellung verwischt.

DIE »GEORGIANISCHE RENAISSANCE«

16 Robert Castells rekonstruierter Plan der Villa Tuscum des Plinius. Stich aus: The Villas of the Ancients Illustrated, 1728.

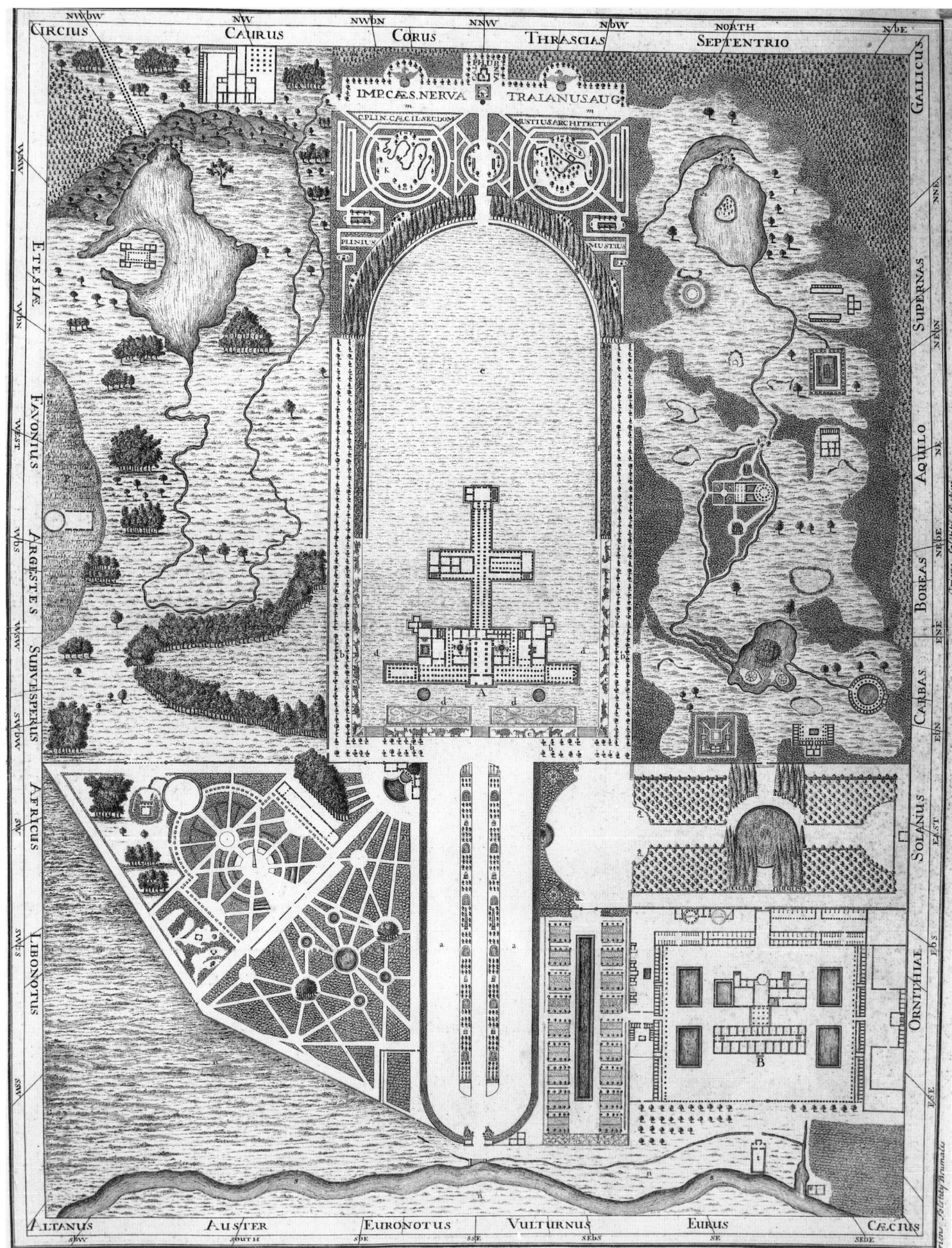

Castell unterscheidet in seinem Kommentar zur Beschreibung der toskanischen Villa des Plinius zwischen drei Typen der Gartengestaltung, die seiner Ansicht nach als Villengärten gebräuchlich waren: eine als »rough manner« bezeichnete Urform, in der die »Natur in ihrem schlichtesten und einfachsten Kleid erscheint«, einen Typ, der in einem »more regular and exact Taste« gehalten und durch und durch künstlich war, und – als Synthese aus den beiden ersten – einen dritten Typ, »dessen Schönheit in einer nahen Imitation der Natur bestand; wo, obgleich die Teile mit größter Kunst angelegt sind, die Unregelmäßigkeit dennoch erhalten ist; so daß ihre Art nicht unzutreffend als kunstvolles Durcheinander bezeichnet werden kann, wo es kein sichtbares Erscheinen der geschickten Hand, die das bewirkt hat, gibt, und wo die Felsen, Kaskaden und Bäume ihre natürlichen Formen tragen«.[41] Wenngleich er darauf verweist, daß in Plinius' Garten alle drei Typen vertreten waren, macht er doch keinen Hehl aus seiner Sympathie für den dritten Typ, dessen Charakterisierung programmatisch dafür ist, was in den zwanziger Jahren für den englischen Garten als idealtypisch gefordert wurde. Welche zeitgenössischen Anschauungen und Vorstellungen Castell bei seiner Extrapolation einfließen ließ, wird erkennbar, wenn man die Pläne betrachtet: Man findet Anklänge an italienische Renaissancegärten, an die Villa Hadriana, an klassische Bildungslandschaften ebenso wie Zitate aus englischen Gärten der zwanziger Jahre, wie sie im »Vitruvius Britannicus« abgebildet sind.

In seinem Kommentar erwähnt Castell jedoch noch eine weitere Inspirationsquelle, an die ihn das »kunstvolle Durcheinander« seines dritten Typs erinnert: den chinesischen Garten. Er greift damit einen Topos auf, der seit dem Erscheinen von Sir William Temples »Upon the Gardens of Epicurus« 1692 zum festen Bestand der Diskussion um die »Natürlichkeit« in der Gartengestaltung geworden war.[42] Das Stichwort hieß »Sharawadgi«. Mit diesem Wort, dessen chinesischer Ursprung im etymologischen Dunkel liegt, bezeichnen, laut Temple, die Chinesen eine bestimmte Form der Gartenkunst, die mit den europäischen Begriffen von »Proportion, Symmetrie oder Gleichgestaltigkeit« nicht faßbar ist, ja deren Schönheit gerade darin bestehe, daß sie »ohne erkennbare Ordnung oder Anordnung der Teile«[43] angelegt seien. Doch obwohl Temple der Ansicht war, daß die Chancen

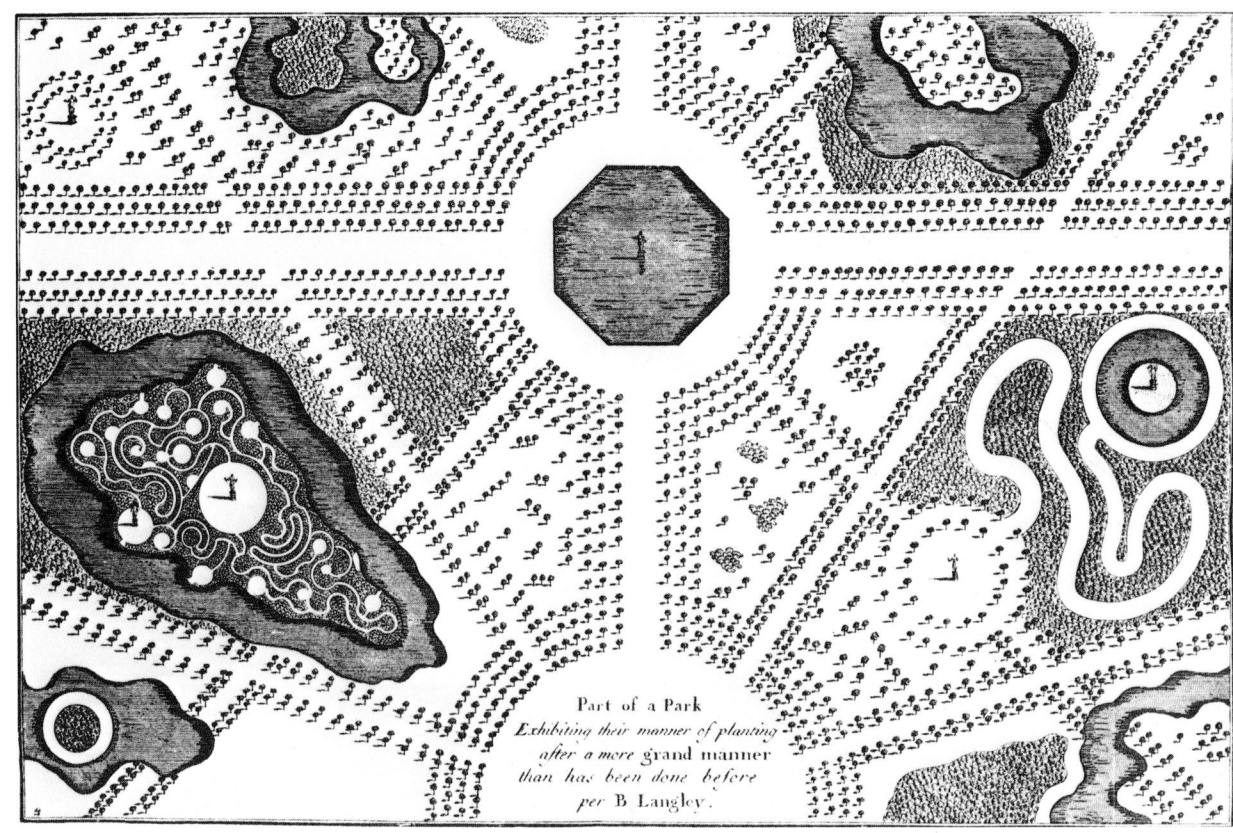

17  Musterplan von Batty Langley aus: New Principles of Gardening, 1728.

für eine erfolgreiche Nachahmung dieser Gartenkunst durch die Europäer sehr klein seien (er tippte auf 20:1), hatte seine Anmerkung zum chinesischen Garten die Wirkung eines kleinen Steins, der in einen spiegelglatten See geworfen wird.

Das »Sharawadgi« – von dem niemand so genau wußte, was es eigentlich bezeichnete – geriet zum Wortscharwenzel, der jahrzehntelang durch die Gartentheorie geisterte und immer dann auftauchte, wenn ein weiterer Schritt weg vom Formalismus des Barockgartens gerechtfertigt werden mußte. Einen »jardin anglo-chinois« gab es jedoch nie – zumindest nicht im England des 18. Jahrhunderts. Was es gab, waren seit den vierziger Jahren Gartengebäude im chinesischen Geschmack, die bisweilen, wie zum Beispiel in Shugborough, auch von exotischen Gehölzen umpflanzt waren. Doch Szenen dieser Art waren in England marginal. China und seine Gärten blieben zumindest in der Entstehungszeit des Landschaftsgartens ein diffuser Legitimationstopos, hinter dem sich die Kritik am Status quo verbarg.

Im selben Jahr wie Robert Castells Werk erschien Batty Langleys »New Principles of Gardening«, eine umfangreiche Anleitung zur Gartenpraxis, in der der Autor, der von Beruf Gärtner war, gleich zu Beginn feststellt, daß es »keine schockierendere Sache gibt als einen steifen, regelmäßigen Garten«.[44] Doch bereits ein Blick auf Langleys Musterpläne macht deutlich, daß seine Auffassung von »Unregelmäßigkeit« hauptsächlich darin besteht, Wiederholungen zu vermeiden, indem bei der Planung ein möglichst umfangreiches Repertoire an Gestaltungsmitteln eingesetzt wird.

Auffälligstes Merkmal seiner Entwürfe ist die Überlagerung von traditionellen barocken Entwürfen mit etwas unmotiviert wirkenden geschlängelten Pfaden und »natürlichen« Inseln – mißglücktes »Sharawadgi«, wie ein moderner Autor lapidar bemerkte. Interessanter als Langleys Vorschläge

18 Castle Howard. Plan des Parks. Heutiger Zustand auf Grundlage der 6" Ordonance Survey Map.

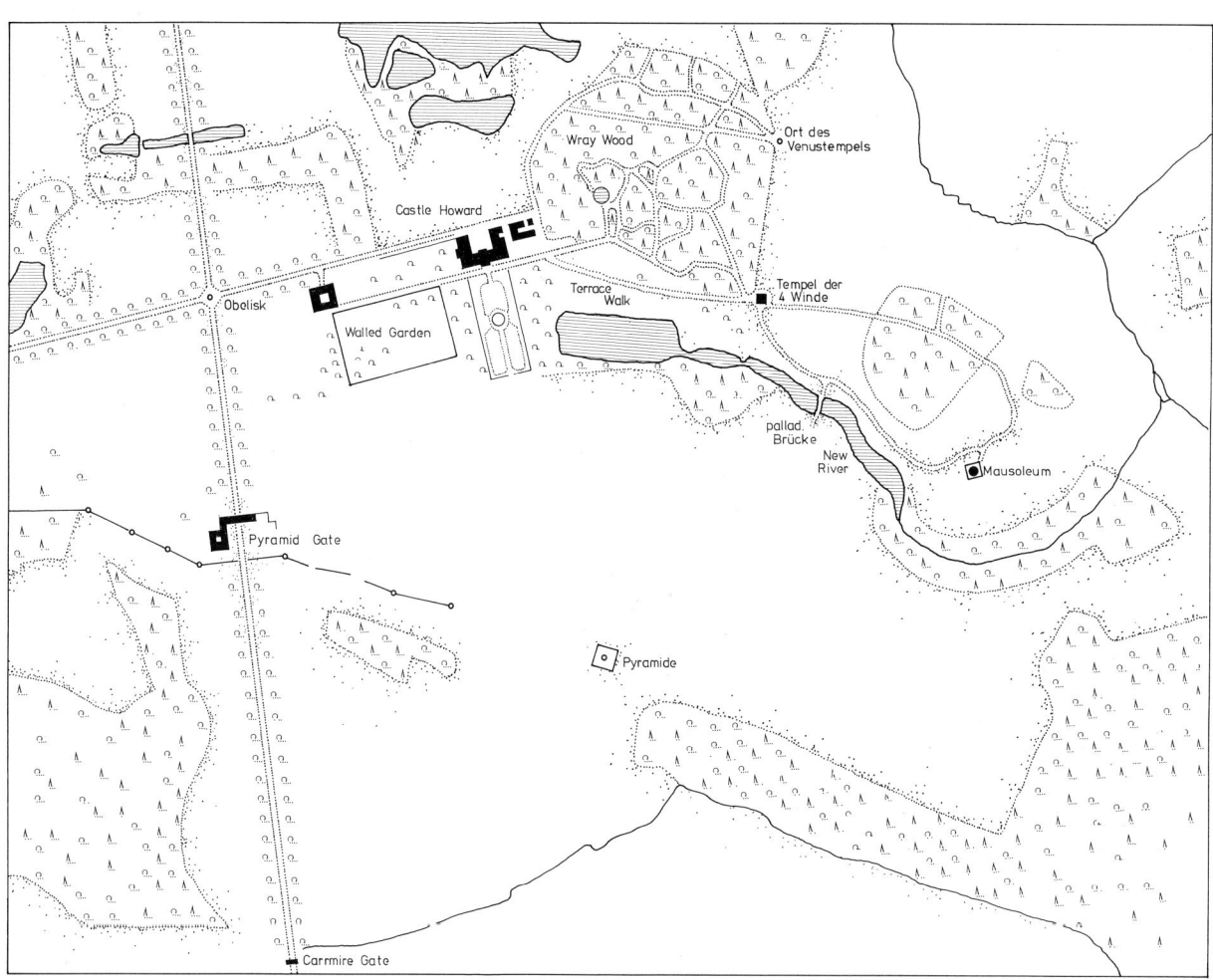

zur Gartenpraxis erscheint die Feststellung, daß trotz seiner – berufsbedingten – Unfähigkeit, die neuen Ideen konsequent umzusetzen, aus seinem Text das Wissen um diese neuen Ideen ersichtlich ist. Er liefert damit einen aufschlußreichen Beleg für die These, daß die Erneuerung der Gartenkunst nicht von professionellen Gärtnern, sondern von Dilettanten geleistet werden mußte, die sich unbefangen, ohne Systemzwang, auf das Neue einlassen und mit ihm experimentieren konnten. Als fruchtbarste Keimzelle dieses Dilettantismus kann man wohl den Kit Cat Club bezeichnen – eine der politisch einflußreichsten Whig-Vereinigungen des nachrevolutionären England, zu der neben zahlreichen Adligen auch Künstler und Intellektuelle wie Addison, Richard Steele, William Congreve, Jacob Tonson und Sir Godfrey Kneller gehörten.[45]

## Castle Howard: eine monumentale Landschaftselegie

Im Kit Cat Club lernte auch Charles Howard, der Dritte Earl of Carlisle, den bis dahin lediglich als Dramatiker bekannten John Vanbrugh kennen. Carlisle suchte, da 1693 sein Familiensitz Henderskelfe Castle in Yorkshire abgebrannt war, einen Architekten für ein neues Landhaus. Entwürfe, die der Earl bei dem englischen Barockarchitekten William Talman in Auftrag gegeben hatte, wurden abgelehnt. Bis heute ist rätselhaft, wie Carlisle danach ausgerechnet auf Vanbrugh kam; Tatsache ist jedoch, daß dieser, assistiert von Nicholas Hawksmoor, den grandiosen Entwurf für das neue, Castle Howard genannte Landhaus anfertigte, mit dessen Erbauung 1700 begonnen wurde und das bei Carlisles Tod 1738 noch nicht fertiggestellt war. Parallel zu den Bauarbeiten an Castle Howard wurde der umliegende Park in eine gigantische Ideallandschaft verwandelt: die erste »absolute Landschaft« Englands.[46]
Bereits in den späten neunziger Jahren des 17. Jahrhunderts hatte George London ein Konzept für die Parkgestaltung entwickelt.[47] Bestimmt wurde dieser streng geometrische Entwurf von sternförmig angelegten Achsen, in deren Zentrum das Landhaus stehen sollte. Im Norden war ein großflächiges, kreuzförmiges System von Wasserbassins, südwestlich des Hauses – als Ersatz für das Dorf Henderskelfe – ein kreisförmig um eine Kirche angeordnetes Idealdorf vorgesehen. Den Wray Wood genannten Wald im Osten sollten sternförmig angelegte Achsen durchschneiden. Der Plan, der deutlich an französische Vorbilder erinnert, nahm keinerlei Rücksicht auf die topographischen Gegebenheiten. Er wurde nie realisiert.
Stattdessen begann man, wie einem Planfragment zu entnehmen ist, 1701 damit, Wray Wood mit einer dem Geländeverlauf angepaßten Mauer einzufassen. Die ursprünglich vorgesehene sternförmige Alleekonzeption wurde zugunsten eines unregelmäßigen, mit eingestreuten Lichtungen versehenen Wegesystems aufgegeben. Die Arbeiten in Wray Wood waren etwa um 1715 abgeschlossen. Obgleich heute außer einigen Bauwerksresten nichts mehr davon erhalten ist, kann man aufgrund der vorhandenen Quellen schließen, daß der bewaldete Hügel eine gewisse Ähnlichkeit mit dem Bosco mancher italienischer Renaissancegärten hatte. Auf dem regellos erscheinenden Wegenetz gelangte man zu Statuen, Monumenten, Bassins, Wasserspielen und kleinen Summer Houses. Zudem hatte man von verschiedenen Punkten aus weite Ausblicke in die Landschaft. Mit Wray Wood war der erste Schritt zu einer Ästhetisierung der Parklandschaft von Castle Howard getan – gemäß Addisons Forderung, «ein ganzes Landgut (...) in eine Art von Garten zu verwandeln».
Carlisle, der sich 1702 aus dem öffentlich-politischen Leben zurückgezogen hatte und von da an –

»Natur« im Wandel

19   Castle Howard. George Londons Entwurf für die Parkgestaltung aus dem Jahre 1699. (Mit freundlicher Genehmigung des Victoria and Albert Museum, London)

20   Castle Howard. Planfragment, vermutlich von Vanbrugh aus dem Jahre 1701. Von besonderer Bedeutung ist die asymmetrische und unregelmäßige Konzeption des Wray Wood. (Mit freundlicher Genehmigung des Victoria and Albert Museum, London)

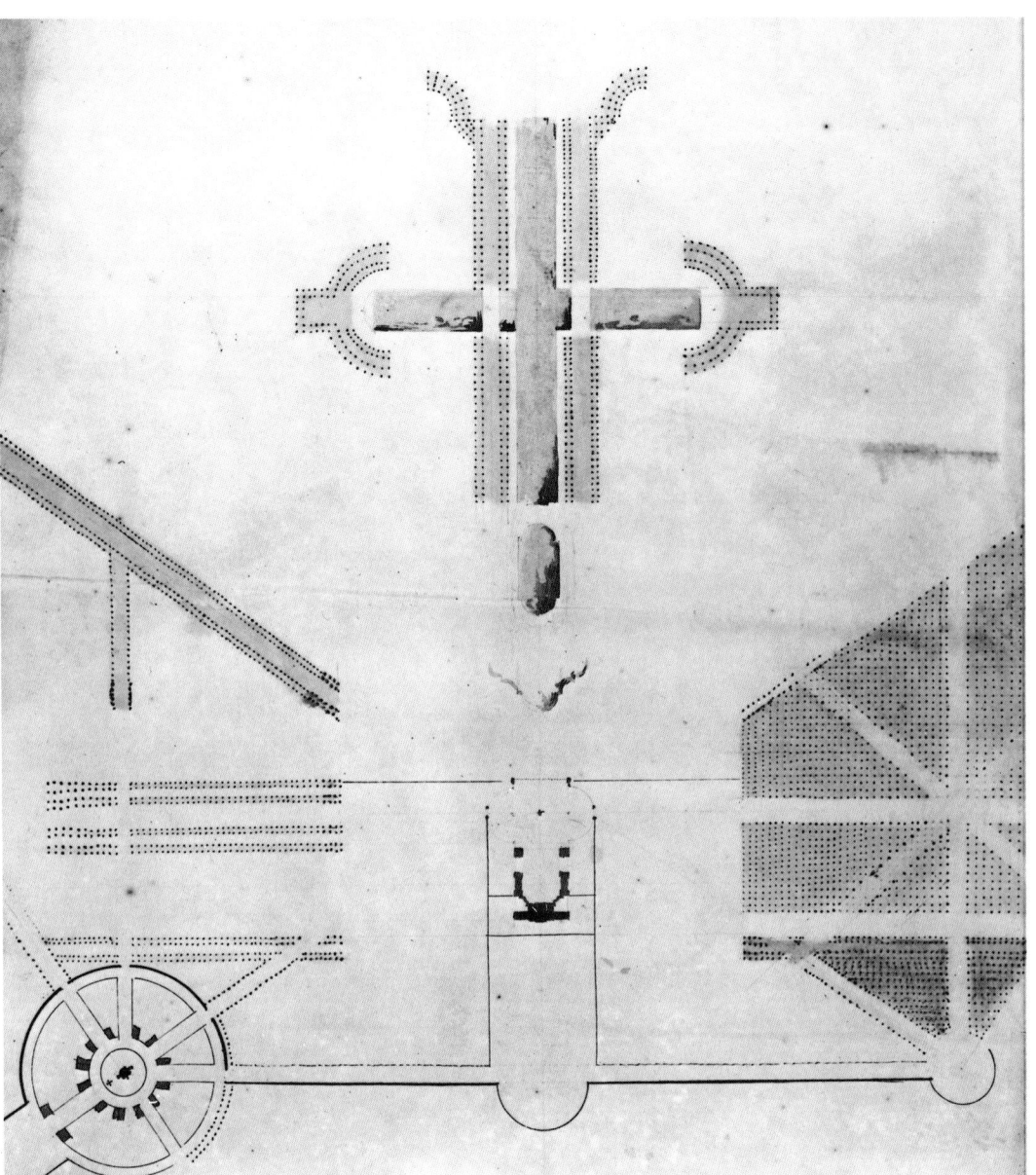

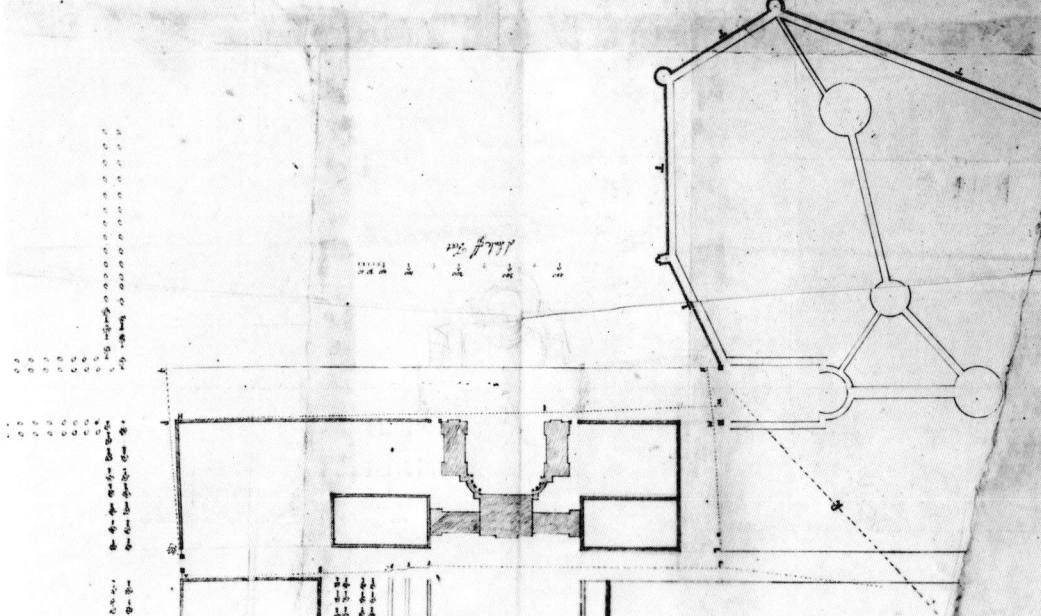

CASTLE HOWARD: EINE MONUMENTALE LANDSCHAFTSELEGIE

21 Castle Howard. Blick vom Terrace Walk nach Westen auf das von Vanbrugh entworfene Landhaus.

22  Castle Howard. Blick von der palladianischen Brücke in den Park. Auf der Anhöhe der Tempel der vier Winde.

23  Castle Howard. Im Vordergrund die palladianische Brücke, die sich in der Talsenke zwischen dem Mausoleum und dem Tempel der vier Winde über den künstlichen New River spannt. Sie wurde um 1744 vermutlich nach einem Entwurf von Daniel Garrett erbaut. Im Hintergrund die Pyramide.

24  Castle Howard. Der von Vanbrugh entworfene Tempel der vier Winde am östlichen Ende des Terrace Walk.

25  Castle Howard. Das Mausoleum von Nicholas Hawksmoor, das weithin sichtbar auf einer Anhöhe im östlichen Bereich des Parks erbaut wurde.

26 Castle Howard. Aussicht von den Stufen des Tempels der vier Winde auf die umgebende Agrarlandschaft.

ganz nach antikem Vorbild – ein »Life of rural pleasure«[48] auf seinem Landsitz kultivierte, widmete sich fortan fast ausschließlich der Herstellung seines privaten »Elysiums«.

Südlich des Wray Wood wurde 1724 ein See angelegt, an den sich ab 1732 nach Osten der künstliche Flußlauf des New River anschloß. Zwischen Wray Wood und See wurde die ehemalige Dorfstraße zu einem sanft geschwungenen, rasenbewachsenen Terrace Walk umgestaltet, an dessen Ende man Vanbrughs Tempel der vier Winde erbaute (1732 fertiggestellt), eine barocke Miniaturvariation auf Palladios Villa Rotonda. Wolfgang Kaiser hat noch auf ein anderes Bauwerk hingewiesen, das Vanbrugh zu seinem Entwurf inspiriert haben könnte: der Palazzino im Garten der Villa Ludovisi, wie er in Faldas »Li Giardini di Roma« abgebildet ist. Der Stich in dem 1683 erschienenen Werk weist noch eine weitere bemerkenswerte Ähnlichkeit mit Castle Howard auf. In den zwanziger Jahren wurde im südwestlichen Bereich des Parks eine Art Festungswall mit Wachttürmen errichtet, der bislang nur mit Vanbrughs Vorliebe für die englische Festungsarchitektur des Mittelalters in Verbindung gebracht wurde. Die Idee, eine Wallanlage als »Blickfänger« in einen Park einzubeziehen, könnte jedoch ebenfalls dem Stich der Villa Ludovisi entnommen sein, wo ein Teil des Gartens von der »Mura antiche della città« eingefaßt war.

Zwischen 1728 und 1732 wurde auf dem freien Feld südlich des Landhauses eine Pyramide errichtet. Ob der Entwurf noch von Vanbrugh stammte (er starb 1726) oder von Hawksmoor, ist nicht bekannt. Vanbrugh hatte bereits 1719 in Castle Howard das Pyramid Gate und in den frühen zwanziger Jahren für Cobham in Stowe eine Pyramide entworfen. Der Bau in Castle Howard, den Carlisle als Memorialbau für seinen Vorfahren Lord William Howard errichten ließ, erinnert jedoch auch an die Beschreibung des Grabmals von Lars Porsenna in Albertis »Zehn Bücher über Architektur«.[49]

Grabmalassoziationen löst in Castle Howard auch noch ein anderes Gebäude aus, das ab 1726 geplant wurde, doch erst um 1742 vollendet war: Hawksmoors Mausoleum, das Carlisle als Grabstätte für sich und seine Familie erbauen ließ. Das Gebäude, das ernst und abweisend als weithin sichtbares Memento mori einen Hügel südöstlich des Landhauses bekrönt, bildet den Höhepunkt der Landschaftselegie von Castle Howard. In ihm kristallisiert sich jene melancholische Grundstimmung, die dem ganzen Park aufgrund seiner epischen Monumentalität innewohnt.

### Der Garten des Dichters: Alexander Pope in Twickenham

Ganz im Gegensatz zur erhaben wirkenden Weite von Castle Howard steht der Garten, den sich Alexander Pope zwischen 1719 und 1744 in Twickenham, Middlesex anlegte.[50] Er selbst verglich die Arbeit an dem rund 200 m langen und 90 m breiten Gelände ironisch mit dem Versuch, die zwölf Apostel in einen Kirschkern zu schnitzen.[51] Gemeinsam ist beiden Anlagen jedoch die Berufung auf die Antike und die Gärten der italienischen Renaissance.

Pope war 1716 nach Chiswick gezogen und hatte Richard Boyle, den Dritten Earl of Burlington, kennengelernt, der 1715 tief beeindruckt von seiner ersten Grand Tour aus Italien zurückgekehrt war und kurz darauf begann, seinen elterlichen Landsitz in Chiswick zu einem italienischen Garten umzugestalten. Vermutlich war Pope, der sein Interesse an der Gartenkunst bzw. seine Kritik am damaligen Status quo bereits 1713 mit seinem berühmten Essay im »Guardian« Nr. 173 bekundet hatte, an der ersten Gestaltungsphase von Burlingtons Garten beteiligt, und seine aus der Literatur der Antike gewonnenen Vorstellungen gingen hier eine glückliche Synthese mit Burlingtons Reiseerfahrungen ein.

1719, im selben Jahr, als Burlington ein zweites Mal nach Italien reiste, mit der Absicht, sich ausschließlich der Architektur Palladios zu widmen, pachtete Pope seine »Villa« in Twickenham. Die Flußlandschaft um Richmond und Twickenham, wo sich eine »villa suburbana« an die andere reihte, wurde bereits 1722 als das »Frascati Englands« apostrophiert.[52] Das Haus, dem James Gibbs im Auftrag Popes einen palladianischen »Anstrich« verlieh, war nur durch eine sanft abfallende Rasenfläche von der Themse getrennt. Zwischen Haus und Gartengelände verlief die Straße von Richmond nach Hampton Court. Um ungestört in den Garten zu gelangen, ließ Pope einen Tunnel graben, der vom Untergeschoß des Hauses unter der Straße hindurch führte. Was ursprünglich aus rein praktischen Erwägungen entstanden war, entwickelte sich im Laufe der folgenden beiden Jahrzehnte zu einem der berühmtesten und meistbesichtigten

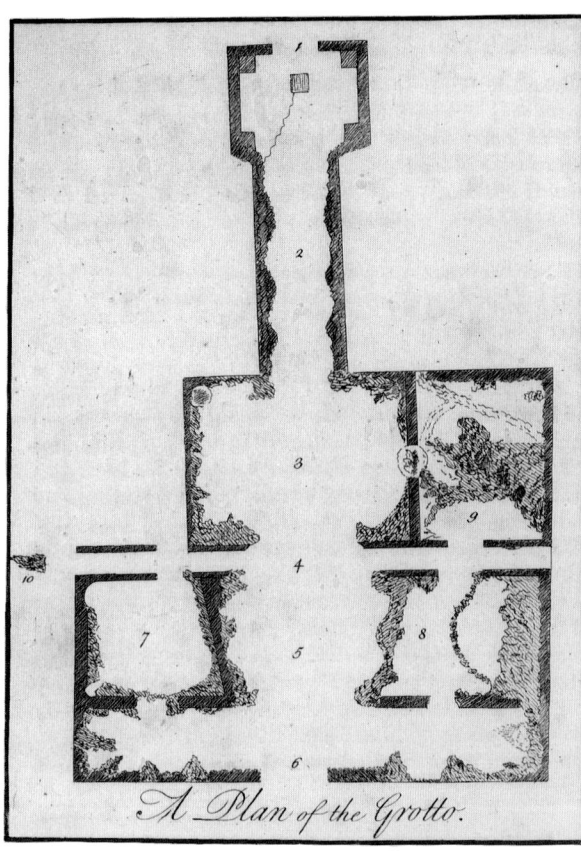

»show places« des 18. Jahrhunderts – ein eindringliches Beispiel für Popes Forderung: »Beginne selbst aus einer schwierigen Lage heraus, nütze die Zufälligkeiten des Schicksals / Die Natur wird sich mit dir verbünden; Die Zeit wird ein bestaunenswertes Werk daraus erwachsen lassen (...).«[53]

Popes Grotte wurde zum Vorbild zahlreicher ähnlicher Gebilde, zum beinahe unentbehrlichen Requisit des Englischen Gartens. Wände und Decken der verschiedenen Grottenräume waren mit einer Vielzahl von Mineralien, Gläsern, Versteinerungen, Korallen und Gesteinsbruchstücken verziert, die Pope sich von seinen Freunden aus aller Welt mitbringen oder zuschicken ließ, darunter »ein Marmorstück aus der Grotte der Egeria bei Rom, von Reverend Mr. Spence«[54] – ein Hinweis auf eine der vielfältigen Bedeutungen, die Pope seiner Grotte zumaß. So schrieb er am 2. Juni 1725 in einem Brief an seinen Freund Edward Blount, daß entsprechend »der aquatischen Idee des ganzen Ortes [in

28 Plan von Popes Garten in Twickenham. Dieser Plan wurde zusammen mit dem Grotten-Plan, einer perspektivischen Darstellung und einer Beschreibung der Grotte im Jahre 1745 von Popes Gärtner John Serle veröffentlicht. Die wichtigsten Elemente sind durch Ziffern gekennzeichnet:
1 Rasenfläche zwischen der Themse und dem Haus
2 Popes Villa
3 Grotte
4 Straße von Hampton Court nach Richmond
5 Muscheltempel
6 Aussichtshügel
7 Treibhäuser
8 Weinberg
9 Obelisk
10 Zwei kleine Hügel
11 Bowling Green
12 Offenes Gehölz
13 Orangerie
14 Gartenhaus
15 Küchengarten

Die schwarzen Quadrate bezeichnen die Standorte von Urnen und Statuen.

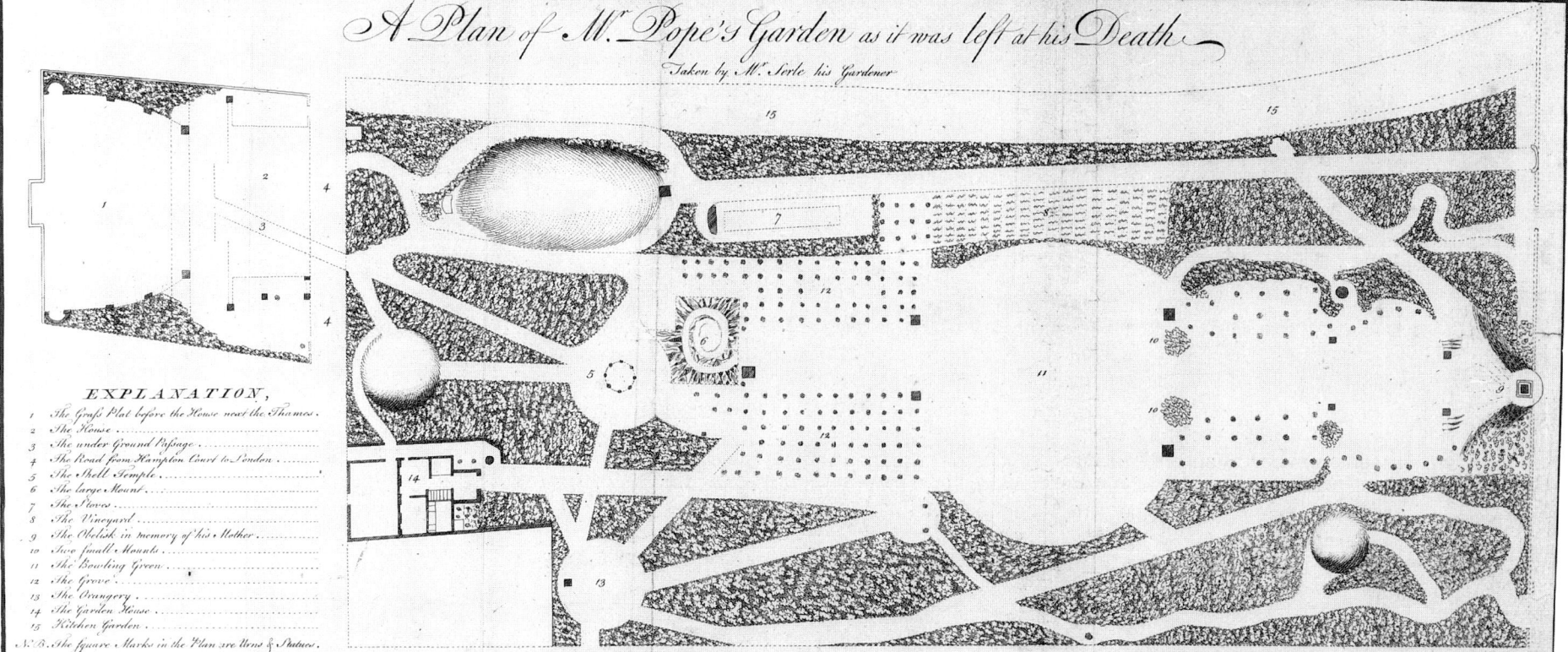

der Grotte entsprang eine Quelle] … nichts weiter zu dessen Vervollständigung fehlt als eine gute Statue mit einer Inschrift … Huius Nympha loci, sacri custodia fontis, / Dormio dum blandae sentio murmur aquae.«[55]

Pope beließ es bei der Idee, bei der Assoziation.[56] Seine Grotte sollte mehr sein als eine bloße Evokation des Genius loci durch eine Anspielung auf Nymphaeen der Antike und der Renaissance. Sie war ein Museum im doppelten Sinn des Wortes: als naturgeschichtliches Kuriositätenkabinett und als Ort der schöpferischen Kontemplation bzw. als Ort des philosophisch-politischen Gespräches mit Freunden wie Bolingbroke.[57] Maynard Mack hat die Assoziationskette von der Grotte der Egeria und König Numa zu Bolingbrokes »Patriot King« eindrucksvoll dargestellt.[58]

Eine vage Vorstellung vom ehemaligen Erscheinungsbild der Grotte läßt sich auch heute gewinnen, da sie, wenn auch stark verändert, noch existiert. Als wesentlich schwieriger erweist sich der Versuch, ein plastisches Bild von Popes Garten wiederherzustellen, da von ihm nichts mehr erhalten ist. Es gibt lediglich eine umfassende Beschreibung, die 1748, also vier Jahre nach Popes Tod, erschien, sowie den von Popes Gärtner angefertigten Plan und eine Skizze William Kents, deren Realitätstreue jedoch zweifelhaft ist. Pope leitete die Planung seines Gartens sicher selbst, vermutlich assistiert von seinem Gärtner und Freunden wie Burlington, Kent und Bridgeman.

Von der Grotte, über deren Eingang die Inschrift »Secretum iter, et fallentis semita vitae«[59] zu lesen war, gelangte man zunächst in einen dicht mit Sträuchern und Bäumen bepflanzten Geländeabschnitt, von wo aus man entweder über versteckte, unregelmäßig angelegte Pfade in die den Garten beidseitig begrenzenden Boskettzonen eindringen konnte oder geradeaus zum Muscheltempel weiterging. Dieser Tempel markierte den Anfang der den Garten nach Westen durchziehenden Hauptachse. In unmittelbarer Nähe befand sich ein künstlich aufgeschütteter Aussichtshügel – stilistisch ein Relikt des englischen Renaissancegartens, doch von »natürlicher« Machart: »dicht überwuchert von Sträuchern und Bäumen von wilderem Wuchs und verworrenerer Ordnung, die aus Felsspalten emporwachsen und aus Haufen zerklüfteter, moosiger Steine.«[60] Ein spiralförmig verlaufender Pfad führte hinauf zu einem »Forest Seat or Chair«, der von den Zweigen eines Baumes beschattet war. Von dort hatte man einen Blick über den ganzen Garten (und darüber hinaus): Nach Westen schloß sich rechts und links der Hauptachse der Quincunx Grove an, von wo aus man zum zentralen, etwa kreisförmigen Bowling Green gelangte.

Verschiedene Punkte der Hauptachse waren mit Statuen und Urnen[61] verziert. Im Anschluß an den Bowling Green verengte sich die Hauptachse wieder und führte zwischen zwei kleineren Hügeln hindurch leicht ansteigend zu einem von Zypressen umstandenen Obelisken, den Pope zum Gedenken an

»Natur« im Wandel

29 Blick in Popes Garten in Twickenham. Diese vermutlich zwischen 1725 und 1730 von William Kent angefertigte Federzeichnung ist das einzige bekannte Bilddokument vom Erscheinungsbild des Gartens zu Lebzeiten Popes. Sie zeigt den Muscheltempel und zwischen dessen Säulen einen Blick durch die Grotte mit einem Boot auf der Themse. Die Realitätstreue der Abbildung ist umstritten. (Mit freundlicher Genehmigung des British Museum, London)

30 Alexander Popes Villa in Twickenham. Blick über die Themse auf das Haus und die vorgelagerte Rasenfläche. Dieser Stich von Nathaniel Parr nach einer Vorlage von Pieter Andreas Rysbrack aus dem Jahre 1735 ist die einzige Darstellung von Popes Villa, die zu Lebzeiten des Dichters veröffentlicht wurde.

seine Mutter hatte errichten lassen.[62] Von diesem abgelegensten Bezirk des Gartens konnte man durch die südliche Boskettzone zu einem Weinberg, zu den Treibhäusern oder zum Küchengarten weitergehen – »dulce et utile«: der Garten des Horatiers war beides.

Obgleich die Anlage – trotz ihrer Irregularität – noch der barocken Raumauffassung verpflichtet war, was bedeutet, daß »aus der vorgegebenen Masse Weg- und Platzräume ausgeschnitten wurden«, so daß der Garten wirkte »wie ein einzelnes vergrößertes Boskett, aus dem Schlängelwege und Freiraum ausgespart sind«,[63] gibt es Hinweise darauf, daß bei seiner Planung auch Prinzipien zur Anwendung kamen, die aus der Malerei abgeleitet waren. Stellvertretend seien zwei von Joseph Spence aufgezeichnete Zitate Popes angeführt: »Man kann Gegenstände entfernter erscheinen lassen, indem man sie abdunkelt und indem man die Bepflanzung auf das Ende zu mehr und mehr verengt; in der Weise wie sie es in der Malerei machen und wie es in dem kleinen zu jenem Obelisk führenden Zypressenweg ausgeführt wurde.«[64] Berühmt ist das in seiner konzisen Ausdrucksweise unübersetzbare Zitat: »All Gardening is landscape-painting.«[65] Bevor man nun jedoch den Kurzschluß zu Lorrain und Poussin zieht, sei zweierlei erwähnt: Zum einen ließ sich Pope zu dem folgenreichen Diktum angesichts des Blickes durch das Eingangstor zum Oxforder Botanischen Garten hinreißen, und zum anderen war sein »malerisches Auge« durch seinen Unterricht bei Charles Jervas geschult – und dieser war Porträtist und Historienmaler.

31 Chiswick House. Das als »Orangerie« bezeichnete Rasenamphitheater mit dem von Burlington entworfenen und 1719 erbauten Tempietto.

# Der Garten als »Historiengemälde«

## William Kent als Gartenplaner

Am 23. Dezember 1734 schrieb Sir Thomas Robinson an seinen Schwiegervater Charles Howard, Earl of Carlisle, folgenden Brief: »Vor kurzem hat sich ein neuer Geschmack im Anlegen von Gärten herausgebildet, der mit solchem Erfolg im Garten des Prinzen in der Stadt [Carlton House] angewandt wurde, daß eine umfassende Veränderung einiger der bedeutendsten Gärten des Königreiches begonnen wurde, und zwar nach der Art von Herrn Kent. Das heißt, man legt sie an, indem man ohne Lot und Richtschnur arbeitet. Aufgrund dieser Methode sind die 12 Acres des prinzlichen Gartens meiner Ansicht nach wirklich abwechslungsreicher und von einer größeren Vielfalt als alles andere dieser Größe, was ich je zuvor gesehen habe; und diese Methode, Gärten anzulegen, ist außerdem wesentlich ansprechender, denn wenn sie fertig sind, vermitteln sie den Eindruck, als handle es sich um ein Stück der schönen Natur selbst, und wenn es einem nicht gesagt wird, glaubt man, die Kunst hätte keinen Anteil an ihrer Herstellung. Und dies ist, nach dem was man von den Chinesen hört, ganz nach deren Vorbild, denn bei Werken dieser Art pflanzen sie nie gerade Linien oder machen regelmäßige Entwürfe. Die berühmten Gärten von Claremont, Chiswick und Stowe sind zur Zeit voller Arbeiter, um die teuren Anlagen, die zu einer Zeit, an die sich jeder noch erinnert, angelegt wurden, zu modernisieren.«[1]

Die Gärten der zwanziger Jahre enthielten bereits zahlreiche Merkmale, die auf eine allmähliche Abkehr von der Künstlichkeit der französischen und holländischen Barockgärten hindeuteten: Der Formschnitt war diskreditiert; man verzichtete zunehmend auf eine komplizierte Parterregestaltung; die klare Gliederung des Gartens in deutlich voneinander abgegrenzte Zonen wurde ebenso wie die orthogonale Achsensymmetrie aufgeweicht; in den Boskettzonen schlängelten sich Pfade; die gemauerte Begrenzung des Gartens wurde entweder verborgen oder durch ein Aha ersetzt, so daß die umliegende Landschaft optisch zum Bestandteil der Anlagen werden konnte. Und doch stand der entscheidende Schritt noch aus. Denn immer noch wurde der Gartenplan am Zeichenbrett erarbeitet; immer noch schwebte der Gartenplaner beim Entwurf sozusagen in der Luft und schuf ein geometrisch konzipiertes Gebilde, das zwar denkbar, für den Betrachter jedoch nur von einem erhöhten Idealstandpunkt aus sichtbar war. Switzers Entwürfe wie die meisten »Übergangsgärten« Bridgemans sind Beispiele dafür. Beide Männer waren ausgebildete Gartenplaner, die noch »Lot und Richtschnur« benötigten, um die Realität ihren Reißbrettentwürfen anzupassen.

Es bedurfte eines grundlegend neuen Ansatzes, um dieses Verhältnis umzukehren, um die Gartengestaltung ausschließlich an den vorhandenen Gegebenheiten zu orientieren und die Individualität des Ortes – seinen Genius loci – zum Sprechen zu bringen. Dieser Ansatz mußte empirisch sein, der menschlichen Sinneswahrnehmung entsprechen, das heißt, der Entwerfer mußte zurück auf den Boden. Es überrascht daher nicht, daß der erste, der dieser Anforderung gerecht wurde, kein professioneller Gartenplaner, sondern ein Maler war; allerdings nicht, wie zu vermuten wäre, ein Landschaftsmaler, sondern ein Historienmaler: eben jener Kent, von dessen neuer Methode Sir Thomas Robinson so enthusiastisch berichtete.[2]

### Die Italienreise

Über William Kents Kindheit und Jugend ist nur sehr wenig bekannt. Er wurde Ende 1685 in Bridlington, Yorkshire geboren und entstammte bescheidenen Verhältnissen. Zwischen seinem 15. und 20. Lebensjahr absolvierte er eine Lehre als Kutschenmaler, eine Tätigkeit, die er jedoch bald aufgab, denn bereits 1708 war er in London auf der Suche nach Mäzenen, die ihm eine Ausbildung zum Kunstmaler in Italien finanzieren sollten. Sein Bemühen war von Erfolg gekrönt, denn im Juli 1709 machte er sich zusammen mit John Talman, dem Sohn des Architekten William Talman, auf den Weg nach Rom.

Kents zehnjähriger Italienaufenthalt sollte sein gesamtes späteres Leben bestimmen. Er besuchte die Ateliers der etablierten römischen Maler, nahm bei ihnen Unterricht und gewann 1713 den zweiten Preis beim jährlichen Wettbewerb der Accademia di San Luca. Neben seiner Ausbildung zum Historienmaler waren die ausgedehnten Besichtigungsreisen durch ganz Italien, die Kent zusammen mit englischen Grand-Tour-Reisenden unternahm, von besonderer Bedeutung für sein Schaffen als Gartenplaner. Er lernte so nicht nur die meisten seiner späteren Auftraggeber kennen, wobei vor allem die Freundschaft zu Richard Boyle, dem Dritten Earl of Burlington, hervorzuheben ist, sondern er gewann zudem einen prägenden Eindruck von der Landschaft Italiens, dem »Garten der Welt«, sah die »Wallfahrtsorte« des damaligen Antikenkults und die Zeugnisse der italienischen Villenkultur in der Umgebung Roms, in der Toskana und in Venetien. Daß dabei auch Gärten auf dem Programm standen, wenngleich Kents Aufzeichnungen nur spärliche Hinweise darauf enthalten, ist sehr wahrscheinlich. Zumindest sprechen die zahlreichen Anspielungen auf italienische Gärten in Kents späterem Schaffen von einer genauen Kenntnis zahlreicher Anlagen.

Die Faszination, die diese Gärten auf die englischen Bildungstouristen ausstrahlten, beruhte, wie John Dixon Hunt ausführlich dargestellt hat, zu einem guten Teil auf ihrem antiken Flair. Der italienische Renaissancegarten als legitimer Nachfolger des römischen Villengartens und der heiligen Landschaften der Antike – dieser Gedanke war in einer Zeit, in der die importierten französischen und holländischen Gärten in England zunehmend in Mißkredit gerieten, besonders attraktiv; vor allem, weil er die konsequente Erweiterung von Shaftesburys Aufruf war, sich auf der Suche nach den »right models of perfection« zur Etablierung einer nationalen Kunst Italien und damit der römischen Antike zuzuwenden.

Neben ihrem antiken Gepräge gab es jedoch noch einige andere Aspekte der italienischen Gärten, die die Zeitgenossen besonders beeindruckten: zum einen ihre optische Verbindung mit der angrenzenden Agrarlandschaft, das heißt der Ausblick vom Garten in die Umgebung. Bereits Addison hatte die Aufmerksamkeit auf den Reiz einer solchen Kulturlandschaft gelenkt. Wie Kents spätere Entwürfe, zum Beispiel in Rousham, zeigen, war auch ihm diese ästhetische Einheit von Villa, Garten und umgebender Agrarlandschaft nicht entgangen. Zum anderen befanden sich zahlreiche Renaissancegärten, die während des 16. Jahrhunderts angelegt worden waren, in einem vernachlässigten Zustand und verwilderten allmählich, wodurch sie eine naturhafte Patina erhielten. So hatte sich der Garten der Villa d'Este in einen von kolossalen Zypressen geprägten Ruinengarten verwandelt. Die ursprünglich alles beherrschende Geometrie war durch die wuchernde Vegetation sehr stark aufgeweicht.

Ein weiterer Aspekt, der die italienischen Gärten aus der Sicht der – von antifranzösischen Vorurteilen geprägten – englischen Zeitgenossen von ihren französischen Abkömmlingen unterschied, war ihre Vielfalt. Während die barocken Anlagen Frankreichs als uniform und daher langweilig apostrophiert wurden, lobte man den Formenreichtum, die Abwechslung und Überraschungseffekte der italienischen Gärten. Dies reichte von der – oftmals durch die charakteristische Hanglage bedingten – interessanteren Topographie des Geländes über den scheinbar unendlichen Erfindungsreichtum an architektonischen Formen, den Skulpturenschmuck und die exotische Mannigfaltigkeit der Bepflanzung bis hin zu der Einteilung der Gärten in regelmäßige Parterrezonen, die mit dem unregelmäßigen und natürlich wirkenden Bosco kontrastierten.

Neben den rustizierten Kaskaden der Villa Aldobrandini in Frascati und den in verschiedenen Gärten wiederkehrenden Exedren, die Kent in das Formenrepertoire seiner Anlagen übernahm, war es vor allem der Bosco, der ihn besonders beeindruckte und dessen Konzeption er in unterschiedlichen Variationen immer wieder umsetzte. Dabei scheint der Garten der Villa Pratolino, den er in seinen Reiseaufzeichnungen erwähnt und dessen Hauptcharakteristikum ein riesiger, von zahlreichen Kaskaden und Wegen durchzogener Bosco war, eine besondere Rolle gespielt zu haben. Der zur Zeit Kents bereits über hundert Jahre alte Baumbestand bot ein »natürliches« Setting, in dem sich das theatralische Konzept des Renaissancegartens auf besonders reizvolle Weise präsentierte. Über die durch das dichte Gehölz verlaufenden Wege schritt man eine Sequenz von bühnenraumartigen Einzelszenen ab, die sich erst im Kopf des Besuchers zu einem »Handlungsablauf« zusammenfügten, der im besonderen Fall dieses Gartens zu einer moralischen Interpretation herausfordern sollte. Dieses Prinzip der thematisch konzipierten Einzelszenenfolge wurde ein Erkennungsmerkmal von Kents eigenen Entwürfen.

In diesem Zusammenhang muß darauf hingewiesen werden, daß auch in Kents Schaffen als Gartenplaner das Theater und dessen traditionelle Verbundenheit mit dem Garten eine bedeutende Rolle spielte. Nicht mehr im Sinne der Rasentheater, wie sie vor allem in zahlreichen Entwürfen Bridgemans zu finden waren, sondern in der praktischen Umsetzung der Erkenntnis, daß Bühnenbildentwürfe wie diejenigen von Inigo Jones und Filippo Juvarra, die Kent durch Burlington kennenlernte, sich vorzüglich als Vorlagen zum Entwurf von einzelnen Gartenszenerien eigneten, viel besser jedenfalls als Landschaftsgemälde, da die Bühne das Problem der Umsetzung in die Dreidimensionalität zumindest scheinbar löste. Kent arbeitete nach seiner Rückkehr aus Italien auch für das Theater, und einige seiner erhaltenen Landschaftsskizzen, die bislang als Gartenentwürfe interpretiert wurden, könnten ebensogut Vorentwürfe für Bühnenbilder sein. Sie scheinen aus Kents Sicht austauschbar gewesen zu sein.

*Zur Bedeutung der Historienmalerei*

Kent war nach Italien geschickt worden, um sich zum Historienmaler ausbilden zu lassen, weil diese Sparte in England fest in der Hand von Italienern und Franzosen war. Eine Ausnahme war Sir James Thornhill, der Schwiegervater von William Hogarth, der den internationalen Dekorationsstil als einziger Brite souverän beherrschte. Dieser Mangel an einheimischen Künstlern war um so schmerzhafter, als er jene Gattung der Malerei betraf, der im klassizistischen Kanon der höchste Rang eingeräumt wurde.

Jonathan Richardson schrieb in seinen 1725 erstmals erschienenen Essays, daß »die Historien[malerei] einer Landschaft, einem Seestück, Tieren, Früchten, Blumen oder ähnlichen anderen Stilleben und Drolligkeiten vorzuziehen ist. Der Grund dafür ist, daß die letzteren zwar gefallen (...), doch nicht in der Lage sind, den [menschlichen] Geist zu befördern, sie erregen keine edlen Empfindungen.«[3] Daß die Landschaftsmalerei gering geschätzt wurde, lag also an ihrem Mangel an moralischem Gehalt und didaktischem Nutzen. Thema der Malerei ist der Mensch, das menschliche Handeln, und »Natur« meint damit zunächst »menschliche Natur«. Natur als Landschaft ist in dieser Tradition noch hauptsächlich Dekor, das die Aufgabe hat, das Thema zu unterstreichen, es zu akzentuieren, einen angemessenen Rahmen zu bilden. Pope hat diese akademische Haltung, die in England noch bis in die vierziger Jahre vorherrschend war, mit der Formulierung »The proper study of mankind is man«[4] auf den Punkt gebracht. Wenn Kents Arbeitsweise von Zeitgenossen als »painterly« und die Wirkung seiner Szenerien als »picturesque« bezeichnet wurden, so hat dies noch nicht sehr viel mit jenem Begriff des »Malerischen« zu tun, der gegen Ende des 18. Jahrhunderts die ästhetische Diskussion in England beherrschte.

Zu Kents Zeiten hatte der Begriff des Malerischen eher einen inhaltlichen als einen formalen Kontext. Was dies für die Gartenkunst bedeutet, wird in einer Passage aus Thomas Whatelys 1770 publizierter Bestandsaufnahme mit dem Titel »Observations on Modern Gardening« deutlich, in der Kritik an den Gärten der ersten Jahrhunderthälfte geübt wird: »Statuen, Inschriften und sogar mythologische und Historiengemälde und eine Vielzahl von Kunstmitteln wurden eingeführt. (...) Die heidnischen Gottheiten und Heroen haben und hatten daher verschiedene ihnen zugeeignete Plätze im Gehölz und auf dem Rasen eines Gartens; natürliche Kaskaden wurden mit Flußgöttern verunziert und Säulen errichtet, nur um Zitate darauf anzubringen; die Räumlichkeiten eines Sommerhauses wurden angefüllt mit Bildern von Tanz und Lustbarkeit, um Fröhlichkeit zu signalisieren; die Zypresse, weil sie einst anläßlich von Begräbnissen gebraucht wurde, hielt man für besonders geeignet, um Melancholie hervorzurufen (...). Alle diese Kunstmittel sind eher emblematisch als expressiv; sie mögen geistvolle Erfindungen sein und abwesende Ideen in die Erinnerung zurückrufen; aber sie vermitteln keinen unmittelbaren Eindruck, denn sie müssen untersucht, verglichen und vielleicht erklärt werden, bevor ihre ganze Absicht richtig verstanden wird: und obwohl eine Anspielung auf einen besonders bevorzugten oder bekannten Gegenstand der Geschichte, der Dichtung oder der Überlieferung dann und wann eine Szene beleben oder ihr Würde verleihen kann, selbst wenn der Gegenstand keinen natürlichen Bezug zum Garten hat, sollte die Anspielung nicht die Hauptsache sein; sie sollte als von der Szene hervorgebracht erscheinen: ein vergängliches Bild, das ohne Widerstände eingeht; das nicht erforscht, nicht erarbeitet werden muß, und das die Kraft einer Metapher hat, frei von den Einzelheiten einer Allegorie.«[5]

Wo sind die Gärten Kents in diesem Spannungsfeld von »Emblematik« und »Expression« einzuordnen? Welches war die Position Kents? Aufgrund seiner Ausbildung war er zunächst bemüht, »gärtnerische Historiengemälde« (Hunt) zu schaffen, doch die von ihm angewandte Methode der empirischen Erarbeitung von Einzelszenenansichten ließ sich nur auf verhältnismäßig kleine, abgegrenzte Geländepartien anwenden. Als sich Kent in den vierziger Jahren der Parkgestaltung zuwandte,

32 »Taste« (Geschmack). Anonymer Stich (Hogarth zugeschrieben), um 1731/32, eine Satire auf die Geschmacksdiktatur des Burlington-Kreises. Gezeigt wird das Eingangstor zu Lord Burlingtons Haus in Piccadilly. Alexander Pope (A) ist als Gipser auf dem Gerüst dabei, die Statue William Kents (E), die über jenen von Raphael und Michelangelo steht, weiß zu waschen. Daß dabei zahlreiche Passanten (B) und selbst Adelige (C) beschmutzt werden, scheint weder Pope noch Burlington (F) zu berühren.

wurde die Bedeutung der Einzelszenen zunehmend durch das Erlebnis des Gangs durch die Landschaft verdrängt. Das intellektuelle Erkennen von Bildinhalten wich einer gefühlsbetonten Wahrnehmung von Landschaft.

*Kent und Burlington*

Ende 1719 kehrte William Kent zusammen mit Burlington, der eine sechsmonatige Reise auf den Spuren Palladios durch Venetien unternommen hatte, nach London zurück.[6] Burlington, der von Kents Qualitäten als Historienmaler überzeugt war, vervollständigte mit ihm das Künstlerensemble zur Realisierung seiner Kampagne einer Renaissance der Künste in England: Colen Campbell (und er selbst) als Architekten, Giovanni Battista Guelfi als Bildhauer, Alexander Pope als Dichter, G.B. Buononcini als Komponist und William Kent als Historienmaler. Mit dieser Besetzung sollte England aus dem Schattendasein innerhalb des europäischen Kulturlebens befreit werden. An missionarischem Selbstbewußtsein mangelte es nicht, ob es nun darum ging, den »damned gusto« der letzten sechzig Jahre (Barock-)Architektur zu bekämpfen oder den »gusto (...) in the little Dutch way« in den Gärten. Allerdings erwies sich das Unternehmen als unerwartet schwierig: Guelfi entsprach nicht den Erwartungen, die man in ihn gesetzt hatte, und reiste ebenso wie Buononcini wieder nach Italien zurück. Die Royal Academy of Music, die Burlington zur Förderung der italienischen Oper ins Leben gerufen hatte, wurde nach acht stürmischen Jahren 1728 wieder aufgelöst. Das Verhältnis zu Campbell kühlte sich Anfang der zwanziger Jahre merklich ab. Und Kent? Er wurde von Burlington bedenkenlos bei Hof als Historienmaler protegiert, so daß Thornhill seine königlichen Aufträge verlor. Leider erwies sich Kent keineswegs als der erhoffte »Raphael Secundus«. Seine Gemälde waren sehr mittelmäßig, was jedoch Burlingtons Verhältnis zu Kent in keiner Weise zu berühren schien. Die geschmacksdiktatorische Attitüde wurde einfach auf andere Bereiche verlagert. Kent wandte sich der Dekoration zu, entwarf Möbel und Kleider. Zuletzt entdeckte er im Gefolge Burlingtons die Architektur für sich – kurz, es gab bald keinen Bereich der Geschmackskultur mehr, für den Kent nicht zu Rate gezogen wurde (mit Ausnahme der Historienmalerei).

Ab 1725 bekleidete er Posten im Board of Works, und sein erster größerer Auftrag als Architekt war der Neubau von Kew House für Frederick, Prince of Wales. Am Board of Works war er auch damit beschäftigt, Bridgemans Arbeiten in Kensington Gardens zu überwachen, so daß es nicht verwundert, daß er sich um 1730 auch noch der Gartenkunst zuwandte. Schließlich hatte er die Entwicklung von Burlingtons Garten in Chiswick miterlebt und kannte neben Popes Garten in Twickenham wohl auch jene anderen Anlagen, in denen sich eine neue Entwicklung im Bereich der Landschafts- und Gartenplanung andeutete. Vor allem seine Freundschaft zu Pope, der unweit von Chiswick lebte und ein festes Mitglied des Burlington-Kreises war, ist kaum zu überschätzen. Nicht nur Popes Garten, sondern vor allem die unzähligen Gespräche, in denen er seine teilweise durch Spence überlieferten Ansichten über die Gartenkunst äußerte, dürften einen prägenden Einfluß auf Kent gehabt haben.

Da außer Rousham kein Garten Kents vollständig erhalten ist, muß man zur Beurteilung seines Werkes die erhaltenen Zeichnungen konsultieren. Dabei fallen zunächst zwei Aspekte auf. Zum einen handelt es sich fast ausschließlich um Einzelszenenansichten, bestehend aus einer oder mehreren Kleinarchitekturen und zumeist nur grob skizziertem Setting. Ausnahmen bilden die Parkanlagen der vierziger Jahre. Zum anderen findet man praktisch keine Pläne.

Charakteristisch für Kents Settings sind vor allem fünf Elemente, die oft kombiniert werden: das »wooded theatre«, eine an Bühnenbilder wie an italienische Gartenexedren erinnernde halbrunde Anordnung der Vegetation, die sich teilweise auch in der Architektur widerspiegelt; das »screening«, um eine Szene entweder räumlich abzugrenzen oder um einen Blick zwischen den Baumstämmen hindurch auf ein entfernter liegendes Gebäude reizvoller zu gestalten; das »chiaroscuro«, das Kent aus der Malerei in die Gärten übertrug; die Mischung von Laubgehölzen und Koniferen, um durch den Kontrast zwischen hellerem und dunklerem Grün die Vielfalt zu erhöhen, und schließlich die Pflanzung von »clumps«, um weite Grasflächen aufzulockern.

Rasenterrassen und ähnliche geometrische Mittel zur Geländemodellierung, wie sie Bridgeman noch anwandte, wurden von Kent zu »concave slopes« (gerundeten Abhängen) umgestaltet, gemäß seiner von Walpole überlieferten Auffassung, daß »die Natur vor geraden Linien zurückschrecke«.[7] Die geschwungene Linie, die bereits von Batty Langley für die Wegeführung vorgeschlagen worden war, übertrug Kent – vermutlich angeregt durch Bridgemans Serpentine in Kensington Gardens von 1730/31 – auf Seen und Wasserläufe ebenso wie auf die Bepflanzung. Bei der Gestaltung von Kaskaden, Springbrunnen und Bassins spürt man bei ihm jedoch noch die starke Verbundenheit mit den italienischen Gärten.

Wie bereits erwähnt, ging es Kent darum, »gärtnerische Historiengemälde« zu schaffen. Der Grund für diese zunächst ungewöhnlich anmutende Absicht war der: Wenn Gärten »Kunst« sein sollten, doch nicht »künstlich«, sondern »natürlich« aussehen mußten, war es, um ihnen die Zweitrangigkeit eines reinen Landschaftsbildes zu nehmen, notwendig, ihnen eine verbale Struktur, ein Thema überzustülpen. Erst durch den Zusatz von »den menschlichen Geist beförderden« Ideen wurde

33 Skizze von William Kent, aus der die für ihn typische Exedrabildung (»wooded theatre«) deutlich wird. (Mit freundlicher Genehmigung des British Museum, London)

34 Skizze von William Kent für die Umgestaltung von Claremont. Aus den eingefügten Bemerkungen wird die empirische Arbeitsweise Kents besonders deutlich. So bezieht sich die Bemerkung »a Johns level terras to be taken away« auf eine von Vanbrugh angelegte Terrasse, die Kent entfernen ließ. (Mit freundlicher Genehmigung des British Museum, London)

der nach der Natur gestaltete Garten als Kunstwerk annehmbar. Während jedoch in zweidimensionalen Historiengemälden die »Handlung« von den dargestellten Personen getragen wird, fällt diese Rolle in den Gärten den Gebäuden, Statuen und Inschriften zu. Der thematische Rahmen war durch die politisch motivierte Adaption der Antike abgesteckt, auf die sich Burlingtons Kampagne für einen Nationalgeschmack stützte.

So lag es nahe, auch in der Gartenkunst den Versuch zu wagen, eine Adaption der Gärten der antiken Villen und der italienischen Renaissancevillen an das moderne England vorzunehmen. Daß diese Adaption oft eher den Charakter einer Adoption hatte, wird deutlich, wenn man die zahlreichen Architekturzitate betrachtet, anhand derer Kent seinen Anlagen einen »color romanus« verlieh und deren Anglisierung er erreichte, indem er sie in den Kontext der englischen Landschaft stellte. Gotik und Klassik waren aus dieser Perspektive keineswegs widersprechende Stile, sondern komplementäre Assoziationsauslöser. Ein Gebäude mußte nicht stilistisch korrekt sein, sondern seine Rolle als Bedeutungsträger so angemessen wie möglich erfüllen.

*Frühe Aufträge*

Einer der frühesten, eindeutig datierbaren Gartenaufträge (1730) Kents war der Entwurf der Einsiedelei für Queen Caroline in Richmond Gardens.[8] Die anspruchsvolle Aufgabe bestand darin, das von der Königin vorgegebene philosophische Programm in eine verständliche Sprache zu übersetzen. Kents Umsetzung des um den spezifisch englischen Naturbegriff des frühen 18. Jahrhunderts kreisenden Ideenprogramms spricht dafür, daß er sich der Thematik und ihrer zeitgenössischen theologischen Konnotationen durchaus bewußt war. Mit Tempelgiebel und Glockenturm führt der Entwurf Elemente der klassischen und christlichen Sakralbautraditionen zusammen. Die Fassade besteht aus sehr roh behauenen Steinquadern, und das eigentliche Gebäude scheint in einem natürlichen Hügel zu verschwinden. Der Grundriß leitet sich vermutlich aus dem Konstantinsbaptisterium in Rom ab; Burlington hatte eine Palladio-Zeichnung dieses Gebäudes 1728 aus dem Besitz Talmans erworben. Die Gestaltung des »Altars« mit der Sonne und den Wolken hinter der Boyle-Büste

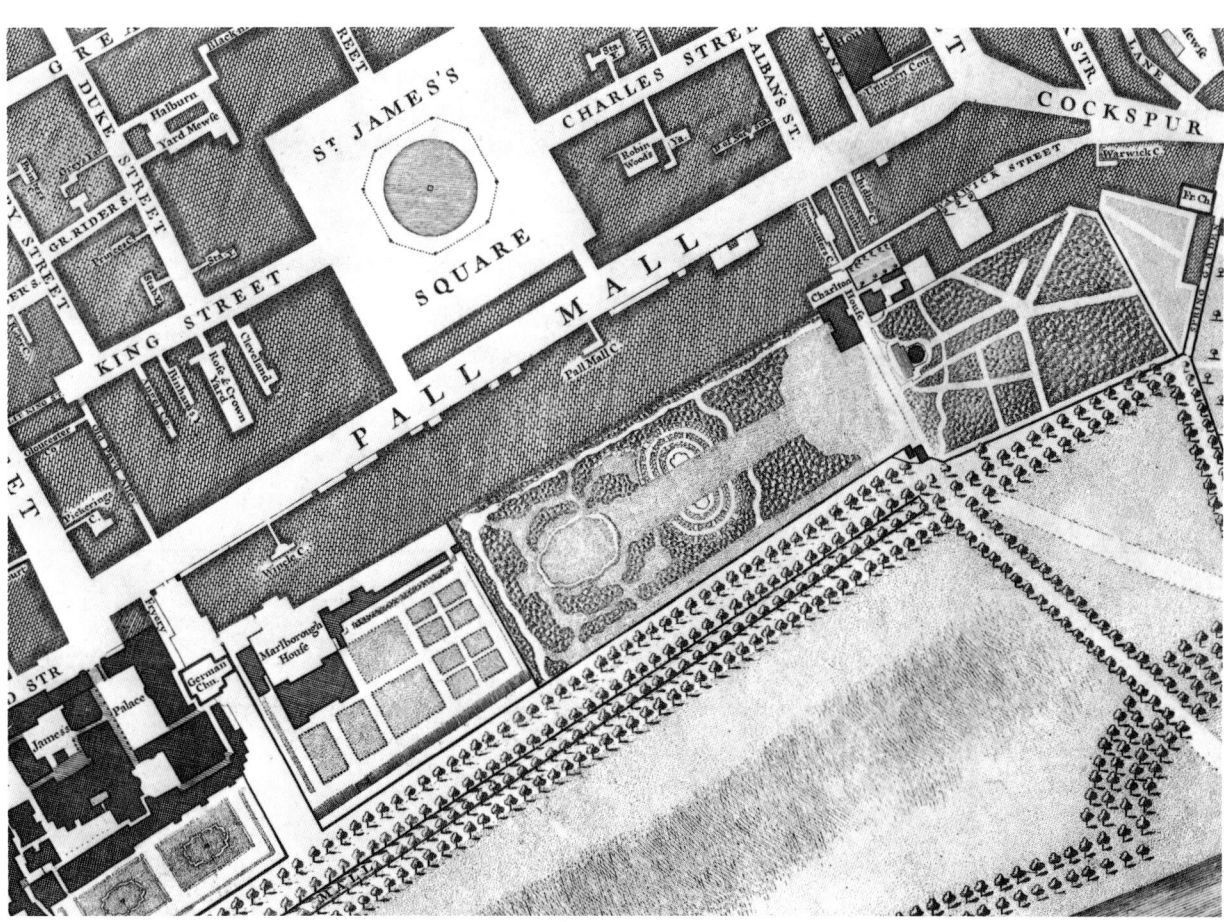

35 Carlton House. Plan des von William Kent entworfenen Gartens. Detail eines Plans aus: An Exact Survey of the Citys of London and Westminster, herausgegeben von John Pine und John Tinney, 1746.

zitiert die Cornaro-Kapelle in Santa Maria della Vittoria in Rom mit Giovanni Lorenzo Berninis Hl. Theresa von Avila und Teatro-sacro-Entwürfe, wie sie zum Beispiel von Filippo Juvarra erhalten sind. Den Fries und die Gewölberippen des Innenraums, der nur durch einen Schacht in der Kuppel diffus beleuchtet war, zierten Stalaktitnachbildungen, die den Eindruck verstärkten, sich in einer Grotte zu befinden.

Weshalb diese merkwürdige Mischung von Anspielungen auf unterschiedliche Bautypen? Das Gebäude wurde »Einsiedelei« genannt, also ein Ort, in den man sich zurückzieht, um in der Einsamkeit Gott näher zu kommen. Der physiko-theologische Weg zu Gott führt jedoch über die Natur als die einzig sichere Offenbarung. Dies setzt wiederum eine Erforschung der Natur voraus. Man muß – im wörtlichen Sinne – in die Natur eindringen, um ihre Gesetze zu erkennen, um Licht in die scheinbare Dunkelheit zu bringen. Die Erkenntnis der »inneren Natur« (ihrer Gesetze) führt über die Geschichte der »äußeren Natur«, wie sie sich in ihrer offenkundigen Vielfalt, ihrer Unregelmäßigkeit und ihrem immer wiederkehrenden Zyklus von Wachstum und Verfall darstellt. Insofern repräsentieren der wildüberwucherte Hügel, die an eine Ruine erinnernde Fassade und die Stalaktiten die empirisch wahrnehmbare Natur, in der sich die ewige Struktur der Naturgesetze verbirgt – versinnbildlicht durch die Anspielungen auf die ebenfalls auf den »Naturgesetzen« beruhenden Proportionen der klassischen Architektur.

Im Jahre 1732 kaufte Frederick, Prince of Wales, Carlton House, ein Gelände zwischen Pall Mall und dem St. James Park aus dem Familienbesitz Burlingtons, und bat diesen, sich um die Modernisierung von Haus und Garten zu kümmern. Burlington beauftragte seine beiden Schützlinge Henry Flitcroft und William Kent mit der Umgestaltung.[9]

Das Verhältnis zwischen Frederick und seinen Eltern, speziell die Beziehung zu seinem Vater George II., war von einer starken gegenseitigen Abneigung geprägt. Im Gegensatz zu seinem Vater, der nichts für »bainting and boetry«, geschweige denn für Gärten übrig hatte, war Frederick ein leidenschaftlicher Kunstfreund. Zudem zeigte er – vermutlich durch die persönlichen Animositäten motiviert – eine ausgesprochene Affinität zu den Kreisen der Opposition. Für sie wurde Frederick schnell zu einer Symbolfigur, einem Hoffnungsträger der oppositionellen Erwartungen, und der Prinz akzeptierte diese Rolle des zukünftigen, »wahrhaft britischen Patriot King«.

In den Jahren 1732/33 hatte Premierminister Robert Walpole seine schwerste innenpolitische Krise zu meistern. Seine Absicht, das Steuerwesen zu reformieren und eine Verbrauchssteuer auf verschiedene Waren einzuführen, stieß auf erbitterten Widerstand nicht nur in der Bevölkerung, sondern auch in beiden Häusern des Parlaments. Nicht zuletzt aufgrund einer beispiellosen Hetzkampagne der Presse – allen voran Bolingbrokes »Craftsman« – sah sich Walpole zuletzt gezwungen, seine Excise Bill zurückzuziehen. Im Verlauf der über ein Jahr dauernden Auseinandersetzungen wurden zahlreiche einflußreiche Whigs ihrer Ämter enthoben, so auch Cobham von Stowe, oder quittierten ihren Dienst, wie Burlington, und gingen in die Opposition.

In diesem politischen Zusammenhang war Fredericks Entscheidung, seinen neu erworbenen Besitz in Sichtweite des Hofes von Künstlern des Burlington-Kreises umgestalten zu lassen, nicht nur eine ästhetische Entscheidung, sondern zugleich ein ideologisches Statement, ein Bekenntnis zur Opposition. Dies kam auch in der Gestaltung des Gartens durch Kent zum Ausdruck, denn dieser orientierte sich – vielleicht auf Wunsch des Prinzen – an Popes Garten in Twickenham. Pope hatte seit 1731 mit seinen »Moral Epistles« begonnen, literarisch für die Opposition gegen Walpole Stellung zu nehmen. Er war mit zahlreichen Oppositionellen eng befreundet und nannte seine Villa, wo ihn auch Frederick ostentativ besuchte, ironisch »Little Whitehall«.

1735 berichtete der »Craftsman« genüßlich darüber, daß Frederick Büsten des Königs Alfred und des Schwarzen Prinzen (Edward, Prince of Wales)

36 Carlton House. Blick der Hauptachse entlang zum palladianischen Tempel. Stich von William Woollett, um 1760.

für seinen Garten in Auftrag gegeben habe. Beides waren Symbolfiguren der Oppositionsideologie: Alfred wurde als Begründer der Verfassung, Bewahrer der Freiheit und Gerechtigkeit zum Gegenbild Georges II. stilisiert, und der Schwarze Prinz, der unter seinem Vater Edward III. gegen Frankreich ins Feld gezogen war – ein Seitenhieb auf Walpoles »schwache Außenpolitik« –, sollte aufgrund seiner »Güte und Bescheidenheit« das Vorbild für den künftigen König sein. Die beiden Büsten hatten ihren Platz in Nischen eines palladianischen Pavillons, der die Hauptachse des Gartens abschloß. Das Gebäude lehnte sich zitatenreich an Burlingtons Villa in Chiswick an. So war die Treppe eine Miniaturausführung der Villentreppe, und das oktogonale Gebäude mit seiner Kuppel zitierte Tambour und Kuppel der Rotonda Burlingtons.

Bevor Kent den Garten umgestaltete, bestand dieser aus einer Doppelreihe sieben rechteckiger Einzelbeete. Kent behielt zwar die zentrale Achse bei, ersetzte jedoch die Beete durch eine dichte Baumbepflanzung, die von geschlängelten Pfaden durchzogen wurde. Vor dem palladianischen Tempel erstreckte sich ein etwa halbrunder Bowling Green, von dessen Scheitelpunkt die Hauptachse zu einem von einer ovalen Aufschüttung eingefaßten Rasen-Oval am anderen Ende des Gartens führte. Auf halbem Wege durchschritt man, ähnlich wie in Popes Garten, eine kreisförmige Lichtung. Sie war beidseitig von exedrenartigen Laubengängen eingefaßt, vor denen sich niedrigwachsende Sträucher und halbmondförmige, mit Natursteinen eingefaßte Bassins befanden. Einzelne Koniferen

37 Chiswick House. Die »Orangerie« nach einem Gemälde von Pieter Andreas Rysbrack (um 1729). Stich von Claude Du Bosc mit Retuschen von Jean-Baptiste-Claude Chatelain, 1748.

38 Chiswick House. Blick über den Serpentine River auf die Westfront der Villa. Rechts die von Kent nach italienischen Vorbildern entworfene rustizierte Kaskade von 1738. Stich von William Woollett nach John Donowell, 1753.

lockerten das Bild auf und bildeten einen Kontrast zum umgebenden Gehölz aus Laubbäumen mit unterpflanzten Eiben und anderen immergrünen Sträuchern. Rechts und links der Hauptachse standen in bestimmten Abständen Hermen, die die Gliederung des Gartenraums in weitere lichte und engere beschattete Zonen betonten und zugleich perspektivbildend wirkten. Hinter dem Pavillon legte William Kent einen Bosco an, der von geraden, doch unregelmäßig geführten Pfaden durchschnitten wurde.

Das Hauptbestreben bei der formalen Gestaltung scheint die Absicht gewesen zu sein, das Gelände größer wirken zu lassen, als es tatsächlich war. Dies erreichte Kent, indem er die Begrenzungsmauer hinter Bäumen verbarg, die Hauptachse zum Pavillon hin verjüngte, zwischen offenen und geschlossenen Bereichen abwechselte und ein Wegenetz schuf, das zahlreiche Variationen erlaubte, so daß der Besucher nie wußte, was ihn hinter der nächsten Biegung erwartete. Die dem Layout zugrundegelegte Symmetrie war aus der Besucherperspektive nicht offensichtlich. Sie wurde eher unterbewußt als ordnendes und einigendes Prinzip wahrgenommen.

Ab den späten zwanziger Jahren war Kent auch an der Gestaltung von Burlingtons Garten in Chiswick beteiligt. Bereits nach der Rückkehr von seiner ersten Grand Tour 1715 hatte Burlington damit begonnen, den Landsitz im italienischen Stil umzugestalten.[10] Zunächst von James Gibbs, später von Colen Campbell assistiert, machte er hier seine ersten Gehversuche als palladianischer Architekt, wobei sein Meisterstück, die an Palladios Rotonda angelehnte und zwischen 1724 und 1728 erbaute Villa, letztlich auch als Folly zu begreifen ist. Der Garten wurde durch einen formalen Kanal und zwei Gänsefüße in unterschiedlich große – von unmotiviert geschlängelten und gezackten Pfaden durchschnittene – Kompartimente unterteilt. Am Ende jeder der von Taxushecken eingefaßten Schneisen befand sich eine Zierarchitektur – ähnlich Bühnenbildern. Der ganze Entwurf schien sich an den drei von Pope geforderten Grundprinzipien Kontrast, Überraschung und Verbergung der Grenzen zu orientieren.[11] Doch was ihm fehlte war ein einigendes Element, das die einzelnen Teile zu einem Ganzen zusammenfaßte.

Die Bedeutung von Burlingtons Garten für die Geschichte des Landschaftsgartens besteht darin,

DER GARTEN ALS »HISTORIENGEMÄLDE«

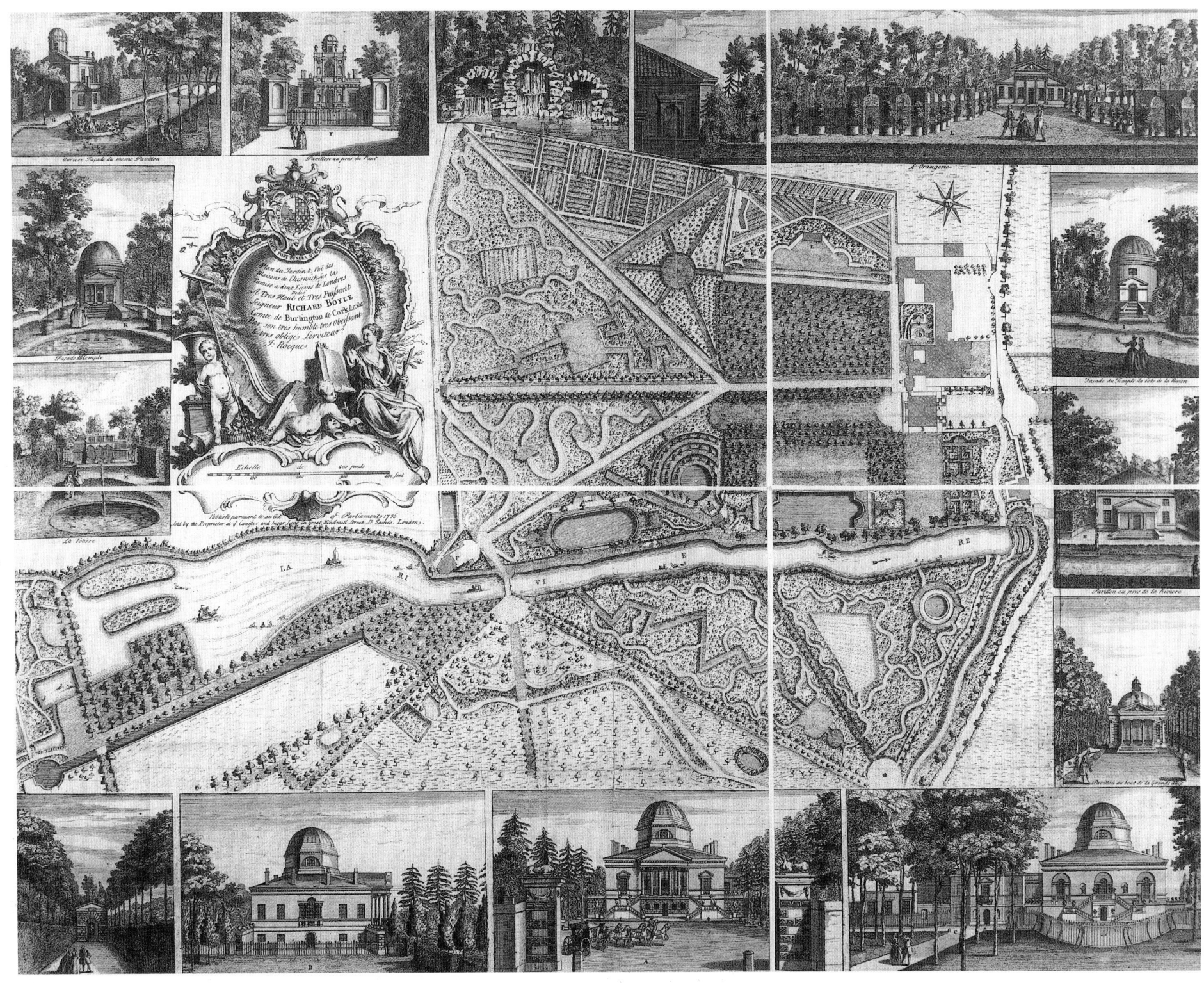

39 Chiswick House. Plan des Gartens mit Ansichten der wichtigsten Gebäude von John Rocque, 1736.

40  Claremont. Blick auf den See mit Insel und Pavillon und das Amphitheater. Stich von Peter-Paul Benazech nach John Rocque, 1754.

daß er ein Experimentierfeld für neue Ideen war. Ein Experimentierfeld, in dem Kent seine Lehrzeit als Gartenplaner verbrachte. Elemente dieser Anlage, die eindeutig von ihm stammen, lassen sich jedoch erst ab etwa 1730 nachweisen. Sein erster Beitrag dürfte die Kaskade am Ende des Kanals gewesen sein, doch nicht in der rustizierten Form, wie sie als Vignette auf dem Plan von John Rocque abgebildet ist, sondern als klassischer Entwurf mit Tempelgiebel. Erst 1738, fünf Jahre nachdem der formale Kanal zu einem Serpentine River umgestaltet worden war, wurde sie durch die bekannte Kaskade ersetzt, die Kent nach Vorbildern in den Gärten Italiens entwarf. Variationen dieses Kaskadentyps finden sich auch in anderen Gärten Kents wieder, zum Beispiel in Rousham, Badminton, Stowe und Chatsworth (unausgeführt).

Im April 1733 war Burlington in die Opposition gegangen und hatte sich nach Chiswick zurückgezogen. Er schaffte alle seine Gemälde und seine Bibliothek von Burlington House, Piccadilly, in seine Villa. Daraus ergab sich die Notwendigkeit, die Villa mit dem alten Wohnhaus zu verbinden, so daß anzunehmen ist, daß das vieldiskutierte »link building« aus dieser Zeit stammt. Im Gefolge dieser Bauarbeiten fand eine Umgestaltung jenes Teils des Gartens statt, der sich an die Nordfront der Villa anschloß. In den Baumbestand, der bis an das Gebäude reichte, wurde eine Schneise geschlagen, und Kent entwickelte einen Entwurf, nach dem diese Schneise beidseitig mit Urnen und Löwen dekoriert werden sollte. Sein ursprünglicher Vorschlag einer gemauerten Exedra als Abschluß wurde jedoch zugunsten einer halbrunden, mit Nischen versehenen Taxushecke verworfen. Die gemauerte Version fand kurz darauf Anwendung in Stowe. Ähnlich wie in Stowe stattete auch Burlington seine Heckenexedra mit einem ikonographischen Programm aus, das seiner Entscheidung, in die Opposition zu gehen, Rechnung trug.[12] Neben vier Urnen befanden sich in den Nischen der Exedra die drei Statuen von Cäsar, Pompeius und Cicero, die laut Daniel Defoe aus dem Garten der Villa Hadriana stammten. Zwei Hermen rechts und links der Exedra trugen Büsten von Homer und Vergil, und zwischen den Urnen und Statuen befanden sich zwölf Steinsitze, die angeblich vom Forum Romanum stammten und dort von den römischen Senatoren benutzt worden waren.

Wie Cinzia Maria Sicca dargestellt hat, bildete die Ikonographie der Exedra eine ironisierte Fortsetzung jener Thematik, die Burlington im Vorhof der Villa bereits zuvor hatte anklingen lassen. Dort standen Statuen von Sokrates, Lykurg und Lucius Verus; die beiden ersten fanden sich auch im Tempel der antiken Tugend in Stowe wieder. Jede der drei Gestalten symbolisierte einen Aspekt der Whig-Ideologie: Freiheitsliebe, Sinn für Gerechtigkeit und vor allem die strikte Ablehnung der Alleinherrschaft. Auch die Figuren der Exedra auf der anderen Seite des Hauses standen für diese Prinzipien, allerdings angepaßt an die aktuelle politische Situation: Pompeius und Cäsar als jene Gestalten, die für den Niedergang des römischen Reiches verantwortlich waren und als Symbolfiguren der Tyrannei galten, und Cicero, als Oppositioneller eingestuft, der verzweifelt versuchte, die republikanischen Errungenschaften zu bewahren.

Kent war in den dreißiger Jahren nicht nur in Carlton House, Chiswick, Stowe, Shotover und Rousham für Oppositionelle tätig, sondern arbeitete auch für Auftraggeber, die loyal zum Hof und zum Premierminister standen. So wurde er von den Pelham-Brüdern angestellt, um deren beiden Landsitze in Surrey – Claremont und Esher Place – zu modernisieren.

Thomas Pelham-Holles, Earl of Clare und Duke of Newcastle, hatte das Gelände, das er »Claremont« taufte, um 1714 von John Vanbrugh erworben und diesen gleich beauftragt, das kleine Haus, das Vanbrugh für sich selbst gebaut hatte, zu erweitern und auf dem hinter dem Haus steil aufragenden Hügel ein Belvedere[13] zu errichten.[14] 1716 vergrößerte Newcastle das Anwesen nach Nordwesten und beauftragte Bridgeman und Vanbrugh mit der Gestaltung von Pleasureground und Park. Das Resultat ist aus einem Plan im dritten Band des »Vitruvius Britannicus« von 1725 ersichtlich. Der Pleasureground nordwestlich des Hauses, der sich auf das bewaldete Hügelgelände beschränkte, war durch – an Festungsbauten erinnernde – Wälle und Rampen vom Park getrennt. Von verschiedenen

DER GARTEN ALS »HISTORIENGEMÄLDE«

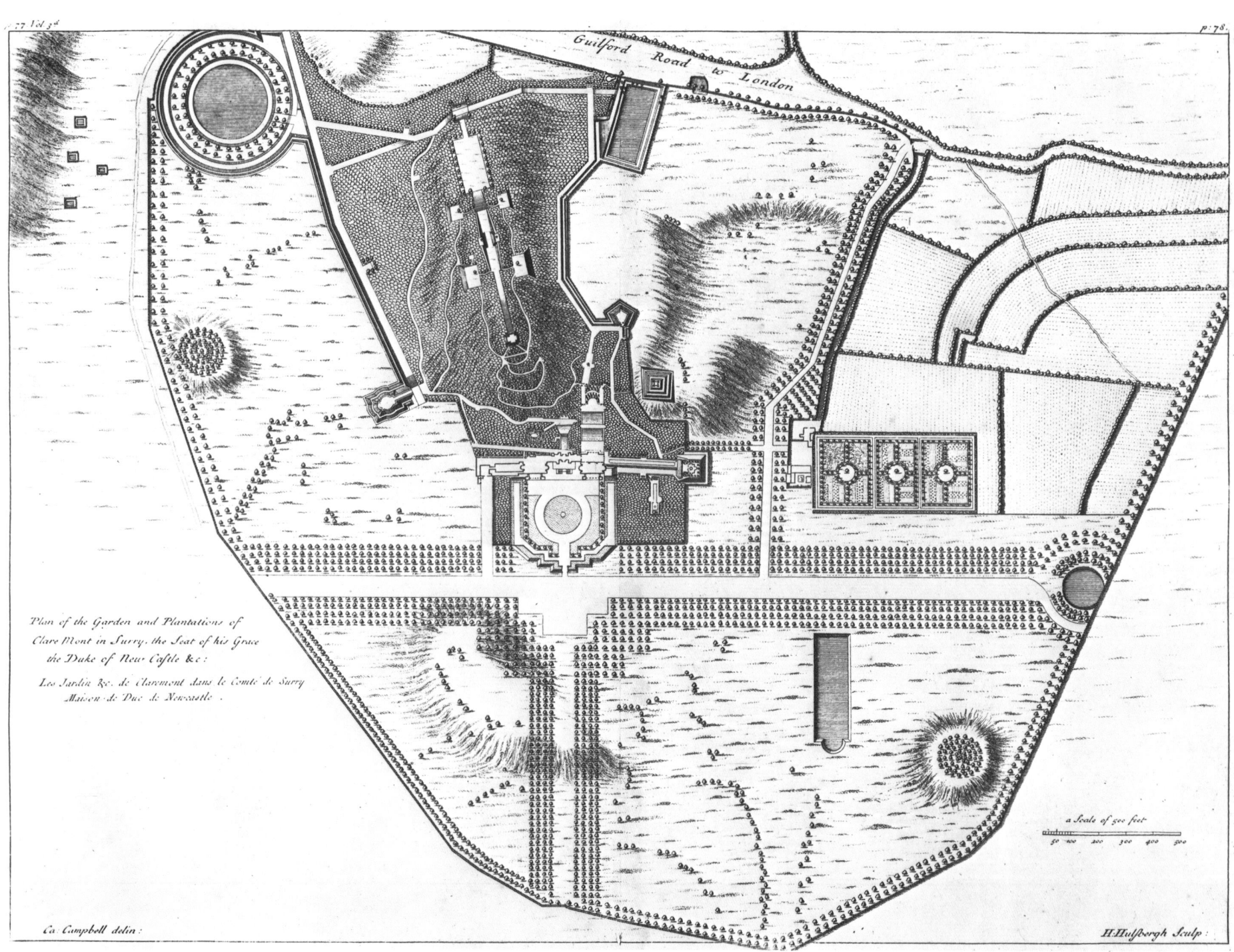

41  Claremont. Plan des Gartens und des Parks nach der Umgestaltung durch Vanbrugh und Bridgeman. Das Rasenamphitheater fehlt auf diesem Plan noch. Stich aus: Vitruvius Britannicus III, 1725.

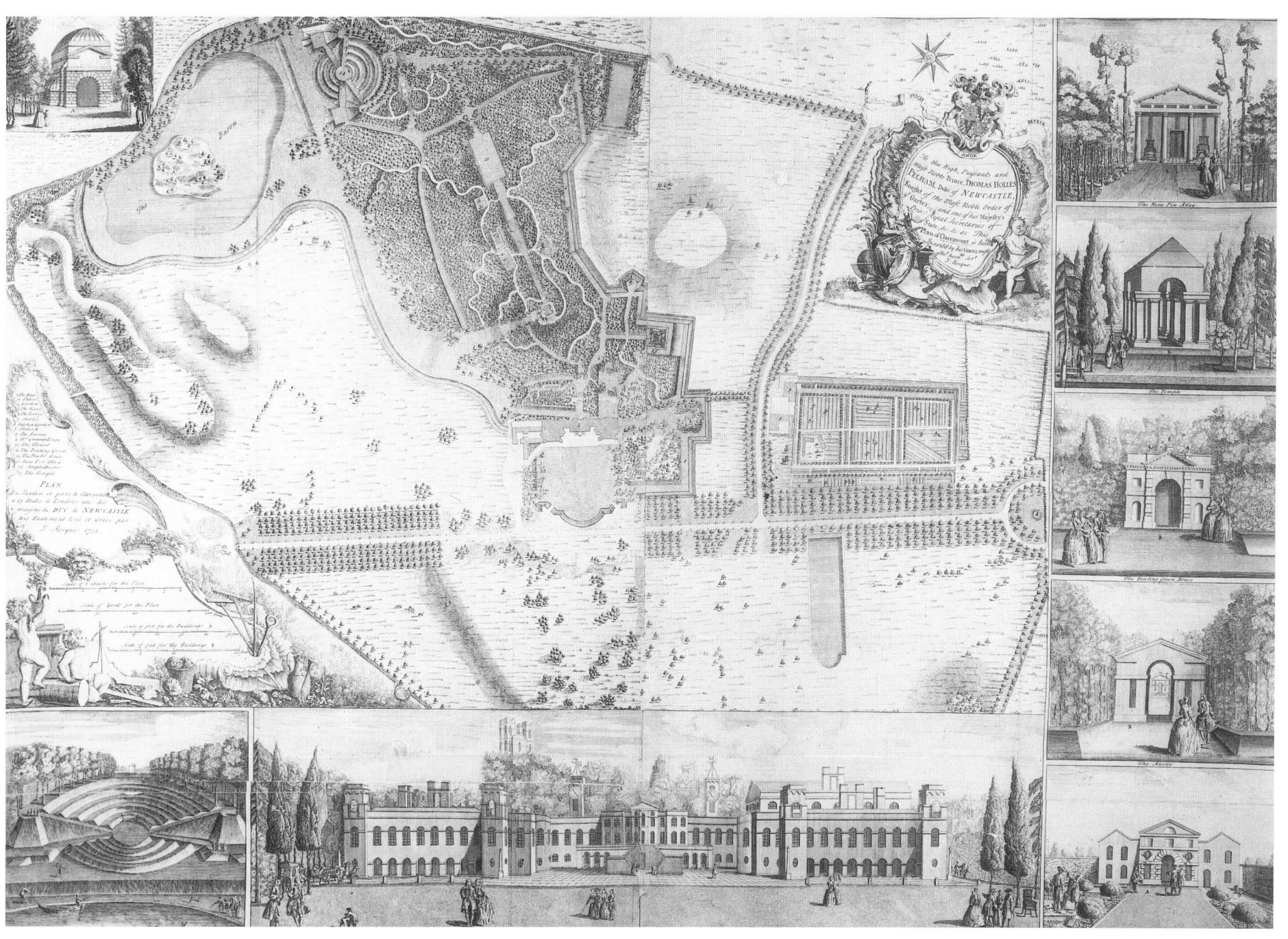

42 Claremont. Plan des Gartens und des Parks nach der Umgestaltung durch William Kent. Stich von John Rocque, 1738.

DER GARTEN ALS »HISTORIENGEMÄLDE«

43  Claremont. Blick über den Bowling Green und durch die Avenue zu Vanbrughs Belvedere.

44  Claremont. Insel im See mit einem von William Kent entworfenen Pavillon.

45  Claremont. Blick über den See zu Bridgemans Rasenamphitheater.

46 Holkham. Entwurfsskizze von William Kent für die Parkgestaltung. Diese Art der Anordnung von »clumps« war es, die Walpole an eine »Pique Zehn« erinnerte. (Mit freundlicher Genehmigung des Viscount Coke und der Kuratoren von Holkham)

Bastionen aus konnte man den Blick in den Park genießen. Das Parkgelände südöstlich des Hauses, dem ein formales Rasenparterre vorgelagert war, durchzog ein orthogonales Alleensystem. Der Pleasureground bildete innerhalb des gesamten Anwesens eine geschlossene Einheit, die auch nicht auf das Haus bezogen war. Vom Belvedere führte eine gerade Avenue über den Hügelrücken zu einem rechteckigen Bowling Green. Beidseitig der Avenue waren Aussichtsbastionen in den Hang geschnitten. Entlang der Abhänge verliefen geschlängelte Pfade durch das Gehölz. Doch dieses einzige informelle Element kann nicht darüber hinwegtäuschen, daß Bridgeman und Vanbrugh vermutlich nur durch die Geländesituation davon abgehalten wurden, ein vollkommen regelmäßiges, geometrisches Layout herzustellen. In der äußersten südwestlichen Ecke des Geländes wurde ein großes, von einer doppelten Baumreihe umstandenes, kreisförmiges Bassin angelegt, in dessen Zentrum ein Obelisk aufragte. Direkt daneben entstand in den Jahren nach 1725 ein von Bridgeman nach Vorbildern aus der italienischen Renaissancearchitektur entworfenes Rasenamphitheater.

Als Newcastle sich Anfang der dreißiger Jahre wieder seinem Garten zuwandte, berief er Kent, der seit 1729 für Henry Pelham im nahegelegenen Esher Place[15] tätig war, um den wenige Jahre zuvor fertiggestellten Garten und den Park von Claremont zu modernisieren. Was darunter zu verstehen ist, zeigt ein Plan aus dem Jahre 1738: Kent brach die Alleen im Park auf, ersetzte im Osten die Rampen durch ein geschwungenes Aha, verwandelte das Bassin in einen »natürlichen« See mit Insel, beseitigte die Aussichtsbastionen, ebnete Terrassen ein und ließ einige Gartengebäude errichten. Zudem erweiterte er das Netz der geschlängelten Pfade im Gehölz des Hügels. Die entscheidende Neuerung seines Konzepts bestand jedoch darin, daß er den scharfen Kontrast zwischen Pleasureground und Park verwischte. Die »Natur« drang in den Garten ein, und das Gegeneinander von Kunst und Natur entwickelte sich zu einem Miteinander. Dies wird auch in der Konzeption der Gebäudesituierung deutlich. Die Kleinarchitekturen schließen nicht mehr formal gestaltete Achsen ab, sondern stehen versteckt im Gehölz auf kleinen Lichtungen, wo sie entdeckt werden müssen. Vom Amphitheater aus, das Kent vermutlich auf Wunsch Newcastles beibehielt, konnte der Besucher das »Schauspiel« der schönen Natur betrachten, war jedoch selbst zugleich Protagonist der Szenerie, die Walpole später als »Parnaß« bezeichnete, »wie Watteau ihn gemalt haben könnte«.[16]

Während der dreißiger Jahre war Kent hauptsächlich damit beschäftigt, Pleasuregrounds zu modernisieren, also jenen Bereich der Landsitze, der nicht mehr zum Garten in der unmittelbaren Umgebung des Hauses gehörte (der ehemaligen Parterrezone), aber auch noch nicht zum Park, also jenem Teil der Anwesen, der zumeist ökonomisch genutzt wurde: als Weidefläche, Wildgehege oder Forst. Es gab jedoch bereits seit den zwanziger Jahren eine Tendenz, auch das Parkgelände, das bis dahin zumeist von einem System schnurgerader Alleen durchzogen war, informell oder zumindest informeller zu gestalten. Ein frühes Beispiel war der Park von Castle Howard. Kent hatte bei seinen Entwürfen den Park insofern nicht unberücksichtigt gelassen, als er ihn zumindest optisch in die Gestaltung der Pleasuregrounds miteinbezog, indem er Aussichtspunkte schuf oder, dem Vorbild Bridgemans und Southcotes folgend, entlang des Aha Wege anlegte, die einen Grenzgang ermöglichten. Zu einer effektiven Gestaltung des Parkgeländes ging er allerdings erst bei seinen Entwürfen für Euston, Badminton und Holkham in den vierziger Jahren über.

Dieser Sprung über den Zaun, oder vielleicht besser über das Aha, war jedoch mit grundlegenden Gestaltungsproblemen behaftet. Der Pleasureground wurde zumeist in einem verhältnismäßig kleinen Gehölz angelegt und bot dadurch die Möglichkeit, eine Folge von Einzelszenen zu gestalten, deren räumliche Struktur dem Bühnenraum des Theaters entsprach. Es gab zumeist nur einen idealen Betrachterstandpunkt. Die Elemente des Pleasureground, die Szenen, Wege, Lichtungen und Aussichtspunkte wurden sozusagen in den vorhandenen – oder als vorhanden gedachten – dreidimensionalen Raum eingepaßt. Der Park bildete im Gegensatz dazu eine leere Fläche, deren dreidimensionale Qualität erst durch »positive körperhafte Formen konzipiert« werden mußte. Die »Gartenkunst erfordert nun keinen Gestaltungsprozeß mehr, der vom Ausschneiden und Wegnehmen ausgeht, sondern wirkliche Komposition der Gegenstände. Die Leere (...), die Distanz wird zum Gestaltungsproblem.«[17] Kent versuchte die

47 Stowe. Bridgemans Vogelschau aus dem Jahre 1719. Sie dokumentiert die erste große Gestaltungsphase, die bis etwa 1724 dauerte. (Mit freundlicher Genehmigung der Bodleian Library, Oxford)

48 Stowe. Plan des Gartens von 1739. Der Home Park im Westen ist in den Garten einbezogen. Östlich der Hauptachse sind die Elysischen Felder und der Alder River zu erkennen. Das Hawkwell Field im Osten ist zwar bereits eingefaßt, doch noch nicht gestaltet. Detail eines unsignierten Stichs aus den von Sarah Bridgeman 1739 herausgegebenen Views of Stowe.

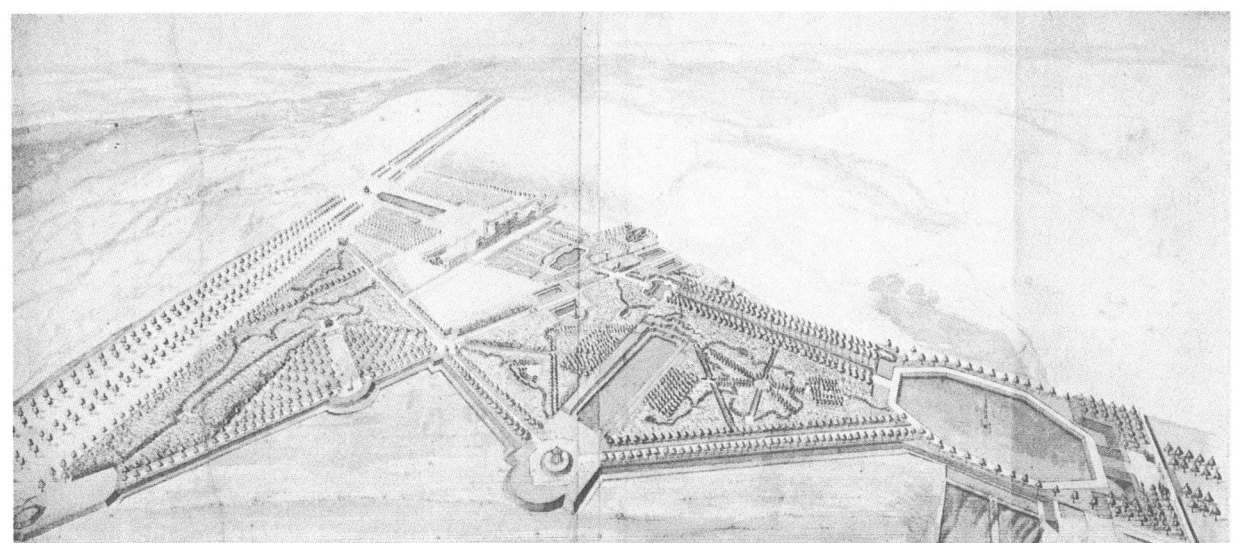

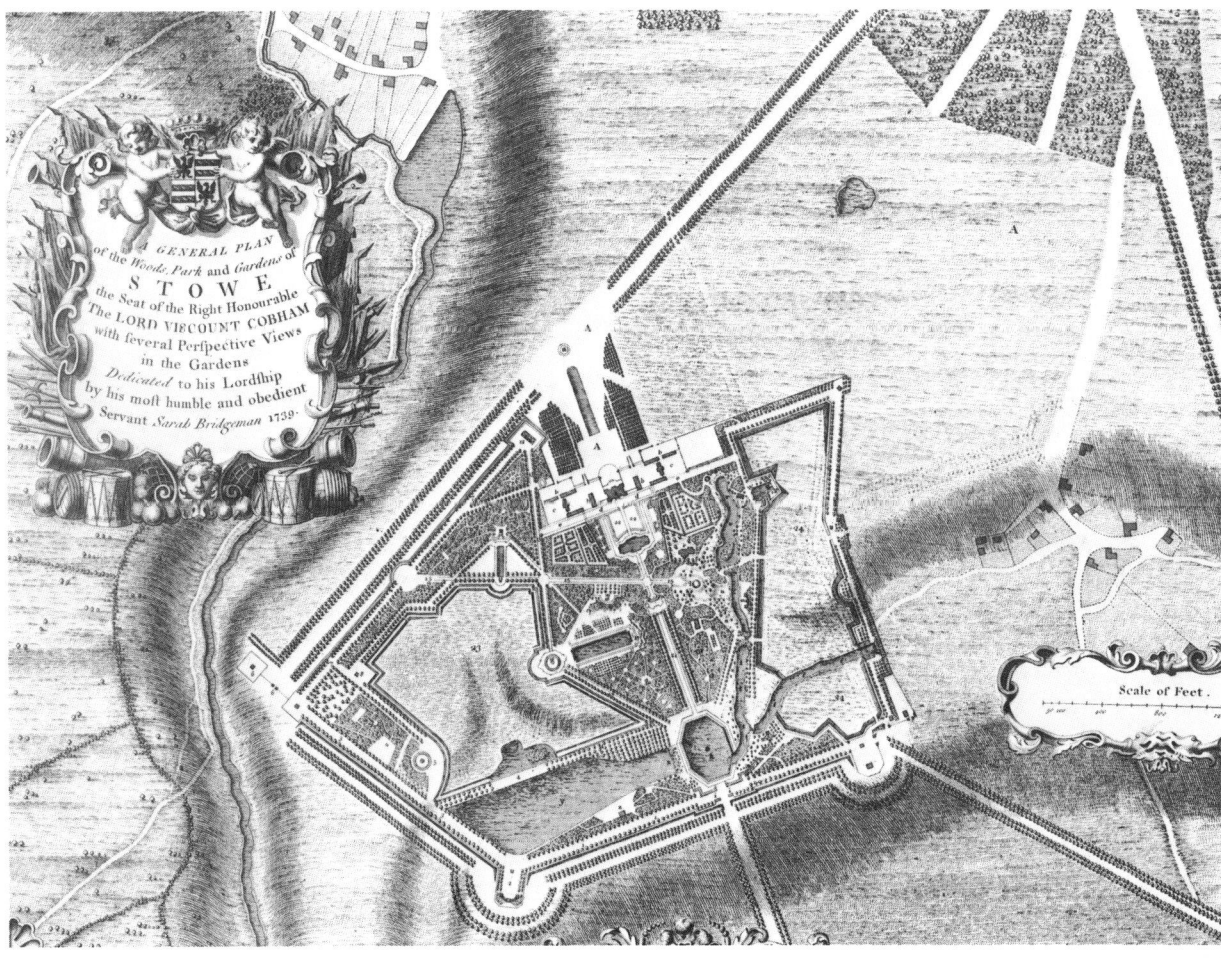

ses Gestaltungsproblem vor allem mit zwei Mitteln zu bewältigen: indem er »clumps« pflanzen ließ, um die Leere perspektivisch zu strukturieren, ihr eine räumliche Qualität zu verleihen, und indem er versuchte, einige Prinzipien seiner Einzelszenengestaltung auf den großen Maßstab der Parkfläche zu übertragen. So behielt er etwa die für ihn typische Exedrabildung bei.

Auf das Prinzip der komponierten Abfolge von Einzelszenen mußte er jedoch zugunsten der Akzentuierung bestimmter durch die Topographie vorgegebener Punkte verzichten. Zudem ergab sich die Notwendigkeit, diese Punkte so zu konzipieren, daß sie von verschiedenen Standpunkten aus einen vorteilhaften Anblick boten. Kents Parkentwürfe der vierziger Jahre müssen als Prototypen für jene großangelegten Ideallandschaften angesehen werden, wie sie in den folgenden Jahrzehnten von Lancelot »Capability« Brown und seinen Schülern zur Vollkommenheit weiterentwickelt wurden. Doch wie die meisten Prototypen waren auch Kents Entwürfe von einem auf Erfahrungsdefizit beruhenden Mangel an Souveränität gekennzeichnet. So verglich Horace Walpole Kents »clump«-Bepflanzung nicht zu Unrecht mit einer »Pique Zehn«,[18] und bei der Betrachtung der Skizzen von Holkham, Euston und Badminton fällt auf, daß er offenbar nicht in der Lage war, seine »malerische« Entwurfsmethode auf die weiten Parkflächen anzuwenden. Er mußte auf die für ihn ungewohnte, da unanschauliche Denkweise des Landvermessers ausweichen, was zur Folge hatte, daß die Tempel, Pavillons, Grotten und Brücken bisweilen etwas verloren in der Weite der Landschaft standen. Es bedurfte eines professionellen Gärtners, um beides zu verbinden, und dieser fand sich in »Capability« Brown.

## Stowe: Politik und Moral im Garten

»Ich kann das Bauen und Pflanzen von Satiren nicht ausstehen«, bemerkte Horace Walpole 1753 anläßlich eines Besuches in Stowe pikiert.[19] Er hatte in diesem speziellen Fall auch allen Grund dazu, denn es waren sein Vater und dessen Politik, gegen die sich der satirische Spott richtete: Sir Robert Walpole zierte in Form einer kopflosen Statue eine Ruine, die Tempel der modernen Tugend genannt wurde. Diese Ruine war Bestandteil eines großangelegten politisch-moralischen Pro-

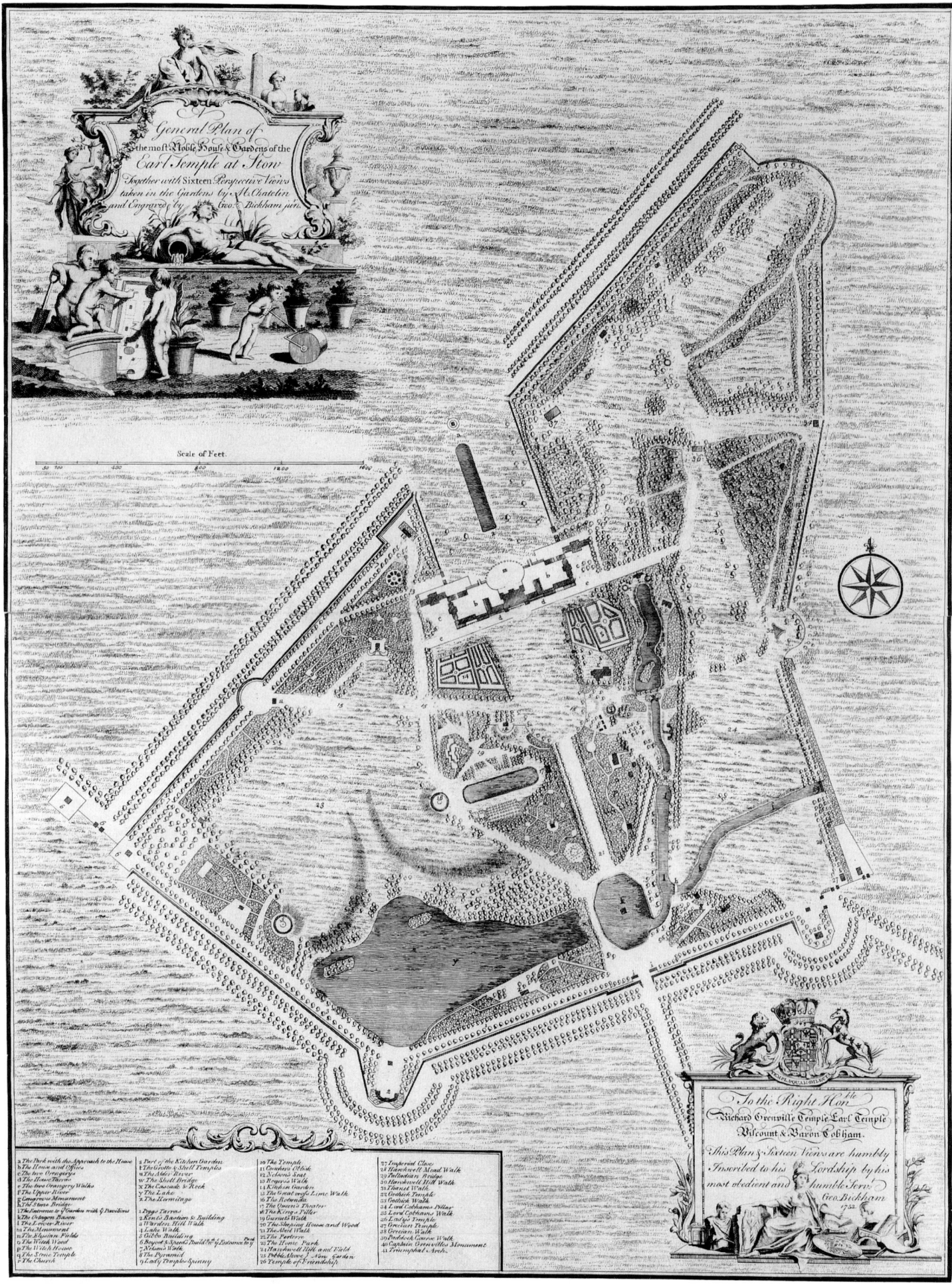

DER GARTEN ALS »HISTORIENGEMÄLDE«

49 Stowe. Plan des Gartens von 1753. Sowohl das Hawkwell Field im Osten als auch das Grecian Valley im Norden sind fertiggestellt. Das ursprünglich streng geometrische Bridgeman-Layout ist bereits stark aufgeweicht. Der Plan zeigt den Garten, wie er von Cobham hinterlassen wurde. Stich von George Bickham aus den 1753 von ihm und Jean-Baptiste-Claude Chatelain veröffentlichten Views of Stowe.

50 Stowe. Das Queen's Theatre um 1733/34. Von links nach rechts: Blick durch Roger's Walk zu Nelson's Seat; im Vordergrund die Rotunde; Stowe House; King George-Säule; Queen's Theatre (am Ende des Kanals) mit dem Queen Caroline Monument; Gurnet's Walk; Obelisk im oktogonalen Bassin; rechts ist die früheste Form des Aha zu erkennen, das den Garten vom Home Park trennt. Stich von Bernard Baron aus den von Sarah Bridgeman 1739 herausgegebenen Views of Stowe.

51 Stowe. Das Queen's Theatre um 1753. Die Darstellung dokumentiert, wie weit die Naturalisierung des Bridgeman-Layout zum Zeitpunkt von Cobhams Tod bereits fortgeschritten war. Auch die Kuppel von Vanbrughs Rotunde wurde abgeflacht, um sie den weicheren Linien der Umgebung besser anzupassen. Stich von George Bickham nach Jean-Baptiste-Claude Chatelain aus: Views of Stowe, 1753.

gramms, mit dem Sir Richard Temple, Viscount Cobham, während der dreißiger und vierziger Jahre den Garten seines Landsitzes in Buckinghamshire ausstattete. Doch die Geschichte von Stowe beginnt bereits früher.[20]

Die Familie Temple war seit dem 16. Jahrhundert im Besitz des Anwesens, und Cobhams Vater hatte zwischen 1675 und 1683 ein neues Haus im Stil von Sir Roger Pratts Clarendon House und Coleshill House erbauen lassen. Es sollte als Kernbau die zahlreichen Umbauten und Erweiterungen im Laufe der folgenden Jahrhunderte überstehen. Südlich des Hauses, dort wo sich heute der Bowling Green erstreckt, wurde ein aus drei terrassierten Parterrezonen bestehender Garten angelegt. Westlich davon schloß sich der alte ummauerte Garten an, und noch weiter westlich befand sich ein halbmondförmiges, mit Linden bepflanztes und von sich kreuzenden geraden und geschlängelten Pfaden durchzogenes Gelände, an dessen Scheitelpunkt wahrscheinlich ein Pavillon oder ein Aussichtspunkt war.

Ebenso wie das Haus entsprach der Garten einem akzeptierten Typus, wie er im späten 17. Jahrhundert für eine Familie der höheren Gentry angemessen war. Der Gartenplan litt jedoch an Mängeln, die für die folgende Entwicklung der Anlage von Bedeutung sein sollten. Die Hauptachse des neuen Hauses, das etwas nördlich des alten auf der Hügelkuppe erbaut worden war, wich von der ehemaligen Nord-Süd-Ausrichtung um einige Grad ab. Sie war auf die Kirchturmspitze von Buckingham ausgerichtet. Da der alte ummauerte Garten jedoch beibehalten werden sollte, sah sich der unbekannte Gartenplaner mit dem Problem konfrontiert, die beiden schräg zueinander verlaufenden Achsen zu harmonisieren; ein Problem, für das es, zumindest aus damaliger Sicht, keine vollkommene Lösung geben konnte. Dieses Abweichen von der als ideal empfundenen Orthogonalität sollte Konsequenzen für die späteren Planungsstadien haben. Ein anderes Manko war die »Einseitigkeit« der Anlage. Sie war nicht symmetrisch und konnte auch nur nach Norden und Westen erweitert werden, da das Gelände im Osten und Süden von Straßen begrenzt wurde.

1697 erbte Richard Temple im Alter von 21 Jahren das Anwesen und übernahm den Parlamentssitz für Buckingham. Es ist anzunehmen, daß er zu jener Zeit bereits im Militärdienst stand, denn bereits 1702 wurde er als loyaler Gefolgsmann Williams III.

52 Stowe, Elysische Felder. Der von William Kent entworfene Tempel der modernen Tugend. Die kopflose Statue links wurde von den Zeitgenossen mit dem Premierminister Robert Walpole identifiziert. Stich von George Bickham aus: The Beauties of Stowe, 1750.

zum Colonel ernannt und erhielt ein eigenes Regiment – ein Ereignis, an das später ein von Kent angefertigtes allegorisches Deckengemälde in der Eingangshalle von Stowe erinnerte. In den folgenden Jahren durchlief er unter Marlborough im Spanischen Erbfolgekrieg eine steile militärische Karriere. 1710 wurde er Lieutenant-General. Nach allem, was wir von ihm wissen, war Temple ein antiklerikaler Freidenker und überzeugter Whig. Beides sollte in seinem Garten zum Ausdruck kommen. Als 1711 die Tories an die Macht kamen und Marlborough entlassen wurde, blieb dies auch für dessen Gefolgsleute nicht ohne Folgen. Temple durfte am folgenden Feldzug gegen Flandern nicht teilnehmen, und 1713 wurde ihm sein Regiment entzogen. »Der größte Whig in der Armee wurde fortgejagt«, schrieb Jonathan Swift. Sir Richard nutzte die Zeit, sich um seinen Besitz zu kümmern. Erste Umgestaltungen im Garten wurden vorgenommen. Temple war einige Jahre zuvor in den Kit Cat Club aufgenommen worden und entwickelte – vermutlich durch den freundschaftlichen Kontakt zu Männern wie Vanbrugh oder Congreve – ein reges kulturelles Interesse.

Nach der Inthronisierung Georges I. und der Diskreditierung der Tories wurde Temple nicht nur in kürzester Zeit rehabilitiert, sondern auch gleich zum Baron Cobham ernannt. Durch eine äußerst vorteilhafte Heirat 1715 und eine siegreiche Strafexpedition gegen Spanien nach Vigo 1719 wurde er endgültig zum reichen Mann. Seine Ernennung zum Viscount mit besonderer Erbanwartschaft ermöglichte ihm zudem eine Sicherung des beträchtlichen Vermögens. Nichts stand mehr einer Erweiterung seines Landsitzes entsprechend seinem neuen Status entgegen. Und Cobhams Ambitionen in dieser Beziehung kann man getrost als außerordentlich bezeichnen – Noblesse oblige. Bereits 1724 schrieb Lord Perceval anläßlich eines Besuches, daß Stowe sich »den Ruf erworben habe, der eleganteste Landsitz Englands zu sein«.[21] 1731 erschien Popes legendäre »Epistle to Lord Burlington«, in der Stowe zum Maßstab des guten Geschmacks in der Gartenkunst erhoben wurde. Ein Jahr später veröffentlichte Gilbert West, ein Neffe Cobhams, sein Gedicht über Stowe, in dem ein Rundgang durch den Garten beschrieben wird.[22]

Cobhams Garten war von Anfang an kein Rückzugsort in die Privatheit, sondern ein Ort der Öffentlichkeit. So war das Gedicht Wests der Vorläufer jener langen Reihe von Gartenführern, die von 1744 bis ins frühe 19. Jahrhundert das Informationsbedürfnis der unzähligen Besucher stillten. Stowe übernahm hier eine Vorreiterrolle, denn bis zum Ende des Jahrhunderts gab es von zahlreichen Gärten, wie Blenheim, Hagley, The Leasowes oder Kew, ähnliche Büchlein, die den neugierigen Connoisseur darüber informierten, was er wie zu sehen und zu verstehen hatte. Darüber hinaus waren ab 1739 Stichwerke über Stowe verfügbar, und seit Daniel Defoes »Tour« von 1742 enthielt jeder Reiseführer über England eine ausführliche Beschreibung des Gartens.

Obleich Cobham sich bereits seit dem unfreiwilligen Retirement 1711 mit der Modernisierung seines Gartens beschäftigt hatte und Bridgeman seit etwa 1715/16 sowie Vanbrugh seit etwa 1718 für ihn arbeiteten, ist davon auszugehen, daß der Entschluß, Stowe nach einem großangelegten Gesamtplan zum »show place« Englands zu machen, in die Jahre 1719/20 fiel. Aus dieser Zeit stammt vermutlich auch Bridgemans Vogelschauansicht, mit der er seinem Auftraggeber wohl ein plastisches Bild der geplanten Erweiterungsarbeiten vermitteln wollte.

Sein Entwurf basiert auf einer Verlängerung bereits vorhandener Achsen und einer Akzentuierung der dadurch neu entstehenden Schnittpunkte. In der Kompartimentgestaltung und der Praxis, Blickachsen durch architektonische Elemente abzuschließen, wird deutlich, daß Bridgeman der Schule Le Nôtres noch stark verhaftet war. Was auf den ersten Blick jedoch recht konventionell erscheint, birgt bei näherer Betrachtung einige interessante, in die Zukunft weisende Aspekte. So gelang es ihm, die zuvor verhältnismäßig unverbundenen Einzelbereiche des Gartens zu einem organischen Ganzen zu vereinen. Auffälliges Merkmal ist zudem das bewußte Abrücken von dem traditionellen Bemühen um eine auf das Haus ausgerichtete Achsensymmetrie. Die Abweichung der Querachse vom rechten Winkel ist nicht mehr Mangel, sondern selbstbewußt hervorgehobenes Charakteristikum. Das Zentrum des Gartens liegt an seinem Rand, bei der Rotunde, von wo aus alle Bereiche der Anlage optisch miteinander verbunden sind.

Die entscheidende Neuerung ist jedoch die Öffnung des Gartens zum Home Park hin durch die konsequente Einführung des Aha. Stowe ist damit einer der ersten Gärten, in dem dieser Kunstgriff als dominierendes Gestaltungsmittel eingesetzt wurde.

Um 1724 waren die Arbeiten weitgehend abgeschlossen, einschließlich der Erbauung einiger

Stowe: Politik und Moral im Garten

53 Stowe. Elysische Felder. Blick vom Temple of British Worthies über den Styx zum Tempel der antiken Tugend von William Kent.

54 Stowe. Elysische Felder. Blick über den Styx zu dem von William Kent entworfenen Temple of British Worthies.

ausnahmslos von Vanbrugh entworfener Kleinarchitekturen: Nelson's Seat, der Bacchustempel, zwei Obelisken, ein Monopteros und zwei Pavillons am südlichen Eingang zum Garten. Doch für Cobham waren die bis dahin durchgeführten Arbeiten offenbar nur der erste Schritt, denn er leitete unverzüglich eine zweite Erweiterungsphase ein, die etwa bis 1731 dauerte: Man führte die Zufahrtsstraße im großen Bogen im Südwesten um den Park herum und bezog das dadurch eingefaßte Gelände – den Home Park – in die Gartengestaltung mit ein. Der Wasserlauf westlich des oktogonalen Bassins wurde zu einem halbformalen See aufgestaut, und Bridgeman legte einen terrassierten Weg rings um den Home Park an, eine Vorform des später so beliebten Belt Walk. Die Parkfläche selbst blieb unberührt und diente weiterhin als Weide für Rinder und Pferde. Der Weg wurde durch eine Reihe emblematischer Gartengebäude markiert, die jeweils abhängig vom Betrachterstandpunkt in unterschiedlicher Beziehung zueinander sichtbar wurden. Es gab hier keine vorgeschriebenen Blickachsen mehr, deren optisches Diktat auf die Dauer Langeweile erzeugte, sondern eine Mannigfaltigkeit von beliebig auswählbaren, abwechslungsreichen und immer wieder überraschenden Prospekten, deren Charakter sich durch die Bewegung des Betrachters ständig veränderte.

1726 starb Vanbrugh. Seine letzten Gartenarchitekturen für Stowe waren Dido's Cave und der Tempel des Schlafes in der Boskettzone zwischen dem oktogonalen Bassin und dem Kanal bei der Rotunde, beides einfache Staffagegebäude, sowie eine Pyramide an der nordwestlichen Ecke des Rundweges. Als Nachfolger wurde zunächst James Gibbs engagiert, doch nur für kurze Zeit. Er entwarf einen Pavillon, den man nach ihm Gibbs' Building nannte, und die beiden Boycott-Pavillons im äußersten Westen des Anwesens, deren ursprünglich pyramidenförmige Dächer später durch barocke Kuppeln ersetzt wurden. Bereits 1731 waren allerdings zwei Gebäude im Entstehen, die Kent entworfen hatte: eine Variation von Queen Carolines Einsiedelei südlich des Sees und ein später Venustempel genanntes Gebäude auf der südwestlichen Bastion.

Cobhams Stowe gehörte von Anfang an zu jener Kategorie von Gärten, die Whately später abschätzig als »emblematisch« bezeichnete. Der Garten war primär Bedeutungsträger. Die Aufmerksamkeit der Cognoscenti, die den Garten Station für Station durchwanderten, wurde anhand von Skulpturen, Tempeln, die feste Namen hatten, Gemälden und Inschriften auf die aus der Sicht des Besitzers relevanten Themen gelenkt, und die Aufgabe bestand darin, diese zu entschlüsseln und wenn möglich in Zusammenhang miteinander zu bringen. Stowe spiegelte die politisch-moralische Weltanschauung Cobhams wider. Dies wurde dem Besucher bereits bei der Ankunft vor Augen geführt. Im Vorhof nördlich des Hauses stand – und steht heute noch – ein Reiterstandbild Georges I. Im Garten gegenüber der Rotunde befand sich das Queen's Theatre, ein terrassierter Geländeabschnitt mit Pastoralskulpturen, über dem sich Queen Caroline auf einem von vier Säulen getragenen Podest erhob. Unweit davon stand George II. ebenfalls auf einer Säule. Doch die Loyalitätserklärung gegenüber den Hannoveranern, denen Cobham nicht nur seine Rehabilitierung, sondern auch Wohlstand und Titel verdankte, war nur Teil einer weitergespannten ideologisierenden Selbstdarstellung. Rings um das Gibbs' Building waren acht Büsten von British Worthies aufgestellt, die Michael Rysbrack geschaffen hatte. Da waren die letzte Vor-Stuart-Königin Elizabeth und »ihr« Dichter Shakespeare, der erste Nach-Stuart-König William III. und »sein« Philosoph John Locke, John Hampden, ein Lokalpatriot von Aylesbury, der gegen die Stuarts angetreten war und im Kampf für das Parlament das Leben verloren hatte, Francis Bacon und Isaac Newton, die die Wahrheit des Klerus durch die Wahrheit der Vernunft ersetzt hatten, und John Milton, der »Homer« Englands, der »durch Hölle und Chaos und entsetzliche Nacht / aufgestiegen war zu den Gefilden reinsten Lichtes« (Gilbert West), der aber auch der Sekretär Cromwells war. Im Inneren des Pavillons befand sich eine Tafel mit einer lateinischen Inschrift aus dem sechsten Buch der Aeneis:

»Hier verweilt auch die Schar, die Wunden ertrug
    für die Heimat,
Auch die heiligen Dichter, die würdig dem Phoe-
    bus gesungen,
Auch die Erfinder, die einst durch Künste das
    Leben veredelt,
Wer sich durch seinen Verdienst bei den Men-
    schen Ehre erworben.«           (VI, 660ff.)

Dieses Zitat war jedoch unvollständig, denn es fehlte die zweite Zeile: »Wer als Priester sich rein bewahrt, solange er lebte.« Die Botschaft war klar. Sie lautete, wie Michael Gibbon es konzis gefaßt hat, »1688«.[23] Gegen die Stuarts gerichtet, war sie antiklerikal, und sie stand für die Prinzipien der Revolution, für den Geist der Aufklärung und für die liberale Weltanschauung der Whigs.

Cobhams antiklerikale bzw. antikatholische Einstellung kam auch in einem anderen Gebäude, St. Augustine's Cave, zum Ausdruck, einer »aus Moos und eingeflochtenen Baumwurzeln geformten Zelle«[24] in einem Dickicht nahe dem Bacchustempel. Im Inneren hingen Inschriften in »Mönchslatein«, die sich derb und boshaft mit dem verzweifelten Kampf des heiligen Augustinus gegen die Fleischeslust, das heißt gegen seine »Natur«, auseinandersetzten.

Noch vor der Fertigstellung des westlichen Gartens um 1732 beschäftigte sich Cobham, wie dem 1731 verfaßten Gedicht Wests zu entnehmen ist, mit der Erweiterung des Gartens östlich der ehemaligen Zufahrtsstraße. Aus dem 1739 von Sarah Bridgeman veröffentlichten Plan läßt sich schließen, daß der erste Entwurf für diesen Geländeabschnitt noch von Bridgeman erarbeitet wurde. Doch Bridgeman zog sich um 1733, vermutlich aus gesundheitlichen Gründen, von Stowe zurück, und der größte Teil des westlichen Gartens, das Hawkwell Field, wurde erst in den vierziger Jahren angelegt. Wie ein Vergleich der Pläne von 1739 und 1753 zeigt, wurde das Hawkwell Field zwar, was Umrisse und Gebäudesituierung betrifft, Bridgemans Stil folgend ausgeführt, doch die dem Vorbild des Home Park nachempfundene Trennung zwischen Rundweg und Weidefläche war in den vierziger Jahren offenbar bereits überholt. Auch im westlichen Garten hatte man bereits begonnen, das geometrische Konzept aufzuweichen. Der halbformale See wurde »naturalisiert«, die Bastionen entfernte man; die inneren Grenzen wurden auch hier aufgelöst und noch vorhandene gerade Linien durch eine aufgelockerte Baum- und Sträucherbepflanzung kaschiert, und dies nur etwa fünfzehn Jahre, nachdem die Anlage unter hohem Kostenaufwand fertiggestellt worden war.

Eingeleitet wurde dieser Wandel durch die Gestaltung eines schmalen Geländeabschnittes östlich der Nord-Süd-Achse in den Jahren zwischen 1732 und 1740, der Elysischen Felder. »Lord Cobham begann im Geschmack von Bridgeman: Der bildhafte Teil seines Gartens [jedoch] sind die Elysischen Felder« (Philip Southcote).[25] Es wurde bis-

55  Stowe. Alder River. Blick von den Elysischen Feldern nach Norden zur Grotte und zu den beiden Muscheltempeln. Rechts am Bildrand der Tempel der Kontemplation. Links davon im Hintergrund der Lady's Temple. Stich von George Bickham aus: Views of Stowe, 1753.

56  Stowe. Alder River. Blick von der Grotte nach Süden in Richtung Elysische Felder. Stich von George Bickham aus: Views of Stowe, 1753.

lang angenommen, daß der Entwurf dieses idyllischen Tals allein Kent zuzuschreiben sei. Wahrscheinlicher ist es jedoch, daß es sich um eine Gemeinschaftsproduktion von Bridgeman, Kent und Cobham einschließlich dessen Freundeskreises handelt. Nicht klar ist, ob Kent einen unausgeführten Bridgeman-Entwurf überarbeitete, ob sie eine Zeitlang gemeinsam tätig waren, oder ob Kent lediglich die Architekturen und ihre Situierung bestimmte. So könnte der Serpentine River durchaus noch von Bridgeman stammen, da er bereits 1730/31 die Serpentine in Kensington Gardens hatte anlegen lassen. Auch die Alleebepflanzung weist auf seine Mitwirkung hin. Die »bildhafte« Qualität und die Kohärenz der einzelnen Elemente sprechen allerdings eher für Kent.

Ebenso wie der westliche Garten waren die Elysischen Felder emblematisch. Doch während im ersten Fall der Garten eher die Funktion einer Galerie hatte, die lediglich ein angenehmes Ambiente für die darin ausgestellten Bilder zur Verfügung stellte, waren die Elysischen Felder konstituierender Bestandteil der Aussage; sie trugen selbst zur Bedeutung bei, waren Bestandteil eines gärtnerischen Historiengemäldes. Während man im westlichen Garten die einzelnen Szenerien noch als außenstehender Betrachter sah, befand man sich beim Betreten der Elysischen Felder im Inneren eines »Gemäldes«.

Ursprünglich erreichte man die Elysischen Felder über den Great Cross Walk genannten geraden Weg, der durch die Achsendrehung des Hauses entstanden war. An seinem östlichen Ende stand der von Kent entworfene Tempel der antiken Tugend, eine etwas abgewandelte Version des Sibyllentempels in Tivoli. Gleichzeitig spielt der Entwurf auf das von Hawksmoor entworfene Mausoleum in Castle Howard an, das sich zu jener Zeit im Bau befand und dessen Pläne Burlington zur Beurteilung vorgelegt worden waren. Vom Tempel der antiken Tugend aus hatte man einen Blick in ein mit Solitären bepflanztes und vom »Styx« durchströmtes Tal.

In dem Gewässer spiegelte sich der Temple of British Worthies, eine Exedra, wie sie Kent nach Vorbildern in italienischen Gärten kurz zuvor für Chiswick entworfen hatte. Einige Meter südlich des Tempels der antiken Tugend begegnete der Besucher der eingangs des Kapitels erwähnten Ruine mit der kopflosen Statue, dem Tempel der modernen Tugend.

Sowohl die Anordnung als auch die Bezeichnung und Ausstaffierung der Gebäude waren literarischen Ursprungs. Die wichtigste Quelle bildete ein Essay von Joseph Addison aus dem »Tatler« Nr. 123 vom 21. Januar 1710, in dem dieser eine allegorische Vision beschreibt: Im Traum wandelt er auf einem »schnurgeraden« Weg durch ein an einen Bosco erinnerndes Gelände. Der Weg endet an einem Tempel der Tugend, in dem »Statuen von Gesetzgebern, Kriegshelden, Staatsmännern, Philosophen und Dichtern« stehen. Hinter diesem Tempel entdeckt er den Tempel der Ehre, und etwas abseits gelangt er zu einem »Gemäuer«, das »ohne Mörtel aufeinandergeschichtet war (...) und auf solch schwachen Fundamenten stand, daß es bei jedem Windstoß wankte. Dieses Gebäude wurde Tempel der Eitelkeit genannt (...) und war voll von Heuchlern, Pedanten, Freidenkern und geschwätzigen Politikern.«

Die »geographische« Fixierung von Addisons moralisch-allegorischem Traumszenario in einem literarischen Topos – den Elysischen Feldern, dem Paradies der antiken Mythologie – und die dadurch erzeugte Idealisierung verstärkten den Kontrast zum kritisierten Zustand der realen historisch-politischen Situation. Durch diese Idealisierung wurde eine natürliche Szenerie, so paradox das klingen mag, als Mittel zur Gartengestaltung erst möglich. Zudem ließ sich der Handlungsraum thematisch strukturieren: Die steinernen Protagonisten des Historiengemäldes wurden in ihrer Beziehung zueinander definiert. Wie dies zu verstehen ist, wird deutlich, wenn man diese Protagonisten und die Rolle, die ihnen zugeteilt war, im Rahmen des Kontextes betrachtet, innerhalb dessen sie zu »agieren» hatten.

Stowe war nicht nur Touristenziel, sondern auch gesellschaftlicher Treffpunkt eines Zirkels von Intellektuellen, Künstlern, Politikern und Adeligen, die Cobham um sich sammelte. Darunter befanden sich führende Persönlichkeiten der Opposition. Pope war seit Mitte der zwanziger Jahre regelmäßiger Gast in Stowe und widmete Cobham das erste seiner »Moral Essays«. Als dieser 1733 gegen die Excise Bill stimmte, rächte sich Walpole, indem er veranlaßte, daß Cobham (zum zweiten Mal in seinem Leben) sein Regiment entzogen wurde. Als Reaktion darauf ging Cobham endgültig in die Opposition, zog sich erneut nach Stowe zurück und scharte eine Gruppe junger Nachwuchspolitiker um sich, die sich zum Ziel setzten, Walpole zu stürzen. Zu dieser »Boy Patriots« oder »Cobham Squadron« genannten Gruppe gehörten Cobhams zahlreiche Neffen, darunter vor allem George Lyttelton von Hagley Hall und Richard Grenville, der spätere Lord Temple und Erbe von Stowe, sowie William Pitt, der spätere Premierminister, der als »The Great Commoner« in die britische Geschichte eingegangen ist. Aber auch die oppositionellen Whig-Lords Chesterfield, Westmoreland und Marchmont sowie Tories wie Lord Bathurst zählten zu jenem Kreis, der in Stowe Pläne ausbrütete, um Walpole möglichst bald aus dem Sattel zu heben. Stowe wurde damit zu einem Ort der Gegenöffentlichkeit, der »country-party».

Kennzeichnend für die Haltung dieser lockeren Gruppierung war ihre Kritik an der von Ämterpatronage, Bestechung, Machtstreben und zunehmender Bürokratisierung bestimmten Politik unter Walpole, durch die die freiheitliche Verfassung und das Kräftegleichgewicht, kurz die Prinzipien der Glorreichen Revolution, immer mehr korrumpiert zu werden drohten. Moral wurde zum Gegenbegriff von Politik, Freiheit zum Gegenbegriff von zentralistischem Machtstreben und Korruption. Bolingbroke entwickelte eine politische Theorie, derzufolge die Opposition zum Bestandteil eines funktionierenden liberalen Staatswesens erklärt wurde. Cobham erweiterte die politische Programmatik seines Gartens um ein gebautes und gepflanztes Manifest, in dem die oppositionelle Ideologie leicht verschlüsselt, doch für jeden gebildeten Zeitgenossen verständlich zur Darstellung kam.

Wahrscheinlich war die Erarbeitung des Programms eine Gemeinschaftsproduktion, an der neben Cobham selbst vor allem die Literati des Zirkels wie Lyttelton, West und Pope beteiligt waren. Die Darstellung folgt der Struktur der literarischen Verssatire, die vor allem von Pope und Swift gepflegt wurde und sich aus drei Komponenten zusammensetzt: «Die – meist in der Vergangenheit angesiedelte – positive Norm, das negative Gegenbild der eigenen Zeit und der Hinweis auf solche Erscheinungen, die trotz gegenwärtiger Dekadenz das Ideal noch einzulösen vermögen.«[26]

In den Elysischen Feldern fand eine visuelle Umsetzung dieser drei Komponenten statt. Im Tempel der antiken Tugend, den man zuerst betrat, begegnete man Statuen des Homer, Sokrates, Lykurg und Epaminondas – also des größten Dichters, Philosophen, Gesetzgebers und Feldherrn der griechischen Antike – mit ausführlichen erklärenden Inschriften. Nahebei stand die Ruine der modernen Tugend mit der Walpole-Statue als Sinnbild des Wertezerfalls und der Korruption in der Gegenwart.

Den Temple of British Worthies zierten sechzehn Büsten, von denen die Hälfte aus dem Gibbs' Building hierher gebracht worden war. Ähnlich wie Burlington in Chiswick aktualisierte auch Cobham sein ursprüngliches »1688er«-Programm, indem er es um weitere acht Büsten (von Peter Scheemakers) erweiterte, die allesamt die oppositionelle Ideologie repräsentierten. Da waren König Alfred und Edward, »the Black Prince«, deren Bedeutung bereits im Zusammenhang mit dem Garten Fredericks in Carlton House angesprochen wurde; Sir Francis Drake und Sir Walter Raleigh, die eine Kritik an Walpoles schwacher Außenpolitik implizierten; Sir Thomas Gresham, der für die Händler der City stand, die eine geschlossene Front gegen Walpole bildeten; Sir John Barnard, der wegen seiner parlamentarischen Attacken gegen Walpole als einer seiner gefährlichsten Feinde angesehen wurde; Inigo Jones, der Vater des englischen Palladianismus, eine Referenz an Burlington, und natürlich Alexander Pope, der führende Oppositionsdichter. Im Zentrum der Exedra, in der Nische einer Pyramide, befand sich eine Merkur-Büste und darunter die Worte: »Campos Ducit ad Elysios« (er führt in die Elysischen Felder). Am Sockel war die bereits erwähnte Vergil-Inschrift aus dem Gibbs' Building angebracht, und der Gedanke liegt nahe, daß dieser Inschrift die Idee zu verdanken ist, das ganze Szenario in das mythische Jenseits zu verlagern. Das Zitat aus dem sechsten Buch der Aeneis gehört zu jener Episode, in der Aeneas von der Sibylle von Cumae in die Unterwelt und in die Elysischen Felder geführt wird; dort offenbart ihm sein toter Vater Anchises die Zukunft und zeigt ihm die Seelen jener Helden, die dazu bestimmt sind, Roms Größe zu begründen und es zum goldenen Zeitalter unter Augustus emporzuführen. – 1737 war es Frederick, Prince of Wales, der von Cobham in die Elysischen Felder von Stowe geführt wurde.

In den folgenden Jahren verlagerte sich das Geschehen weiter nach Osten, zum Hawkwell Field. Kent wandte sich in diesen Jahren von Stowe ab, vielleicht auf Anraten der Königin, die ihm wahrscheinlich zu verstehen gab, daß er, wenn er bei ihr nicht in Ungnade fallen wollte, diesen Sumpf der Impertinenz besser meiden sollte.[27] Sein letzter Entwurf für Stowe dürfte das Gelände nördlich der

57 Stowe. Szenerie am Eingang des Parks. Im Vordergrund die Oxford Bridge. Im Hintergrund einer der beiden Boycott-Pavillons von James Gibbs, die jedoch ursprünglich pyramidenförmige Dächer hatten.

STOWE: POLITIK UND MORAL IM GARTEN

DER GARTEN ALS »HISTORIENGEMÄLDE«

58 Stowe. Der Gothic Temple von James Gibbs auf dem Hawkwell Field.

59 Stowe. Hawkwell Field. Blick auf die palladianische Brücke.

Elysischen Felder, der Alder River (Erlenfluß), gewesen sein: eine Rokokoszenerie, die, was das »natürliche« Setting betrifft, den Elysischen Feldern folgte, doch frei von politischer Emblematik war. Es war eher ein Ort des Rückzugs, wo man im Tempel der Kontemplation oder in einer Grotte sitzend seinen Gedanken nachhängen oder sich seinen Gefühlen hingeben konnte. Während in den Elysischen Feldern die Reflexionen des Besuchers gezielt in bestimmte Bahnen gelenkt wurden, konnte man hier frei assoziieren und träumen, zum Beispiel vom fernen China, denn im Alder River stand, auf Pfählen erbaut, eines der frühesten chinesischen Häuser, eine leichte, aus Holz und bemalter Leinwand bestehende Rokokochinoiserie. Der Erlenfluß ist damit ein frühes Beispiel für jene Form der Gartenkunst, die Whately später als »expressiv« einstufte.

Gartenarchäologische Untersuchungen haben ergeben, daß zumindest die äußere Einfassung des Hawkwell Field während der dreißiger Jahre angelegt wurde. Wer die landschaftliche Gestaltung des Geländes in den vierziger Jahren plante, ist jedoch nicht bekannt. Weder Bridgeman noch Kent kommen in Frage. Doch der Einfluß Kents ist deutlich sichtbar, so daß man vermuten könnte, daß Cobham mit seinem Gärtner auf eigene Faust das fortsetzte, was Kent begonnen hatte: Statt des von Bridgeman entwickelten Kontrastes von Natur und Kunst eine Synthese beider anzustreben.

Ab 1741 war in Stowe ein junger Mann aus Northumberland als Obergärtner angestellt, für den diese Synthese später zum Markenzeichen werden sollte: Lancelot Brown, der in den fünfziger Jahren als erster professioneller Landschaftsgärtner begann, England in eine Ideallandschaft umzugestalten. Er wurde bereits 1742 zum technischen Verwalter von Stowe befördert, was angesichts seiner Jugend nur dadurch zu erklären ist, daß er sich als außergewöhnlich begabt erwiesen hatte. Auf seinen Einfluß dürfte vor allem das in der zweiten Hälfte der vierziger Jahre angelegte Grecian Valley nordöstlich des Hauses zurückzuführen sein. Aber auch die zunehmende »Naturalisierung« des westlichen Gartens fand unter seiner Leitung statt. Als Architekt engagierte Cobham Ende der dreißiger Jahre wiederum James Gibbs, der bereits in den zwanziger Jahren kurz in Stowe tätig gewesen war. Er entwarf die Gebäude für das Hawkwell Field, zunächst den Tempel der Freundschaft auf der südöstlichen Bastion, in dem Cobham Büsten seiner oppositionellen Freunde aufstellen ließ. Danach wurde die palladianische Brücke erbaut, eine leicht abgewandelte Version der vom Earl of Pembroke und Roger Morris für den Garten von Wilton House entworfenen Brücke. Auf der Anhöhe des Hawkwell Field entstand der Gothic Temple, ein dreieckiges Gebäude mit fünfeckigen Ecktürmchen und einer merkwürdigen romanisch-gotischen Wandgliederung, die wohl als Anspielung auf die angelsächsische Vergangenheit und ihre »freiheitliche« Tradition gewählt wurde. Das Innere des Gebäudes war mit goldenen Deckenmosaiken und den Wappen jener Sachsen verziert, auf die Cobham seine Familie zurückführte. Über der Tür plazierte er die Inschrift: »Ich danke den Göttern, daß ich kein Römer bin.«[28] Am nördlichsten Punkt des Hawkwell Field wurde – als Pendant zum Tempel der Freundschaft, in dem die oppositionelle Männergesellschaft ihren Treffpunkt (und ihren Weinkeller) hatte – der Lady's Temple erbaut, und östlich davon die Cobham-Säule, durch die Lady Cobham bereits zu Lebzeiten ihres Mannes diesem ein unübersehbares Denkmal setzte.

Das letzte Gebäude, das noch von Cobham begonnen wurde, war der Grecian Temple am Knick des Grecian Valley. Die Zeitgenossen erinnerte dieser Bau an die Maison Carrée in Nîmes. Doch gibt es einige wesentliche Unterschiede: Der Tempel in Stowe hatte ringsum freistehende Säulen, und diese waren zudem nicht korinthisch, sondern ionisch, so daß anzunehmen ist, daß noch andere Vorbilder für den Entwurf Pate standen. Die Frage der Autorschaft ist bis heute nicht endgültig geklärt. Es gibt jedoch ein Gemälde, das Richard Grenville, den Erben Cobhams, zeigt; seine Hand ruht auf einem Plan des Gebäudes. Grenville war 1732 auf Grand Tour in Italien und Frankreich, und er war sehr an antiker Architektur interessiert. Zudem gehörte er zu den Gründungsmitgliedern der Society of Dilettanti, so daß die Annahme, er sei der Architekt dieses frühen klassizistischen Gebäudes gewesen, nicht von der Hand zu weisen ist.

Cobham starb 1749. Stowe wurde zwar in den folgenden Jahrzehnten noch dem zunehmend naturalistischer werdenden Geschmack angepaßt, behielt jedoch bis heute den Charakter eines frühen, emblematischen Landschaftsgartens, und dies nicht zuletzt aufgrund der zahlreichen Tempel, in denen sich doppeldeutig das Familienmotto ihres Erbauers Richard Temple, Viscount Cobham, widerspiegelt: »Templa quam dilecta«.

## Rousham: der Garten als Ort der Philosophie

Der etwa 20 Kilometer nördlich von Oxford im Tal des Cherwell gelegene Landschaftsgarten von Rousham House gilt zu Recht als außergewöhnliches Denkmal der Gartenkunst.[29] Rousham ist nicht nur der einzige erhaltene Garten William Kents, sondern gleichzeitig, nach Auffassung vieler seiner Zeitgenossen, auch sein gelungenstes Werk. So beschreibt Horace Walpole die Anlage als »das am meisten einnehmende von allen Werken Kents« und zieht den Vergleich zu Daphne, dem heiligen Hain, den sich Kaiser Julian Apostata vor den Toren Antiochias anlegte, um »in angenehmster Einsamkeit (...) den Rückzug in die Philosophie zu genießen«.[30] Dieser Vergleich trifft, versteht man ihn nicht zu wörtlich, das Wesen des Gartens in zweierlei Hinsicht. Rousham ist eine Art gärtnerisches Historiengemälde, in dem Elemente italienischer Renaissancegärten, Anspielungen auf Stätten der Antike und »gotische« Blickfänger zu einem einzigartigen Ensemble verschmolzen sind. Zugleich ist dieser Garten, im Gegensatz zu Stowe, eher ein Ort der gelehrt-philosophischen Solitude, gemäß einem Topos, der seit der Antike einen festen Bestandteil der abendländischen Geistesgeschichte bildet. In Rousham ist er Wirklichkeit geworden.

Das Gelände wurde 1635 von Sir Robert Dormer erworben, der ein verhältnismäßig bescheidenes Landhaus im Renaissancestil darauf errichten ließ. Auf einem Plan des Anwesens von 1721 erkennt man nördlich des Hauses eine Parterrezone, an die sich fünf zum Fluß hinabführende Terrassen anschließen. Östlich davon befanden sich ein ummauerter Küchengarten, ein Obstgarten und ein Gelände, das mit Walnußbäumen bepflanzt war, westlich des Hauses eine Koppel und nordwestlich eine unregelmäßige Geländepartie, die als »der neue Garten« bezeichnet ist.

Zu jener Zeit befand sich das Anwesen im Besitz von Colonel Robert Dormer, der es nach seinem Tode 1737 seinem Bruder General James Dormer hinterließ. Beide hatten an den Marlborough-Feldzügen teilgenommen und gehörten jener Generation an, die, wie auf dem Grabstein des mit der Familie Dormer verwandten Colonel Tyrrell von Shotover zu lesen war, »das dringende Bedürfnis nach einer sinnvollen Beschäftigung« in sich verspürte, um »die ungewohnte Muße nach einer aktiven Karriere« auszufüllen.[31] Dieses Bedürfnis

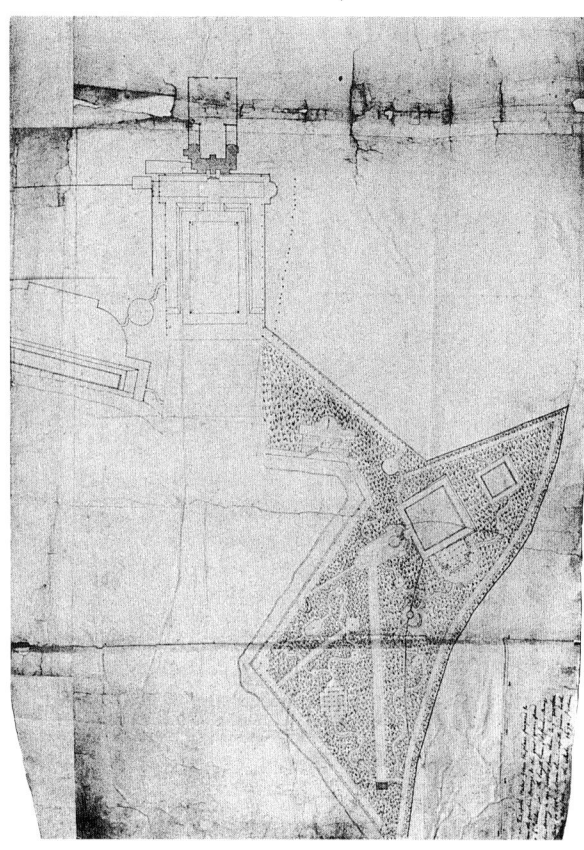

60 Rousham. Plan des Gartens von Charles Bridgeman, um 1725. Der Plan zeigt den Garten, wie er vor der Umgestaltung durch Kent aussah. Süden ist oben. (Mit freundlicher Genehmigung der Bodleian Library, Oxford)

wurde auch bei den Dormers durch eine intensive Teilnahme an der vom Burlington-Kreis propagierten Renaissance der Künste gestillt.
Es erstaunt daher nicht, daß eine der biographischen Hauptquellen, die über die beiden Brüder Auskunft erteilen, die Korrespondenz des Dichters Alexander Pope ist.[32] Dort erfährt man, daß nicht nur Pope selbst, sondern auch John Gay, Jonathan Swift, Burlington und Kent mit den Dormers eng befreundet waren, und daß Rousham auf den beliebten Sommerreisen von Landsitz zu Landsitz eine häufig besuchte Zwischenstation bildete. John Gay schrieb am 22. November 1726 einen Brief an James Dormer, der sich zu jener Zeit als außerordentlicher Gesandter in Lissabon aufhielt, in dem er neben dem neuesten Klatsch aus London mitteilt: »Ich war vergangenen Sommer zweimal in Rousham zu Besuch und fand [den Garten] in einem äußerst fortgeschrittenen Zustand vor.«[33]
Die Äußerung bezieht sich auf eine Modernisierung des bestehenden Gartens, die in den zwanziger Jahren nach einem Entwurf Bridgemans durchgeführt wurde. Der Plan davon ist erhalten. Er zeigt eine Geländepartie nordöstlich des Hauses, deren unregelmäßige Umrisse vorgegeben waren, da sie im Westen von einer Straße, im Osten vom Flußbett des Cherwell und im Süden durch die Koppel begrenzt wurde. Bridgeman legte das Gelände als »Wildnis« mit eingeschriebenen Pfaden an. Über diese gelangte man zu Aussichtsbastionen, zu kleinen, im Gehölz versteckten Lichtungen, in denen vermutlich Statuen standen, und in eine Talsenke mit zwei quadratischen Bassins, wovon das größere von einem »Bridgeman-Theater« flankiert war. Rings um die »Wildnis« verlief ein breiter, gerader Weg, der entlang des Cherwell mit einer Mauer befestigt war. Direkt an der Flußbiegung befand sich ein weiteres, aus dem Uferhang herausgegrabenes »Theater«. Die nördlich des Hauses gelegene Parterrezone war 1725 durch einen rechteckigen Bowling Green ersetzt worden, den auf drei Seiten terrassierte Wege umgaben. Das Gelände nordöstlich des Hauses war ebenfalls als terrassiertes Theater geplant, ein Projekt, das jedoch nicht realisiert wurde.
Bereits den zeitgenössischen Besuchern fiel die Ähnlichkeit der Anlage mit dem Bridgeman/Vanbrugh-Entwurf von Stowe auf; ein Vergleich, der vermutlich aufgrund der geographischen Nähe hergestellt wurde, denn er ließe sich ohne weiteres auch mit anderen Bridgeman-Entwürfen anstellen. Rousham enthält kein Element, das nicht schon vorher von Bridgeman angewandt worden war. Insofern kann man ihn als einen typischen Garten im »Übergangsstil« der zwanziger Jahre einordnen, der in seiner Mischung von formalen und unregelmäßigen Elementen damals bereits verhältnismäßig konventionell war. Im Jahre 1737, nach dem Tode von Colonel Dormer, übernahm sein Bruder General James Dormer den Landsitz. Dieser war es auch, der William Kent engagierte und ihn mit einer Erweiterung des Landhauses sowie einer Überarbeitung des Gartens beauftragte, entsprechend der neuesten Methode »ohne Lot oder Richtschnur«.
James Dormer scheint der aktivere der beiden Brüder gewesen zu sein, nicht nur als Soldat und Diplomat, sondern auch im kulturellen Bereich. Zeitgenossen beschreiben ihn als zwar kränklich, doch kunstbesessen und außerordentlich gelehrt. Seine Bibliothek in Rousham umfaßte angeblich annähernd fünftausend Bücher, Manuskripte und Drucke, und er sammelte leidenschaftlich Bronzen und Büsten; Kent bezeichnet ihn in einem Brief als »bronzo mad«.[34] Er besaß Bilder von Poussin und Rubens sowie Porträts von Pope, Dryden, Waller und Ben Jonson. Außerdem war er Mitglied des Kit Cat Club. Vermutlich kam durch seinen Kontakt zu Burlington die Verbindung mit dessen Protegé William Kent zustande. Ebensogut könnte allerdings Pope der Vermittler gewesen sein, der ja sowohl den Dormers als auch mit Kent freundschaftlich verbunden war.
Bereits Anfang des Jahres 1738 waren Haus und Garten von Rousham eine Baustelle, nachdem der »alte« Garten Bridgemans erst etwa zehn Jahre zuvor fertiggestellt worden war. Kent »gotisierte« das äußere Erscheinungsbild des Hauses durch einen umlaufenden Zinnenkranz und versah das Türmchen über der Vorhalle mit einer Kuppel. Zur Gartenfront hin erweiterte er das Gebäude um zwei pavillonartige Flügel, die je einen großen Raum beherbergen und durch niedrige Korridore mit dem zentralen Block verbunden sind. Die Fenster der Pavillons sind flankiert von Nischen mit Statuen: ein tanzender Faun, ein Bacchant, eine Venus und ein Apollo von John Cheere. Von Kents Gestaltung der Innenarchitektur sind heute noch zwei Räume erhalten: die ehemalige Bibliothek des Generals und das kleine Empfangszimmer. Die Bibliothek ist ein typisches Beispiel für Kents »Halb-Gotik« (Walpole). Bewahrt wurde die Stuckdecke in Rokoko-Gotik und die Kamineinfassung, eine merkwürdige Mixtur aus klassischen Details und gotischen Motiven. Das kleine Empfangszimmer ist vollständig erhalten. Hier befindet sich ein Teil der Bronzensammlung des Generals, für die Kent ein barock-klassizistisches Interieur entwarf, dessen eindrucksvollstes Element das mit zahlreichen Grotesken, mythologischen Gestalten und mit klassischen Bildungslandschaften geschmückte Deckengemälde ist.
Die eigentümliche Mischung und Nebeneinanderstellung verschiedener Stile in der Außen- und Innenarchitektur, die als Spiegel der kulturellen Mythologie die ideologischen Wunschräume jener Zeit offenbaren, findet sich auch in Kents Gartenentwurf für Rousham wieder. Die Arbeiten im Garten dauerten etwa vier Jahre und fanden parallel zur Umgestaltung des Landhauses statt. Aufgrund der erhaltenen Briefe[35] des damaligen technischen Verwalters William White und eines vermutlich ebenfalls von ihm stammenden Plans (um 1738

ROUSHAM:
DER GARTEN ALS ORT DER PHILOSOPHIE

61 Rousham. Plan des Gartens, um 1738, William White zugeschrieben. Der Plan zeigt die von Kent durchgeführten Umgestaltungen. Süden ist oben. (Mit freundlicher Genehmigung von Mr. und Mrs. Cottrell-Dormer)

DER GARTEN ALS »HISTORIENGEMÄLDE«

62 Rousham. William Kents Blickfänger auf den Hügeln von Aston Field. Am Horizont die »gotische« Schaufassade, in der Bildmitte die von Kent gotisierte Mühle, der sogenannte Temple of the Mill. Lavierte Federzeichnung von William Kent. (Mit freundlicher Genehmigung von Mr. und Mrs. Cottrell-Dormer)

63 Rousham. William Kents Entwurf für das Venustal. Die Besucher sind im Verhältnis zu den Bauwerken zu klein. (Mit freundlicher Genehmigung von Mr. und Mrs. Cottrell-Dormer)

lassen sich die Umgestaltungen verhältnismäßig exakt nachvollziehen.

Ein Vergleich mit dem Bridgeman-Plan vermittelt einen ersten Eindruck von Kents Veränderungen. Er erweiterte das Hauptgelände im Nordwesten, indem er es nach Norden bis zur Heyford-Brücke verlängerte, und verschob gleichzeitig durch eine Versetzung und Verlängerung der Einfassungsmauer die Westgrenze des Gartenterrains. Westlich des Bowling Green bezog er einen Teil der Koppel mit ein und ließ ein neues Aha anlegen. Die noch vorhandenen Terrassen und »Theater« wurden zu »concave slopes« eingeebnet, das Flußufer »renaturiert« und die Talsenke mit den Bassins – von nun an Venustal genannt – mit Kaskaden ausgestattet. Oberhalb des Tals entstand ein zusätzlicher ovaler Teich, und am Platz der ehemaligen Bastion wurde ein Arkadengang erbaut. 1741 näherte sich der Garten seiner Fertigstellung. Doch dem General blieb nur noch eine kurze Frist, sein neugeschaffenes »Elysium« zu genießen und, wie es in einem lateinischen Gedicht aus dem Jahre 1747 mit dem Titel »Rowshamius Hortus« heißt, umherwandelnd Gedichte von Pope zu rezitieren.[36] Er starb noch im selben Jahr.[37]

Ebenso wie in Stowe, Stourhead, The Leasowes und anderen Landschaftsgärten gab es auch in Rousham eine festgelegte Route. Solche Rundgänge existierten bereits in den Gärten der italienischen Renaissance. So gab es, wenn man De Vieris »Delle Meravigliose Opere de Pratolino« von 1586 glauben darf, im Garten der Villa Pratolino eine bestimmte Reihenfolge der Betrachtung der einzelnen Gartenabschnitte, die eine moralische Interpretation evozieren sollte.[38] Kent hat nach eigener Aussage während seines Italienaufenthalts diesen Garten besichtigt, und es ist anzunehmen, daß er das Konzept der genau »komponierten« Wegführung, wie vieles andere, von diesen Gärten in seine eigenen Entwürfe übertrug.

Welche Route er für Rousham vorsah, läßt sich einem Brief des Gärtners »Clary« aus dem Jahre 1750[39] entnehmen. Bevor dieser Rundgang nachvollzogen werden soll, ist es jedoch notwendig, auf zweierlei hinzuweisen: Zum einen ist die heutige Wegführung im Garten von Rousham an einigen Stellen nicht mehr die von Kent beabsichtigte, wobei sich die folgende Beschreibung jedoch an die Originalroute hält; zum anderen entspricht die heutige Bepflanzung des Gartens nur noch bedingt dem beabsichtigten Idealzustand. Sowohl der Plan

ROUSHAM: DER GARTEN ALS ORT DER PHILOSOPHIE

64 Rousham. Blick vom Haus über den Bowling Green zu Scheemakers' Pferd-und-Löwe-Gruppe. Im Hintergrund die beiden Blickfänger von William Kent.

65 Rousham. Heutiger Zustand des Venustals.

DER GARTEN ALS »HISTORIENGEMÄLDE«

66  Rousham. Das Townesend's Building.

67  Rousham. Kopie des Belvedere Antinous am Ende des Ulmenweges.

von 1738, auf dem zwischen »hohen, im Gras stehenden Waldbäumen«, »Unterholz« und »hohen, im Gras stehenden immergrünen Bäumen« unterschieden wird, als auch die Beschreibungen im Brief »Clarys« lassen auf das ursprüngliche Bild Rückschlüsse zu. So diente das Unterholz als Abschirmung, um ungewollte Durchblicke zu verhindern, während die Bäume – »Clary« erwähnt Buchen, Ulmen, Eichen, Platanen, Fichten, Tannen und andere – als offene Gehölze mit nackten säulenartigen Stämmen angepflanzt waren, um im Durchblick eine vertiefende bzw. erweiternde Perspektivwirkung zu erzielen, eine Art Bühnenbildeffekt, den Kent, wie aus seinen Skizzen hervorgeht, immer wieder anwandte. Die für damalige Gartenanlagen noch ungewöhnliche Mischung von Laubbäumen und Koniferen, die von Kent ganz bewußt angewandt wurde, hielt Christopher Hussey für eine Anspielung auf die Ilex- und Zypressengehölze klassischer Landschaften.[40]

Betrachtet man die Bepflanzung in ihrem heutigen »erwachsenen« Zustand, der durchaus seinen, wenn auch eher »malerischen« Reiz hat, so könnte man mit Horace Walpole beklagen, es sei einer von Kents großen Fehlern gewesen, daß er für die »sofortige Wirkung« pflanzte und nicht »für die Zukunft«.[41] Daß Kent diesen »Fehler« machte, lag wohl an seinen Auftraggebern, die den Garten noch zu ihren Lebzeiten erleben wollten. Man muß sich bei einem Rundgang durch den Garten also vergegenwärtigen, daß er ursprünglich viel heller, offener und lichter war.

Betritt man den Garten vom Haus aus, so erstreckt sich vor dem Betrachter zunächst die von Laubbäumen seitlich eingefaßte Rasenfläche des rechteckigen Bowling Green, an dessen Ende eine Figurengruppe steht. Den Hintergrund bilden die Hügel von Aston Field. Bei genauerem Betrachten entdeckt man dort zwei Gebäude: am Horizont den von Kent entworfenen Blickfänger, eine Schaufassade in »gotischer« Machart mit drei Torbögen und angedeuteten Fialen; links davon, weiter im Mittelgrund am Fuße der Hügel, eine von Kent gotisierte Mühle, genannt Temple of the Mill. Beide Bauwerke lenken den Blick gezielt aus dem Garten hinaus in die Tiefe der Landschaft und wirken im Zusammenspiel mit der Figurengruppe am Rande des Bowling Green perspektivbildend in der Art eines Bühnenbildes. Verstärkt wird dieser Eindruck durch die Rasenfläche im Vordergrund und die den »Bühnenraum« rahmenden Baumbepflanzungen.[42] Nähert man sich der Figurengruppe, so erkennt man eine dramatische Szene: Auf dem massigen Piedestal liegt ein sich wild aufbäumendes Pferd, das von einem Löwen gerissen wird. Diese Darstellung thematisiert nicht nur eines der emblematischen »Leitmotive« des Gartens – den Tod –, sondern sie ist gleichzeitig ein anschauliches Beispiel für das Geflecht von Anspielungen, das den Garten als »Historiengemälde« kennzeichnet. Die Gruppe stammt von Peter Scheemakers, der sie etwa 1743 anfertigte, also erst nach dem Tod des Generals. Der Auftrag muß jedoch schon etwa vier Jahre zuvor erteilt worden sein, da das Piedestal bereits 1739 aufgestellt wurde. Die Plastik ist die Kopie einer Gruppe, die einst im Garten der Villa d'Este in Tivoli stand und ihrerseits nach einem antiken Vorbild gestaltet war.[43]

Auch die beiden Blickfänger sind mehr als nur schmückende Elemente. Sie folgen einerseits einem Rat, den bereits Leon Battista Alberti in seinen 1726 von Giacomo Leoni ins Englische übersetzten »Zehn Bücher über Architektur« erteilt hatte: Im Zusammenhang mit der Situierung von Gebäuden in der Landschaft fordert Alberti, daß im Prospekt keine Reste der Vergangenheit fehlen dürfen, da deren Anblick »an die Vergänglichkeit der Zeit und die Bestimmung von Dingen und Menschen erinnern und die Augen und den Sinn mit Bewunderung erfüllen«.[44] Andererseits sind sie in ihrer stilistischen Anspielung auf die »Gotik« eindeutige Hinweise darauf, an wessen geschichtliche Vergangenheit sie erinnern sollen. Es ist bezeichnend, daß der Blickfänger auf den Hügeln von Aston Field von Zeitgenossen als »Triumphbogen«[45] bezeichnet wurde.

Die Aussicht vom oberen Rand des Bowling Green ermöglicht einen ersten Blick auf die nähere Umgebung und auf den Nordwestteil des Gartens, der sich entlang den Windungen des Cherwell nach Norden erstreckt. Direkt jenseits des Flusses befindet sich eine Weidefläche, die bis zur quer durch den Mittelgrund verlaufenden Landstraße reicht. Durch die natürliche Grenze des Flußlaufs entsteht der Eindruck, als ob das dort weidende Vieh sich im Garten befände – oder umgekehrt, als ob der Garten ein Teil der umgebenden Landschaft wäre. Die Abgrenzung von Innen und Außen wird verwischt. Man befindet sich nicht mehr vor der Bühne, sondern ist Teil der Szene geworden.

Wendet man sich nun nach links, so gelangt man nach wenigen Metern zu einer von Kent entworfenen Gartenbank, neben der sich eine Minervaherme erhebt. Die Pendants findet man auf der gegenüberliegenden Seite des Bowling Green. Die Hermen scheinen Ein- und Ausgang des eigentlichen Hauptgeländes zu bewachen. Der Weg, der beidseitig von dichtem Bewuchs umschlossen ist, war ursprünglich so bepflanzt, daß rechts des Betrachters dichtes Unterholz den Ausblick in die Landschaft verwehrte. Links blickte man durch offenes Gehölz zwischen den Stämmen hindurch über die Koppel und jenseits davon auf ein kleines, mit Zinnen versehenes Gebäude und ein palladianisches Gartentor.

Nach kurzer Wegstrecke gelangt man zu einer Aussichtsterrasse, die sich direkt oberhalb der Flußbiegung befindet. Hier öffnet sich dem Besucher der Blick auf die nahe Flußszenerie und auf die jenseits gelegene Weide. Im Unterschied zu der weiten Aussicht, die sich vom Bowling Green aus bot und die den Blick in die Tiefe des Raumes lenkte, wird die Aufmerksamkeit des Betrachters nun auf die Bestandteile jenes Landschaftsausschnitts gelenkt, der ihm direkt vor Augen liegt. Diese Bestandteile entsprechen genau den »Requisiten« des literarischen Topos vom »locus amoenus«: Bäume, eine Wiese, fließendes Wasser und singende Vögel.[46]

Dem numinosen Charakter entsprechend, der den »locus amoenus« der klassischen Idyllen kennzeichnet, steht auch dieser Ort unter der Obhut Pans, des Hirtengottes, der als Herme am rechten Ende der die Terrasse begrenzenden Balustrade in die Landschaft blickt. Am anderen Ende befindet sich eine weitere Herme, eine Darstellung des Herkules. Der Zusammenhang wird klar, wenn man die Hauptfigur der Szenerie auf der Terrasse in die Betrachtung miteinbezieht. Denn die beiden Hermen flankieren die lebensgroße Darstellung eines »sterbenden Gladiators«, eine ebenfalls von Scheemakers nach einem Entwurf Kents um 1743 angefertigte, doch qualitativ sehr minderwertige Nachbildung des »sterbenden Galliers« in den Kapitolinischen Museen in Rom.

Auf der Skizze Kents ist zu erkennen, daß das Piedestal der Figur ursprünglich die Form eines Sarkophags hätte bekommen sollen. Die Vermutung liegt nahe, daß es sich hierbei um ein Denkmal handelt, das der General seinem 1737 verstorbenen Bruder Colonel Robert Dormer setzte.

Zum zweiten Mal wird der Tod thematisiert. Diese Thematisierung bestimmt jedoch gleichzeitig den zunächst »abstrakt« gebliebenen »locus amoenus« eindeutig als das Arkadien, wie es von Vergil besungen und von der Renaissance wieder aufgegriffen worden war: »Et in Arcadia ego« wäre die passende Inschrift für die Tafel auf dem von Kent skizzierten Sarkophag gewesen.

Geht man von der Terrasse aus weiter, so führt der Weg heute, abweichend von der Originalroute, durch dichtes Gehölz steil hinab zum Venustal. Es ist jedoch sinnvoller, der Beschreibung »Clarys« folgend, entlang der Koppel bis zum palladianischen Gartentor weiterzugehen. Das Tor, dessen helles Mauerwerk sich kräftig von der umgebenden Vegetation abhebt, steht in merkwürdigem Kontrast zu einem kleinen »gotischen« Gebäude, das wie das Landhaus ebenfalls einen Zinnenkranz trägt. Es ist zwar auf dem Plan von 1738 nicht eingezeichnet, doch wird allgemein angenommen, daß es von Kent stammt. In seine Außenwand ist eine gemauerte Nische mit einer Bank eingelassen, der Gothic Seat. Von dort aus soll, laut »Clary«, ein Ausblick auf den Triumphbogen möglich gewesen sein, der heute allerdings durch die hohen Bäume verstellt ist. Bei einem Blick zurück über die Koppel erscheint die zinnenbesetzte Westfront des Landhauses. Bezieht man den – nicht mehr sichtbaren – Triumphbogen mit ein, »kontrapunktiert« dieser Prospekt die klassisch elegische Stimmung der vorangegangenen Szenerie durch die selbstbewußte Betonung spezifisch »britischer« Elemente.

Vom Gothic Seat aus geht man ein Stück des Weges zurück, vorbei am palladianischen Tor mit den beiden Marmorstatuen von Flora und Fortuna und den beiden flankierenden Vasen, die vermutlich ebenfalls von Kent stammen; es existieren zumindest ähnliche Entwürfe von ihm für Popes Garten in Twickenham. Vom Tor aus führt der Weg leicht abschüssig entlang der Einfassungsmauer durch ein dichtes Gehölz zum Platz des «ovalen Teichs« oberhalb des Venustals. Dieser Teich besteht ebenso wie der kleinere oktogonale Teich im Venustal nicht mehr. Sie dienten auch einem eher praktischen Zweck: als Reservoir für die von Kent angelegten Kaskaden und Springbrunnen im Venustal.

Aus dem Plan von 1738 geht hervor, daß das Venustal im oberen Bereich durch eine dichte Bepflanzung begrenzt war, so daß der Blick von oben in das Tal abgeschirmt wurde und das Gelände um den »ovalen Teich« dem Betrachter als geschlossene Lichtung im Wald erscheinen mußte. Mit diesem kleinen Trick täuschte Kent bewußt eine Geländegröße vor, die gar nicht vorhanden war.

An dieser Stelle weicht die heutige Wegführung ein weiteres Mal von der ursprünglich intendierten ab. Während heute nur noch der auf dem Plan als »The New Walk to Townesend's Building« bezeichnete Weg entlang der abgeschirmten Einfassungsmauer existiert, beschreibt »Clary« einen »begrünten Serpentinenweg«, der durch das Gehölz nördlich des Venustals abwärts führte. Da dieser Geländeabschnitt in seinem jetzigen Zustand nur noch einen vagen Eindruck davon vermittelt, wie er einst ausgesehen hat, sei im folgenden »Clarys« Brief zitiert:[47] »Man ist umgeben von einer größeren Vielfalt von immergrünen Pflanzen und blühenden Sträuchern als auf irgendeinem anderen Weg der Welt. Am Ende des Weges steht eine Bank im Wald, wo man sich niederläßt und auf den Weg, auf dem man gekommen ist, zurückblickt. Dort sieht man verschiedene Blumenarten, wie sie durch unterschiedliche Arten immergrüner Pflanzen scheinen. Hier glaubt man Rosen zu sehen, die aus Lorbeersträuchern sprießen, Flieder, der an Stechpalmen zu blühen scheint, Taxus, der spanischen Flieder hervorbringt, und das süße Geißblatt schaut unter jedem Blatt hervor. Kurz, alles ist so miteinander vermischt, daß man glaubt, jedes Blatt des Immergrüns bringe eine Blüte oder etwas anderes hervor.« Die Briefstelle ist vor allem deshalb bemerkenswert, weil sie einen detaillierten Einblick in die Art und Weise vermittelt, wie die Sträucherbepflanzung in Rousham angelegt war. Sie widerlegt das traditionelle Vorurteil, daß alle frühen Landschaftsgärten blumenlos gewesen seien. Zudem zeigt sie, daß bereits in den vierziger Jahren das »Verbot«, immergrüne und laubabwerfende Pflanzen zu mischen, ignoriert wurde.[48]

Als nächstes gelangt man auf einen von Taxus überschatteten Weg, in dessen Mitte sich eine serpentinenförmig angelegte, gemauerte Wasserrinne schlängelt, die in den großen Teich des Venustals mündet. Folgt man ihr einige Meter aufwärts, so kommt man zu einem weiteren achteckigen Bassin, neben dem sich ein höhlenartiges gewölbtes Gemäuer befindet. Die Wasserrinne ist ein frühes Anwendungsbeispiel der unregelmäßig geschlängelten Linie für etwas anderes als die Wegführung.[49] Geschlängelte Wege gab es schon in den Gärten der Übergangszeit, und sie waren in den dreißiger Jahren bereits fester Repertoirebestandteil. Kent, »dessen oberster Grundsatz war, daß die Natur vor allem, was gerade ist, zurückschreckt (...) und nur das, was gekrümmt ist, liebt«,[50] übertrug dieses Gestaltungsmerkmal konsequent auf andere Bereiche der Gartenplanung, zum Beispiel auf die Wasserführung und die Geländemodellierung.

Der Weg führt weiter nach Norden und endet wenig später auf einem sich zum Cherwell hinabneigenden Rasenhang, an dessen höchstem Punkt sich ein kleiner Tempel, das Townesend's Building, erhebt. Sein helles Mauerwerk wird durch die dunklen Eiben, die es hinterfangen, warm hervorgehoben. Eine stattliche alte Libanonzeder und eine etwas zerzauste Lärche überragen das Gebäude um ein vielfaches und erhöhen den bildhaften Reiz der Szenerie, deren Ähnlichkeit mit klassischen Bildungslandschaften unübersehbar ist.

Es existiert in Rousham House eine Skizze Kents, die ein kleines Gartengebäude zeigt und angeblich der Entwurf für diesen Tempel sein soll. Ein Vergleich von »Entwurf« und ausgeführtem Bauwerk läßt jedoch nur eine weitläufige Verwandtschaft erkennen, die sich hauptsächlich auf die tuskische Säulenordnung beschränkt. Im Inneren des Gebäudes befindet sich heute ein römischer Grabstein, der, wie einer Quelle zu entnehmen ist, im 18. Jahrhundert im Pyramid Building stand.[51] Ursprünglich waren im Townesend's Building, wie »Clary« berichtet, auch eine Sokratesbüste und ein Relief, das Demosthenes zeigt, »auf dem Altar sitzend, bevor er zu Tode gebracht wurde«. Beide Athener setzten ihrem Leben mit einem Becher Gift ein Ende; der eine, weil er sich in offenen Reden voller Patriotismus für die politische Freiheit seines Vaterlandes einsetzte und dafür verfolgt wurde; der andere, weil er nicht bereit war, Konzessionen zu machen, die seinem Anspruch von Wahrhaftigkeit und Gerechtigkeit widersprochen hätten. So heißt es in der Apologie: »Denn wisset nur, ihr Athener, wenn ich irgendein Staatsgeschäft betrieben hätte, wäre ich schon längst umgekommen und hätte weder euch etwas genutzt noch mir selbst. Denn kein Mensch kann sich erhalten, der sich, sei es nun euch oder einer anderen Volksmenge, tapfer widersetzt und viel Ungerechtes und Gesetzwidriges im Staate zu verhindern sucht. Sondern notwendig muß, wer in der Tat für die Gerechtigkeit streiten will, auch wenn er sich nur kurze Zeit erhalten soll, ein zurückgezogenes Leben führen, kein öffentliches.«[52] – Zum Beispiel

Rousham. Blick auf Praeneste.

als Mitglied der »country-party« auf einem Landsitz in Oxfordshire.

Die Aussicht vom Inneren des Tempels bildet sozusagen eine Synthese der unterschiedlichen Ausblicke vom Bowling Green und von der Terrasse. Der Vordergrund entspricht wiederum dem klassischen »locus amoenus«; die auf dem Plan eingezeichnete Ulmengruppe am Ufer des Cherwell existiert allerdings nicht mehr. Der Mittelgrund wird von der Weidefläche und der Straße ausgefüllt, während im Hintergrund die Hügel von Aston Field mit den Blickfängern die Szene beschließen. Zusätzlich zu den bereits bekannten Elementen kommt nun noch als nördlicher Abschluß des Gartengeländes die aus dem Mittelalter stammende Heyford-Brücke in den Blick.

Einige Meter unterhalb des Townesend's Building steht am Ende des Ulmenweges ein überlebensgroßer Apollo, eine Nachbildung des berühmten Belvedere-Antinous, den William Hogarth in seiner »Analysis of Beauty« zum Paradigma der Schönheitslinie im menschlichen Körper gemacht hat. Blickt man an der Figur vorbei durch die gerade Allee des Ulmenweges, so sieht man zum ersten Mal einen kleinen Teil des Unterbaus der Terrasse in Diagonalansicht durch das Gehölz schimmern. Zunächst jedoch führt der Weg entlang dem Fluß durch ein offenes Gehölz, »bestehend aus Eichen, Ulmen, Buchen, Erlen, Platanen und Roßkastanien«.[53] Nach einer leichten Rechtskurve steht man unvermittelt am unteren Ende des Venustals, dem Herzstück des Gartens von Rousham.

Hier öffnet sich dem Besucher zum ersten und einzigen Mal ein Blick in den Garten hinein, und Kent verstand es geschickt, diesen »Innenblick« zu einem überraschenden Höhepunkt zu gestalten. Eine Überraschung, die jedoch nur dann zustande kommt, wenn man nicht schon zu Beginn des Spazierganges, nach der Terrasse, in das Tal hinabsteigt.

Obgleich der heutige Zustand des Venustals in vielem noch mit dem ursprünglich von Kent geschaffenen übereinstimmt, ist es doch notwendig – zumindest für das Verständnis der räumlichen Gestaltung –, auf die erhaltene Entwurfsskizze Kents zurückzugreifen. Denn die intendierte Szenerie weicht von der heutigen durch das Fehlen eines Teils der Baumbepflanzung ab, die als raumbildendes Element wesentlich zum Charakter des Venustals beitrug. Günter Hartmann beschreibt nach eingehender Analyse dieses »Raumes« das Tal zutreffend als »eine Gartenszene, bei der in der Landschaftsgestaltung das Raumschema der klassischen Landschaftsmalerei mit der Raumstruktur der barocken Gassenbühne eine Synthese eingeht«.[54]

Hauptmerkmal der Szenerie sind die beiden für Kent typischen rustizierten Kaskaden nach Vorbildern in italienischen Gärten. Auf der oberen Kaskade steht eine Kopie der Venus von Medici. Die Berechtigung der Venus als Gartenplastik erhielt sie aus ihrer Erwähnung durch verschiedene antike Autoren wie Varro, Plinius und Columella als die präsidierende Gottheit der Gärten. Rechts und links vor der oberen Kaskade befanden sich zwei auf Schwänen reitende Cupidofiguren.[55] Doch auch dieser der Liebe und Fruchtbarkeit geweihte Ort ist vom Tod überschattet: Die Schwäne scheinen zu singen, und eine Marmortafel auf der Kaskade informiert den Besucher darüber, daß an dieser Stelle »Ringwood, ein Otterhund von außerordentlicher Wildheit«, begraben liegt. Aus dem Gehölz an den seitlichen Rändern des Venustals treten Pan und ein Faun hervor. Alle diese Figuren stammen von Jan van Nost, und wie aus der eingravierten Jahreszahl 1701 zu erschließen ist, befanden sie sich wahrscheinlich schon im alten Garten von Rousham, so daß Kent lediglich ihre Situierung seinem Entwurf entsprechend veränderte.

Wie dem Plan zu entnehmen ist, war der Blick vom idealen Betrachterstandpunkt des Venustals zum Unterbau der Terrasse durch Bäume verstellt, so daß man einige Meter durch ein offenes Gehölz nach links gehen mußte, um eine ungehinderte Sicht auf die nächste Szene zu bekommen. Der Anblick, der sich dem Besucher im 18. Jahrhundert von hier aus bot, entspricht – bis auf eine fehlende Balustrade – genau dem, den man heute noch hat. Man sieht oberhalb eines Grashanges einen begehbaren Futtermauergang, der sich in sieben Arkaden zur Flußlandschaft hin öffnet. In das Innere gelangt man über einen steilen, im Gehölz versteckten Pfad. Der langgestreckte Raum wird durch Exedren gegliedert, in denen man von Bänken aus den Blick in die Landschaft genießen kann. Zwischen den Exedren sind Nischen in die Wand eingelassen, in denen im 18. Jahrhundert Büsten standen. »Clary« erwähnt etwa Kleopatra, Shakespeare, Bacchus, Alexander und Niobe.

Die Bedeutung des Bauwerkes wird jedoch erst klar, wenn man weiß, daß es bereits zur Zeit seiner Entstehung »Praeneste« genannt wurde.[56] Praeneste ist die alte Bezeichnung für Palestrina in den Sabinerbergen, wo heute noch die Ruinen des Fortunaheiligtums mit ihren beeindruckenden Terrassenanlagen zu besichtigen sind. Zwar war im 18. Jahrhundert nur ein Teil der Ruinen sichtbar, aber Palestrina gehörte damals schon zum Pflichtprogramm der Grand Tour. Der literarisch gebildete Betrachter wurde also ein weiteres Mal zu einem Vergleich provoziert: in diesem Falle zwischen dem Blick von den Arkadengängen des antiken Fortunatempels über die römische Campagna und dem Blick über die ihm vor Augen liegende englische Landschaft mit ihrem bereits erwähnten »arkadischen« Vordergrund. Doch der Arkadengang in Rousham lehnt sich nicht nur an das antike Praeneste an; diese eher literarisch inspirierte Assoziation wird dadurch erweitert, daß das Bauwerk gleichzeitig auf die zahllosen Arkaden und Loggien der italienischen Renaissancegärten anspielt.

Der Weg von »Praeneste« aus führt durch ein dichtes Gehölz abwärts zum Platz des ehemaligen »Bridgeman-Theaters«, das Kent hatte einebnen lassen. Laut »Clary« gab es hier im 18. Jahrhundert einen – heute verschwundenen – Springbrunnen, in den das Wasser »zwischen Muscheln herabfiel«. Lediglich drei Statuen van Nosts – Ceres, Merkur (eine Kopie von Giambolognas berühmtem Merkur) und Bacchus – stehen noch an ihrem Platz und blicken in die Landschaft.

Man geht dem Flußufer entlang weiter, passiert den großen Abhang, der hinauf zum Bowling Green führt, und gelangt in den östlichen Teil des Gartens, wo ehemals eine kleine Holzbrücke über den Cherwell führte. Wenig später erreicht man die östliche Begrenzungsmauer, wo sich noch heute die Reste des Poet's Seat befinden, so genannt nach den illustren Dichtern, die zum Bekanntenkreis des Generals zählten.

Der Weg führt nun leicht ansteigend zurück durch dichtes Unterholz bis zum Pyramid Building, der letzten Station des Spaziergangs durch den Landschaftsgarten. Dieses etwas merkwürdige kleine Gebäude mit seinem pyramidenförmigen Dach, das heute mit Ziegeln gedeckt ist, stammt angeblich ebenfalls von Kent. Die Zuschreibung stützt sich vor allem auf ähnliche Entwürfe des Architekten, etwa die beiden Pavillons des südlichen Tors in Holkham oder die Pavillons der Worcester Lodge in Badminton. Auch auf einer Skizze für eine projektierte Umgestaltung in Chatsworth erscheinen ähnliche Gebäude, allerdings mit einem Säulenportikus. Vanbrugh hatte im Park von Castle Howard bereits 1719 sein Pyramid Gate errichtet, und es ist durchaus möglich, daß Kent sich von diesem Gebäude inspirieren ließ. Es gibt jedoch noch eine andere Möglichkeit. In Rousham House hängt die Kopie eines Gemäldes von Nicolas Poussin, die »Einweihung«, auf dem solche Tempel mit pyramidenförmigen Dächern dargestellt sind. Der römische Grabstein, der heute im Townesend's Building steht, befand sich im 18. Jahrhundert in einer Nische im Inneren des Pyramid Building. Außerdem werden von »Clary« noch zwei Flachreliefs – Porträts von Caesar und Calpurnia – sowie Büsten von Sokrates und Mark Aurel aufgezählt.

Damit faßt das Pyramid Building die literarisch-philosophischen Grundgedanken des ganzen Gartens in einem großen Finalakkord zusammen. Wieder ist es der Tod, der die Grundstimmung beherrscht, doch nicht mehr melancholisch elegisch, ausgelöst durch die »Dissonanz«, die durch das Aufeinandertreffen von menschlichem Leiden mit einer übermenschlich vollkommenen Umwelt entsteht.[57] Statt dessen deutet die Büste Mark Aurels, des Philosophen auf dem Kaiserthron, auf eine Überwindung dieser Melancholie durch die Gelassenheit der stoischen Philosophie hin; eine durch das rationale Denken geprägte Gelassenheit, die symptomatisch für die Haltung der englischen Augusteer war.

## Stourhead: Procul, o procul este profani!

Nähme man die sibyllinische Warnung über dem Eingang zum Floratempel im Garten von Stourhead beim Wort, so müßte auf dieses Kapitel eigentlich verzichtet werden. Denn trotz intensiver Forschung ist es bis heute nicht gelungen, die ikonographischen Rätsel dieser Anlage – ein komplexes Geflecht literarischer wie visueller Zitate und Anspielungen – zufriedenstellend zu deuten.[58]

Stourhead liegt im äußersten Westen Wiltshires, etwa 4 Kilometer nordwestlich von Mere. Die Topographie des Geländes wird von zwei aus Norden und Osten her verlaufenden Tälern bestimmt. Sie bilden einen etwa dreieckigen Talgrund, der sich nach Südwesten hin öffnet.

Seit dem Mittelalter befand sich der Landsitz im Besitz der Familie Stourton, die im Laufe des 17. Jahrhunderts aufgrund ihres katholischen Glaubens und ihrer royalistischen Haltung in schwere Bedrängnis geriet und sich 1714 gezwungen sah, den Familiensitz zu verkaufen. Drei Jahre später erwarb der Bankier Henry Hoare I. das Anwesen. Von ihm stammt auch die Bezeichnung »Stourhead«, die sich auf die hier entspringenden Quellen des River Stour bezieht. Hoare investierte in den Landsitz wohl einen Teil des Gewinns, den seine Bank durch die Beteiligung an der South Sea Company erwirtschaftet hatte. 1718 wurde das alte Haus der Stourtons abgerissen, und der Architekt Colen Campbell erhielt – wahrscheinlich durch die Vermittlung von Hoares Schwager William Benson – den Auftrag, ein neues Landhaus zu entwerfen. Benson war im selben Jahr zum Nachfolger Sir Christopher Wrens im Board of Works ernannt worden, wo ihm Campbell unterstellt war. Damit lag die Leitung der Baubehörde erstmals in den Händen zweier überzeugter Neopalladianer, denn Benson – er war eigentlich nicht Architekt, sondern Politiker und Publizist – hatte bereits 1710 Wilbury House »im Stile von Inigo Jones« (Campbell) entworfen und gebaut. Der Entwurf Campbells für Stourhead war ebenfalls streng palladianisch: ein in den Ausmaßen eher bescheiden zu nennendes Landhaus mit deutlichen Reminiszenzen an Palladios Villa Emo in Fanzolo. Der Bau wurde zwischen 1719 und 1722 ausgeführt, allerdings ohne den von Campbell vorgesehenen und im dritten Band des »Vitruvius Britannicus« abgebildeten Portikus, der erst 1841 hinzukam.

Als Henry Hoare 1725 starb, erbte sein Sohn Henry Hoare II. den Landsitz. Der damals Zwanzigjährige hatte, wie sein Enkel berichtet, ein recht ausgelassenes Leben geführt, bis ihn die Angst um seine Gesundheit auf den Pfad der Tugend führte. Nach dem Tod seines Vaters trat er dessen Nachfolge in der Bank an. 1734 kaufte er Wilbury House von seinem Onkel William Benson, dessen kultureller Einfluß auf ihn kaum zu überschätzen ist. Benson war nicht nur Palladianer, sondern auch ein großer Verehrer von Milton und Vergil. Er förderte Übersetzungen sowie Neuausgaben ihrer Werke und veröffentlichte Essays über Vergils Georgica und die Problematik von Versübertragungen. Diese Literaturbegeisterung übertrug er auf seinen Neffen, den er auch mit wichtigen zeitgenössischen Künstlern wie John Wootton, Michael Rysbrack und Henry Flitcroft bekannt machte. Vielleicht waren es die italianisierenden Landschaften Woottons oder die Begeisterung für Vergil, die Henry Hoare zu seiner dreijährigen Grand Tour veranlaßten, während der er eine große Anzahl von Gemälden und Skulpturen erwarb. Kurz nach seiner Rückkehr im September 1741 starb seine Mutter. Hoare übernahm Stourhead und begann den Landsitz umzugestalten. Allerdings scheint in der unmittelbaren Umgebung des Hauses bereits in den dreißiger Jahren eine Modernisierung stattgefunden zu haben. Dabei wurde der ummauerte Garten südlich des Hauses durch eine von Buchen eingefaßte und sich bis zur Hangkante erstreckende Rasenfläche ersetzt. Von dort führte ein Terrassenweg, der die Weidefläche beim Haus umfaßte, der Hangkante entlang zuerst nach Westen, dann nach Nordwesten; an seinem nördlichsten Punkt wurde 1747–1750 ein Obelisk errichtet. Die Konzeption erinnert deutlich an Rousham und Stowe: auf der einen Seite der Blick über den Home Park, auf der anderen der Ausblick in die Landschaft. Allerdings war 1743 anstelle des heutigen Sees im Talgrund eine Anzahl unterschiedlich großer, teils regelmäßig, teils unregelmäßig geformter Wasserflächen auf verschiedenen Ebenen zu sehen. Dieses Gelände verwandelte Hoare im Laufe der nächsten dreißig Jahre Schritt für Schritt in jene Ideallandschaft, die Walpole voller Bewunderung als »eine der malerischsten Szenerien der Welt«[59] bezeichnete.

Es ist nicht bekannt, ob Hoare je eine Gesamtkonzeption hatte. Die Geschichte des Parks spricht eher für ein »work in progress«, in dem sich Hoares persönliche Interessen, seine Ästhetik und seine Weltanschauung in ihrem allmählichen Wandel widerspiegeln. Als Architekt wurde Henry Flitcroft herangezogen, ein Protegé Burlingtons, dessen Briefe an Hoare die wichtigsten Zeugnisse über die Frühphase des Parks von Stourhead sind. Dieser Korrespondenz ist zu entnehmen, daß neben einem ionischen Rundtempel, der wohl nie gebaut wurde, und einem Venetian Seat der Floratempel das erste größere Bauvorhaben im Tal war. Das 1744–1746 errichtete Gebäude mit seinen vier tuskischen Säulen wurde nach einer Skulptur im Innenraum ursprünglich Cerestempel genannt.[60] Über dem Eingang sind die Worte der Sibylle von Cumae eingemeißelt, die in der Kontroverse um die Ikonographie von Stourhead eine bedeutsame Rolle spielen: »Procul, o procul este profani – Fort, fort, ihr Uneingeweihten« (Vergil, Aeneis, VI, 258). Unterhalb des Floratempels ragt heute noch ein rustizierter Bogen aus dem See. Es ist der Rest einer ebenfalls von Flitcroft entworfenen und zur selben Zeit erbauten Kaskade, die jedoch bereits

DER GARTEN ALS »HISTORIENGEMÄLDE«

69  Stourhead. Blick in den Garten, wie er zur Zeit Henry Hoares aussah. Von links nach rechts: Apollotempel, palladianische Brücke, Pantheon. Stich von Francis Vivares nach einem Aquarell von C.W. Bamphylde, 1777.

70  Stourhead. Blick über den See zum Floratempel und zum Dorf Stourton. Stich von Francis Vivares nach einem Aquarell von C.W. Bamphylde, 1777.

Stourhead: Procul, o procul este profani!

71  Stourhead. Blick über den See zur palladianischen Brücke und zum Pantheon.

72  Stourhead. Blick vom Pantheon über den See. Von links nach rechts: Floratempel; Stourton mit Bristol High Cross und St. Peter's Church; palladianische Brücke.

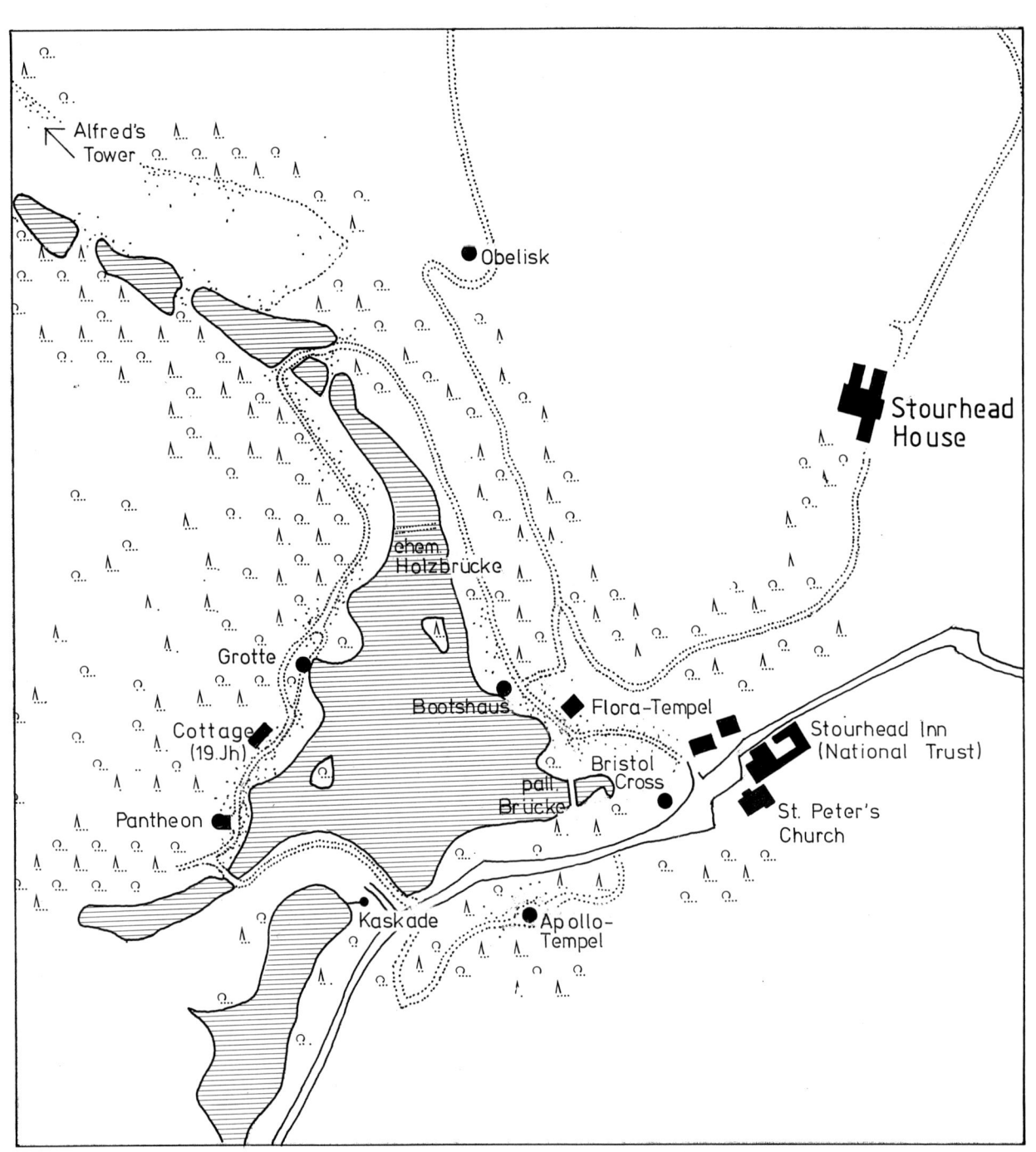

73 Stourhead. Plan des Parks. Heutiger Zustand auf Grundlage der 6" Ordonance Survey Map.

zehn Jahre später im Wasser versank, als Hoare den See aufstauen ließ; dies stützt die Annahme, daß kein Gesamtkonzept vorhanden war. Das Quellwasser, das die Kaskade speiste, floß durch eine grottenartige, mit der Statue eines Flußgottes ausgestattete Nische in eines der kleineren formalen Bassins. Das Bauwerk erinnerte stark an frühere Entwürfe Kents, der mit Flitcroft im Board of Works beschäftigt war. Auch die von Kent gepflegte Praxis, Vorschläge für die Situierung seiner Gebäude zu machen, übernahm Flitcroft wohl zumindest im Falle des Floratempels von seinem Kollegen.

In den folgenden Jahren (1748–1750) entstand eine einbogige hölzerne Brücke nach einem Entwurf Palladios über einen der größeren Teiche, den späteren nördlichen Arm des Sees. Gleichzeitig wurde auf der dem Floratempel gegenüberliegenden Seite des Tals über einer weiteren der sechs Quellen des Stour die Grotte erbaut: ein ursprünglich symmetrischer Bau, dessen Mauerwerk innen und außen mit erodiertem Kalkstein von tuffartigem Aussehen verkleidet ist. Man gelangt durch dichtes Gehölz und Farn zunächst in einen 1776 angebauten gewundenen Gang und betritt von dort durch die ehemalige Eingangspassage mit der Inschrift »Intus aquae dulces, vivoque sedilia saxo, Nympharum domus«[61] (Aeneis, I, 167f.) den runden, überwölbten Raum. Der mit Kieseln gepflasterte Boden und die moosig grün schimmernden Grottenwände werden durch eine Öffnung in der Kuppel leicht erhellt. Ringsum sind Nischen und Sitzbänke in die Wände eingelassen. Ein Durchbruch, der im 18. Jahrhundert zeitweise verhängt war, gestattet einen Blick über den See zum Floratempel und zur Dorfszenerie von Stourton. Auf der gegenüberliegenden Seite des Raumes liegt in einer Nische die Figur einer schlafenden Nymphe,[62] die durch eine unsichtbare Öffnung in der Decke Licht erhält. Das Wasser einer der Quellen des Stour fließt unter ihr hindurch und ergießt sich rauschend in ein halbrundes Becken, auf dessen Rand folgende Worte eingraviert sind:

»Nymph of the Grot these sacred springs I keep
And to the murmur of these waters sleep;
Ah! spare my slumbers, gently tread the cave,
And drink in silence or in silence lave.«

Es ist Popes Übersetzung eines pseudoklassischen Gedichts des 15. Jahrhunderts, das in zahlreichen Nymphäen der italienischen Renaissance zu finden war.[63]

Durch einen Gang gelangt man ins Freie und steht unmittelbar vor einer Nebengrotte, in der ein Flußgott mit dramatisch erhobener Hand auf einer Urne thront, aus der ebenfalls Quellwasser fließt. Im 18. Jahrhundert hing an dieser Stelle eine hölzerne Tafel mit einem Zitat aus Ovids Metamorphosen.[64]
Mit der Erbauung der Grotte 1750 war die erste Gestaltungsphase abgeschlossen. Der Talgrund dürfte sehr an John Aislabies Wassergarten von Studley erinnert haben, wenngleich die Wasserflächen nicht als kunstvolles geometrisches Muster ausgeführt waren. Hoare hatte versucht, die Individualität des Ortes – die Quellen des Stour – zu betonen, doch mittels einer verhältnismäßig konventionellen Evokation jener heiligen Orte und Landschaften der Antike, die dem Wasser und der Flora geweiht waren, etwa die Quelle des Clitumnus oder die Grotte der Egeria.
In den Jahren 1750–1752 ruhte die Bautätigkeit, vermutlich bedingt durch den Tod von Hoares Sohn während dessen Grand Tour in Neapel; die Hoffnung auf einen direkten Erben war damit ausgelöscht. Doch 1753 heiratete Hoares ältere Tochter Lord Dungarvan aus der Familie Boyle, und seine jüngere Tochter verlobte sich mit seinem Neffen Richard Hoare. Noch im selben Jahr begannen die Bauarbeiten am Pantheon, das 1755 fertiggestellt wurde. Gleichzeitig wurde der Damm im Südwesten des Tals aufgeschüttet und im Anschluß daran der See aufgestaut.
Das Pantheon wurde ebenfalls von Flitcroft entworfen. Dementsprechend palladianisch geriet die Eingangsfront mit ihrem sechssäuligen korinthischen Portikus und den seitlichen, mit Nischen versehenen Anbauten. Man gelangt zunächst in ein mit Vasen geschmücktes Vestibül. Von dort aus fällt der Blick durch ein Eisengitter, das bereits im 18. Jahrhundert Vandalen abzuwehren hatte, in die Rotunde mit ihrer kassettierten Kuppel, dem mit Ochsenschädeln und Girlanden verzierten Fries, den Reliefplatten mit ihren mythologischen Darstellungen und den sieben Skulpturen – Rysbracks monumentaler Herkules steht unmißverständlich als Hauptfigur in der Mitte.[65]
Das Pantheon und vor allem der See verliehen der Anlage ein vollkommen neues Gesicht. Was zunächst einen verhältnismäßig disparaten und zufälligen Charakter hatte, war jetzt zu einer ausbalancierten Einheit zusammengefügt. Gleichzeitig hatte der Garten sozusagen eine »Richtung« bekommen, die durch den Weg rund um den See definiert war. Zudem entstand ein System von Blickachsen über den See, das die einzelnen Elemente in ein Geflecht von teils sich ergänzenden, teils kontrastierenden Beziehungen setzte.

In der National Gallery in London hängt ein Gemälde Claude Lorrains mit dem Titel »Aeneas an der Küste von Delos«, das auf den ersten Blick eine vordergründige Ähnlichkeit mit Stourhead hat: rechts im Vordergrund im Anschnitt ein tuskischer Tempelportikus, links eine Brücke und im Mittelgrund am Hafen ein Kuppelbau mit Säulenportikus. Diese Ähnlichkeit und das Wissen um Hoares Begeisterung für die Gemälde Lorrains und für Vergils Epos führten zu der Vermutung, Stourhead sei die dreidimensionale »Kopie« eines Lorrain-Gemäldes: eine Vermutung, die über Stourhead hinausgehend auch oft als These für die Entstehung des englischen Landschaftsgartens überhaupt zu finden ist, ihre eigensinnige Langlebigkeit jedoch lediglich aus der Umwandlung einer Analogie in einen nicht belegbaren Kausalnexus bezieht. Der Zeitpunkt, zu dem diese Anlage mit einem Lorrain-Gemälde »vergleichbar« wurde, liegt nach 1755, fällt also nicht mehr in die Entstehungszeit des englischen Landschaftsgartens. Und was die scheinbare Verwandtschaft mit »Aeneas an der Küste von Delos« betrifft, so muß man doch feststellen, daß der Park ganz anders strukturiert ist. Außerdem weiß niemand, ob Hoare das Gemälde jemals gesehen hat. Dennoch läßt sich ein Zusammenhang zwischen Hoares Garten und den Gemälden Lorrains und Poussins nicht abstreiten. Was Hoare in ihnen fand, war die Verschmelzung seiner literarischen Erfahrungen mit den Versatzstücken der Antike, wie er sie von seiner Grand Tour kannte. Zudem verkörperten die Gemälde das, was zu jener Zeit unter »schöner Natur« verstanden wurde. In diesem Sinne konnten sie als Inspirationsquellen auf ähnliche Weise wie die antike Literatur, Miltons Beschreibung des Gartens Eden oder die zeitgenössische Lehr- und Naturdichtung wirksam werden. Bezeichnend dafür ist eine Briefstelle Hoares, in der er den Blick vom Pantheon aus über den See und die Brücke zur Kirche und zum Dorf als »bezauberndes Gaspard-Gemälde«[66] bezeichnet, obgleich gerade diese Szenerie nicht klassisch, sondern genuin englisch ist.
Das Jahr 1762 markiert einen Wendepunkt in der Entwicklung des Gartens von Stourhead. Kennzeichen dieser Wende ist die ästhetische Ambivalenz der in diesem Jahr erbauten Steinbrücke, einer Replik von Palladios Brücke in Vicenza. Vom Dorf Stourton aus gesehen ist sie konstituierender Bestandteil jener »klassischen« Vedute, deren Brennpunkt das Pantheon bildet. Gleichzeitig erfüllt sie jedoch, wie Hoare im bereits zitierten Brief ausführt, noch eine weitere Funktion: »(...) wenn man beim Pantheon steht, wird man das Wasser durch die Bögen hindurch erblicken, und es wird so aussehen, als fließe der Bach durch das Dorf herab, als ob sie [die Brücke] die öffentliche Dorfbrücke wäre.«[67] Die bewußte Einbeziehung der Dorfszenerie in das Layout – eine Praxis, die keineswegs üblich war – kennzeichnet Hoares Hinwendung zur eigenen, britischen Geschichte. So wurde 1765 zwischen der Brücke und der Kirche ein mittelalterliches Hochkreuz errichtet, das ursprünglich einen Platz in der City von Bristol geschmückt hatte, doch wegen seiner Baufälligkeit entfernt worden war. 1768 folgte St. Peter's Pump, ein gotischer Brunnen, der ebenfalls aus Bristol stammte. Gleichzeitig wurde in einem dicht bewaldeten Tal westlich des Gartens der Convent in the Woods erbaut, ein rustikales, strohgedecktes Cottage in einem unbestimmten »gotischen« Stil. Als Krönung – im doppelten Wortsinn – entstand schließlich in den Jahren 1770–1772 auf einem Hügel etwa 2 Kilometer westlich des Landschaftsgartens Alfred's Tower nach einem Entwurf Flitcrofts: ein 53 Meter hoher Backsteinturm auf dreieckigem Grundriß mit runden Ecktürmen und Zinnen.
Diese Entwicklung war angesichts der aufkeimenden Gothic-Revival-Mode keineswegs außergewöhnlich. Doch Hoare ging es um mehr als eine Mode. Für den Tory-Bankier war mit der Inthronisierung Georges III. 1760 ein »wahrhaft britischer König« an die Macht gelangt. Nicht nur daß der recht volkstümliche »Farmer George« sich um eine Beendigung des Siebenjährigen Krieges bemühte, er legte auch – durch Bestechung – den Parteiklüngel der Whig-Oligarchie lahm. Hoares Loyalität wurde zudem noch durch die Heirat seiner Tochter Susanna, deren Mann 1759 gestorben war, mit Lord Bruce of Tottenham, einem engen Vertrauten Georges III., verstärkt.
1762 war Hoare in Voltaires »L'Histoire Générale« auf Alfred den Großen gestoßen, dessen Gestalt in ihrer historischen Verklärung dem erhofften Philosophenkönig der Opposition jener Zeit sehr nahe kam (man denke etwa an Stowe und Carlton House). Die Überlieferung, daß Alfred während seines Feldzuges gegen die Dänen 879 sein Lager

Der Garten als »Historiengemälde«

74 Stourhead. Der von Henry Flitcroft nach dem Vorbild des Sonnentempels in Baalbek entworfene Apollotempel.

75 Stourhead. Alfred's Tower.

76 Stourhead. Der Floratempel, über dessen Eingang die warnenden Worte der Sibylle von Cumae stehen. Unterhalb des Tempels ragen Reste der von Henry Flitcroft entworfenen Kaskade aus dem See.

77 Stourhead. Blick auf die palladianische Brücke.

78 Stourhead. Das Innere der Grotte mit der schlafenden Nymphe.

STOURHEAD: PROCUL, O PROCUL ESTE PROFANI!

auf einem Hügel aufgeschlagen hatte, der zu Hoares Besitz gehörte, war für ihn Grund genug, ein Monument zu errichten: Alfred's Tower.

Noch im selben Jahr sandte er einen ersten Entwurf für die Inschrift an Lord Bruce mit der Bitte um Überarbeitung. Daraus geht hervor, daß der Turm das Denkmal einer ähnlichen historischen Parallelisierung ist, wie sie einige Jahrzehnte zuvor zwischen dem Rom des Augustus und dem nachrevolutionären England hergestellt worden war: Alfreds Sieg über die Dänen und der siegreiche Frieden am Ende des Siebenjährigen Krieges wurden ebenso in Beziehung zueinander gesetzt, wie die Person Alfreds mit George III. und der Wiedererstarkung der Monarchie im Sinne des »Patriot King« von Bolingbroke.[68]

Neben seinen patriotisch-gotischen Ambitionen blieb Hoare allerdings auch für die anderen Ideen offen, die die Gartengestaltung seiner Zeit bestimmten. So wurde in den Jahren vor 1765 der Abhang südlich der Straße in das Gelände einbezogen, indem Hoare eine aus Felsbrocken gemauerte Brücke errichten ließ, von der aus im Zick-Zack ein Pfad hinauf zu einer Terrasse führt. Auf dieser Terrasse, von der aus der See und ein Großteil des Gartens zu überblicken ist, wurde 1765 der Apollotempel erbaut: eine von Flitcroft entworfene Variante des Sonnentempels in Baalbek, der in dem 1757 veröffentlichten Band »The Ruins of Balbec« von Robert Wood abgebildet war; bereits 1761 war eine Variante dieses Tempels nach einem Entwurf von William Chambers in Kew Gardens erbaut worden. Die durch das konkav eingebogene Gebälk hervorgerufene barocke Wirkung steht im Gegensatz zur strengen Geradlinigkeit der neopalladianischen Bauten und zeugt von Hoares Umorientierung nach 1762, für die jedoch noch zwei weitere Impulse prägend waren.

Zum einen war da Charles Hamilton, der in jenen Jahren seinen Landschaftsgarten in Painshill anlegte. Zwischen ihm und Hoare gab es einen regen Gedankenaustausch, der bisweilen in eine etwas naiv anmutende Rivalität ausartete. Nicht nur, daß Hoare eine Replik des Türkischen Zelts von Painshill in Stourhead an einer Stelle errichten ließ, die der Situierung in Painshill nahezu identisch war, auch die 1771 erbaute, doch nicht erhaltene Einsiedelei am Pfad, der zum Apollotempel führt, ging auf den Ratschlag Hamiltons zurück. Im Grundriß handelte es sich zwar um eine Variante der Grotte, doch ihre amorphe, aus alten Baumstämmen und Wurzelwerk zusammengesetzte äußere Form wies deutlich auf Hamiltons Vorgängerbau in Painshill hin. In den selben Jahren wurde in Stourhead noch ein Chinese Alcove und ein Chinese Pavillon erbaut – über beide ist nichts näheres bekannt.

Bei all diesen »Zugaben« handelte es sich um reine Stimmungsarchitekturen, die weit entfernt waren von der literarischen Inspiration der früheren Bauten. Ihr Reiz für den Besucher bestand nicht mehr darin, Bildungsassoziationen hervorzurufen und sie eventuell zu einer programmatischen Kette zusammenzusetzen; sie standen in ihrer Fremdartigkeit für sich selbst, und der Betrachter war lediglich aufgefordert, die durch sie ausgelösten Emotionen in sich wirken zu lassen.

In der Gartengestaltung wurde die Ästhetik des Sublimen um die Mitte des 18. Jahrhunderts bedeutsam, indem man – zunächst zaghaft – versuchte, »erhabene« Elemente in die Parks einzubeziehen. Hoare machte da keine Ausnahme. 1766 ließ er einen Wasserfall bauen, den die Maler William Hoare und C.W. Bamphylde nach einem Vorbild in Bamphyldes eigenem Garten entworfen hatten. Das oberhalb des Staudammes abgeleitete Wasser stürzt aus beträchtlicher Höhe über einige Felsen und ergießt sich rauschend in den See, der sich unterhalb des Dammes Richtung Südwesten erstreckt. Verglichen mit den Kaskaden Kents war dieser Wasserfall durchaus erhaben zu nennen, nicht nur aufgrund seiner verhältnismäßig großen Fallhöhe, sondern auch wegen des von ihm verursachten Geräuschs. Im selben Zusammenhang ist auch Alfred's Tower ästhetisch faßbar, denn ein wesentliches Element des Erhabenen ist, wie das Wort selbst andeutet, die Höhe. Auch die abweisende Strenge und die einsame Lage sowie die Assoziation an Alfreds Schlachten tragen zum sublimen Charakter des Gebäudes bei. Hoare selbst war sich dieses Charakters durchaus bewußt, als er in einem Brief folgende Beschreibung festhielt: »(...) die Sonne ging (...) in einem tiefen Karmesinrot unter, und wir sahen vom Salon aus den Turm, wie er sich darin mit der Majestät ehrfurchtgebietender Finsternis erhob, und er erschien doppelt so hoch, als er tatsächlich ist.«[69]

1785 starb Henry Hoare und vererbte Stourhead seinem Enkel Sir Richard Colt Hoare. Dieser ließ den Landschaftsgarten in seiner Grundstruktur zwar unangetastet, nahm jedoch einige Änderungen vor, die bis heute das Gesicht der Anlage bestimmen: So ließ er die Exotismen und einige andere Kleinarchitekturen beseitigen, um das Bild des Gartens zu vereinheitlichen. Sein Ziel war, Stourhead den Charakter eines italienischen Villengartens zu verleihen. Um dies zu erreichen, veränderte er in den Jahren zwischen 1791 und 1838 vor allem die Bepflanzung. Zur Zeit seines Großvaters hatte es in Stourhead kaum blühende Sträucher gegeben. Die Hänge östlich und westlich des Sees waren hauptsächlich mit Laubbäumen bewaldet, unterbrochen von weiten, bis zum Seeufer reichenden Rasenflächen. Das südliche Ufer und der Abhang unterhalb des Apollotempels waren gänzlich frei von Bäumen. Grundprinzip der Bepflanzung war nach Henry Hoares eigenen Angaben der Kontrast zwischen dunklen und lichten Massierungen des Grüns, wie er ihn aus der Malerei kannte.[70]

Mit seinem Enkel machte sich in Stourhead die »Gardenesque«-Ästhetik der viktorianischen Ära bemerkbar. Er pflanzte als Gegengewicht zum vorhandenen Baumbestand vor allem niedrigwachsendes Immergrün wie Lorbeer und Wacholder sowie blühende Sträucher, zum Beispiel Rhododendren. Zudem ließ er die Kieswege anlegen, die das Wegenetz rund um den See bis zum heutigen Tag bestimmen. Die von Sir Richard Colt eingeleitete Erweiterung der Artenvielfalt, die von den nachfolgenden Generationen weitergeführt wurde und das heutige Bild maßgeblich prägt, entspricht jedoch in ihrer bunten Fülle nicht mehr der »puristischen« Wirkung, die der Schöpfer des Gartens im Sinn hatte.

1965 machte Kenneth Woodbridge erstmals auf eine Beziehung zwischen Vergils Aeneis und dem Rundgang durch den Garten aufmerksam.[71] Ausgangspunkt waren einige Indizien und Fakten: Die Ähnlichkeit der Eingangsvedute mit Lorrains »Aeneas an der Küste von Delos«, die beiden Vergilzitate über dem Floratempel und dem Eingang zur Grotte, und die Annahme, daß das Pantheon Rom repräsentiere. Die daraus abgeleitete These Woodbridges, daß der Weg rund um den See die Reise Aeneas' und die Gründung Roms parallelisiere, wurde in den folgenden Jahren zur Standardinterpretation. Immer mehr Anspielungen auf die Aeneis wurden »entdeckt«. Woodbridges Annahme, Hoare habe seiner Absicht, für seine Familie einen Platz zu schaffen, durch den symbolischen Nachvollzug der Aeneis in seinem Garten Ausdruck verliehen, wurde bald durch phantasievollere

Höhenflüge einiger Interpreten übertrumpft, die in Stourhead eine christliche Parabel oder gar die versuchte Wiedergutmachung des Sündenfalls sahen.

1983 erschien Malcolm Kelsalls verdienstvoller Artikel, in dem er nicht nur die Unhaltbarkeit dieser exegetischen Höhenflüge zeigt, sondern auch darauf hinweist, daß die Reise des Aeneas durch Stourhead mit höchst verqueren Sprüngen verbunden ist, die selbst einen routinierten Assoziationsästheten des 18. Jahrhunderts überfordert hätten. Doch auch Kelsalls These, Stourhead aufgrund der Dialektik von Symbolen der antik natürlichen bzw. christlich offenbarten Religion und der entsprechenden Bürgertugenden als ein Sinnbild des christlichen Humanismus zu interpretieren, ist auf zahlreiche, nicht belegbare Konjekturen und weitgespannte Assoziationsketten angewiesen. Trotzdem dürfte seine programmatische Deutung des Rundgangs noch am ehesten mit dem moralisierenden Charakter Henry Hoares in Einklang zu bringen sein.

Es stellt sich jedoch die Frage, ob es überhaupt sinnvoll ist, nach einem durchgehenden Programm zu suchen. Stourhead ist, das läßt sich nicht abstreiten, ein Garten, der voll ist von literarischen und visuellen Anspielungen. Doch neben Vergil werden ebenso Ovid und Milton zitiert. Die Auswahl der Skulpturen ist so umfassend, daß man lange nachdenken muß, um herauszufinden, wer eigentlich nicht vertreten ist. Neben »antiken« Bauten gab es Renaissancezitate ebenso wie Exotismen, Gotizismen und »Eccentrics«. All dies in ein einziges Programm packen zu wollen wäre ein sinnloses Unterfangen. Doch selbst wenn man sich auf die »emblematische« Phase beschränkt, also die Zeit zwischen 1744 und 1762, stößt man auf so vieldeutige Sinnstrukturen, daß es ziemlich zweifelhaft erscheint, ob Hoare je ein »Gesamtprogramm« im Sinn hatte.

Stellvertretend sei ein Beispiel angeführt: der Flußgott in der Grotte. Am naheliegendsten wäre es, ihn als Gott des Stour zu identifizieren. Das auf einer hölzernen Tafel während des 18. Jahrhunderts angebrachte Zitat aus Ovids Metamorphosen bezieht sich jedoch auf Peneus. Die Skulptur selbst ist allerdings einem Stich Salvator Rosas mit der Darstellung des Tiber nachempfunden, der zu einem Aeneiszyklus gehört.

Woodbridge bezeichnet Hoare als einen »Meister der pleasures of the imagination«, und bei der Lektüre seiner Korrespondenz stellt man fest, daß er auch ein »Meister der Assoziation« war. Es wäre eine äußerst mühselige Arbeit, aus diesen Briefen die unzähligen literarischen Zitate herauszufiltern, die Hoare in sie eingeflochten hat. Doch selbst wenn man sich diese Mühe machte, so wäre doch die Idee abwegig, die Bedeutung der Briefe dadurch entschlüsseln zu wollen, daß man aus den Zitaten einen Sinnzusammenhang konstruierte.

79 Petworth. Der Park von Lancelot Brown mit dem künstlichen See. Blick auf die Westfassade des Hauses.

# Lancelot Brown: Höhepunkt und Erstarrung

War William Kent der große Anreger des Landscape Movement, der den Vorstellungen von Burlington und Pope Gestalt verlieh, so war es Lancelot Brown (1716–1783), der diese Ideen zur Vollendung führte.[1] Seit der Mitte des 18. Jahrhunderts war er die beherrschende Gestalt in der Gartenkunst Englands. Wo Kent, noch von der Historienmalerei geprägt, die politische und literarische Programmatik seiner Auftraggeber mit gärtnerischen Mitteln darstellte, befreite der gelernte Gärtner Brown die Gartenkunst aus programmatischen Bindungen zu völliger Selbständigkeit, führte sie aber auch in die Gefahr der Erstarrung. Sein Interesse galt nicht der Natur, sondern ausschließlich dem Schönen darin – in einem sehr abstrakten Sinne. Was Isaac Ware in seinem Lehrbuch der Architektur[2] über die Gartenkunst schrieb, ist exakt das Programm Browns: »Wir streben heute in den Gärten an, die Schönheiten der Natur zu sammeln, sie von jenen rohen Ansichten zu trennen, in denen ihre Makel sichtbar werden, und sie dem Auge näher zu bringen; sie in der angenehmsten Ordnung anzulegen und eine umfassende Harmonie zwischen ihnen zu schaffen, damit sich alles frei entfalten könne und nichts wild sei (...).« Deshalb konzentrierte sich Brown auf einige wenige Grundformen, die er mit großem Geschick und sicherem Geschmack in jede Landschaft so einzupassen verstand, daß ihre wesentlichen Züge hervortraten. Sein Gespür für die »Möglichkeiten« eines Platzes hatte ihm, seiner eigenen Redewendung folgend, den Spottnamen »Capability« eingetragen, den er wie einen Ehrentitel anstelle seines Vornamens trug. Es gelang ihm, sein eingeschränktes Repertoire auch in weitläufigen Parks anzuwenden: in dem großen Maßstab, mit dem Kent sich sehr schwer getan hatte.

## Frühe Arbeiten

Wie viele der englischen Gärtner stammte Lancelot Brown aus dem abgelegenen Norden, aus Northumberland, wo die Mode des französischen Barockgartens seinerzeit noch ziemlich unbekannt war, und die Landschaft seiner Heimat war ihm wohl zeit seines Lebens eine Quelle der Inspiration.
Er war das Kind eines Bauern aus Kirkhale, wo er auch seine erste Anstellung fand: Vermutlich 1732 trat er in den Dienst des schon hochbetagten Sir William Loraine, eines gebildeten Landadligen, der seinen Besitz nach modernsten Erkenntnissen umgestaltete. Hier erwarb der junge Brown sich Kenntnisse der Land- und Forstwirtschaft, der Nutz- und Ziergärtnerei und ebenso der Bauunterhaltung. 1738 hatte Sir William die Umgestaltung abgeschlossen, und Brown nahm eine neue Beschäftigung in der Nähe an. Doch im nächsten Jahr entschloß er sich, ausgestattet mit guten Empfehlungsschreiben, in den Süden zu gehen – vielleicht, weil er sich dort nach dem Tod von Henry Wise und Charles Bridgeman gute Chancen für eine Karriere ausrechnete.
Er fand auch gleich Arbeit; in Kiddington Hall, unweit von Oxford, legte er einen künstlichen See an. Zu Beginn des Jahres 1741 trat er in die Dienste Viscount Cobhams von Stowe und war damit im Zentrum der neuen Bewegung angelangt. Brown wurde zunächst wohl eingestellt, um Zeichnungen Kents (der von Pflanzen nur ihr Aussehen kannte) auszuführen; er folgte dem bisherigen Hauptgärtner William Love zudem in der Funktion des Zahlmeisters für etwa vierzig Untergebene. Der neue Mann erwies sich als so zuverlässig, daß ihm überdies das Amt des Clerk of Work übertragen wurde; er rechnete also auch die umfangreichen Bauarbeiten ab, die in diesen Jahren in Stowe durchgeführt wurden. Wie aus nachgelassenen Notizen hervorgeht, bildete er sich durch Selbststudium weiter und erwarb sich umfangreiche architektonische Kenntnisse. Neben dem palladianischen Regelwerk lernte er durch Gibbs' Temple of Liberty auch eine frühe Form der Neugotik kennen. In beiden Stilrichtungen erbrachte er später Leistungen, die freilich durch seinen Ruhm als Gärtner weit in den Schatten gestellt wurden.
In Stowe standen damals große Veränderungen an. Bridgemans Terrassen südlich des Hauses wurden beseitigt, die formalen Avenuen aufgebrochen und in unregelmäßige Durchblicke verwandelt, Tausende junger Bäume wurden gepflanzt (vor allem Ulmen, Buchen und schottische Fichten); doch ist nicht geklärt, wie weit diese Anlagen auch von Brown entworfen wurden. In einer Senke oberhalb des Alder River legte er mit Cobham das Grecian Valley an. Die Mulde, für die umfangreiche Erdbewegungen erforderlich waren, blieb Grasfläche, gerahmt von Lorbeerbüschen, überragt von Bäumen: ein Bild von ruhiger Schönheit, ohne die Rhetorik der emblematischen Szenen Kents.
Während Brown in Stowe angestellt war, besuchte er auch andere Landsitze, gab Rat und Anweisungen – sicherlich nicht ohne Cobhams Zustimmung; vielleicht wurde er regelrecht »ausgeliehen«. So sind mehrere Aufenhalte in Wotton in Buckinghamshire belegt, wo Cobhams Neffe Richard Grenville, der spätere Earl Temple, seinen Park erweiterte.[3]
1749 starb Viscount Cobham, und Brown begann als freier Gartengestalter zu arbeiten; er blieb aber zunächst in Stowe wohnen. Zu seinen ersten größeren Arbeiten gehörte Croome (Worcestershire) für Lord Deerhurst (ab 1751 Lord Coventry). Brown wurde 1750 auf diesen Landsitz gerufen, der teilweise aus flachem Marschland bestand und große gestalterische und technische Probleme aufgab. Möglicherweise hatte ihn Deerhursts Freund Sanderson Miller vorgeschlagen, der selbst ein bekannter Amateurgärtner und -architekt war. Miller kannte Brown aus Stowe und hatte ihn auf seinem Turm auf Edge Hill bewirtet. In Croome legte Brown erst einmal umfangreiche Drainagen an, die er in einen künstlichen »Fluß« speiste. Auf den so trockengelegten Fundamenten eines Vorgängerbaus aus dem 17. Jahrhundert wurde das neue, streng palladianische Haus mit vier Ecktürmen und einem ionischen Säulenportikus errichtet. Im Gelände sorgten eine Reihe von Gartengebäuden für Belebung: Über das Gewässer spannte sich eine Brücke, ein kleines Sommerhaus stand auf einem Inselchen im See, eine Anhöhe trug einen Rundtempel; eine neue Kirche wurde – in gotisierenden Formen – erbaut. Robert Adam, der mit der Innenausstattung für Haus und Kirche beauftragt war,[4] steuerte den Entwurf für ein Gewächshaus bei. Ein Gemälde Richard Wilsons aus dem Jahr 1758 dokumentiert die entstandene Ideallandschaft, die freilich intensiver Pflege bedurfte, sollte sie nicht ihre »natürliche« Schönheit verlieren; eine Generation später wird bereits von Schwierigkeiten der Unterhaltung berichtet.
Im Winter 1751 verließ Lancelot Brown endgültig Stowe und ließ sich in Hammersmith nieder, damals ein kleines Dörfchen in der Nähe Londons. Hier war es für ihn leichter, Kontakte für sein Geschäft herzustellen und zu pflegen, zumal er noch lange Jahre allein, ohne Assistenten, arbeitete. Brown lieferte Gutachten oder Ausführungspläne, je nach Wunsch des Auftraggebers; gelegentlich überwachte er auch die Ausführung, wie in Petworth für Charles Wyndham, den zweiten Lord Egremont, dessen Schwester mit George Grenville von Wotton verheiratet war. Der Kontakt war schon

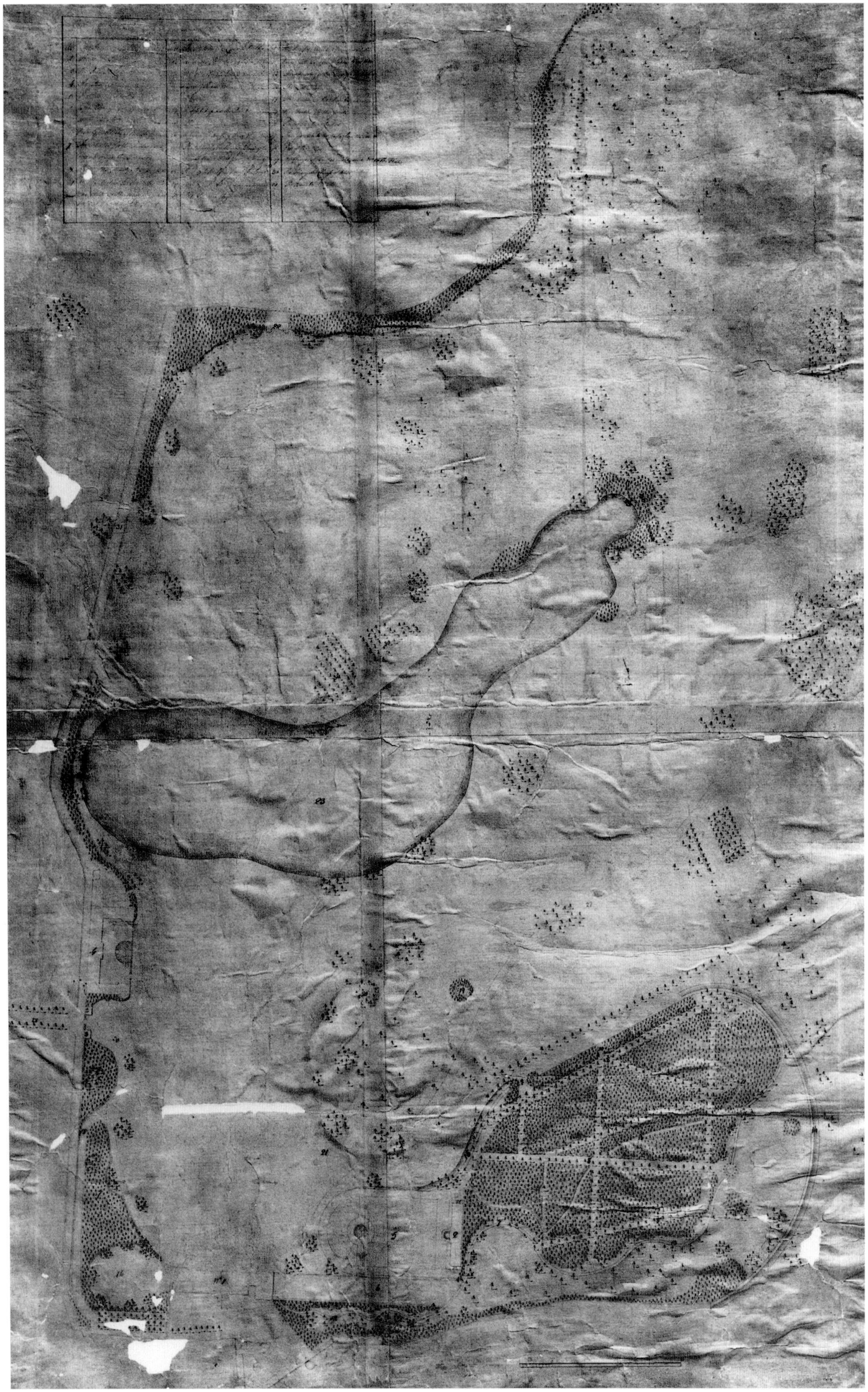

LANCELOT BROWN: HÖHEPUNKT UND ERSTARRUNG

80  Petworth. Plan des Parks von Lancelot Brown, undatiert (um 1753, Petworth House). Man erkennt die Baumgruppen und den Baumgürtel, der die Parkfläche säumt. In der Mitte des Parks liegt der künstliche See, am Ostrand das Haus, westlich davon der Pleasureground. Im Plan ist Osten unten. (Mit freundlicher Genehmigung von Lord Egremont)

zustande gekommen, als Brown noch auf Stowe lebte, aber die Ausführung erfolgte erst ab 1752 in mehreren Abschnitten.

Petworth Park:
Browns besterhaltene Landschaft

Petworth in Sussex,[5] ein alter Besitz der Familie Percy, der Earls of Northumberland, war ursprünglich nur eine kleine Burg und diente ab 1756 als Familiensitz. Im frühen 17. Jahrhundert wurde es in ein Schloß umgewandelt. Charles Seymour, der sechste Duke of Somerset, der 1682 die letzte Erbin von Petworth geheiratet hatte, ließ die einheitliche Westfassade errichten, über deren Architekten es nur Spekulationen gibt. Die völlig symmetrische Fassade mit Figurenbalustrade und Pavillondächern über der Mitte und den Seitenrisaliten orientiert sich auch in ihren Details an der Architektur des französischen Barock zur Zeit Ludwigs XIV.; sie wurde später verändert.
Westlich des Schlosses dehnt sich der Park aus, der schon im 16. Jahrhundert erwähnt wird. Der neunte Earl legte Küchen- und Blumengärten an; wo das Gelände nach Nordwesten zu einem Hügel ansteigt, ließ er eine zweifache Rasenterrasse errichten, überragt von einem Brunnenhaus. Diesen elisabethanischen Garten integrierte Charles Seymour, der »Proud Duke«, als er ab 1689 von George London den Park geometrisch umgestalten ließ. Nach Seymours Tod im Jahr 1748 ließ William Wyndham, der Erbe, Lancelot Brown kommen, um einen Landschaftspark daraus zu machen. Brown hob die formalen Kompartimente auf und legte weite Grasflächen an. In der flachen Senke, die sich nach Westen erstreckt, fand er einige Fischteiche vor; hier wurde ein großer See mit geschwungener Uferlinie ausgegraben, dessen eines Ende hinter einem Hügel verschwindet, um eine größere Ausdehnung vorzutäuschen. Einige buschbestandene Inselchen beleben die Wasserfläche.
Dem Hügel mit den formalen Terrassen und den geraden Avenuen im Nordosten gab Brown »natürliche« Rundungen, die Terrassen verwandelte er in einen glatten Abhang, die Alleen ersetzte er durch gewundene Kiespfade. Die meisten der alten Bäume aber ließ er stehen, pflanzte weitere dazwischen an, so daß stellenweise der Eindruck eines lichten Waldes entstand; Sträucher begleiteten die Wege. Über einem Steilhang mit Ausblick in die

81 Petworth. »Taufrischer Morgen«. Gemälde von William Turner, 1810. (Mit freundlicher Genehmigung der National Trust Photographic Library/John Bethell)

PETWORTH PARK: BROWNS BESTERHALTENE LANDSCHAFT

LANCELOT BROWN: HÖHEPUNKT UND ERSTARRUNG

82  Petworth. Lancelot Brown entwarf diesen Monopteros im Pleasureground.

83  Petworth. Blick vom Pleasureground über den Park.

Umgebung errichtete er einen Rundtempel mit ionischen Säulen und einer Kuppel, die an Vanbrughs Rotunde in Stowe erinnert. Ein tuskisches Tempelchen, das vorher bei den Terrassen stand, versetzte er auf eine Lichtung innerhalb dieses Pleasureground. Für den See entwarf er überdies eine Grotte und eine Zierbrücke, die jedoch beide nicht ausgeführt wurden.

Die Behandlung der formalen Gartenelemente (die nicht völlig beseitigt wurden), der Besatz mit Gebäuden und der weite Ausblick aus der Mittelachse des Schlosses erinnern sehr an Stowe. Brown reicherte den Park aber auch mit einigen Details an, die heute verschwunden sind: Direkt beim Haus pflanzte er blühende Sträucher und Blumenrabatten, so daß auch Farbe ins Bild kam. Heute noch teilweise erhalten ist das Aha, das Pleasureground und Küchengarten abschirmt, wodurch das Rotwild des Parks bis ans Haus heran grasen kann.

Brown stellte seine letzte Rechnung der Witwe des zweiten Earl im Jahr 1765 aus; insgesamt hatte er 5600 Pfund erhalten; der »natürliche« Eindruck hatte Erdarbeiten in großem Umfang erforderlich gemacht. Danach hatte der Park längere Zeit Ruhe, bis der dritte Earl Egremont erwachsen war. Er pflanzte neue Bäume und ließ Figuren und Vasen aus dem 17. Jahrhundert aufstellen, darunter die überlebensgroße Nachbildung eines sitzenden Hundes auf einer Insel im See, in dem einer seiner Jagdhunde ertrunken war. Vor allem holte er Künstler, die Park und Schloß malen sollten. Berühmt wurden die Gemälde William Turners, von denen einige noch heute in Petworth House hängen; aber auch andere Maler, zum Beispiel John Constable, arbeiteten dort.

Trotz der Spuren des Alters gilt Petworth Park heute als eine der besterhaltenen Landschaften Browns. In seiner großartigen Einfachheit sind die Grundelemente seiner Gestaltungsweise – der langgezogene, gewundene See, die weich gerundeten Geländekuppen, einzeln stehende Bäume und Baumgruppen – geradezu idealtypisch zu erleben.

## Aufträge in wachsender Zahl

Die Einfachheit seines Repertoires machte Brown berühmt und erfolgreich. Am besten kam es natürlich in leicht hügeligem Gelände zur Wirkung – so in Bowood (Wiltshire), wohin er 1757 vom ersten Earl of Shelbourne gerufen wurde. Die Arbeiten begannen noch kurz vor dessen Tod im Mai 1761. Sein Sohn, ein führender Tory, ließ die Umgestaltung weiterführen. Robert Adam vergrößerte das Haus (es wurde 1955 abgebrochen) und baute ein Mausoleum, Brown legte den Park an: eine weite Grasfläche mit einzelnen Baumgruppen, umfaßt von einem Baumgürtel, durch den sich ein Rundweg um den Park windet. Die Hänge wurden geglättet, eine Hügelkuppe wurde abgeflacht. Die Baugruppe von Bowood House mit seinen Nebenbauten und ummauertem Garten stand auf einer Anhöhe über einem Taleinschnitt, den Brown durch Anpflanzung von Gehölz betonte und in dem er einen See mit geschlängelter Uferlinie aufstaute. Am Ende des Sees sah er die Anlage eines Wasserfalls vor; dieser wurde jedoch erst 1785 ausgeführt, und zwar nach einem Entwurf Charles Hamiltons von Painshill, der sich dazu, wie es heißt, von Gemälden Poussins inspirieren ließ. Im See wurde eine Insel aufgeschüttet, eine Zierbrücke spannte sich über das Wasser. Am gegenüberliegenden Ufer zieht ein kleiner Tempel auf einer Lichtung alle Blicke auf sich. Das Bild ist einfach und strahlt eine große Ruhe aus; es gilt als die Quintessenz dessen, was Browns Stil ausmacht.[6]

Von kleinerem Umfang, doch nicht weniger großartig ist die Anlage von Broadlands (Hampshire), die Brown 1766 für den zweiten Viscount Palmerston schuf – auf den ersten Blick scheint sie eigentlich nicht mehr als ein Rasen ums Haus zu sein. Doch wenn man vom Säulenportikus den Abhang hinunter zum Fluß blickt, sind keine Grenzen zur freien Landschaft erkennbar, so daß der Eindruck von großer Weite entsteht. Tatsächlich dauerten die Arbeiten bis 1779, und die Abschlußrechnung wies Kosten von mehr als 21000 Pfund aus, von denen allerdings der Hauptteil auf den Umbau des Hauses entfallen ist.[7]

Verblüffend einfach ist die Anlage von Prior Park, der Villa Ralph Allens bei Bath: eine steil abfallende Mulde unterhalb des Hauses, gesäumt von dunklem Gehölz, abgeschlossen von einer älteren palladianischen Brücke vor einem Teich (1764).

Seit den sechziger Jahren mehrten sich die Aufträge, so daß es unmöglich ist, sie hier alle aufzuzählen: Über zweihundert listet Dorothy Stroud in ihrer Brown-Biographie auf. Nicht immer fand Brown wirklich die »Capabilities« vor, die sein Repertoire wirkungsvoll zur Geltung brachten. Im flachen Gelände um Wilton House oder Longleat (beide in Wiltshire) etwa tat er sich sichtlich schwer, zumal die bedeutenden Renaissancebauten nicht zur Disposition standen. In Tottenham Park, ebenfalls in Wiltshire, dem Sitz von Lord Bruce, dem Schwiegersohn Henry Hoares von Stourhead, brach er wie üblich die geraden Vistas auf, beseitigte die formalen Gärten, pflanzte deren Rosenstöcke aber in den Pleasureground – auch hier zeigt sich, daß er sich keineswegs vor Farbtupfern in der grünen Weite scheute.

Brown wurde zu einem regelrechten Modearchitekten des Adels und der politischen Elite, so daß er gelegentlich sogar inoffizielle politische Kontakte vermittelte. Seine Freunde bemühten sich, ihm eine Stellung bei Hof zu verschaffen. Eine Petition von 1758, unterzeichnet von dreizehn Angehörigen des Oberhauses, blieb erfolglos; aber 1764 gelang es, ihn zum Hauptgärtner von Hampton Court zu machen. Dies schloß die Zuständigkeit für Richmond Gardens, St. James Park und den Garten des Buckingham-Palastes ein. In Richmond, wo er Kents allegorische Szenen zerstörte und durch Rasenflächen mit »clumps« und Belt Walks ersetzte, trennte ihn nur ein Pfad von Kew Gardens, wo William Chambers, sein literarischer Hauptfeind, tätig war; ironischerweise hieß der Weg »Love Walk«.

## Chatsworth:
## Elysische Felder zwischen kahlen Bergen

Eine besondere Herausforderung stellte der Auftrag für den Park von Chatsworth in Derbyshire dar: Das barocke Haus und die formalen Gärten waren berühmt und forderten Respekt, während die herbe Landschaft ringsum in starkem Widerspruch zu der milden und ruhigen Stimmung stand, die Brown stets anstrebte.[8]

Das erste Haus in Chatsworth war von Bess of Hardwick und ihrem zweiten Mann, Sir William Cavendish (von ihnen stammen die Herzöge von Devonshire ab) in der Mitte des 16. Jahrhunderts erbaut worden. Einer der weiteren Gatten der Bess bewachte zeitweilig Maria Stuart auf Chatsworth; ein etwas sonderbares Gebäude im Garten wird mit ihr in Zusammenhang gebracht.

Der vierte Earl und spätere erste Duke of Devonshire, ein entschiedener Whig, mußte sich 1685 wegen eines Streits mit einem Höfling hierher zurückziehen. Er begann, das im Bürgerkrieg

LANCELOT BROWN: HÖHEPUNKT UND ERSTARRUNG

84 Chatsworth. Zustand um 1690. Blick auf das elisabethanische Haus mit John Talmans neuer Südfassade und den formalen Gärten von Nicolas Huet. Stich aus: Leonard Knyff und Johannes Kip, Britannia illustrata, I, 1714.

85 Chatsworth. Blick über den Park auf den River Derwent und das Haus. Links im Hintergrund die Brücke von James Paine. Stich von William Watts nach Paul Sandby aus: The seats of the nobility, 1779.

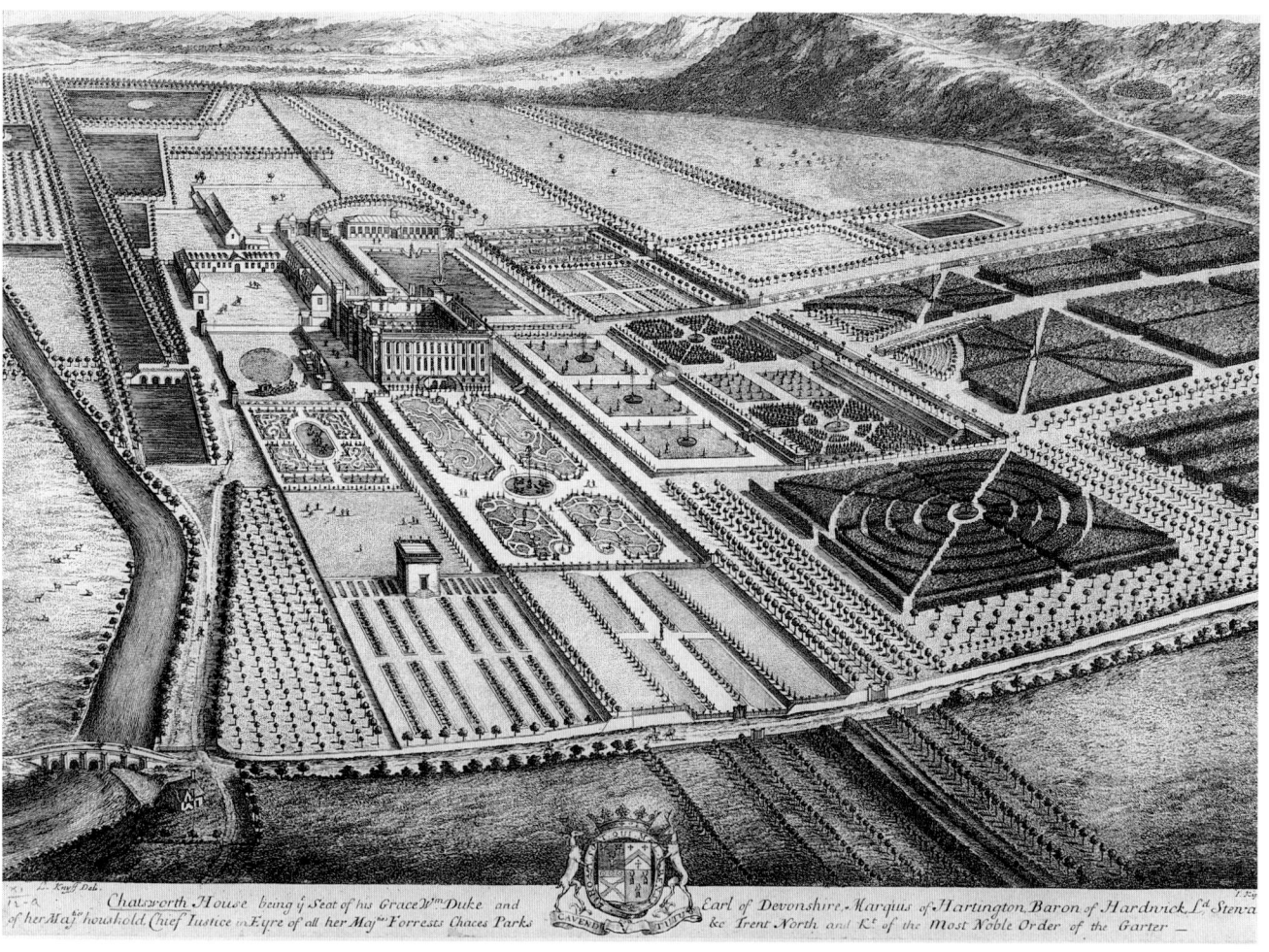

Chatsworth: Elysische Felder zwischen kahlen Bergen

86  Chatsworth. Lancelot Browns Kaskade im River Derwent. Ihre offensichtliche Künstlichkeit rief im späteren 18. Jahrhundert Kritik hervor.

87  Chatsworth. Blick von der Zufahrtsstraße über den River Derwent auf die Südfassade des Hauses.

88 Chatsworth. Die Zufahrt über die Brücke von James Paine wurde so angelegt, daß die Westfront des Hauses als Hauptfassade zur Geltung kommt.

beschädigte Haus abschnittsweise zu erneuern. Nach der Thronbesteigung Wilhelms von Oranien, an der Devonshire großen Anteil hatte, wurde ein Prestigeprojekt daraus. Den neuernannten Herzog packte der Bauwurm, und er wagte den Vergleich mit französischen Staatsbauten. In die Planungen der Architekten William Talman und Thomas Archer griff der Bauherr selbstbewußt ein. Um das so entstehende Barockschloß legten London und Wise Alleen, Heckentheater und Parterres an, pflanzten Broderien mit Unmengen von Lavendel, Thymian und Geißblatt; Nicolas Huet konstruierte Terrassen, ein gewisser Monsieur Grillet schuf Wasserspiele wie den großen Kanal und den Tritonenbrunnen vor der Südfront. Auf ihn geht auch die Kaskade oberhalb des Hauses zurück, die jedoch – in Konkurrenz zu Marly – bald wieder vergrößert wurde; das kuppelgekrönte Grottenhaus, aus dem sie entspringt, entwarf Archer.

In den Reisebeschreibungen des frühen 18. Jahrhunderts wurde der Kontrast zwischen den kunstvollen Gärten und der unwirtlichen Umgebung besonders betont. Der barocke Zustand gilt als die Glanzzeit von Chatsworth, und noch die gegenwärtige Herzogin bedauert die Veränderungen, die Brown vorgenommen hat.

Die Nachfolger des ersten Herzogs hatten kein großes Interesse am Landleben. Der zweite Herzog kaufte Kunstwerke, seine Gemälde bilden den Grundstock der gewaltigen Sammlungen von Chatsworth. Der dritte Herzog war ein Freund Burlingtons, dessen Protegé Kent er mit den Renovierungen des Hauses nach einem Brand im Jahr 1729 beauftragte. Kent entwarf auch einige Gartenszenen, aber bis auf die Translozierung des Floratempels wurde keine seiner Ideen verwirklicht. Erst der vierte Herzog, der 1755 nachfolgte, kümmerte sich wieder intensiv um seinen Landsitz, obwohl er bis 1762 aktiver Politiker war (unter anderem als Lord of the Treasury und als Premierminister). Er war mit Lady Boyle, Tochter und Erbin Lord Burlingtons, verheiratet gewesen, so daß auch Chiswick House mit seinen Sammlungen in den Besitz der Familie Cavendish kam. Vielleicht suchte er nach ihrem frühen Tod (1754) in Chatsworth Trost.

Der vierte Herzog veränderte wenig im Haus selbst, wohl aber seine gesamte Umgebung. Bisher kam die Straße von Osten her die kahlen Hänge herab zur Brücke über den Fluß Derwent; dort zweigte die Zufahrt zum Haus ab, die unter der Westterrasse zu einer unregelmäßigen Gruppe von Nebengebäuden vor dem Eingang auf der Nordseite führte. Devonshire beschloß, einen neuen Zugang anzulegen und die Westfront mit ihrer anspruchsvollen Architektur zur Schauseite zu machen. So zog er ab 1756 James Paine als Architekten und spätestens 1761 Brown als Gartengestalter hinzu. Die Nebengebäude nördlich des Hauses ließ er abreißen, die Fischteiche im Nordwesten zuschütten. Paine entwarf vor der Nordfassade einen repräsentativen Vorhof mit einem Triumphbogen als Eingang und – etwas höher gelegen – einen quadratischen Block für die Stallungen, weitere Wirtschaftsräume und Wohnungen für Bedienstete. Der Funktion entsprechend wählte er schwere Bauformen mit Blendbögen über Pilastern und mit kleinen rechteckigen Fenstern, doch steigerte er das rustizierte Mauerwerk zu einer wahrhaft triumphalen Architektur. Heute sind hier die Einrichtungen für Besucher untergebracht, während der Vorhof im 19. Jahrhundert mit Jeffrey Wyattvilles neuem Nordflügel überbaut wurde.

Eine neue Straße, von Süden, jenseits des Flusses hergeführt, ist darauf angelegt, beeindruckende Ansichten des Hauses zu bieten. Um ihm den richtigen Rahmen zu geben, mußten Park, Gärten und die Hänge dahinter gestalterisch zusammengefaßt werden: Dies war Browns Aufgabe.

Der Park wurde als einheitliches, von einzelnen Baumgruppen belebtes Weideland angelegt. Paine entwarf eine neue Brücke über den Derwent, von der aus die Westfront besonders zur Geltung kommt. Auf der anderen Seite des Flusses führte Brown die Grasfläche bis an das Haus heran. Queen Mary's Bower, in dem die gefangene Königin von Schottland einst frische Luft atmen durfte, liegt wie eine Zierruine in der Grasfläche, um, wie Charles Burlington schrieb, »die Schönheit des Platzes« zu erhöhen. Die barocken Terrassen wurden beseitigt und in sanfte Hänge verwandelt, die Ziergärten eingeebnet und Rasen gesät, der seitdem zweimal wöchentlich gemäht wird (außer in Kriegszeiten): Chatsworth zeigt ein Musterbeispiel englischer Rasenpflege.

An den steilen Hängen östlich des Hauses, die damals noch kahl waren, pflanzte Brown Bäume, um den Hintergrund des Bildes dunkel abzutönen. Freilich dauerte es noch einige Jahrzehnte, bis die Gehölze den gewünschten Effekt wirklich hervorbrachten. Die Grünflächen rings um das Haus akzentuierte Brown, indem er einzelne Elemente der formalen Anlagen beibehielt. Vor allem die große Kaskade sowie der Tritonenbrunnen und der Kanal vor der Südseite blieben unangetastet.

Mit dieser Umgestaltung übertrug Brown die kleinen Gartenszenen Kents in einen riesigen Maßstab; dementsprechend nimmt das Haus den Platz ein, den Kent seinen Gartentempeln zugewiesen hatte. Aber auch der Blick vom Haus über den Park wurde beachtet. Um den Fluß von hier aus sichtbar werden zu lassen, wurden seine Ufer abgeflacht und sein Wasserspiegel aufgestaut. Die Häuser des Dorfes Edensor wurden abgerissen, soweit sie vom Schloß aus sichtbar waren. Das heutige Edensor geht jedoch auf den sechsten Herzog zurück, der ab 1832 von Joseph Paxton ein viktorianisches Musterdorf errichten ließ.

Mit Paxton begann im 19. Jahrhundert eine neue Phase des Parks. Er legte – der neuen Ästhetik des »Malerischen« folgend – den wilden Felsengarten an, schuf aber auch den riesigen, »Emperor Fountain« genannten Springbrunnen im Kanal, heute noch eine der Hauptattraktionen von Chatsworth. Zwischen dem Nordflügel und den Stables errichtete er das Kamelienhaus, das noch steht. Das gewaltige Gewächshaus, der Vorgängerbau des berühmten Kristallpalastes in London, wurde nach dem Ersten Weltkrieg abgebrochen. An seinem Platz befinden sich heute ein Blumengarten und ein Heckenlabyrinth. Seit Paxtons Zeit wurden bis in die Gegenwart weitere formale Gartenelemente eingefügt, so die große Westterrasse, in deren Mittelteil Buchshecken den Grundriß der Villa in Chiswick nachbilden: eine Anspielung auf die Familiengeschichte. Doch dienen diese Zutaten nur dazu, »the Duke of Devonshires Elysian Fields« zu beleben; sie dominieren nicht über Browns »natürliche« Landschaft.

## Blenheim: eine Landschaft für einen Palast

Der Auftrag für den Park von Blenheim (Oxfordshire) erwies sich als spektakulärer Höhepunkt in der Karriere Browns, aber die Beseitigung der formalen Gärten von Vanbrugh sowie von London und Wise war späteren Generationen auch Anlaß zu schärfster Kritik – nicht ganz zu Recht, denn mehr noch als in Chatsworth war Brown in Blenheim um die Integration der einzelnen Phasen bemüht.[9]

Der Park war im Mittelalter königliches Jagdrevier und gehörte zu Woodstock Manor, das unter Hein-

LANCELOT BROWN: HÖHEPUNKT UND ERSTARRUNG

89 Blenheim. Ansicht des Hauses von Norden. Im Vordergrund die Säule mit der Statue des Duke of Marlborough, errichtet 1727–1730. Stich von John Boydell, 1752.

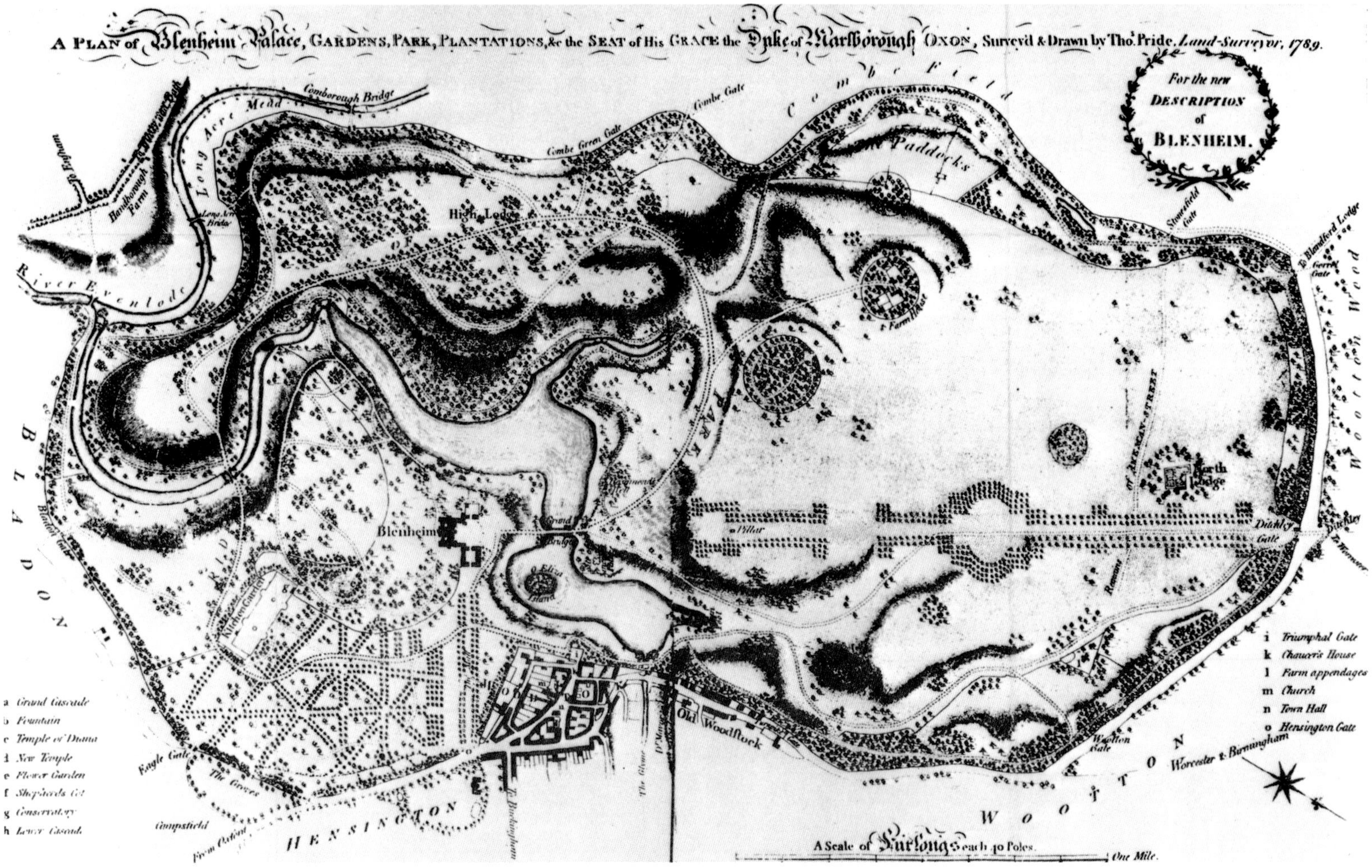

90 Blenheim. Plan. In der Mitte das Schloß und der von Brown aufgestaute See; östlich davon der Pleasureground mit den Alleen und den sternförmigen Plätzen; südwestlich die bewaldeten Hügel des High Park; im Norden offene Wiesenfläche mit der großen Allee. Im Plan ist Norden rechts unten. Stich von Thomas Pride, 1789.

91 Blenheim. »Blenheim Park«. Aquarell von William Turner, um 1832. Das Bild zeigt die flache Parklandschaft überhöht, um eine dramatische Wirkung zu erzielen. Rechts am Bildrand das Woodstock Gate. (Mit freundlicher Genehmigung des Birmingham City Council, Museums and Art Gallery)

BLENHEIM: EINE LANDSCHAFT FÜR EINEN PALAST

rich II. zu einem regelrechten Palast ausgebaut wurde. Mit Heinrichs Mätresse Rosamunde werden Reste eines umfriedeten Gartens und Badehauses in Verbindung gebracht. Woodstock Manor begann im 16. Jahrhundert zu zerfallen. Das Gelände wurde in der Folgezeit zur Pferdezucht genutzt; ein neu angelegter Rennkurs war mindestens bis 1734 in Gebrauch.

1705 übertrug Queen Anne das Gelände an John Churchill, den ersten Duke of Marlborough, als Belohnung für seine Erfolge im Spanischen Erbfolgekrieg. Der Herzog wollte etwas in der Art von Castle Howard, aber größer; so beauftragte er Vanbrugh mit der Planung eines Schlosses, das er – nach dem Ort seines glänzendsten Sieges – Blenheim nannte. In seiner Ikonographie verbinden sich mittelalterliche Burgarchitektur, der Dreiflügeltyp des französischen Barockschlosses und die Hoheitsformen des klassischen Formenrepertoire zu einem Siegesdenkmal ohnegleichen. Eine gewaltige Allee mit platzartigen Aufweitungen führte von Nordosten auf den Schloßhof zu und überquerte auf einer imposanten Brücke das Tal des Baches Glyme.

Südöstlich des Hauses wurde ein großes Parterre mit einem bunten geometrischen Muster aus Buchshecken, Ziegelsplitt und Sand angelegt, das sich in einem Boskett fortsetzte. Östlich davon pflanzte man eine »Wildnis«, die von schnurgeraden Wegen mit sternförmigen Plätzen durchzogen war. In ihr lag der ummauerte Küchengarten, der selbst als Sehenswürdigkeit galt.

Schloß und Park wurden von Anfang an sehr bewundert, doch scheinen die formalen Kompartimente ohne Beziehung zur Landschaft gewesen zu sein. Eine Bodenwelle verhinderte die Einsicht vom Schloßhof in die Grand Avenue. Auch empfand man ein Mißverhältnis zwischen Vanbrughs monumentaler Brücke und dem kleinen Bach darunter. 1723 – der Herzog war gerade gestorben – ließ seine Witwe Sarah nach dem Entwurf eines Colonel Armstrong deshalb einen kerzengeraden Kanal aufstauen, der zu einem kreisrunden Becken führte und dort im rechten Winkel abknickte. In der Grand Avenue ließ sie von Hawksmoor eine Siegessäule aufstellen und am Eingang von Woodstock ein Triumphtor errichten; der »Proud Duke« von Petworth beriet sie dabei. Ihr Gedanke, bei Rosamund's Well »etwas wie die Tempel (...) bei Burlingtons Landhaus« zu bauen, wurde jedoch nicht ausgeführt. Der Park hatte einige Jahrzehnte Ruhe, und als 1758 der vierte Herzog nachfolgte, fand er ihn schon etwas verwildert.

Der vierte Herzog berief Brown für die Umgestaltung seiner Besitzungen Langley (Buckinghamshire) und Blenheim; für letzteres legte Brown wohl im Herbst 1763 einen Plan vor, doch scheint es im Verlauf der Arbeiten, die im nächsten Frühjahr begannen, auch zu spontanen Entscheidungen gekommen zu sein. 1768 waren die Arbeiten weitgehend abgeschlossen, kleinere Maßnahmen zogen sich bis 1774 hin.

Brown ebnete Vanbrughs Parterre und Boskett südlich des Schlosses völlig ein und säte Rasen. Die angrenzende Wildnis mit dem strahlenförmigen Wegesystem und den Küchengarten behielt er jedoch ebenso bei wie die Mall vor dem Ostflügel und die Grand Avenue. Als seine Meisterleistung gilt der langgezogene See, den er anstelle des formalen Kanals aufstauen ließ; mit seiner majestätischen Wasserfläche gibt er Vanbrughs Brücke erst Glaubwürdigkeit. Das obere Ende des Sees ist hinter Gehölz versteckt, Reste eines mittelalterlichen Dammweges bilden eine baumbestandene Insel. Der Staudamm am unteren Ende wurde, um sichtbare Begrenzungen zu vermeiden, als Wasserfall gestaltet. Wie ein großer Fluß windet sich der See um die Anhöhe mit dem Schloß. Brown selbst war von seinem Werk so beeindruckt, daß er ausrief: »Thames, Thames, you will never forgive me!«

Die Ufer des Sees betonte er durch Streifen von Gehölz. Auf den Hängen und Wiesenflächen pflanzte er einzelne Bäume und Baumgruppen – kleine, kontrastreiche Gruppen im Vordergrund, größere, dunklere »clumps« in weiterer Distanz; die Durchblicke dazwischen sind genau kalkuliert. In der Ferne gab der Baumgürtel, mit dem er das ganze Terrain einfaßte, den Hintergrund ab.

Browns Konzept einer idealisierten Naturlandschaft erforderte erlebbare Einheitlichkeit. Darauf zielte ein völlig unauffälliger, aber wichtiger Teil seiner Arbeit ab: Er nahm geringe Geländemodellierungen vor, um aus Kutschenhöhe überall gute Aus- und Durchsicht zu haben. Das kinästhetische Prinzip berücksichtigte sogar die Art des Verkehrsmittels!

Im bewaldeten High Park ließ er vom Jagdhaus aus Schneisen schlagen, die den Blick in die Umgebung öffneten. Das Haus selbst, das zu Anfang des 18. Jahrhunderts anstelle eines Vorgängerbaus aus dem Mittelalter errichtet worden war, wurde gotisiert, um an die Geschichte des Platzes zu erinnern.

Weitere gotische Entwürfe – für ein Badehaus bei Rosamund's Well, für die Fassade des Kornspeichers und für die Umgestaltung der Parkmauern gegen Woodstock – blieben unrealisiert. Browns Behandlung der Gotik ist, um eine Formulierung David Watkins aufzugreifen, »kompetent, aber nicht aufregend«, doch ging es ihm auch nicht um Stilübungen, sondern um die Einbeziehung der historischen Dimension in ein ästhetisches Gesamtkonzept.

Brown hatte seine Arbeiten in Blenheim noch nicht abgeschlossen, als sein Hauptrivale Chambers gerufen wurde, um Innenausstattungen für das Schloß zu entwerfen; er veränderte auch den Blumengarten und baute einige kleine Gartentempel beim Rasen hinter dem Haus. Nach 1800 wurden kleine, abgeschlossene Sondergärten angelegt und rustikale Hütten und Cottages, sogar ein kleiner Cromlech, errichtet. Browns Nachfolger wollten ihn an »Natürlichkeit« übertreffen und beseitigten, was er an barocken Elementen erhalten hatte: die Mall und die Grand Avenue ebenso wie den Blumengarten der Herzogin. Doch schon um die Wende zum 20. Jahrhundert ließ der neunte Herzog die Alleen erneut pflanzen und Parterres beim Schloß anlegen, darunter den berühmten Wassergarten beim Westflügel. So zeigt Blenheim heute im wesentlichen das Konzept, das Lancelot Brown 1763 entwickelt hatte: die Integration des formalen in den natürlichen Gartenstil und die Verbindung des Schönen mit dem Großartigen.

### Die Ästhetisierung des Vergangenen

Wo Brown die Relikte älterer Anlagen nicht völlig beseitigen konnte oder wollte, verstand er es doch, sie so zu integrieren, daß sie die elegische Stimmung, die er stets anstrebte, nicht störten, sondern unterstrichen. Deutlicher als bei seinen Parks über barocker Grundlage wird dies dort, wo er sich mit mittelalterlichen Bauten auseinanderzusetzen hatte – so in Warwick Castle (Warwickshire), wohin er schon 1749 von Lord Brooke gerufen worden war. Brown säte die Parterres mit Rasen ein, pflanzte einige Bäume und führte Wege in der typischen Schlangenlinie hindurch – das war alles, und es brachte die alte Burg so zur Geltung, daß Horace Walpole in Bewunderung ausbrach. Ähnlich ging er bei den Außenanlagen zu Alnwick Castle (Northumberland) vor (um 1760). In Milton Abbas (Dor-

92 Old Wardour Castle. Die Ruine des Keep inmitten des Rasens, den Lancelot Brown anlegte.

DIE ÄSTHETISIERUNG DES VERGANGENEN

LANCELOT BROWN: HÖHEPUNKT UND ERSTARRUNG

93 Old Wardour Castle. Blick über den Swan Pond auf Old Wardour Castle mit dem neugotischen Banqueting House auf der ehemaligen Ringmauer.

94 Old Wardour Castle. Die Grotte hinter der Ruine wurde von Josiah Lane 1792 angelegt.

set), wo er wieder auf seinen Gegner Chambers traf, animierten die Reste der Abtei zu gotischen Assoziationen beim Bau des neuen Dorfes (1763). In Sandbeck (Yorkshire) legte er, wohl ab 1766, den Park zum neuen Haus (von James Paine entworfen) an; in einem bewaldeten Seitental fand er die Ruinen von Roche Abbey vor. Der Kontrakt, der erst 1774 fixiert wurde, verlangte, sie »with poet's feeling and with painter's eye« zu behandeln (der Vertrag zitierte hier William Masons Poem »The English Garden«). Brown umgab die Ruinen einfach mit Rasen und brachte sie vollendet zur Wirkung – zu einer ästhetischen Wirkung, die völlig vom historischen Kontext abstrahierte.

Ein spannungsreiches Gegenüber von Burgruine und neuem Schloß bietet Wardour in Wiltshire.[10] Die Besitzer, die Arundells of Wardour, gehörten zu den prominentesten katholischen Familien Englands und waren folglich seit der »Glorious Revolution« von öffentlichen Ämtern ausgeschlossen, doch verstanden sie es, durch Heirat ihren Reichtum und Einfluß zu erhalten. Ein Plan, die berühmte Burg wieder aufzubauen, war 1756 kurz erwogen, aber wieder verworfen worden. Der achte Baron Arundell beauftragte statt dessen 1764 den Architekten und Gartengestalter Richard Woods, ein Konzept für den gesamten Besitz auszuarbeiten. Woods schlug einen Neubau auf einer Anhöhe gegenüber der Ruine vor; entgegen seinen eigenen Hoffnungen wurde das Haus 1769–1776 von James Paine errichtet – ein strenger palladianischer Bau von beträchtlichen Ausmaßen. In der Senke zwischen dem alten und dem neuen Schloß ließ Woods eine Reihe von Teichen anlegen. Er erschloß das Gelände durch Pfade, bezog auch ein Waldstück mit einem älteren strahlenförmigen Wegesystem ein und entwarf eine Reihe von Gartengebäuden, die jedoch nicht alle zur Ausführung kamen. Offenbar wurden dem Auftraggeber die Kosten zu hoch. Arundell ließ deshalb 1773 einen Plan von Lancelot Brown anfertigen.

Browns Plan war einfacher als der Woods' und verzichtete auf die Vielzahl von Gebäuden, die jener für erforderlich hielt. Er sah die Einfassung des ganzen Geländes durch einen weitgeschwungenen Waldgürtel vor, durch den der Belt Walk verlief. Die Konturen des Geländes und der Wasserflächen betonte er durch weitere Baumgruppen. Formale Elemente und die Spuren der alten Feldeinteilung sollten völlig verschwinden.

Da Brown nur 84 Pfund Honorar erhielt, ist anzunehmen, daß er mit der Ausführung des Plans nichts zu tun hatte. Heute ist das Gelände weitgehend Ackerland, nur einzelne schöne alte Bäume lassen den ehemaligen Park ahnen. Die Teiche sind zum Teil versumpft und überwuchert. Um das neue Schloß sind Reste des Pleasureground erhalten; ihm gegenüber liegt wie ein Eyecatcher die Ruine. Hier ist das Flair von Browns Gestaltung noch zu spüren. Das neugotische Banqueting House stammt wohl aus der Zeit Browns, die Grotte hinter der Burg legte Josiah Lane 1792 an. Die gesamte Fläche innerhalb des Berings ist von gepflegtem Rasen überzogen. Wie ein Schmuckstück auf dem Samt des Juweliers präsentiert die Grasfläche die Ruine des Keep, und einige weitausladende Nadelbäume setzen einen dekorativen Akzent: Das historische Gebäude wurde ein Objekt reinen Wohlgefallens.

95 Bolton Park. Der Stich von Francis Vivares (1753) dokumentiert das aufkeimende Interesse der Zeit für die ungezähmte Natur.

# Die Emanzipation des Landschaftlichen

## Die literarische Begründung des Naturalismus

Die Gestaltungsweise Browns und seiner Schüler bestimmte die Jahrzehnte nach 1750. Sie stellte die letzte Konsequenz des Ideals der »schönen Natur« dar, verdichtet in einem knappen Repertoire. Alles Schroffe, Finstere war ebenso vermieden wie die Anzeichen bäuerlicher Arbeit, und die intellektuellen Anspielungen der Figuren- und Architekturprogramme blieben weitgehend verbannt. Die Parks der Brownschen Schule vermittelten keine Botschaften, sondern drückten Stimmungen aus. Allerdings evozierten sie stets das gleiche Gefühl; die stereotyp gewundenen Linien und geschwungenen Formen erzeugten wohl den Eindruck von Entspanntheit, aber kaum den von Natürlichkeit, und der Ausschluß alles Ungeordneten und Zufälligen führte zu einem »Klassizismus der Form«,[1] der bei häufiger Wiederholung Stagnation bedeuten mußte.

Als Alternative kam in der zweiten Jahrhunderthälfte eine »naturalistische« Tendenz der Landschaftsästhetik auf, die sich zunächst noch nicht scharf gegen den Brownschen Idealismus absetzte, aber dessen Verengungen vermied. Sie bezog Ackerland und Nutzgärten ebenso in die ästhetische Gestaltung ein wie Stücke wirklich wilder »unadorned nature« oder wenigstens weite Aussichten in die Umgebung jenseits der Parkgrenzen; Flächen, zum Beispiel Rasen, wurden gesprenkelt, ihre Ränder aufgelöst. Die neue Richtung zitierte die Natur nicht selektiv oder ausschnittweise, sondern akzeptierte sie in allen ihren Erscheinungsformen. Dabei sollte die Landschaft nicht als Kunstwerk erkennbar sein. Gewässer mußten wie Flüsse wirken, Wasserfälle traten an die Stelle gemauerter Kaskaden und Springbrunnen, Höhlen wurden angelegt anstatt oberirdischer Grotten-Gebäude. Dies mußte eine Ästhetik in Frage stellen, die als »schön« nur das allgemein Ideale gelten lassen wollte.

Vor allem sollte die Natur selbst sprechen, nicht ein Programm emblematischer Bauten und Figuren. Da die Landschaft selbst zum Träger moralischer und philosophischer Vorstellungen wurde, blieben für die Architekturen nur noch persönliche Aussagen übrig; oft waren es private Erinnerungsmale, oder die Bauten ordneten sich der Szenerie ein, betonten die Natur, anstatt mit ihr zu kontrastieren. Indem die Parkarchitekturen zum Teil der Natur wurden, erwiesen sie sich zugleich als Experimentierfeld für die Neugotik und für eine entschiedenere Rezeption asiatischer Formen. Anstelle der theoretisch begründeten palladianischen Architektur trat die Orientierung an archäologisch ermittelten Bauten und Formen der Antike. Auch die kleinen gotischen oder klassischen Sitze waren kaum mehr Blickfänger, sondern Aussichtspunkte. Sie dienten nicht mehr dazu, der Landschaft das Gepräge allgemeingültiger Idealität zu verleihen, sondern die Einmaligkeit einer vorgefundenen Situation zu betonen. Unerläßlich für die Verwendung von Architektur war es deswegen, daß sie das Kriterium der Wahrscheinlichkeit erfüllte.[2]

Diese Bewegung war zu Browns Lebzeiten noch nicht sehr stark, und ihre Maximen wurden nur in ein paar eher untypischen, sehr persönlichen Parks erprobt. Sie fand in einigen, allerdings sehr wichtigen theoretischen Werken ihre Ausformulierung. Nach Browns Tod boten sie einen Ausgangspunkt zur Überwindung der Stagnation, und sie bereiteten schließlich die viktorianische Gartengestaltung des 19. Jahrhunderts vor. Die Abstraktion in Browns Gartenstil und der individualisierende Naturalismus, der sich zeitlich parallel ausbildete, beriefen sich beide auf die ungekünstelte Natur, die das grundlegende Argument der neuen Gartenästhetik war, und beide sind Reaktionen auf die ersten Landschaftsgärten; die folgende Generation staunte nicht mehr über das Neue, sondern überprüfte diese Gärten am Anspruch der Natürlichkeit und Wahrscheinlichkeit – und fand sie oft sehr weit davon entfernt.

William Gilpin hat diesen kritischen Blick in seinem »Dialogue ... at Stowe« (1748)[3] dargestellt: Zwei Freunde durchwandern den Garten, und während Callophilus die kunstvollen Arrangements preist, kritisiert Polyphon die Bauten wegen der aufdringlichen Deutlichkeit ihrer Emblematik: Wenn eine Landschaft selbst den Geist antiker Götter atmet, bedarf es keiner Tempel und Figuren aus Stein. Polyphon will die Landschaft nicht als Arrangement von Zeichen betrachten, und die steinernen Predigten entlocken ihm ironische Bemerkungen. Die reine Natur, die nicht »gemacht«, sondern allenfalls betont werden kann, soll direkt auf das Gefühl wirken, ohne Umwege über Verstand und Konvention. Im Vergleich mit den Landschaften des Nordens, ihren steilen Abgründen, wilden Tälern und den weiten Flächen des Hochlandes macht er deutlich, wie beschränkt das Spektrum der Stimmungen ist, die Stowe bietet.

Im Genörgel Polyphons kehrt ein Argument wieder, das von Anfang an in die Theorie des Landschaftsgartens verwoben war und das sich gegen die Überladung mit Architekturen ebenso richten mußte wie gegen den Formalismus Browns. Dem kontemplativen »beatus-ille«-Topos Switzers wurde eine »pindarische« (J.D. Hunt) Konzeption vorgefundener Landschaft entgegengesetzt, mit Kornfeldern, Felsen und Schluchten. Schon Addison war sich der Reize unberührter Wildnis und weiten Ackerlandes wohl bewußt gewesen: »Fields of corn make a pleasant prospect.«[4] Selbst wenn diese Einbeziehung bäuerlicher Arbeit, der natürlich auch ein ethischer Wert zukam, mit den Beschreibungen antiker Landsitze, etwa beim jüngeren Plinius, im Zusammenhang stand, so wurde doch immer auch mit patriotischem Zungenschlag der englische Charakter des Ackerlandes und dessen Nützlichkeit für die Nation betont.

Dazu kam nun auch die britische Vorgeschichte zum Bewußtsein, wie Joseph Wartons Gedicht »The Enthusiast« von 1744 zeigt. Stowe mit seiner imitierten Antike wird den Hainen der eigenen Vorzeit gegenübergestellt, in denen Barden dem Echo ihrer Lieder lauschten und von der Natur selbst die Gesetze der Moral erfuhren; parallel dazu vergleicht Warton den Park von Versailles mit den durchtosten Schluchten des Anio (und fragt in einer späteren Ausgabe: »Can Kent design nature?«).[5]

Der in Schottland geborene Dichter James Thomson, der dem Kreis um Burlington angehörte und durch seinen »Essay on Harmony...« als Gartentheoretiker ausgewiesen war, bezog sich in seinen Gedichten auf die herbe Landschaft seiner Heimat. Damit setzte er sich von Popes Postulat »the proper study of mankind is man« ab und entdeckte die wilde Natur als äußeren Ausdruck innerer seelischer Zustände. Pastorale Szenerien benutzte er als Ausdruck persönlicher Freiheit, gelegentlich auch hergeleitet aus der griechischen Antike.[6] In seinen Gedichtzyklus »The Seasons« fügte er 1743/44 eine Passage an den Politiker George Lyttelton aus dem Kreis der »Boy Patriots« ein, in der er dessen Park in Hagley zum »britischen Tempe« erklärte:

»Von Wäldern überschattet, mit moosigen Felsen,
von denen zu jeder Seite gurgelnd Wasser rauschen,
und über die rauhe Kaskade weiß schäumend fallen.«[7]

Im vierten Teil, »Winter« (schon 1726 begonnen), beschrieb er Regenstürme, Schnee und Frost sowie den Tod eines Hirten in den Cheviot Mountains: Seine Natur war als Spiegel des menschlichen Schicksals nicht auf das Angenehme beschränkt. Warton rechnete diese Beschreibungen – neben den Dichtungen von Milton und Pope – zu den Quellen des englischen Gartenstils.

Thomas Gray schließlich benutzte zwar antike Gedichtformen, wandte sich aber in seinen Inhalten ganz einer keltischen Vergangenheit zu. In »The Bard« spiegelt die Wildheit der walisischen Landschaft das dramatische Geschehen einer Sage: ein Vorwurf für zahlreiche Landschaftsmaler, darunter Thomas Jones, John Martin und Paul Sandby. Grays Blick für eindrucksvolle Gebirgsregionen war auf seiner Italienreise mit Horace Walpole geschärft worden, aber Erfüllung fand er erst in Wales und Schottland. Dagegen hatte er für die Gärten im »natural style« mit Rokoko-Ruinen, putzigen Grotten und winzigen Wildnissen nur milden Spott übrig.

Eine konsequente Formulierung dieser naturalistischen Tendenz gab der Dichter William Shenstone in seinen »Unconnected Thoughts on Gardening« (1759, erschienen 1764), einer Sammlung von Maximen und Aphorismen zur Gartenkunst, einem Resümee aus seiner langjährigen Erfahrung im eigenen wie in fremden Parks, der ersten theoretischen Schrift zur neuen Gartenpraxis.

Shenstone bezieht sich in einer Fußnote auf die sensualistischen Theorien von Alexander Gerard, Francis Hutcheson und Edmund Burke. Er will jedoch nicht deren Kategorisierung von Wahrnehmungen weitertreiben, sondern macht Vorschläge, sie in der Praxis anzuwenden. Die lockere (und angenehm zu lesende) Form seines Textes entspricht seiner Vorstellung vom Ausdruck des »Natürlichen« in der Gartengestaltung. So soll ein Park aus einer Abfolge einzelner Szenen bestehen und nicht als Ganzes wahrgenommen werden. Shenstone spricht sich gegen die Vermischung von »Kunst« und »Natur« aus. Wasserfälle und Pflanzungen müssen wie freie Landschaft wirken, Szenerien mit Parkarchitekturen sollen den Anschein der Wahrscheinlichkeit und damit der Natürlichkeit haben. Burgartige Ruinen finden ihren Platz auf Anhöhen, Überreste von Klöstern im schattigen Talgrund: So unterstreichen sie die Stimmung der jeweiligen Szene. Der Charakter eines Ortes ist freilich auch von seiner Geschichte geprägt, auf die mit Inschriften hingewiesen werden sollte. Die Individualität einer Stelle soll gewahrt bleiben, und die verschiedenen Stimmungen dürfen nicht vermischt werden, sondern müssen in raschem Wechsel aufeinander folgen. Shenstone schwebt dabei eine Vielfalt vor, wie sie in den »klassischen« Parks Browns nicht zu finden ist; er will schroffe Felsen, zerklüftete Flächen und wilde Szenen ebenso einbeziehen wie Aussichten auf »Hügel in blauer Ferne«. Die Vistas sollen von Bäumen begrenzt werden, »die den Eindruck erwecken, von Natur so gewachsen zu sein«; besonders schrecklich fand er die kleinen Fichten-»clumps«. Seine Art von Einfachheit sollte Großartigkeit bewirken. Natürlich lehnt Shenstone gerade Wege, Symmetrie und Übersichtlichkeit ab. Aber das Auge fordere die Ausponderierung einer Szene, eine unaufdringliche Ordnung bleibt notwendig für die ästhetische Landschaft, die Shenstone zum Sinnbild menschlicher Erkenntnismöglichkeiten macht: So wie – nach der empirischen Tradition der englischen Naturwissenschaft – die Welt nur Teil um Teil erkannt werden kann, so soll der Besucher von Szene zu Szene des Parks wandern: Das Ganze setzt sich erst in seinem Kopf zusammen.

## Woburn Farm: die erste »ferme ornée«

Wenn eine naturalistische Parkgestaltung »wirkliche« Landschaft hervorbringen wollte statt antiker Bildungslandschaften, so hieß dies zunächst: Kulturland, also Äcker und Weiden, mit einzubeziehen. Diese Verbindung des Schönen mit dem Nützlichen war so neu nicht; viele der Besitzungen waren zuallererst Geldanlagen, nicht zuletzt für städtische Neureiche, aber auch bei Adligen wie Bathurst oder Bolingbroke. Alexander Pope beispielsweise investierte 1738 die Summe von 2000 Pfund (mit einer Verzinsung von 4%) in die Ländereien seines Freundes Bathurst, an deren Gestaltung er schon lange beteiligt war. In Stowe oder Stourhead war der Home Park als eine Art Bindeglied zwischen dem reinen Vergnügungsgarten und den zugehörigen Ländereien eingefügt worden. Stephen Switzer, der sich viel mit Modernisierungen in der Landwirtschaft beschäftigte, brachte 1733 das Schlagwort von der »ornamental farm« und 1742 das der »ferme ornée« in Umlauf, wobei er sich auf französische Gepflogenheiten berief. Joseph Spence hingegen nannte italienische Vorbilder, und auch Robert Castells Rekonstruktionen römischer Landgüter mögen nachgewirkt haben. In Richmond Park war Bridgeman mit ähnlichen Ideen beschäftigt; angeblich für das Wild wurden dort Kornfelder eingestreut.[8] Doch handelt es sich bei diesen frühen Verbindungen von Nutzland und Park um Anlagen, die der Übergangszeit angehören, mit großen Alleen wie in Cirencester Park oder sternförmigen Wegesystemen als Grundstruktur: Switzers »Boldest Strikes«.

Als erster Landsitz, bei dem Wirtschaftsland im neuen, »natürlichen« Stil ästhetisch aufgewertet wurde, gilt Wo(o)burn Farm in Surrey, der Sitz von Philip Southcote.[9] Dr. Pococke, der auf seinen Reisen auch hier vorbeikam, beschrieb es als erstes Improvement in der Art einer Farm; es gelte als das eleganteste in England.

Woburn Farm liegt bei Chertsey, nahe der Mündung des Wey in die Themse, auf einem Höhenrücken südlich der Flußniederung. Die Umgebung war ursprünglich Heide, die im 18. Jahrhundert zur Parklandschaft umgestaltet wurde. Esher Place, Claremont, Byfleet und Painshill liegen in der Nähe. Der Blick in den Park von Oatlands wurde gerühmt, ebenso die Fernsicht von der Spitze des Hügels, die bis Windsor Castle und St. Paul's Cathedral reichte, im Vorder- und Mittelgrund aber Äcker, Dörfer, das Städtchen Chertsey und (ab 1750) die Brücke von Walton einschloß.

Philip Southcote (1698–1758) stammte aus einer prominenten katholischen Familie; einige seiner Verwandten hatten als Juristen oder Theologen der Sache ihrer Konfession (und der Stuarts) gedient, und ein Onkel Philips, Thomas Southcote, arbeitete in Frankreich für die Unterstützung des jakobitischen Aufstandes. Es mag seinem Einfluß zuzuschreiben sein, daß der junge Philip in Frankreich studierte und sich am lothringischen Hof aufhielt; dort scheint er eine kurze militärische Karriere durchlaufen zu haben. Thomas Southcote war ein enger Freund Popes, und so dürfte sein Neffe schon in jungen Jahren die Bekanntschaft des Dichters gemacht haben. Philip zeigte allerdings keine besonderen intellektuellen Neigungen, lediglich einen Anstrich französischer Kultiviertheit. Nachdem er 1723 nach England zurückgekehrt war, verkehrte er bald in den besten Kreisen und führte ganz das Leben eines reichen jungen Mannes von Stand, und zwar in solchem Ausmaß, daß das Familienvermögen darunter gelitten hat. Die obligatorische Italienreise fand 1729, wohl in

## Woburn Farm: die erste »ferme ornée«

96   Moccas Park. Die rauhe Landschaft an der Grenze zu Wales bildete einen kräftigen Kontrast zu dem von Lancelot Brown 1778 entworfenen Park. Stich von William Angus aus: Seats of the nobility and gentry, 1787.

97   Woburn Farm. Trotz zahlreicher Ziergebäude war Philip Southcotes »ferme ornée« keine antikisierende Bildungslandschaft. Stattdessen erhob Southcote das bäuerliche England zum Gegenstand der Gestaltung. Stich von Luke Sullivan, 1756.

Begleitung des Duke of Norfolk, statt. 1732 sanierte er mit einer guten Heirat seine Vermögensverhältnisse: Er ehelichte Anne, die Witwe des Duke of Cleveland. Die damals bereits 67 Jahre alte Dame war sehr reich, und man kritisierte ihre Heirat allgemein als einen Fehler, selbst unter den Verwandten Southcotes, die offensichtlich keine allzu gute Meinung von ihm hatten.

Das Paar benötigte einen standesgemäßen Landsitz, und Southcote erwarb 1734/35 das Gelände in Surrey. Es war wohl recht reizloses Wirtschaftsland, und der Besitzer begann mit dem Improvement bereits vor dem Abschluß des Kaufvertrages (der, weil Philip Katholik war, auf den Namen seines Freundes Lord Litchfield ausgestellt wurde). Es ging ihm, wie er später versicherte, nur um Annehmlichkeit und Vergnügen, nicht um öffentliches Aufsehen, als er einen gewundenen Kanal und ein Wegesystem rund um das Haus und über den Höhenrücken mit seinen Aussichten anlegte. An diesem Weg lagen Ruhesitze, Aussichtspunkte und Parkgebäude. Einige waren in einem vielleicht durch die Bekanntschaft mit William Kent angeregten, mehr oder weniger gotischen Stil und gehörten zu den ersten dieser Art; es gab eine strohgedeckte Hütte, die Ruine einer Kirche und ein zweistöckiges symmetrisches Gebäude mit Ecktürmen, das »Cottage« genannt wurde, obwohl es einem Bauernhaus wenig ähnlich sah. In diesem Landhaus en miniature residierte die Hüterin des Nutz- und Ziergeflügels, später wurde es zur Wohnung des katholischen Priesters umgewandelt.

Die Schleifen des Weges trafen sich bei einem achteckigen Sommerhaus, das mit Lord Burlington und seiner Villa in Chiswick in Zusammenhang gebracht wird. Es stand auf einer Anhöhe, deren Hang Southcote aufforstete, denn er fand, in einer solchen Lage komme Wald besser zur Wirkung als in der Ebene. Bei diesem Gebäude hatte er mit seinem jüngeren Verwandten, dem zweiten Lord Petre, ein Rosengehege angelegt, das er bald zu häßlich fand und verwildern ließ: Joseph Spence fand dadurch den Weg in eine »picture gallery« verändert – und verbessert. Tempel, Grotte, selbst eine »Zigeunerhütte« und die anderen üblichen Parkgebäude durften nicht fehlen. Über den Kanal führte eine chinesische Brücke, und auch einen kleinen Wasserfall gab es. Nahe dem Haus legte er einen runden Nutz- und Blumengarten an, dessen Ummauerung von Kletterpflanzen verdeckt war.

Das offene Gelände wurde zu zwei Dritteln als Weide und der Rest als Acker- und Gartenland genutzt.

Anders als die professionellen Gartenplaner, aber wohl ähnlich wie Kent dachte Southcote in Szenen statt in Planfiguren und entschied ad hoc. »Tis all painting« bezeichnete er seine Gestaltungsweise. Er unterschied, analog zur Malerei, drei Bildebenen, rahmte die Prospekte mit Bäumen und war um Perspektivwirkungen (»distancing« und »attracting«) bemüht.

Die originellste seiner Ideen war der Pflanzenstreifen, der den Umfassungsweg auf der Außenseite begleitete. Er fand höchste Aufmerksamkeit, und Spence hat sein Pflanzschema überliefert: Direkt am Weg pflanzte Southcote niedrige Sträucher, wie Rosen, Brombeeren, Lorbeer und Holunder; dahinter größere Büsche und niedrige Bäume, wie Flieder, Goldregen und Weißdorn; sie wurden überragt von Hochstämmen, wie Buchen, Walnußbäumen und Schwarzpappeln, dazwischen Haselnußsträucher. Der Streifen war zwischen 5 und 15 Fuß breit, und die Sträucher wuchsen schnell ineinander, was eine dauernde und intensive Pflege erforderlich machte. Wahrscheinlich ist hier der Einfluß Lord Petres zu spüren, der Studien in Architektur und Mathematik getrieben hatte und ein leidenschaftlicher Botaniker war.

Ferner legte Southcote kleine Flecken von bunten Blumen an, die seit der Mitte des 17. Jahrhunderts aus den großen englischen Parks verschwunden waren. So erwies sich dieser – wohl erste – Circumferential Belt über lange Strecken als lebhafte, dichte Abschirmung, und der Blick war auf das Innere der Länderei gerichtet, wo sich Rinder, Schafe und Geflügel bewegten. Zeitgenössische Beschreibungen bezogen sogar deren Blöken und Muhen in die Ästhetik der ländlichen Szenerie ein. Southcote achtete darauf, daß im ganzen Park Licht über Schatten dominierte, um eine lebendige, heitere Wirkung hervorzubringen. So verband er Anregungen von Addison, Switzer und Philip Miller mit den Neuerungen Burlingtons und Kents, tat dies aber auf eine eigene und neue Weise. Bei alledem ging er sehr überlegt vor; Spence berichtete, Southcote habe das Gelände »hundert verschiedene Male« abgeschritten, bevor er den Weg angelegt habe.

Der Mann, der bisher nicht eben als geistig anspruchsvoll aufgefallen war, schuf mit seiner »ferme ornée« einen Typ, der bis ins viktorianische Zeitalter hinein Einfluß hatte. Woburn wurde bald berühmt und das Ziel vieler Besucher. Aber nicht alle benahmen sich als Gentlemen: Horace Walpole berichtete später, Southcote habe den Park für die Öffentlichkeit schließen müssen, wegen jener »Wilden, die als Connoisseurs kamen, aber tausend Gemeinheiten über seine Religion an die Wände schmierten«.[10] Unter den Verständigen hingegen fand Southcotes »Paradies« – so Gray und ebenfalls Spence – viel Aufmerksamkeit, in der nächsten Generation freilich auch Kritik. Whately untersuchte Woburn ausführlich in seinen »Observations on modern gardening«, aber dem Brown-Anhänger war der Gesamteindruck zu lebhaft, und er bemängelte besonders die Blumenpflanzungen mit ihrem eher impressionistischen Effekt. Walpole hingegen fand die Ästhetisierung des Wirtschaftsbetriebs unrealistisch: Solche Hirten und Nymphen bewohnten Landschaftsbilder, aber nicht die Wirklichkeit.

Aufgrund seines Erfolges wurde Southcote auch auf anderen Landsitzen um seine Hilfe gebeten und wirkte beispielsweise in Oatlands und Wimpole Hall. Seine Ideen wurden in Shugborough, Warlies und Mickleton aufgegriffen; letzteres wiederum beeinflußte Shenstones The Leasowes. Besondere Verbreitung fand der Gedanke des Circumferential Belt, so etwa bei Chambers' Plan für Kew Gardens Ende der fünfziger Jahre, vor allem aber in den Parks von Lancelot Brown und seiner Schule. Was Southcote allerdings spontan aus einer konkreten Situation heraus entwickelt hatte, wurde jetzt allzu oft nur schematisch angewandt.

Southcotes zweite Frau und ihre Erben suchten die »ferme ornée« zu erhalten; im 19. Jahrhundert wurde sie jedoch viktorianisch angereichert. 1881 kam sie in den Besitz der Josephite Fathers, die hierher das St. George's College verlegten. Dafür wird heute noch das (veränderte) Haus Southcotes benutzt; von seinen Parkanlagen ist jedoch nur wenig übrig geblieben; die Grotte und zwei Bogen aus Ziegelstein sind noch zu finden.

## The Leasowes:
## Ort melancholischen Vergnügens

Halesowen ist ein häßlicher Fabrikort am Rand von Birmingham, eingezwängt zwischen steilen Hängen und Schnellstraßen; die grünen Höhen und der alte Kirchturm lassen nur schwer die dörfliche Idylle

98 The Leasowes. Robert Dodsley, der Verleger William Shenstones, gab diesen Plan der 1764 erschienenen Werkausgabe des Dichters bei. Er wurde nach einer Vorlage von William Lowe aus dem Jahr 1759 angefertigt. Im Zentrum des Parks steht das Haus, das über mehrere kurze Pfade mit dem großen Rundweg verbunden ist. Bei »9« erhebt sich die künstliche Ruine der Priory über dem See; bei »13« liegen die dunklen Forest Grounds mit der Faunsstatue; »18« bezeichnet die Urne für Mary Dolman am Ende des Lover's Walk und »31« den Pantempel am Ende einer geraden Allee. Von hier geht es in weiten Windungen abwärts in die schattigen Gefilde von Virgil's Grove.

THE LEASOWES: ORT MELANCHOLISCHEN VERGNÜGENS

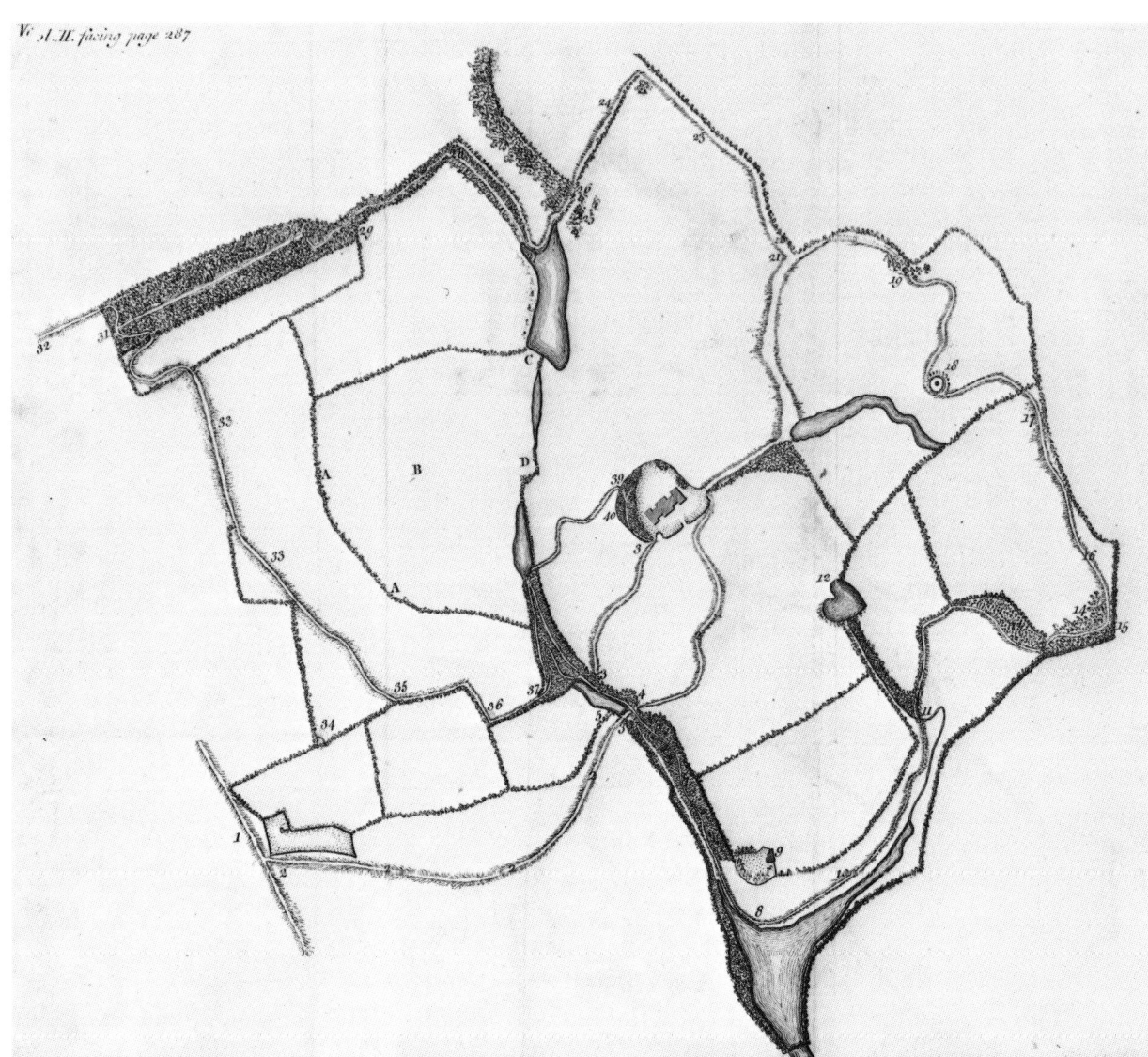

ahnen. Neben der A 458 in Richtung Birmingham liegt der verwilderte Stadtpark. In die Hänge sind schmale Seitentäler eingeschnitten, mit kleinen Kaskaden und trüben Tümpeln, durch die schmutzige Bäche rauschen. Die gepflegte Rasenfläche in der Mitte des Parks ist der städtische Golfplatz, als Clubhaus dient ein herrschaftliches Gebäude aus dem späten 18. Jahrhundert. Weitläufige Wege, manche breit und asphaltiert, andere nur steile Fußpfade, führen unter alten Bäumen und durch wildes Gestrüpp rings herum; nur selten bricht ein Sonnenstrahl durchs Geäst und läßt eine Wasserfläche aufleuchten. Dann mag man einen Augenblick an das Reich der Nymphen und Najaden denken, das hier im Schlamm und Abfall versunken ist. Hier hatte William Shenstone, ein Dichter von mäßigem Rang, seine »ferme ornée« angelegt, die, wie Thomas Gray schrieb, sein literarisches Talent in den Schatten stellte. Robert Dodsley, Shenstones Verleger, zählte sie zu den wichtigsten Sehenswürdigkeiten für eine Person von Geschmack, und selbst Dr. Johnson, dem Gartenenthusiasmus seiner Landsleute sonst abhold, empfahl The Leasowes als Ziel für Reisende und als Vorbild für Entwerfer. Doch weckten die enthusiastischen Beschreibungen bei manchen späteren Besuchern Erwartungen, die nicht erfüllt werden konnten – so bei William Marshall, der 1784 The Leasowes besuchte –, denn der Park schien so »natürlich«, daß bei einsetzender Verwilderung die Spuren der Kunstfertigkeit schnell verwischt waren. Immerhin empfand ihn der amerikanische Reiseschriftsteller Hugh Miller noch sieben Jahrzehnte nach dem Tod seines Schöpfers als »Rural Poem«, nachdem der Park zahllose neue Besitzer gesehen hatte, von denen kaum einer Verständnis bewies. James Parnell beklagte dies schon bei seinem zweiten Besuch im Jahr 1770: »Was kann irgendein westindischer Sklavenhändler mit Urnen und Inschriften anfangen!«

Wenn auch nach Shenstones Tod die Anlage einige Veränderungen, viel Vandalismus und noch mehr Verwahrlosung erlitten hat, so liegen uns doch genügend Quellen über die Geschichte und das Aussehen des Parks, seine Ausstattung und Shenstones Absichten vor, um – unterstützt von einer Karte, die der Besitzer 1759 in Auftrag gegeben hatte – das Gelände zu erkunden und die einst so berühmten Szenen zumindest zu lokalisieren.[11]

William Shenstone (1714–1763) stammte aus einer bürgerlichen Familie in Shropshire; neben dem verhältnismäßig kleinen väterlichen Besitz hatte er Anteile an zwei weiteren Gütern geerbt. Harborough, sein mütterliches Erbe, brachte ihm jährlich 300 Pfund; dies war zwar nicht sein ganzes Einkommen (wie seit Horace Walpole kolportiert wird), aber doch seine Hauptquelle. Es hätte wohl für ein angenehmes Leben in Zurückgezogenheit gereicht, aber mit den adligen oder neureichen Großgrundbesitzern konnte Shenstone nicht konkurrieren. Die Beschränktheit seiner Mittel hat die Ausdehnung und die vielgerühmte Einfachheit sei-

nes Sitzes mit beeinflußt. Doch war The Leasowes zuallererst Ausdruck des Wesens seines Schöpfers, vielleicht das persönlichste unter den Gartenkunstwerken des 18. Jahrhunderts.

Schon zu seiner Oxforder Studienzeit galt Shenstone ein wenig als Original. Als großen, etwas dicklichen Mann, der auf sein Äußeres wenig Mühe verwandte und die übliche Perücke verabscheute, so hat ihn sein Freund Richard Graves geschildert.[12] Aber der liebenswürdige und gesellige Shenstone, dessen Führungen später als eine Hauptattraktion

DIE EMANZIPATION DES LANDSCHAFTLICHEN

99 The Leasowes. Im Vordergrund die bewohnbare Ruine der Priory. Rechts im Hintergrund das alte Bauernhaus, in dem Shenstone wohnte. Der Stich zeigt, daß das Gelände von The Leasowes zu Shenstones Zeiten weitgehend aus offenem Weideland bestand. Stich von D. Jenkins, nach 1763.

100 The Leasowes. Blick in den Park mit dem Landhaus, das Edward Horne, ein späterer Besitzer, erbauen ließ. Am Ufer des Teiches ragt die Ruine der Priory aus dem Baumbestand. Stich von Benjamin Thomas Pouncy aus: Harrison & Co., Picturesque Views, 1788.

THE LEASOWES: ORT MELANCHOLISCHEN VERGNÜGENS

101 The Leasowes. Blick in Virgil's Grove. Der Stich nach einer Vorlage von Thomas Smith ist die einzige zu Shenstones Lebzeiten veröffentlichte Abbildung von The Leasowes. Er versucht die melancholische Stimmung dieses schattigen Hains wiederzugeben. Shenstone war mit der unbeholfenen Darstellung nicht zufrieden.

des Parks galten, war im Grunde ein melancholischer und manchmal recht träger Mensch. Nachdem er ohne akademischen Grad von Pembroke College abgegangen war, wohnte er zunächst in Harborough in einem elisabethanischen Fachwerkhaus unter alten Eichen und Ulmen, umgeben von Wasser und umflogen von Krähen. Hier pflegte er die Schwermut und den Müßiggang, gelegentlich unterstützt von seinen literarischen Freunden aus Oxforder Tagen. 1745 entschloß er sich nach langem Zögern, The Leasowes, sein väterliches Erbe, zu übernehmen.

Das Anwesen war nicht mehr als eine größere Farm mit einem altertümlichen Bauernhaus in der Mitte, das Gelände durchzogen von einigen Einschnitten mit Wasserläufen. Shenstone begann mit seinen Verbesserungen, ohne diesen Charakter und die Topographie zu verändern. »Weit davon entfernt, die natürlichen Schönheiten zu verletzen, war Mr. Shenstones einziges Bemühen, sie ganz zur Wirkung kommen zu lassen«, schrieb Robert Dodsley; und so natürlich sah schließlich alles aus, daß William Pitt der Ältere meinte, die Natur habe ja schon alles für ihn getan, doch antwortete Shenstone: er hoffe, auch etwas für die Natur getan zu haben.

Shenstone legte einen Rundweg mit einigen kleinen Nebenpfaden an, der einzelne abgeschlossene Szenen in den Tälern und Aussichtspunkte in die Landschaft miteinander verband. So konnte er schrittweise vorgehen. Ein umfassendes Konzept war nicht notwendig und lag auch wohl nicht von Anfang an vor. Es kam sogar zu Revisionen: Ein Sommerhaus, das Aussicht auf den Kirchturm von Halesowen gab, riß er 1754 auf Empfehlung Pitts wieder ab. Auch die kurz nach seinem Tod publizierten »Unconnected Thoughts on Gardening« enthalten kein vorgegebenes Programm, sondern eine nachträgliche Erklärung dieses neuartigen Parks. Sie sollten dem Plan und der Beschreibung beigegeben werden, die Dodsley veröffentlichte. Es ist aber nicht zu übersehen, wie Shenstone mit wachsender Erfahrung zu einer freieren Gestaltungsweise kam; unter seinen allerersten Szenen war noch auf der Anhöhe über dem Haus eine schnurgerade Allee mit einem Pantempel aus grobem Mauerwerk in der Achse: ein Motiv, das von späteren Besuchern als zu formal kritisiert wurde. Shenstones Briefwechsel, vor allem mit Lady Luxborough, der Halbschwester Lord Bolingbrokes, gibt Auskunft über Abfolge und Absichten seiner Arbeiten. Demnach wurden die ersten Szenen in den späten vierziger Jahren angelegt. 1751 erschien der Stich der Grotte und Kaskade von Virgil's Grove nach einer Vorlage von Thomas Smith – Shenstone scheint nicht damit zufrieden gewesen zu sein, aber es ist die einzige Abbildung des Parks, die zu seinen Lebzeiten veröffentlicht wurde. Nach einer Pause legte er in den Jahren 1753/54 einige weitere Wege an und versah sie mit Bänken, Hütten und Gedenksteinen. 1757/58 berichtete er abermals von »beträchtlichen Erweiterungen«, zu denen auch gotische Bauten gehörten. 1760 schrieb er in einem Brief an Thomas Gray von einer Wasserfläche unterhalb der Priory, »ich habe das ganze Jahr über meine Diener beschäftigt und meine Pferde versklavt«; der Teich war allerdings bei Shenstones Tod noch nicht vollendet.

Shenstones Paradies war eine »ferme ornée«, und die einzelnen Szenen dienten mit ihren Baum- und Buschstreifen auch zur Abteilung der einzelnen Weideflächen. Das Vieh trug ebenfalls zum Gesamteindruck bei: »Tiere bereichern nicht nur die Landschaft, sondern sind unbestritten notwendig, um sie zu vollenden«, schrieb Joseph Heely dazu. Das alte, verschachtelte Bauernhaus stand im Zentrum des Wegenetzes. Die Pfade verbanden eine Reihe von abgeschlossenen Parkbildern, deren Eigenständigkeit durch Gartentore und gelegentlich auch Zäune unterstrichen wurde. Viele dieser Stationen waren mit Gedenksteinen oder Inschriften versehen, Bänke machten auf Aussichten aufmerksam. Kontrast und Abwechslung bestimmten die Abfolge der Szenen. Abgeschiedene Winkel in den Tälern und Klingen wechselten mit Gehölzen auf den Höhen und Aussichten über Teile des Parks, auf das Dorf mit seinem markanten Kirchturm oder auf die Clent Hills; bei gutem Wetter sah man sogar bis zu den Bergen von Wales.

Zu den auffallendsten Bildern gehörte die Priory, eine gotische Ruine auf einem Rasenhügel, die sich im größten der Teiche spiegelte und daran erinnern sollte, daß dieses Land einst klösterlicher Besitz gewesen war. Sie war bewohnbar und an ein altes Ehepaar vermietet. Shenstone hatte einen Raum mit einem gotischen Wappenfries geschmückt; in seiner »gothic bed-chamber« wollte er die Wappen seiner persönlichen Freunde versammeln. (1939 war die Priory noch zu sehen, nun wirklich als Ruine einer Ruine.)

In und bei diesem Gebäude ließ Richard Graves ein Kapitel seines »Spiritual Don Quixote« spielen: Der fromme und etwas beschränkte Pfarrer Wildgoose quittierte die Gastfreundlichkeit des Hausherrn mit Attacken gegen dessen vermeintlichen Götzendienst, öffnete die Schleusen seiner Teiche und stürzte eine Faunsstatue (ein Geschenk Dodsleys) um. Die Forest Grounds, über die dieser Faun herrschte, waren ein abgeschlossener Bereich von düsterer Ursprünglichkeit; unter Weidengeäst stand eine geräumige Hütte aus Wurzeln, dem Earl of Stamford gewidmet, mit Aussicht auf eine nicht sehr starke, aber lange Kaskade in einem Seitental, »a fairy vision«, wie Dodsley schrieb, von wilder Romantik; hier sei die Idee des Erhabenen der Schönheit beigesellt worden – ein neuartiger und noch sehr ungewöhnlicher Gedanke, der sich scharf von der sonst üblichen heiteren Gelassenheit abhob. Hinter diesem Root House führte der schattige Weg zu einem Kreis alter Eichen mit Statue, Sitz und Inschrift für Dodsley. Von hier hatte man einen Ausblick auf Kulturland und in das Tal. Gerahmt von Bäumen mit freiliegenden Wurzeln sah man eine Landschaft, »wie für den Pinsel eines Salvator Rosa« (Dodsley).

Aus den engen abgeschlossenen Waldtälern führten steile Pfade auf die Anhöhen darüber, wo verschiedene Sitze – klassisch, gotisch mit altertümelnden Texten oder einfache Holzbänke – zu weiten Aussichten einluden. Die Krönung war ein Hügel, bestanden mit Fichten, mit einem achteckigen Sitz in der Mitte der Lichtung. Eine große Urne trug die Inschrift »To all the friends around the Wrekin« – ein Trinkspruch aus Shropshire als Gruß in jene Grafschaft, zu der Halesowen als Exklave gehörte. Auf die überwältigende Fernsicht folgte wieder ein Waldweg, Lover's Walk. Der Name erinnerte an die verschiedenen Verliebtheiten, denen sich Shenstone voller Poesie, doch ohne Erfolg ergeben hatte. Am Ende stand der Gedenkstein für eine entfernte Verwandte, Mary Dolman, die im Frühjahr 1754 gestorben war. Auf der Rückseite soll dieser Stein die Inschrift »Et in Arcadia ego« getragen haben; Shenstone fand in Poussins berühmtem Gemälde die Entsprechung für die sanfte Schwermut dieser Szene.

Durch felsiges und ginsterbestandenes Gelände führte der Weg zur Allee des Pantempels und in zahlreichen Windungen über offenes Weideland hinab zum vielbewunderten Herzstück des Parks in einer engen Klamm in der Nähe des Hauses. Zwischen Haselsträuchern, im Schatten alter Bäume, rauschte und rieselte Wasser aus Grotten und Brunnen über Kaskaden und Felsblöcke, was sehr

102 Hagley. Blick von Thomson's Seat über das Tal. Jenseits des Tals links die Ruine von Sanderson Miller; in der Mitte Pope's Seat am Rande einer Lichtung; an der Spitze der dreieckigen Lichtung rechts war Milton's Seat. Stich von Francis Vivares nach J. Smith, 1749.

natürlich aussah. Hier hatte Shenstone zwei kleine Inseln angelegt, damit der Bach größer wirkte. Schlüsselblumen und Immergrün wuchsen am Rand der Rinnsale. Ein Obelisk verkündete, daß dieser Hain Vergil gewidmet war, aber unter den Sitzen war auch einer zum Andenken an James Thomson, der 1746 The Leasowes besucht und diesen Anblick besonders gerühmt hatte.

Shenstones Park war arkadisch, aber nicht fröhlich. Die vorherrschende Stimmung war Melancholie in all ihren Erscheinungsformen; wohl kein anderer Garten in England hat direkter den Seelenzustand seines Schöpfers wiedergegeben. In seinen Briefen, vor allem an Lady Luxborough, beschrieb Shenstone seine Absichten: Zuerst hatte er den Park als »melancholisches Vergnügen« für ein Leben in dieser Abgeschiedenheit geplant, die er gesucht und doch immer wieder beklagt hatte; bald war ihn die Einsamkeit allzu hart angekommen, und er hatte seine Gärtnerei benutzt, um vornehmen und gebildeten Besuch anzulocken – ein Kalkül, das sich wohl auszahlte und zu seiner Gewohnheit beigetragen hatte, einzelne Plätze prominenten Besuchern zu widmen. Die zahlreichen Inschriften, Anspielungen und Zitate waren nicht Teil eines Programms, das die Gestaltung bestimmte wie bei emblematischen Gärten; es war umgekehrt: Die jeweilige Stimmung einer Szene ließ Assoziationen und Erinnerungen aufsteigen, denen Shenstone mit Inschriften einen Namen gab.

The Leasowes war mit sparsamsten Mitteln gestaltet, und seine Szenen waren von kleinem Maßstab; dieser Kontrast zur Weite der umgebenden Landschaft und die Einfachheit trugen viel zum Reiz des Parks bei. Shenstone konnte sich weder ein größeres Gelände – einen kleinen Pfad außerhalb seines Grundstücks hatte er dazugepachtet – noch ein modernes Haus leisten, wie er in seinen Briefen beklagte; er mußte sich darauf beschränken, ein gotisches Parlour mit guter Aussicht in dem alten Bauernhaus einzurichten. Erst einer seiner Nachfolger hat es durch das klassizistische Haus ersetzt, das heute noch steht.

## Hagley Park: ein Denkmal fur die Freundschaft

Hagley Park, am Sitz der Familie Lyttelton, entstand etwa gleichzeitig mit The Leasowes, und seine Gestaltung war derselben Ästhetik verpflichtet. Auch hier war die Natur selbst das größte Kapital: die Topographie, die Ausblicke in die Landschaft, die – leider nur spärlichen – Gewässer und der Baumbestand, der älter und reicher war als bei Halesowen. In die Gestaltung von Hagley Park war der ganze Freundeskreis der Lytteltons einbezogen: die Pitts und Temples, Molly West, Sanderson Miller, James Thomson, William Shenstone und andere; so ist er auch Ergebnis und Ausdruck dieser freundschaftlichen Beziehungen, wie einige seiner Bauten unterstreichen.[13]

Hagley, ein sehr alter Besitz, gehörte seit 1564 der Familie Lyttelton, die lange katholisch und noch länger royalistisch geblieben war. Sir Thomas, der vierte Baronet Lyttelton (gestorben 1751), war der erste Whig unter ihnen und Commissioner of the Admirality unter Robert Walpole. Zu seinen Freunden zählte er aber auch Alexander Pope und den Landschaftsmaler Richard Wilson. Sir Thomas scheint sich für Gartenarchitektur interessiert zu haben, denn sein Name taucht in der Subskriptionsliste eines Werkes von Switzer auf. Als eigentlicher Schöpfer dieses Parks gilt jedoch George, später der erste Baron Lyttelton (1709–1773), der älteste Sohn von Sir Thomas mit seiner Cousine Christian, einer Tochter Sir Richard Temples von Stowe. Er kannte die wichtigsten intellektuellen und politischen Köpfe der Zeit schon seit seiner Jugend, galt als Förderer der Literatur und schrieb neben historischen, politischen und religiösen Abhandlungen auch Gedichte. Sein frühes Interesse an der Landschaft belegen sein Gedicht »Blenheim« (1727) wie seine Äußerungen von der Grand Tour, die er 1728–1730 absolvierte. Zurück in England, verkehrte er in den Kreisen der sich formierenden Opposition. Nach seinem Zerwürfnis mit Walpole nahm ihn Frederick, der Prince of Wales, in Stellung und machte ihn 1737 zu seinem Privatsekretär; die

DIE EMANZIPATION DES LANDSCHAFTLICHEN

103  Hagley. Wegeplan des Parks von 1826 (Osten ist oben). Das Zentrum des Parks bildet eine teilweise bewaldete Senke mit einer Kette von Teichen. Südlich davon erhebt sich der Berg mit mehreren Sitzen und der Ruine. Am Südrand des Parks war die abgeschiedene Szene der Eremitage. Nördlich der Durchgangsstraße steht der Hephaistostempel (sogenannter Theseustempel) am Rande eines Gehölzes. (Mit freundlicher Genehmigung von Viscount Cobham)

Freundschaft erkaltete wieder, als Lyttelton 1744 in das Kabinett Pelham eintrat. Auch das Verhältnis zu Cobham und Pitt blieb nicht ungetrübt, denn der »Realpolitiker« Lyttelton, der Bolingbrokes Idee vom »Patriot King« vertreten und mit der Staatstheorie Montesquieus verknüpft hatte, sah nach Walpoles Demission keinen Grund mehr, sich dem Dienst des Königs zu verweigern.

Nach einem Brief Popes zu urteilen,[14] waren spätestens um 1739 auf Hagley Gartenarbeiten im Gang. Als Lyttelton 1741 eine Unterhauswahl verlor, lud er William Pitt in den Park ein, der jetzt »in hoher Schönheit, und frei von der Plage der Kleineigner« sei.[15] Zwei Jahre später erhielt er dort zum ersten Mal Besuch von James Thomson, mit dem er die »Seasons« für eine Neuauflage überarbeitete; dabei fügte Thomson die älteste Beschreibung des Parks ein.[16] Er besang die Schönheit des Tals und die »Bursting Prospects« von den Höhen; es geht jedoch nicht klar daraus hervor, ob er damit künstlich geschaffene Szenerien meinte.

Damals stand noch das alte Manor House, ein elisabethanisches Fachwerkgebäude[17] südlich des heutigen, streng palladianischen Hauses, das 1756–1760 erbaut wurde. Umfangreiche Nebengebäude waren neu errichtet und von einer Hecke abgeschirmt worden. Auf dem Wegeplan von 1826 ist ein geometrisches Gartenparterre, umgeben von mäandrierenden Alleen, zu erkennen – vielleicht jenes »Parterre à la française«, das der Graf Nikolaus von Zinzendorf bei seinem Besuch 1768 notierte. In der Nähe erhob sich die mittelalterliche Kirche, die im 19. Jahrhundert durch ein neugotisches Gebäude von George Edmund Street ersetzt wurde. Hier ist der Eingang zum Landschaftspark. Nach Norden steigt das Gelände in Stufen bis zum Witchberry Hill (mit einer vorgeschichtlichen Befestigung) auf, von Osten fließt ein Bach die Senke herunter; die Klamm wurde das Herzstück des Parks. Nach Süden ist das Tal von einer Anhöhe der Clent Hills abgeschlossen; jenseits, vom Haus nicht zu erahnen, liegt ein abgeschiedenes Tal mit Fischteichen und stillen Lichtungen, wo Lyttelton zwei halbrunde Sitze errichtete: einen Alkoven mit Kieseldekoration und die etwas schauerliche Szene des »Sedes contemplationis«: Das Gebäude war mit alten Knochen verziert, in einer Nische darüber saß eine Eule, und »omnia vanitas« verkündete eine Inschrift. Nahebei war die »Hütte des Eremiten«, ein primitives Bauwerk aus Wurzeln, mit einer Inschrift aus Miltons »Il Penseroso«. Diese Szene-

104 Hagley. Das Aquarell von Reverend Thomas Streatfield (um 1820) zeigt die ehemalige palladianische Brücke von Thomas Pitt. (Mit freundlicher Genehmigung der Sabin Gallery, London)

105 Hagley. Der Stich eines unbekannten Künstlers zeigt den Blick über den Teich zur Kaskade und zur Rotunde. (Foto freundlich überlassen von Prof. Michael McCarthy)

rie war eine der ersten Maßnahmen Georges, der darüber 1743 in einem Brief an Graves berichtete.[18] Nach dem Tode seiner ersten Frau Lucy im Januar 1747 begann Lyttelton mit größeren Veränderungen, in die er seine Freunde einbezog und die Hagley berühmt machten. Er erschloß das ganze Gelände durch ein Netz von Fußwegen, so daß – anders als in Woburn oder The Leasowes – keine bestimmte Richtung vorgegeben war. Wo sich eine gute An- oder Aussicht bot, wurden Sitze angelegt, manche kunstvoll in gotischen oder klassischen Formen, andere nur als einfache Holzbänke. Lyttelton ließ weitere Gehölze anpflanzen, die die Wege begleiteten und die einzelnen Szenen voneinander trennten; daß man in Hagley immer im Schatten wandern könne, wurde von den Besuchern dankbar vermerkt. Vier Reihen Bäume hinterfingen eine Säule mit dem Standbild des Prince of Wales. Auf dem Kamm des Berges wurde ein heute nicht mehr rekonstruierbares »Cottage« angelegt, das von einem Alexander Pope gewidmeten Sitz durch eine Schonung getrennt war. Die Pflanzarbeiten wurden von Lytteltons Cousine Molly West betreut; eine ausführliche Korrespondenz belegt den Erwerb seltener Bäume und Sträucher, vor allem aus Amerika. Als Lyttelton im Sommer 1749 die Sängerin Elizabeth Rich heiratete, waren einige der wichtigsten Parkbauten schon fertig. Dr. Pococke gab bei seinem Besuch 1751 genauen Bericht: Der Hang im Norden war durch Gehölze in einzelne Wiesenszenen geteilt; in zentraler Lage, auf einem Vorsprung, stand ein halb-oktogonales Gebäude, das Thomson gewidmet wurde; von hier bot sich der umfassendste Überblick. Eine Quelle entsprang auf einer Wiese und versickerte bald wieder, und in der östlichen Ecke befand sich ein »Zelt«. In der Klamm waren einige Teiche aufgestaut. Oberhalb und unterhalb davon errichtete Gebäude standen in Blickbeziehung zueinander und gaben so der Szene eine Klammer.

Unten, nahe dem Eingang, gab es »a rustick seat of bricks« auf dem Staudamm, in dem sich ein venezianisches Fenster auf die Wasserfläche öffnete; es war wohl ein Vorläufer der palladianischen Brücke, die hier zwischen 1762 und 1764 nach einem Entwurf von Thomas Pitt errichtet wurde und von der sich nur der Unterbau erhalten hat (sie war kleiner als die in Wilton, Stowe und Prior Park überdauernden Exemplare).[19] Oberhalb des Wassers stürzte eine Kaskade über einen Felsblock. Den Endpunkt der Aussicht markierte ein ionischer

Die Emanzipation des Landschaftlichen

106 Hagley. Blick auf die Rotunde von John Pitt von Encombe.

107 Hagley. Die Ruine von Sanderson Miller.

108 Hagley. Blick über den Friedhof zum Obelisk.

109 Hagley. Der Hephaistostempel (sogenannter Theseustempel) nach einem Entwurf von James »Athenian« Stuart war der erste authentische Nachbau eines griechisch-antiken Gebäudes in England.

110 Hagley. Blick von Milton's Seat auf das von Sanderson Miller entworfene palladianische Landhaus.

HAGLEY PARK: EIN DENKMAL FÜR DIE FREUNDSCHAFT

Monopteros, den John Pitt von Encombe, ein Cousin William Pitts, entworfen hatte. Eingefaßt war dieser Blick von Bäumen, deren Wipfel sich gelegentlich berührten und, wie Pococke befand, einen gotischen Bogen bildeten.

Von diesem »venezianischen Alkoven« führten Wege unter den Bäumen zu beiden Seiten des Gewässers entlang, mit gelegentlichen Ausblicken und Abzweigungen auf die Hänge mit ihren Sitzen. An diesen Pfaden lagen abgeschiedene Einzelszenen von Wildnis und blühenden Bereichen oder mit rauhem Felswerk, darunter eine Grotte, aus der Wasser rann, mit einer Statue der Venus von Medici und einem moosigen Sitz davor. Südlich davon waren die heute beim Haus aufgestellte Gedenkurne für Pope und in der Höhe Pope's Seat – mit vier Säulen und einem Giebel – zu sehen. Am oberen Ende des Tals verzweigten sich die Wege. An einer Apollostatue vorbei kam man zur Rotunde, dahinter erstreckten sich die einsamen, selten besuchten Teile des Parks. Rechts ragte die Ruine aus dem Gehölz auf dem Bergsattel; Sanderson Miller hatte sie entworfen, und sie wurde durch Horace Walpoles Lob (»the true rust of the baron's war«) so berühmt, daß sie heute noch oft (und fälschlich) als ältestes Beispiel eines Sham Castle angeführt wird. Sie hatte einen quadratischen Grundriß mit vier runden Ecktürmen in verschiedenen Stadien des Verfalls; drei wurden als Scheunen benutzt, der größte – vier Stockwerke hoch – war die Wohnung des Hüters. Ein angebauter runder Treppenturm führte auf die Plattform, die also auch als Aussichtspunkt diente.

Im Lauf der folgenden zwei Jahrzehnte wurde der Park mit weiteren Anpflanzungen, neuen Wegen, Sitzen, Szenen und Gebäuden bereichert. Milton erhielt einen Sitz, Shenstone eine Urne. Lyttelton unternahm – teilweise mit seinem Sohn Thomas – Reisen durch England und Schottland, studierte die Landschaft und besuchte neuartige Parks, etwa den von Hackfall, wo im Großen schon durchgeführt war, was er mit der Grotte und der Kaskade im Kleinen erprobt hatte: das Wilde und Erhabene als ästhetisches Motiv. Anteil am weiteren Ausbau des Parks hatte auch Lytteltons zweite Frau, die sich allerdings auf dem Lande langweilte. Ihr wird eine Grotte zugeschrieben, zu deren Ausgestaltung ihr Freund Horace Walpole Muscheln mitbrachte (1754); sie sorgte für den Bau der Doric Dairy, die Sanderson Miller entwarf; dieser ebenso nützliche wie angenehme Bau, unentbehrlich für jeden Landsitz mit Selbstversorgung, stand beim Gartenparterre, und die gewundenen Alleen und exotischen Gehölze ringsum sind vielleicht in diesem Zusammenhang entstanden.

Vor allem jedoch war Elizabeth an der Planung und Ausstattung von Hagley Hall beteiligt, dessen Bau 1751 – nach dem Tod des alten Sir Thomas – beschlossen worden war. Auch hier wurde der Amateur Miller hinzugezogen, zudem John Chute aus dem Kreis von Strawberry Hill; die ersten – gotischen – Entwürfe lehnte Lady Lyttelton ab, und so entstand schließlich der von Houghton Hall beeinflußte, palladianisch strenge Bau. Die Ausstattung ist bemerkenswert und war wohl eine der Ursachen für die Finanzierungsschwierigkeiten. Unter den Künstlern, die zur Ausgestaltung hinzugezogen wurden, befand sich auch James Stuart, der mit Nicolas Revett zusammen die Denkmale des antiken Athen aufgemessen und veröffentlicht hatte. Der archäologische Klassizismus, der dadurch ausgelöst wurde, hat im Park von Hagley seinen ersten, noch experimentellen Niederschlag gefunden: Stuart entwarf den dorischen Portikus, der auf einem Steilhang südlich der Straße nach Birmingham thront. Er orientiert sich an der Front des Hephaistostempels über der Agora von Athen und ist das älteste Beispiel für die Rezeption der griechisch-dorischen Ordnung auf den britischen Inseln. Ein Nadelwäldchen gab ihm Hintergrund und trennte die Szene von der Weidefläche dahinter, über die einsam der Obelisk aufragt, bis heute eine weithin sichtbare Landmarke.

Hagley wurde zum vielbesuchten Reiseziel. Einige Autoren – so James Parnell – betonten die Nützlichkeit, die das Schöne von Hagley durchzieht. Immer wieder hob man hervor, daß hier die Natur nicht verändert, sondern betont würde. Zwar gab es seit den siebziger Jahren auch verhaltene Kritik – das Ziel der Natürlichkeit sei nicht immer erreicht worden, die Tempel im Park seien unpassend –,[20] doch überwog die Zustimmung für die Aussicht, für die Pflanzungen und Bauten und die Vielfalt der Bilder. Besondere Begeisterung riefen die weiten Aussichten von den kleinen, abgeschlossenen Szenen über das Hügelland hervor. Am auffälligsten aber waren die Anlagen im Tal des Parks, die sich in ihrer düsteren Wildheit deutlich von der fröhlichen oder gelassenen Sanftmut anderer Landschaftsgärten abhoben. Hier trat eine Kategorie hervor, die im Konzept der idealen Natur keinen Platz gefunden hatte: die Kategorie des Erhabenen.

## Painshill: A Sentimental Journey

Vergleicht man die zeitgenössischen Gartenbeschreibungen der dreißiger und vierziger Jahre mit jenen von Painshill aus den fünfziger und sechziger Jahren, so fallen einige grundsätzliche Unterschiede auf. Während sich die ersteren zumeist darauf beschränken, eine reine Abfolge von Gebäudebeschreibungen zu geben und dabei entsprechend der emblematischen Struktur Bildungsassoziationen einzustreuen, wirken die meisten Gebäudebeschreibungen von Painshill verhältnismäßig unbestimmt und konturlos. Stattdessen wird ausführlich über die Bepflanzung, die Geländestruktur, die Prospekte und den Weg durch den Garten reflektiert. Die Gebäude finden zwar Erwähnung, aber fast ausschließlich in direktem Zusammenhang mit ihrer Umgebung, als Stimmungsträger zur Konkretisierung der durch die Szenerie hervorgerufenen Atmosphäre.

Die Landschaft – in Painshill kann man wie in Hagley und The Leasowes zu Recht von einer Landschaft sprechen – ist nicht mehr nur Instrument zur Übermittlung einer Botschaft, sondern primärer Gegenstand der subjektiven Empfindung des Einzelnen, seiner Einfühlung. Wenn man so will, vollzog Hamilton in Painshill das, was Gilpins Polython in seiner Auseinandersetzung mit Callophilus über Stowe[21] implizit forderte: die Wende zur rein ästhetischen Wahrnehmung in der Gartenkunst.

Charles Hamilton wurde 1704 als vierzehntes Kind des Earl of Abercorn in Irland geboren. 1725 begab er sich auf die Grand Tour und widmete sich in Rom der Malerei, wo er sich 1732 erneut aufhielt. Nach Spence lebte er 22 Monate in Rom;[22] dabei knüpfte er Kontakte zu anderen englischen Reisenden aus Adelskreisen und kaufte eine große Anzahl antiker Skulpturen, die er später nach England schmuggelte, inklusive eines überlebensgroßen antiken Bacchus.

1738 bekam er durch Familienbeziehungen eine Stellung im Haushalt Fredericks, des Prince of Wales, wo er dessen Privatsekretär Lyttelton unterstellt war. Im selben Jahr erwarb er Painshill, mit Geld, das er sich von seinem Freund Henry Fox geliehen hatte. In den folgenden Jahren war er Parlamentsmitglied und hatte verschiedene Ämter bei Hof inne. 1756 verlor er seine Stellung und war von da an gezwungen, seinen Lebensunterhalt mit Painshill zu bestreiten, was ihm während siebzehn Jahren gelang. 1773 mußte er jedoch verkaufen, da

112 Painshill. Plan des Parks. Heutiger Zustand.

1 Ort des ehemaligen Hauses von Hamilton
2 Heutiges Painshill House
3 Walled Garden
4 Rasenamphitheater
5 Gotischer Pavillon
6 Ort des ehemaligen Weinbergs
7 Chinesische Brücke
8 Grotteninsel
9 Palladianische Brücke
10 Mausoleum
11 Ort der ehemaligen aus Holz erbauten »Steinbrücke«
12 Kaskade
13 Wasserrad
14 Ort der ehemaligen Einsiedelei
15 Aussichtsturm
16 Ort des ehemaligen Bacchustempels
17 Türkisches Zelt
18 Abteiruine

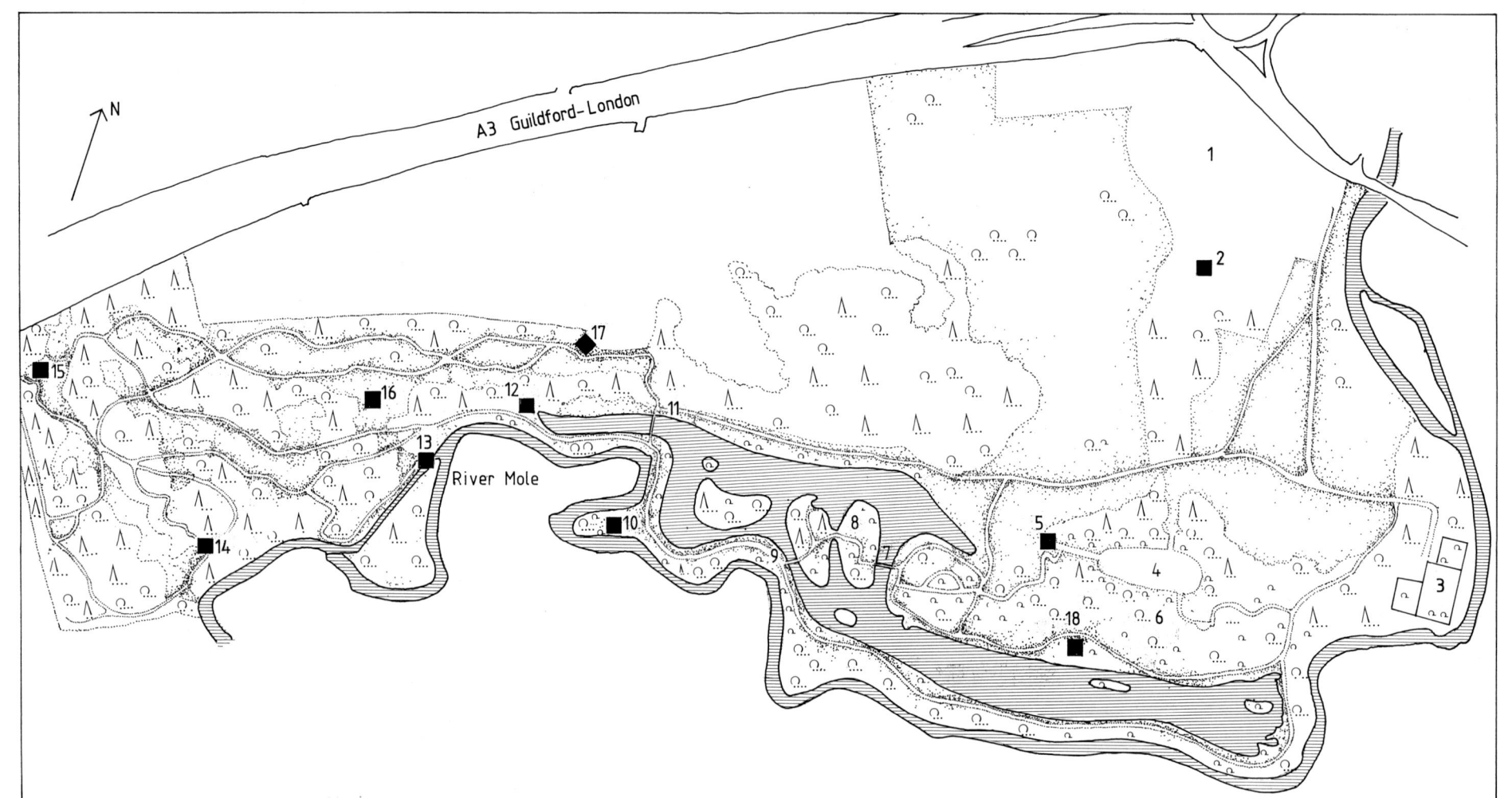

Fox und Hoare, von dessen Bank er sich ebenso wie Lyttelton, Burlington und andere Geld geliehen hatte, ihre Kredite zurückforderten. Zu jener Zeit war Painshill einer der berühmtesten und meistbesuchten Landschaftsgärten Englands. Hamilton zog sich nach Bath zurück, wo er 1786 starb.

Die Umrisse des am westlichen Ortsrand von Cobham in Surrey gelegenen Anwesens werden im Norden von der angrenzenden Landstraße Guildford–London und im Süden sowie im Osten von dem mäandrierenden Flußbett des River Mole bestimmt. Das rund 51 Hektar große hügelige Gelände bestand ursprünglich aus Ackerland, Weidefläche, Wiesen, Wald und Heide. Zudem gab es bereits ein Haus im Nordosten direkt an der Straße. Als Hamilton um 1740 damit begann, Painshill in einen Landschaftsgarten zu verwandeln, hatte der »furor hortensis« bereits epidemische Züge angenommen. Ein Autor des »Gentleman's Magazine« kommentierte 1739 bissig: »Jedermann, ob vermögend oder nicht, ist dabei, 'etwas auf seinem Anwesen zu tun', wie die modische Phrase lautet, und man trifft kaum mehr jemand, der einen nach den ersten Komplimenten nicht darüber informiert, daß er 'am Mörteln' sei und 'die Erde bewege': die bescheidenen Umschreibungen für Bauen und Gärtnern. 'Ein großer Raum', ein 'geschlängelter Fluß' und ein 'Wald' sind zu den absoluten Notwendigkeiten des Lebens geworden, ohne die ein Gentleman, selbst mit dem kleinsten Vermögen, glaubt, in seinem Land keine gute Figur mehr machen zu können.«[23]

Der Kommentar könnte auf die Umgebung von Painshill bezogen sein: Esher Place und Claremont, die Landsitze der Pelhams, waren bereits fertig, Southcote arbeitete seit 1734 an seiner »ferme ornée« in Woburn Farm, Lord Lincoln und Spence waren in Oatlands und Byfleet am Werk – Surrey verwandelte sich allmählich von einer »Sandgrube« in einen Garten.

Es gibt leider nur sehr wenige Quellen, die uns Aufschluß über Hamiltons eigene Intentionen erteilen

Painshill: A Sentimental Journey

113 Painshill. Blick aus dem gotischen Pavillon nach Westen in den Park.

114 Painshill. Die chinesische Brücke vor der Restaurierung.

115 Painshill. Das Innere der Grotte vor ihrem Einsturz.

könnten. Trotzdem läßt sich ein verhältnismäßig plastisches Bild von der Entstehung und dem Erscheinungsbild der Anlage im 18. Jahrhundert gewinnen.[24] So wissen wir beispielsweise, daß Hamiltons Vorgehensweise sich grundsätzlich von derjenigen Kents oder Hoares unterschied. Während diese ihre Szenerien als Einheit von Architektur und umgebendem Setting entwickelten, beschränkte sich Hamilton während des ersten Jahrzehnts der Gestaltung von Painshill darauf, das Gelände zu modellieren und vor allem die Bepflanzung vorzunehmen. Bis zum Beginn der fünfziger Jahre scheint außer einem Wasserrad, das den See mit Wasser aus dem tiefergelegenen River Mole versorgte, kein Bauwerk – zumindest kein Ziergebäude – errichtet worden zu sein. Hamilton schuf zuerst die Landschaft und setzte dann die zur jeweiligen Szenerie passenden Architekturen ein. Bei der Bepflanzung stützte er sich auf die Prinzipien, die von Pope, Kent und Southcote formuliert worden waren. Das betraf vor allem das »distancing« und »attracting«, das heißt das scheinbare Vertiefen oder Verkürzen eines Prospekts, sowie das »screening« und »framing«, also das vollständige oder nur teilweise Abschirmen einer Szenerie bzw. die Rahmung eines Prospekts; Hamilton hielt sich an die geläufige Auffassung, daß Hügel und Abhänge bewaldet, Täler jedoch licht zu sein hatten. Die Forderung, daß das Gelände und der See nie vollständig zu überblicken sein sollten, diente der Illusion einer nicht vorhandenen Größe und hielt die Neugier wach.[25] Bei der Anlage einzelner Szenerien orientierte er sich an den Konzepten, wie sie von Philip Miller, Southcote, Spence und Lord Petre entwickelt worden waren, zum Beispiel die Pflanzordnung des »Amphitheaters«.[26]

Was jedoch Painshill von den meisten anderen Anlagen der Zeit unterschied, war zum einen die ungewöhnlich große Artenvielfalt an Bäumen – Hamilton verwendete vor allem viele nordamerikanische Koniferen – und zum anderen der Einsatz blühender Sträucher und Blumen. So pflanzte er als einer der ersten Rhododendren. Da er nicht besonders wohlhabend war, versuchte er Painshill auch ökonomisch zu nutzen. So richtete er im Südosten des Geländes eine Ziegelbrennerei ein, die sich jedoch als unrentabel erwies. Mehr Erfolg hatte er mit einem Weinberg, zumindest in jenen Jahren, in denen ihm das englische Klima keinen Strich durch die Rechnung machte. Überdies hielt er Schafe, baute Obst an und versuchte wahrscheinlich auch,

116  Painshill. Blick vom westlichen Ufer der Grotteninsel in den Park. Im Vordergrund die palladianische Brücke. Die Existenz des Vergnügungsbootes, dessen Schaufelrad von Hand betrieben und das mit den Füßen gesteuert wurde, ist belegt. Im Hintergrund von links nach rechts: Mausoleum, Aussichtsturm, Bacchustempel, Holzbrücke, Türkisches Zelt. Stich von William Woollett, 1760.

mit den Samen seiner Exoten Geld zu verdienen. Eine nicht zu unterschätzende Einkommensquelle bildeten ab den späten vierziger Jahren wohl zudem die »Trinkgelder«, die die zahlreichen Besucher beim Gärtner an der Pforte entrichteten und über die peinlich genau Buch geführt wurde.

In den fünfziger Jahren begann Hamilton Painshill mit Zierarchitekturen auszustatten: Nach und nach wurden an den Schlüsselstellen des Geländes ein gotischer Pavillon, ein Mausoleum, eine Kaskade, eine Einsiedelei, ein Bacchustempel, ein Türkisches Zelt, ein Aussichtsturm, eine Grotte und zuletzt – im Jahr 1772 – eine Abteiruine erbaut. Aus dem »farm improvement«[27] wurde ein »ornamented park«.[28] Diese von Arthur Young stammende Bezeichnung verdeutlicht die aus der Sicht der Zeitgenossen erkennbare Verwandtschaft zu Southcotes »ornamental farm«.

Wenngleich es in Painshill kein Programm im traditionell emblematischen Sinn mehr gab, das den Weg durch den Garten bestimmte, so bestand dennoch ein Rundweg mit einer nach den Prinzipien Mannigfaltigkeit und Kontrast komponierten Folge von Naturszenerien. Jede dieser Szenen kulminierte in einer Art dreidimensionalem Bild, das durch eine Zierarchitektur thematisiert wurde. Jede beschwor eine neue Atmosphäre herauf und evozierte damit beim Betrachter eine andere Stimmung.[29] Man könnte meinen, Hamilton habe die Diskussion um die menschlichen Leidenschaften und ihre spezifischen Auslöser in der zeitgenössischen Ästhetik zum Anlaß genommen, um das Spektrum der menschlichen Erregbarkeit – innerhalb des Rahmens der gesellschaftlichen Konventionen – sozusagen experimentell darzustellen: die Landschaft als Spiegel der Seele.

117 Painshill. Die ehemalige aus Holz gebaute »Steinbrücke« und der gotische Pavillon. Stich aus: George Frederick Prosser, Select Illustrations of the county of Surrey, 1828.

118 Painshill. Das Mausoleum. Ölgemälde. Signiert mit der Initiale »W«, datiert 1773, Künstler unbekannt. (Mit freundlicher Genehmigung des Painshill Park Trust. Foto John M. Clark, ARPS)

Vom Eingang im Nordosten, wo man vom Gärtner in Empfang genommen wurde, führte der Weg zunächst zu den Blumengärten und der Orangerie in der Nähe des Hauses, die durch eine Weißdornhecke vom umgebenden Park abgetrennt waren, um die weidenden Schafe abzuhalten. Von dort aus ging es weiter über offenes Gelände auf einem Terrassenweg nach Süden. Links hatte man einen Ausblick über den Mole nach Cobham, und rechts erstreckte sich eine mit »clumps« gesprenkelte Parklandschaft. Durch eine Talsenke erreichte man den Woodhill; an seinen buchenbestandenen Hängen schlängelte sich der Weg zu einer Aussichtsbastion hinauf, die sich direkt oberhalb des Weinbergs befand. Im Süden jenseits des Mole streifte der Blick über Kornfelder, Weideflächen und mit Heidekraut bewachsene Hügel. Wandte man sich um und ging einige Schritte weiter, fand man sich in einer ovalen Lichtung auf dem Plateau des Hügels wieder, dem sogenannten Amphitheater, »geformt aus Immergrün, wie Stechpalmen, Steinlinden, Schneeball, Lorbeer usw., indem man darauf achtet, daß die niedrigwachsenden Bäume vorne und die höchsten Bäume, wie Kiefern, Tannen, Libanonzedern usw. hinten gepflanzt werden«.[30] In der Mitte stand auf einem mit Eichenlaub verzierten Piedestal eine Bleikopie von Giambolognas »Raub der Sabinerinnen«, vermutlich aus der Werkstatt von John Cheere. Der Weinberg, das an die Boboligärten in Florenz erinnernde Amphitheater, Giambolognas Skulptur, deren Original sich in der Loggia dei Lanzi (früher Loggia della Signoria genannt) in Florenz befindet: wenn man so will, eine Ouvertüre all'italiana, in der sich Hamiltons Reiseeindrücke widerspiegeln.

Der lichten und heiteren Atmosphäre dieser Szenerie entsprach die rokokohafte Leichtigkeit des gotischen Pavillon, der vom Amphitheater aus sichtbar war und den man durch eine kurze Allee erreichte. Der aus Holz gebaute Pavillon erinnert mit seinen geschwungenen Spitzbögen, den Vierpaßfenstern, dem von Fialen unterbrochenen Zinnenkranz und dem in zarten Pastellfarben ausgemalten Fächergewölbe sehr an ähnliche Entwürfe Batty Langleys – eine Verwandtschaft, die für Horace Walpole Grund genug war, sich über das Gebäude zu mokieren. Sein Vorschlag, anstelle des »unbedeutenden Gebäudes« die »Imitation einer Festung oder eines Wachtturmes«[31] zu erbauen, spricht jedoch nicht unbedingt für seine Sensibilität. Denn nicht nur die Nähe des gepflanzten Amphitheaters liefe einer derart martialischen Architektur zuwider, sondern auch die Aussicht vom gotischen Pavillon über den westlichen Teil des Gartens: Direkt vor dem Gebäude fällt der mit Rasen bewachsene Hang steil ab und führt dann, allmählich flacher werdend, zum See, in dem sich neben einigen Inseln im 18. Jahrhundert auch eine fünfbogige Brücke spiegelte. Rechts überblickte man eine offene, mit zahlreichen »clumps« bepflanzte gewellte Parklandschaft, links wurde der Prospekt im Hintergrund von den dunklen Wäldern des Tower Hill abgeschlossen. Die bildhafte Qualität dieser Aussicht im Sinne der italienischen Landschaftsmalerei offenbarte sich auch ohne Lorrainglas.[32]

Vom gotischen Pavillon führte ein gewundener Pfad[33] durch offenes Gehölz hinab auf eine Halbinsel, auf der »die seltensten und schönsten Sträucher, englische und exotische«,[34] gepflanzt waren. Durch diese friedvolle und heitere Umgebung gelangte man zur chinesischen Brücke, einer grazilen Fachwerkkonstruktion; sie führte den Besucher auf eine Insel und zugleich in eine neue Szenerie, deren dramatischer Charakter sich schrittweise offenbarte. Zunächst ging es im Schatten hoher Bäume in das Innere des Eilandes. Bald sah man zwischen den Sträuchern bizarre, tuffähnliche Felsbrocken liegen, die an manchen Stellen als merkwürdige grottenartige Gebilde aus dem Boden zu wachsen schienen. An einer Stelle nahe des Ufers, wo große Massen dieses Gesteins die Szene beherrschten, führte der Pfad plötzlich über drei Stufen abwärts um eine Ecke, und man stand am Eingang zu einer Höhle. Über drei weitere Stufen gelangte man in einen finsteren Gang, durch den man sich etwa 15 Meter zu tasten hatte, bis man sich nach einer Biegung unvermittelt in einer glitzernden »Tropfsteinhalle« wiederfand. Die Decke und die Wände dieser Halle waren mit Tausenden kleiner Kalzitstücke dekoriert, die zum Teil in der Form von Stalaktiten von der Decke hingen und das durch Öffnungen in der Wand eintretende Licht in unzählige Reflexe verwandelte. Und es

119 Painshill. Die Einsiedelei »nach einer Zeichnung von Mr. Sckell«. (Mit freundlicher Genehmigung der Bodleian Library, Oxford)

tropfte sogar! Zumindest solange der Gärtner eine Pumpe bediente, durch die Wasser unter das Dach befördert wurde. Gemessen an der heiteren Ruhe der vorangegangenen Szenerie, bildete dieses »wilde und ungewöhnlich romantische Ensemble«[35] mit seinen dramatischen Lichteffekten und seiner exotischen, an China erinnernden Atmosphäre einen scharfen Kontrast. Verstärkt wurde dies noch durch das Gefühl der Isolation: durch die Inselsituation und durch das Bewußtsein, sich unter der Erde zu befinden. Obgleich es keine Quelle gibt, die darüber eindeutigen Aufschluß erteilt, ist aus stilistischen Gründen anzunehmen, daß die Grotte in Painshill ebenso wie diejenigen von Claremont, Fonthill, Oatlands, Wardour und anderen Landschaftsgärten jener Zeit von den Lanes aus Tisbury, Wiltshire erbaut wurde, die sich auf diese merkwürdige Spezialdisziplin verlegt hatten.

Durch eine Pforte gelangte man wieder an die Erdoberfläche, und der Weg führte über eine schmale Landzunge auf eine benachbarte Insel. Wenn man die Landzunge überschritten hatte und zum Ufer des Sees hinabstieg, stellte man fest, daß es sich dabei in Wirklichkeit um eine Brücke handelte, unter der sich ein wie die Grotte mit Stalaktitnachbildungen verziertes Tonnengewölbe spannte.

Über einen Holzsteg – eine Nachbildung von Palladios Brücke über den Cismone – erreichte man wieder das »Festland«. Ein weiteres Mal änderte sich der Charakter der Szenerie. Im Schatten dunkler Eiben und Sumpfzypressen lagen Säulen- und Kapitellbruchstücke verstreut. Einige Meter weiter erblickte man links des Weges, etwas zurückgesetzt auf einer Halbinsel des Mole, ein ruinöses, an römische Triumphbögen erinnerndes Bauwerk: das Mausoleum. Es war mit teils stark verwitterten antiken Sarkophagen, Reliefs und Urnen ausgestattet, über die Efeu wucherte: ein Sinnbild der Vergänglichkeit des Menschen und seiner Werke, bei dessen Anblick der Betrachter sich der Melancholie hingeben oder über die merkwürdige, wenn auch symbolträchtige Umdeutung eines Triumphbogens in ein Grabmal sinnieren konnte. Wie kritisch manche Zeitgenossen die Situierung solcher Stimmungsarchitekturen beurteilten, geht aus einer Beschreibung Arthur Youngs hervor: »Durch den Bogen erscheinen auf sehr angemessene Weise die Windungen des Flusses: Dunkel und düster umströmt er ein ungepflegtes Stück Wiese (…). Doch was uns sehr störte, war der Gefühlswiderspruch, der von der hinter uns liegenden Szene hervorgerufen wurde, die vollkommen verschieden ist von derjenigen der Ruine: elegant und angenehm, ein glattes Gewässer mit einer Insel und sanft abfallendem, kurz gemähtem Ufer; dies sind alles angenehme Gegenstände, die keinesfalls auf den Betrachter gleichzeitig mit der Ruine (…) und den sie umgebenden düsteren Gegenständen wirken können.«[36]

Durch die von Young als »elegant und angenehm« charakterisierte Szene ging der Rundweg entlang des Seeufers weiter bis zu jener fünfbogigen hölzernen »Steinbrücke«, die bereits vom gotischen Pavillon aus zu sehen war. Der Blick zurück auf die »schöne Natur« mit dem sich im See spiegelnden Pavillon war durchaus kalkuliert, denn nur wenige Meter weiter sollte der Besucher mit der anderen, der »erhabenen Natur« konfrontiert werden. Den Auftakt dazu bildete eine aus Ästen, scheinbar umgestürzten Bäumen und Felsbrocken konstruierte Kaskade, die den See mit Wasser versorgte. Der direkt dahinter steil aufragende Hang war dicht mit unterschiedlichen Koniferen – viele davon aus Nordamerika – bewachsen. Der Pfad führte nun ausgesetzt am Hang entlang. Links fiel das Gelände nahezu senkrecht einige Meter zum Mole ab und rechts stieg es fast ebenso steil an, so daß die dunklen Nadelgehölze weit über den Weg hingen. »Der Übergang von dem verfeinerten Geländeabschnitt zu einem anderen, in dem die unbearbeitete Natur herrscht, ist sehr plötzlich, beinahe unmittelbar; sie ist nicht trostlos, nicht romantisch, sondern rauh; (…) die Wege (…) sind lediglich von den Sträuchern und Pflanzen befreit, die hier ihren natürlichen Standort hätten; (…) selbst die Lärchen und Tannen, die sich seitlich der Wege mit Buchen mischen, sind in einem solchen Zustand der scheinbaren Vernachlässigung gelassen, daß man sie eher für ein Produkt der Wildnis hält als für eine Verzierung des Weges: Dies ist der bewaldete Abhang, der zuvor als so edler Gegenstand erschien und sich nun als ferner Rückzugsort erweist.«[37]

Aus Thomas Whatelys Beschreibung wird deutlich, welchen Eindruck dieser Teil des Gartens von Painshill auf die Zeitgenossen machte. Horace

Painshill: A Sentimental Journey

120 Painshill. Der Aussichtsturm im äußersten Westen des Parks.

121 Painshill. Das Wasserrad nach der Restaurierung. Es ersetzte in den dreißiger Jahren des 19. Jahrhunderts das von Hamilton installierte Wasserrad.

Walpole beschrieb ihn als Hamiltons »forest or savage garden«, »jene Art alpiner Szenerie, die fast ganz aus (...) solchen Bäumen zusammengesetzt ist, die jenen in einem wilden und gebirgigen Land ähneln (...). Alles ist groß und fremd und roh, (...) der Stil des Ganzen ist so erhaben und mit einem solch beträchtlichen Maß an wildem und ungekünsteltem Aussehen ausgestattet, daß man, wenn man auf diesen scheinbaren Forst herabblickt, erstaunt ist festzustellen, daß er nur wenige Hektar umfaßt.«[38] Zu jenen, die sich von Hamiltons »forest garden« inspirieren ließen, gehörte auch sein Großneffe William Beckford, der sich in der Nähe seiner Abbey in Fonthill die sogenannten American Grounds anlegte.

Die erste Station in dieser wilden Szenerie war das Wasserrad, das Hamilton um 1750 installierte. Trotz oder vielleicht gerade aufgrund seiner Zweckhaftigkeit war es eines der meistbestaunten Objekte in Painshill. Auch die beeindruckende Größe des Apparats dürfte zu dem Eindruck beigetragen haben: Die ursprüngliche Konstruktion hatte einen Durchmesser von etwa 12 Metern. Von hier aus ging es bergan in Richtung Einsiedelei. »Ein schmaler finsterer Fußsteig, über welchen Tannen weghängen, und auf dem das Farnkraut nur erstickt, nicht aber ausgerottet zu seyn scheint, ja wo kaum ein Blättchen Gras aufwachsen kann, führet zu der Hütte.«[39] Das aus rohen Baumstämmen, »Ästen, die natürliche gotische Fenster bilden«[40] und Wurzeln zusammengesetzte Gebäude war passend mit einem Lager aus Stroh, grob gezimmerten Möbeln und jenen Utensilien ausgestattet, die eine Einsiedelei charakterisieren. Hamiltons Hang zu Authentizität verleitete ihn sogar dazu, einen »Eremiten« einzustellen, der vertraglich dazu verpflichtet wurde, sich weder Haare noch Nägel zu stutzen und das Gelände sieben Jahre lang nicht zu verlassen. Dafür sollte er Essen bekommen und nach Ablauf des Vertrages eine Abfindung. Das Experiment endete nach vierzehn Tagen mit einem Rausch des »Einsiedlers« in einem Wirtshaus im nahen Cobham.

Von diesem finsteren Ort des Rückzugs in die Einsamkeit führte der Weg zunächst in einen etwas lichteren Talgrund, durch den man wieder leicht ansteigend den westlichsten Teil des Gartens erreichte. Dort rückte bald der Aussichtsturm in das Blickfeld. Von diesem etwa 33 Meter hohen Backsteinturm mit Spitzbogenfenstern hatte man einen Gesamtblick auf Painshill und die Gärten der Umgebung, und bei gutem Wetter reichte die Aussicht von Windsor Forest bis zu St. Paul's Cathedral. Unweit des Turmes endete der Wald, und der Besucher betrat eine Szenerie, die in vollkommenem Kontrast zur düsteren, etwas unheimlichen Atmosphäre des Tower Hill stand: Über offene Rasenflächen mit blühenden Sträuchern, einzelstehenden Bäumen und Blumen erreichte er den Bacchustempel. Dieses Bauwerk war wohl neben der Grotte Hamiltons anspruchsvollstes Ziergebäude. Ein klassischer Bau, 7 auf 14 Meter im Grundriß, mit zwei tuskischen Portiken und Halbsäulen an den Cellaseitenwänden. Im nördlichen Giebelfeld befand sich ein Pappmachérelief mit der Darstellung eines betrunkenen Silen in Begleitung von Satyrn, Amoretten und Ziegen. Das Innere wurde von jener kolossalen antiken Bacchusfigur dominiert, die Hamilton in Italien unter dem Siegel der Verschwiegenheit erworben und nach England geschmuggelt hatte. Robert Adam entwarf 1761 Innendekorationen für diesen Tempel. Ob sie tatsächlich ausgeführt wurden, ist ungeklärt.[41]

Die Tatsache, daß von beinahe keinem der Ziergebäude in Painshill der Architekt bekannt ist, legt die Vermutung nahe, daß Hamilton sie selbst nach Musterbüchern entwarf und die Detailausführung den von ihm mit der Erbauung beauftragten Handwerkern überließ, ein Verfahren, das durchaus gängige Praxis war. Eine Ausnahme scheint neben dem Bacchustempel die letzte Station des Rundganges, das Türkische Zelt, gewesen zu sein. Von diesem ungewöhnlichen Bauwerk existiert im Victoria and Albert Museum in London eine Entwurfszeichnung, die Henry Keene zugeschrieben wird. Es stand nördlich des Sees auf einer offenen Anhöhe und gestattete einen abschließenden Ausblick über das Gelände, das man in den Stunden zuvor durchwandert hatte. Man konnte sich auf Sesseln niederlassen und die vielfältigen Eindrücke noch einmal Revue passieren lassen.

Nachdem Hamilton 1773 Painshill hatte verkaufen müssen, ging das Anwesen durch die Hände zahlreicher Besitzer, die jedoch – sei es aus Respekt oder Desinteresse – die Anlage nicht grundlegend veränderten. Doch nach dem Zweiten Weltkrieg begann der Landschaftsgarten zu verwildern, und viele der Gebäude, die wie Bühnenarchitekturen aus sehr unbeständigem Material hergestellt waren, begannen zu zerfallen oder wurden abgerissen. 1981 konstituierte sich aus einer Bürgerinitiative der Painshill Park Trust. Noch im selben Jahr begann die Restaurierung des Parks, und die bislang durchgeführten Arbeiten[42] lassen hoffen, daß es in absehbarer Zeit wieder möglich sein wird, jene »Sentimental Journey« durch Painshill zu unternehmen, die von den Besuchern des 18. Jahrhunderts so begeistert gepriesen wurde.

### Der versunkene Park von Hackfall

Überwältigende Fernsichten und ihr Gegenstück: schattige, abgeschlossene Szenen mit Grotten und Gewässern, belebt durch Wasserfälle: in Hagley, The Leasowes und einigen anderen Parks waren dies Momente des Kontrastes und der Abwechslung innerhalb des Konzeptes einer »ferme ornée«. Gerade die Dunkelheit, Wildnis und Weite erregten bei den Besuchern die stärksten Gefühle, wie aus den Berichten leicht herauszulesen ist; dagegen verblaßten die Eindrücke des Sanften und Freundlichen.

Etwa gleichzeitig mit The Leasowes und Hagley entstand in einer abgelegenen Ecke von North Yorkshire ein Park, der das Überwältigende und Bedrohliche zu seinem eigentlichen Thema machte: Hackfall bei Grewelthorpe, nordwestlich von Ripon.[43] Der Hauptteil des ehemaligen Parks gehörte zu einem Besitz, den John Aislabie von Studley 1731 erwarb und landwirtschaftlich nutzte. Da der zum River Ure abfallende Steilhang dazu nicht zu gebrauchen war, beschränkte sich sein Sohn, William Aislabie, zunächst auf die Ausbeutung von Steinbrüchen und das Einschlagen von Holz und ließ das Gelände zum Schutz vor Vieh mit einer Hecke einfrieden. Bereits zu Lebzeiten seines Vaters war er mit Arbeiten in Studley befaßt, und nach Übernahme seines Erbes (1742) führte er dort umfangreiche Maßnahmen durch (der väterliche Park mit dem Schloß blieb immer der wichtigere von beiden).

Seit 1749 sind Gartenarbeiten in Hackfall belegt, die mit unterschiedlicher Intensität, aber recht hohen Kosten bis 1767 andauerten. Danach wandte sich William erneut Erweiterungen von Studley zu, wo er die Ruinen von Fountains Abbey hatte erwerben können. Schon 1751 war der unermüdliche Dr. Pococke in Hackfall, 1759 kamen George und Thomas Lyttelton auf ihrer Schottlandreise vorbei, 1760 besuchte Lady Elizabeth Montagu den Park. Aber dies waren zunächst Ausnahmen; die meisten Besucher von Studley verzichteten auf den

122 Hackfall. Lageplan des Parks im späten 18. Jahrhundert.

1 Eingang
2 Kent's Seat
3 Alumn Spring
4 Fisher's Hall
5 40-Feet-Fall
6 Teich mit Fontäne
7 Grotte
8 Druidentempel
9 Weeping Rock
10 Sandbed Hut
11 Lover's Leap (Felsformation mit Aussichtspunkt)
12 Mowbray Point
13 Mowbray Castle
14 Raven's Seat

Abstecher. Erst in den letzten drei Jahrzehnten des 18. Jahrhunderts gehörte der kleine Park zum festen Programm einer Tour in den Norden und wurde in zahlreichen Führern erwähnt; ein Aufseher wohnte dort, der die Besucher führte. Auch scheinen um 1800 noch kleinere Arbeiten, wie das Aufstellen von Bänken, vorgenommen worden zu sein. Nach 1800 wurden die Beschreibungen in den Führern knapper, und schließlich verschwanden sie völlig.[44] Als Ausflugsziel war Hackfall jedoch noch in den zwanziger Jahren unseres Jahrhunderts bekannt, wie Ansichtskarten belegen. In den dreißiger Jahren wurde der Park abgeholzt und aufgeforstet; die Parkbauten wurden nicht zerstört, aber dem Verfall überlassen. Zwischen den Bäumen stehen heute immer noch die Ruinen der Follies, ein Gang durch den Park gleicht freilich einer Expedition durch einen Dschungel; die Bäume sterben wieder ab, und ihre umgestürzten Stämme versperren die Wege. Unzählige Rinnsale haben den Boden sumpfig und unwegsam werden lassen, und nur bei einigen kann man noch – nach sorgfältiger Prüfung – erkennen, daß sie einmal künstlich angelegt worden sind.

Wie bei allen Verkörperungen »erhabener« Landschaften – etwa Piercefield oder Hawkstone – ist das eigentliche Kapital auch hier die Lage; William Gilpin, dem die Bauten, Durchblicke und Wasserfälle zu artifiziell waren, sah den Reiz von Hackfall – anders als bei Piercefield – einzig im Ausblick auf die Umgebung, die dem Gestaltungswillen des Inhabers entzogen war.

Das Gelände des Parks ist Teil der vielfach gewundenen Schlucht, die der Ure in die Hochfläche gegraben hat. Es war nicht groß – etwa 750 x 250 Meter – aber größtenteils sehr steil, so daß ein umfangreiches Wegesystem angelegt werden konnte; der Rundgang dauerte etwa 4 Stunden. Im bewaldeten Hang entspringen zahlreiche Quellen, die sich zur Gestaltung anboten. Aislabie lichtete ihn im Bereich seines Parks aus, ließ aber etliche alte Bäume stehen. Die angrenzenden Grundstücke, vor allem der gegenüberliegende Hang, blieben unberührt, so daß dichter Wald für alle Blicke den Hintergrund bildete. Das Rauschen der Rinnsale und der Schnellen des Ure erfüllt noch heute das Tal; es wurde als besonders eindrucksvoll beschrieben, solange man das Wasser nicht sehen konnte.

Der Eingang mit einer kleinen Toranlage war am oberen Ende eines schmalen Seitentals, durch das

123  Hackfall. Blick von Weeping Rock über den River Ure zu Fisher's Hall (schwach erkennbar) und – auf der Höhe – zu Mowbray Castle. Stich von Francis Nicolson, 1809. (Mit freundlicher Genehmigung der York City Art Gallery)

ein Bach in vielen kleinen Fällen zum Fluß hinunterstürzte, mehrere Quellen flossen ihm seitlich von den Felsen zu. Unter Farn und Gestrüpp ist noch ein halbrunder Sitz zu erkennen, der einst nach William Kent benannt war; im 19. Jahrhundert verschwand dieser Name wieder. Er war über eine kleine offene Fläche auf einen malerischen Wasserfall mit Versinterungen, den Alumn Spring, ausgerichtet. Dann weitete sich die Schlucht, die Felsen wurden schroffer, bis man einen kegelförmigen Hügel erreichte, der ein achteckiges Gebäude mit spitzbogigen Fenstern im Stil von Paul Deckers Vorlagenbüchern trug. Die Fensterrahmen und das einfache hölzerne Maßwerk sind noch teilweise erhalten. Es ist mit Versteinerungen verkleidet und trug ein pyramidales Dach. Eine Inschrift nennt das Baudatum: 1750. Das Gebäude wurde Fisher's Hall genannt (vermutlich nach dem 1743 gestorbenen Gärtner der Aislabies) und diente in den ersten Jahren des Parks als Bankettraum bei Besuchen. Dies ist das Zentrum der unteren Teile von Hackfall.

Von hier blickte man über eine kleine, The Strand genannte Ebene flußabwärts, bevor eine Windung die Schlucht dem Auge entzog. Flußaufwärts sah man auf die Stromschnellen und am anderen Ufer auf die steile Felswand und das undurchdringliche Gehölz des Magdalen Wood.

Von Fisher's Hall führte ein Weg flußaufwärts am Ufer entlang, gesäumt von kleinen Kaskaden, die sich in den Ure stürzen. Sie kommen von zwei Terrassen in halber Höhe herunter, die anfangs der fünfziger Jahre planiert und angelegt wurden. Eine davon, Fountain Glade, bildete das Herzstück des Parks. Von einem Reservoir in den Klippen gespeist, fiel ein Bächlein über eine Kette kleiner Kaskaden – der 40-Feet-Fall – zu dieser Ebene herab und traf sich dort mit dem Ausfluß eines ehedem fast kreisrunden Teiches, der von einer 20 Fuß hohen Fontäne auf einem Inselchen gespeist wurde. Die Szene war mit gepflegtem Rasen und alten Bäumen sorgsam angelegt und machte mit dem künstlichen Springbrunnen einen in dieser Umgebung wohl etwas unwirklichen Eindruck. Unter den umstehenden Bäumen sind noch heute ein Druidentempel und die Reste einer Grotte zu finden. Diese »Grotte« war ein höhlenartiger Sitz aus grobem Bruchstein, ähnlich denen im Park von Fonthill Splendens, mit Blick auf den hohen Wasserfall. Der Druidentempel (auch Rustic Temple genannt) ist ein unregelmäßiges Polygon, heute ohne Dach, und erhob sich etwas abseits des Teiches. Er bestand aus großen Hausteinen, mit einem Türsturz, der vielleicht an Stonehenge erinnern sollte; gegenüber der Tür fand sich im Inneren eine Nische, wie für ein Idol.

Mit der Lichtung des Fountain Glade setzte Aislabie einen Kontrapunkt, wie es Lyttelton mit der Kaskade im Park von Hagley getan hatte; aber er kehrte die Wertigkeit genau um. Die späteren Beschreibungen kritisierten die formale Schönheit und Künstlichkeit dieser Stelle, die nicht zu der großartigen und wilden Umgebung passe. Aber dabei übersahen sie den Witz dieser Komposition: Gerade inmitten von Stromschnellen, Urwald und Felsklippen muß die Lichtung mit dem klaren Bächlein, dem stillen Teich und seiner Fontäne verzaubert und märchenhaft gewirkt haben.

Nördlich dieses Plateaus schloß sich die Tent Plain an, eine bewaldete Terrasse mit schattigen Pfaden. Über das Zelt, das ihr den Namen gab, ist nichts Genaues bekannt; es war üblich, leichte Konstruktionen so zu benennen. Vielleicht ist der oktogonale Sitz damit gemeint, den Reverend Richard Warner erwähnt und der im Schnittpunkt einiger Schneisen stand. Eine davon gab den Blick frei auf den Fluß und über ihn hinweg auf die Weiden und Bauernhäuser, die jenseits über dem Wald aufragten; eine andere durchschnitt den Wald und öffnete sich auf die Klippen oberhalb des Tals von Fisher's Hall, wo auf den Felsen ein »gotischer« Turm mit sakralen wie militärischen Motiven errichtet wurde: der Eyecatcher Mowbray Castle. Einen ähnlichen Blick, der außerdem noch den Vorsprung mit Fisher's Hall einschloß und so die majestätische Ansicht des ganzen Tals lieferte, hatte man von einer Stelle zwischen der Weeping Rock genannten Kaskade am Flußufer und der Sandbed Hut. Von dieser Ansicht

Der versunkene Park von Hackfall

124   Hackfall. Das Gemälde von William Turner (1815) ist unter dem Titel »Mowbray Lodge, Ripon, Yorkshire« bekannt. Es zeigt jedoch den Blick von Sandbed Hut über den Weeping Rock auf Fisher's Hall und Mowbray Castle. (Mit freundlicher Genehmigung der Trustees of the Wallace Collection, London)

125   Hackfall. Das Bild aus dem Nachlaß der Familie Aislabie zeigt den zentralen Bereich des Parks von Hackfall mit dem runden Teich und der Fontäne. Am rechten Bildrand der Druidentempel. Links überragt die Ruine von Mowbray Point den Steilhang, rechts ist der Schilderhaus-ähnliche Aussichtspunkt bei Lover's Leap zu erkennen. Gemälde eines unbekannten Malers, vermutlich um 1767. (Foto freundlich überlassen von Patrick Eyres)

Die Emanzipation des Landschaftlichen

126 Hackfall. Blick von Kent's Seat auf Alumn Spring. Die Versinterung ist heute weitgehend von Farnen und Moosen überwuchert.

127   Hackfall. Eine der zahlreichen, von Aislabie angelegten Kaskaden, die heute einen nahezu natürlichen Eindruck machen.

128   Hackfall. Die Ruinen von Fisher's Hall oberhalb des River Ure.

129   Hackfall. Die Ruinen des Druidentempels im zentralen Bereich des Parks.

130   Hackfall. Die Stromschnellen des River Ure unterhalb von Fisher's Hall.

131 Hackfall. Mowbray Point: Von außen eine »römische Ruine«, war es innen komfortabel im gotischen Stil eingerichtet.

existieren zwei fast gleiche Gemälde William Turners (mit der irrigen Bezeichnung Mowbray Lodge; so heißt ein Cottage einige Meilen südlich von Grewelthorpe).

Für die Tent Plain und den angrenzenden Limehouse Hill – ein später angekauftes Gelände, damals mit jungen Eichen bepflanzt – werden eine Reihe offensichtlich hölzerner Sitze und Gebäude erwähnt, aber nicht detailliert beschrieben; noch die älteren 6″ Ordonance-Survey-Karten führen einige Sommerhäuser auf, von denen jedoch nichts mehr zu erkennen ist. Überhaupt weisen die Beschreibungen von Hackfall darauf hin, daß die Wege von Sitzen und Bänken gesäumt waren. Zudem scheint es weitere Fontänen gegeben zu haben.

Am nördlichen Rand des Parks ist das Gelände weniger steil und gibt gelegentlich Ausblicke auf Weiden beiderseits des Flusses frei. Es ermöglicht in einer weiten Schleife entlang des Waldrandes den Aufstieg zu den Klippen – mit assoziativen Namen wie Lover's Leap – und führt am höchsten Punkt des Geländes zu einem merkwürdigen Bauwerk, das vermutlich in der letzten Bauphase (1765–1767) errichtet wurde. Es überblickt das ganze Tal und die jenseits gelegene Hochfläche und enthielt einst Aufenthalts- und Speiseräume, teilweise sogar mit Kamin; 1774 wurde nahebei eine »gotische« Küche gebaut. Dieses Gebäude wurde Mowbray Point genannt, in Analogie zu dem Eyecatcher gegenüber – beide Namen Anspielungen auf die Familie de Mowbray, der dieses Land im Mittelalter gehörte (Roger de Mowbray hatte sich 1174/76 gegen Henry II. aufgelehnt). Mowbray Point ist auf einer schmalen, aber sehr soliden Terrasse errichtet und enthielt drei Zimmer; die Fenster sind spitzbogig, die hölzerne Innenausstattung, von der noch Teile existieren, war von einer eher assoziativen als historisierenden Gotik. Das Ganze war überfangen mit irgendwie römisch anmutenden Schwibbögen (mit Rundfenstern) und mit Gewölben, die eher an Thermen erinnern. Die gotisch-antike Zweideutigkeit findet eine Entsprechung in der Widersprüchlichkeit von Innen und Außen: Von außen schien das Gebäude aus rohem Bruchsteinmauerwerk und in ruinösem Zustand zu sein; das Innere war mit Holz und Stuck in lebhaften Farben und von hoher Eleganz und Wohnlichkeit ausgestattet. Obwohl es keine Hinweise gibt, daß hier einmal jemand übernachtete, sind noch Kamine, Bücherborde und Schränke zu erkennen. So wurde auch hier der Gegensatz von Wildheit und Kultur thematisiert, der den ganzen Park von Hackfall bestimmte.

Die Aussicht von hier auf die Schlucht, auf den Fluß, die Felsen und Mowbray Castle ist wild und romantisch; von stiller Erhabenheit hingegen ist das Bild der Hochebene mit Weiden, Feldern und Dörfern, das bis zur Stadt Richmond reicht. Es könnte bukolisch genannt werden, wäre es nicht so unermeßlich weit. Nach der Fertigstellung des Parks empfahlen einige Autoren, ihn von dieser Seite zu betreten, und die fast unendliche Aussicht wurde mit dem Tiefenzug in den Bildern Claude Lorrains verglichen, hier aber mit einem Vordergrund, der von Salvator Rosa sein könnte. So bot dieser kleine Park ein Erlebnis, das nicht, wie man es von einer »schönen« Landschaft erwartet hätte, beruhigte und zarte Gefühle hervorrief, sondern Bestürzung und zugleich Erhebung. Er faßte alle widersprüchlichen Bestimmungen zusammen, die in der ästhetischen Theorie den Begriff des »Sublimen« bildeten.

132 Hafod. The Caverne Cascade. Die Höhle wurde künstlich angelegt, um einen idealen Blick auf die sublime Szenerie zu gewährleisten. Aus: James Edward Smith, Tour to Hafod, 1810.

# Von der Lust am Schrecken: das »Erhabene«

## Überwältigende und unermeßliche Prospekte

Überwältigende und unermeßliche Prospekte über Hochflächen auf ferne, schroffe und möglichst kahle Berge, zerklüftete und steil aufragende Klippen und Felsen, Abgründe, Schluchten und Höhlen voll Schatten und Dunkelheit, die Gewalt von Wasserfällen, ihr unaufhörliches Rauschen: Damit waren Anschauungen der Natur in die Parks eingedrungen, die man lange hatte ausschließen wollen. Das klassische Dogma hatte nur die sanfte, begütigende, die schöne Natur gesehen, die mit der Vernunft schlechthin gleichgesetzt worden war. Wie die Gärten des Mittelalters und der Renaissance waren die frühen Landschaftsparks, selbst noch die Anlagen von William Kent und Lancelot Brown, Gärten der Zuflucht, aus denen jeder Schrecken ausgeschlossen sein sollte. Die »Natur« wurde oft in gemessener Haltung, der »mittleren« Gefühlslage der palladianischen Architektur entsprechend, und auf vernunftbetonte Weise genossen; es ging letztlich darum, den Menschen zu sich selbst zu führen.

Das Erlebnis der wilden Natur war von anderer Qualität. Es sprach nicht den Verstand an, sondern versetzte den Betrachter in eine Erregung, in der sich sehr verschiedene Gefühle zu vermischen schienen, Gefühle, die stark, aber auch sehr ungenau waren. Der »good humour«, den Shaftesbury dem Gentleman gegen die Widrigkeiten des Lebens empfohlen hatte, wurde außer Kraft gesetzt. Das Naturerleben gewann an Intensität auf Kosten von Erkenntnis und Selbstkontrolle.

Einen Begriff für dieses gesteigerte Erleben hatte die Antike geliefert, in einem griechischen Traktat über die Rhetorik, das fälschlich Kassios Longinos zugeschrieben wurde: »Peri Hypsous«, »Über das Erhabene«, ursprünglich eine Steigerungsform der schönen Rede, die im Aufblitzen einer Idee plötzlich und ekstatisch mitreißt. Im Mittelalter und in der Renaissance wurden Abschriften dieses Buches tradiert und unter dem Titel »De Sublimis« ins Lateinische übertragen; in England erschienen im 17. Jahrhundert Übersetzungen. Mit der – sehr freien – Version Boileaus (»Traité du Sublime«, 1673) ging der Begriff in die französische Kunsttheorie ein und wurde zu einer ästhetischen Kategorie, frei vom rhetorischen Zweck des Überzeugens. Natürlich war die französische Theorie auch in England bekannt, aber dort wurde der Begriff nicht für eine akademische Stildiskussion wichtig, sondern auf die Natur im umfassendsten Sinne angewandt.

## Von der Physiko-Theologie zur Landschaftswahrnehmung

Die nach-kopernikanische Astronomie forderte ein neues Verständnis von Raum und Zeit. Wie die neuen Teleskope zu beweisen schienen, hatte das Universum keine Grenzen und folglich keine Mitte: Es war »unendlich«, eine Eigenschaft, die gleichermaßen faszinierte und verstörte. Bisher hatte man sie nur Gott zugeschrieben – aber wo konnte man ihn sich jetzt noch denken? Das Problem hatte schon Nikolaus Cusanus und Giordano Bruno umgetrieben; 1646 bot Henry More eine Erklärung: Er setzte Gott mit dem unendlichen Raum, dem er also Substanz zubilligen mußte, gleich; eine Erklärung, die Newton half, seine Wissenschaft mit seiner Religiosität zu vereinbaren, und John Locke, der Erzieher Shaftesburys, konnte so die Gottes-Erkenntnis aus der Naturbetrachtung vorschlagen. Der Begriff des Unendlichen war allerdings zunächst unvorstellbar; um ihn überhaupt denken zu können, bedurfte es eines Symbols, und dazu dienten die riesigen Dimensionen der äußeren Natur. Der Theologe Thomas Burnet (»The Sacred Theory of the Earth«, 1684) bewunderte deshalb die großen unter den Naturerscheinungen am meisten; die »grenzenlosen Regionen, wo die Sterne wohnen«, verglich er mit der weiten See und den Hochgebirgen auf der Erde. Auch wenn er sie ihrer Wildheit und Unregelmäßigkeit wegen (darin dem Naturideal der Renaissance und des Barock verpflichtet) nur als »Große Ruinen« des paradiesischen Urzustandes betrachtete, fand er in ihnen doch etwas, »das den Geist mit großen Gedanken und Leidenschaften berührt«. Dieser Zwiespalt in Burnets Denken bestimmte auch noch John Dennis' Erlebnis der Alpen, die er kurz nach dem Erscheinen von Burnets Buch überquerte: Er sah sie als Kontrast und Hintergrund, den Gott für seinen Garten Italien geschaffen hatte.

Joseph Addison, ein Schüler Burnets, gab diesem Kontrast einen Sinn, indem er den »Pleasures of the Imagination« drei Ursachen zugrunde legte: das Schöne, das Ungewöhnliche und eben das Großartige. So versteht sich auch, daß Addison, der sich vorwiegend mit visuellen Phänomenen beschäftigte, die durch sie hervorgerufenen Vorstellungen zum bevorzugten Thema seiner ästhetischen Erörterungen machte: Die Vorstellungskraft »läßt selbst ganz unkultivierte Teile der Natur dem Vergnügen dienen«. Addisons Auffassung von »Greatness« ist deutlich von seinen Erfahrungen auf der Grand Tour (1699) bestimmt: »Die Ansicht einer rauhen, unkultivierten Wüstenei, von großen Gebirgsrücken, von hohen Klippen und Vorsprüngen oder einer weit ausgedehnten Wasserfläche (...) bringt jene rauhe Art von Großartigkeit hervor, die in vielen Werken der Natur so überwältigt.«[1] »Vastness« und »immensity« aber sind Charakteristika der wilden Natur; sie kommen in der Kunst kaum vor – weshalb letztere auch der Natur unterlegen ist.

Addisons Schriften popularisierten die Verbindung von Ästhetik und Moralphilosophie und beeinflußten die Darstellung des Großartigen vor allem in der Literatur; auch James Thomson hielt Gott und den physiko-theologischen Raumbegriff für die Grundlage der Erhabenheit. Mit seinen »Seasons« kehrte er sich jedoch endgültig von der Großartigkeit kosmischer Phänomene ab und identifizierte das Sublime nur noch mit Erscheinungen der irdischen Natur. Ebenso wie David Mallet forderte er die Wiedergabe von »sublimity« in der Kunst, ausdrücklich als Gegensatz zum Angenehmen und Schönen; Schrecken und Gefahr, die in der Natur vorkommen können, sind bei ihm notwendig Bestandteile des Erhabenen (wie die »Seasons« deutlich zeigen). Man darf wohl annehmen, daß nicht nur eigenes Naturerleben dazu anregte, sondern auch Gemälde wie die Salvator Rosas und Gaspard Dughets, die in der englischen Öffentlichkeit ihre Wirkung zu entfalten begannen.

Natürlich spielte weiterhin auch die direkte Naturerfahrung durch Reisen in bisher unbeachtete Regionen eine Rolle. 1738 etwa reiste Thomas Herring durch Wales, im folgenden Jahr besuchten Thomas Gray und Horace Walpole auf ihrer Tour die Alpen und die Grande Chartreuse und waren tief beeindruckt (auch der Kloster-Topos sollte ebenso in die Gartenkunst wie in die frühromantische Literatur eingehen). 1755 rief das Erdbeben von Lissabon eine Art der Naturgewalt ins Bewußtsein, deren Schrecken auf Jahrzehnte in allen ästhetischen Erörterungen auftaucht.

Die Suche nach einer von den klassischen Regeln befreiten Unmittelbarkeit der Poesie dominierte in den vierziger Jahren die Literatur und fand in der Malerei wie in der ästhetischen Theorie ihren Niederschlag. Innerhalb der Darstellung der Natur in den verschiedenen Künsten verschob sich das Erleben von ruhig-pastoralen Stimmungen zum Wilden, Ungebändigten (exemplarisch vorgeführt in William Collins' »Ode to Evening« von 1746). Auf der Suche nach neuen Sensationen beschrieben Thomas Yalden und Richard Jago den Bergbau, und John Dyer verglich Old Sarum und Stonehenge mit den Ruinen Roms. Als Meister in der Verbindung wissenschaftlicher Erkenntnisse mit erhabenen Gefühlen galt David Mallet. Die Elegien von Gray, die Oden von Collins beschworen eine dunkle Vergangenheit, angesiedelt in den Landschaften des Westens und Nordens, die zu einer Provokation für die aufgeklärte Vernunft des Augustan Age wurde; Pope hat bereits 1742 in seiner »Dunciad« diese Hinwendung zu einem phantastischen Keltentum und die Nachempfindung finsterer Mythen karikiert – erfolglos, wie der Triumph des »Ossian« und die Mode der Gothic Novels zeigten.

### Edmund Burkes Traktat über das Erhabene und Schöne

Neue Erfahrungen waren also gewonnen – teils empirisch, teils theoretisch hergeleitet und noch voller Widersprüche. Sie geordnet und begründet zu haben ist die Leistung des jungen Edmund Burke, der die – neben Addisons »Pleasures« – einflußreichste Abhandlung der britischen Ästhetik des 18. Jahrhunderts schrieb: »A philosophical Enquiry into the Origins of our Ideas of the Sublime and the Beautiful«.[2] Auf sie hat sich zum Beispiel Shenstone in seinen Erläuterungen zur Gartenkunst bezogen. Begonnen hatte der spätere Staatsmann diese Untersuchung wohl 1747 als Student am Trinity College in Dublin, wo er sie den Mitgliedern seines Clubs vortrug; erst zehn Jahre später erschien sie im Druck, die endgültige Fassung datiert von 1759.
Burke trennte strikt das Schöne vom Erhabenen. Er entwickelte dazu eine rein physiologische Theorie: Ästhetische Empfindungen waren ihm lediglich eine Sache des Zustands des Nervensystems. So erkannte er nur zwei Arten von Leidenschaften an, denen zwei ästhetische Kategorien entsprachen: Leidenschaften, die der Selbsterhaltung dienten (angeregt durch persönliche Bedrohung, durch Schmerz und Gefahr), und Leidenschaften, die der Erhaltung der Gesellschaft und der Menschheit dienten; sie würden stimuliert durch Genuß und Vergnügen. Die Neugier auf das Ungewöhnliche, die bei Addison gleich wichtig war, glaubte er vernachlässigen zu können. Sie hat in der Theorie des Malerischen ihre Rehabilitierung erfahren.
Burke diskutierte die Schönheit erst an zweiter Stelle, denn die Eindrücke des Schönen und Angenehmen seien schwächer als die des Erhabenen; überhaupt fand er das Schöne und die mit ihm verbundene Leidenschaft – die Liebe – etwas überschätzt. Nachdem er den klassischen Kanon mit seinen Forderungen nach Proportion, Zweckhaftigkeit und Tugend zerpflückt hatte, definierte er seinerseits die Schönheit: Sie war klein, glatt, weich und zart – er spricht also von weiblicher Schönheit, deren Prinzipien er auf andere Bereiche übertragen will. Burkes Schönheitsbegriff ist eingeengt auf das Ideal des Rokoko: das Niedliche, Hübsche.
Wichtiger ist ihm die andere Kategorie. Das Erhabene braucht das Erschauern, ein gewisser Grad von Schrecken ist notwendig. Die Unendlichkeit, jene zentrale Entdeckung des 17. Jahrhunderts, hat »die Tendenz, den Geist mit derjenigen Art frohen Schreckens zu erfüllen, die die eigentümliche Wirkung und das sicherste Merkmal des Erhabenen ist«. Richtig erleben kann man diesen Schrecken nicht in der Geborgenheit der Gesellschaft, sondern in Einsamkeit und Stille. Damit überstiegerte Burke den Topos des Einsamen und Melancholischen, den Shenstone auf eher liebenswürdige Weise vorlebte, den Joseph Warton (»Pleasures of Melancholy«, 1744) mit efeubewachsenen Ruinen und Eulen im Mondlicht beschworen hatte, ins Gewaltige.
Weil aber Furcht die stärkste aller Leidenschaften ist, bewundern wir vor allem das, was gefährlich erscheint, einen Löwen beispielsweise, nicht aber einen Hund. Dunkelheit – im wörtlichen wie im übertragenen Sinn – vermag das Bedrohliche leicht zu evozieren. So liefert Burke eine Begründung für Grotten, Höhlen und tiefe Schluchten, für finstere Bauten und für das dunkle Raunen in vorromantischen Schriften mit Druiden, Rittern und Geistern. Stärke, nicht Genauigkeit des Ausdrucks war das Ziel: »Eine klare Idee ist nur ein anderer Name für eine kleine Idee«: Deutlicher hat sich niemand gegen die cartesianische Philosophie wie gegen die klassische Ästhetik aufgelehnt.
In seinem späteren Leben äußerte Burke sich – von ein paar Rezensionen abgesehen – nicht mehr zu diesen Fragen. Doch bald machte ein Architekt von einigem Ansehen Ausführungen, die seinen Gedanken sehr nahe kamen und ihn sogar zitierten.

### Chambers und die Phantasien vom Schrecklichen

Dieser Architekt war William Chambers (1723–1796). Der Sohn eines schottischen Kaufmanns in Göteborg hatte als Superkargo bei drei Reisen nach Ostasien genug Geld verdient, um in Paris und Rom Architektur studieren zu können (1749–1754). Er hatte sich in Rom mit Frederick, Prince of Wales, angefreundet und wurde 1756 der Architekt seiner Witwe, der Prinzessin Augusta, und Tutor ihres Sohnes für Architektur. Für sie legte er den Garten von Kew an und stattete ihn mit exotischen Bauten aus. Um seine Autorität zu sichern, veröffentlichte er mehrere Schriften zur Architekturtheorie und Sammlungen mit Musterentwürfen.[3]
Chambers galt als Kenner chinesischer Architektur. In seinen 1757 erschienenen »Designs of Chinese Buildings« – sie waren vor allem auf dem Kontinent einflußreich, denn in England war die Chinamode damals schon abgeklungen – fand sich ein wunderliches Kapitel mit dem Titel »The Art of Laying out Gardens«. Darin beschrieb er neben Gärten des Vergnügens auch solche der Verzauberung und des Schreckens – eine Variation der seit Addison populären Triade ästhetischer Kategorien. Chambers berichtete von sonderbaren, monströsen Pflanzen, Tieren und Anlagen in den »enchanting gardens«; aus Gründen des Kontrastes seien dort auch erschreckende Szenen – Ruinen, Wasserfälle, zerschmetterte Bäume und dunkle Höhlen – zu finden. Burke druckte das ganze Kapitel über »chinesische« Gartenkunst in der ersten Nummer des von ihm herausgegebenen »Annual Register« ab (zusammen mit Rezensionen von anderen Büchern über aufregende Landschaften und mysteriöse Bauten).
1759 veröffentlichte Chambers sein wichtigstes Buch, »A Treatise on Civil Architecture«, in dem er sich verschiedentlich auf Burkes »Enquiry« berief, um den französischen Rationalismus anzugreifen. In seinen Vorlesungsmanuskripten finden sich ebenfalls Einflüsse von dort. Allerdings war Chambers kein Systematiker, seine »Methode« war eher das Aufzählen.
Als Chambers 1772 das Kapitel über chinesische Gartenkunst zu einem ganzen Buch erweiterte (»A Dissertation on Oriental Gardening«), malte er die »schrecklichen« Szenen breit aus und füllte sie mit heulenden Schakalen und giftigen Gewächsen, fügte Folterstätten und elektrische Entladungen

hinzu und ließ Feuer und Rauch aufsteigen: ein Bild des Schauerlichen eher als des Erhabenen; es hat wohl mehr mit der Graveyard Poetry und den Gothic Novels zu tun als mit Burkes Untersuchung, aus der Chambers jedoch die Empfehlung gerader Alleen und von Symmetriebildungen übernahm – nur dafür benutzte Chambers den Begriff der »sublimity«. Regelmäßigkeit und Reihung sollten den Eindruck von Unendlichkeit künstlich herstellen. Umgesetzt hat William Chambers solche Phantasien jedoch nie; sie spielten in seinem Werk lediglich eine kleine Nebenrolle. Auch hat ihre Publikation seinem Ansehen keinen dauerhaften Schaden zugefügt.

## Wo die Natur der Kunst überlegen ist

Burkes Schrift wirkte sich vor allem auf die Literatur aus; doch wurde das Erhabene auch in Termini der Landschaftswahrnehmung definiert, so von seinem Schuler Hugh Blair: »Welche Szenen der Natur erheben den Geist im höchsten Grad und erzeugen erhabene Empfindungen? Nicht die fröhliche Landschaft, das Blumenfeld, die blühende Stadt, sondern der aufragende Berg und der einsame See, der alte Forst und der über einen Felsen donnernde Wasserfall.«[4] Solche Beschreibungen machen das Dilemma für den Gartenplaner offenkundig, besonders wenn man noch die schiere Größe hinzunimmt, die etwa Lord Kames als notwendige Bedingung des Sublimen definierte.[5]
Daß die Natur, indem sie Erhabenes hervorbringen könne, der Kunst überlegen bleibe, hatte schon Addison behauptet; in der Folge stimmten zahlreiche Autoren dieser Beobachtung zu, zumindest soweit es um Landschaft und Gartenarchitektur ging. Schließlich verdankten auch die Parks von The Leasowes, Hagley und Hackfall ihre beeindruckendsten Momente der Gunst der Situation. Ebenso zeigt Joseph Heelys Beschreibung von Envil (dem Sitz Lord Stamfords, den dieser mit Hilfe Lytteltons und Shenstones angelegt hatte) das Problem: »Schöne« Szenen konnten künstlich angelegt werden, aber nur die tatsächliche Wildheit konnte »sublim« wirken – und nur sie erinnerte den Autor an Miltons pathetische Zeilen: »These are thy glorious works, &c.«[6]
Auch der vielbesuchte Park von Piercefield, an den Windungen des Wye gelegen, war Teil eines Geländes, das von Natur aus das Erlebnis des Erhabenen bot; der Besitzer, Valentine Morris, konnte sich weitgehend darauf beschränken, es zu erschließen. Ab 1748 legte er Pfade an, die zur Giant's Cave, zum großen Wasserfall und zu Aussichtspunkten führten, von denen der Blick nach Chepstow ging oder auf die Klippen gegenüber; vor diesen Dimensionen wurde der Tempel, den Morris hatte bauen lassen, unwichtig. »Die Kleinheit menschlicher Kunst wurde niemals erniedrigender dargestellt«, befand Edmund Butcher,[7] und Arthur Young vermißte sogar die – durchaus vorhandenen – Werke der Gartenkunst, die einen Kontrast hätten bieten können.[8] Aber gerade deswegen hob Gilpin Piercefield so positiv von Hackfall ab.[9] Was Heely über Envil geäussert hatte, wurde hier noch deutlicher: Die Betrachtung unter dem Aspekt des Sublimen sprengte die bekannten Gattungsschemata der Gartenkunst; Begriffe wie »Garten«, »Park« oder »ornamental farm« erwiesen sich als unzureichend. So scheint die Konsequenz einleuchtend, die Robert Adam zog: die Natur zu belassen und die Architektur ihr anzupassen.

## Architektur für erhabene Landschaften

Robert Adam hatte an einigen Orten mit Lancelot Brown zusammengearbeitet, und seine klassischen wie auch seine (seltenen) gotischen Architekturen harmonierten schön mit dessen Landschaften. Als er aber Aufträge für Landhäuser in Schottland erhielt, erkannte er, daß Ausgewogenheit und akademische Proportionsregeln, der ganze akademische Formenapparat, hier versagen mußten. Er, der sich von früh auf mit der Landschaft auch zeichnend und malend auseinandergesetzt hatte, fand (in einem Brief an Lady Montagu): Neben wolkenverhüllten Bergen, weiten Grasflächen, reißenden Flüssen und riesigen Wäldern könnten die Werke der Kunst, selbst die Pyramiden oder die vielbewunderten Werke der Antike, nicht bestehen.
Adam wich deshalb bei seinen Landsitzen in Schottland von Stil und Typ seiner eleganten Schlösser in England ab; seine Bauwerke im Castle Style sind, wie er selbst betonte, auf Fernwirkung angelegt und verzichten deshalb auf Ornament; ihre schweren, bewegten Massen nehmen die Schroffheit der Landschaft auf; fortifikatorische Motive spielen auf die Tradition befestigter Turmhäuser an, die in Schottland noch nicht abgerissen war; dabei verzichtete er weitgehend auf »mittelalterliche« Stilelemente. Seine symmetrischen Baumassen mit Zentralblock erinnerten eher an Darstellungen italienischer Kastelle auf Gemälden Lorrains oder Poussins, wie sie schon Vanbrugh (den Adam schätzte) angeregt hatten.
Dieses Prinzip der Massengliederung ist am schönsten an Dalquharran Castle zu studieren: mit kubischen Eck- und Mitteltürmen auf der Eingangsseite und einem vorspringenden Halbzylinder auf der Schauseite über dem Tal. Das in den Bergen von Ayrshire gelegene Schloß entwarf er 1782–1785 für Thomas Kennedy. Gebaut ab 1790, steht es heute leer, das Innere ist in fortgeschrittenem Verfall begriffen.
Für ein anderes Mitglied der Familie Kennedy hatte Adam vorher sein wohl bekanntestes und spektakulärstes Schloß entworfen: Culzean Castle, über der Küste von Ayrshire. Dort stand ein traditionelles Turmhaus mit L-förmigem Grundriß, das ein anderer Sir Thomas Kennedy bewohnte: Als dieser 1762 Schloß und Titel des neunten Grafen von Cassilis erbte, blieb er auf Culzean und ließ es erweitern; zudem begann er mit Improvements in den zugehörigen weitläufigen Ländereien, dem heutigen Culzean Country Park. Der zehnte Earl of Cassilis beauftragte Adam 1777 mit umfangreichen Erweiterungen; 1779 baute er die Turmburg zu einer regelmäßigen Dreiflügelanlage mit kubischem Zentralblock und oktogonalen Ecktürmen aus. Das steile Dach wurde beseitigt, ein Zinnenkranz schließt das Gebäude ab. Bis auf einige wenige Blendbögen über gekuppelten Pilastern – ein Triumphbogen-Motiv – blieb das Äußere schmucklos. Ein niederer Rundturm im Seitentrakt beherbergte die Brauerei. Der Flügel zur Seeseite mit dem mächtigen zentralen Halbzylinder wurde 1785 angefügt, und 1787 füllte Adam den Innenhof mit dem berühmten ovalen Treppenhaus. Wuchtig und drohend ragt das Schloß über den Klippen in den Himmel.
Adam plante jedoch auch für die Umgebung des Schlosses. Neben der Long Avenue, der Auffahrtsstraße, entstand nach seinem Plan die Home Farm: Die Wirtschaftsgebäude sind regelmäßig um einen quadratischen Hof gruppiert, der sich an allen vier Ecken mit Triumphbögen öffnet. Heute befindet sich hier das Besucherzentrum.
Mehrere Entwürfe skizzierte Adam für den Zugang zum Schloß, bevor die endgültige Lösung feststand, mit der er die Situation der Villa Hadriana

VON DER LUST AM SCHRECKEN: DAS »ERHABENE«

133 Culzean Castle. Die wuchtige Baumasse des Schlosses wurde von Robert Adam um eine alte schottische Turmburg herum gebaut. Die seitlichen Anbauten und der Garten im Vordergrund stammen aus dem 19. Jahrhundert.

134 Dalquharran Castle. Die Hauptfassade des Schlosses von Robert Adam mit dem halbrunden Vorbau überragt eine karge Talsenke unweit der schottischen Küste.

135 Culzean Castle. Die ohnehin dramatische Wirkung der Klippen an der Irischen See erfährt durch die Architektur Robert Adams eine kunstvolle Überhöhung.

ARCHITEKTUR FÜR ERHABENE LANDSCHAFTEN

136 Culzean Castle. Der Torbogen in der künstlichen Ruine eröffnet den Weg zum Schloßhof.

paraphrasierte: Der Weg führt durch ein »verfallendes« Tor, einem römischen Triumphbogen ähnlicher als einem Wehrbau, und überquert auf einem Viadukt eine kleine Schlucht, in der später ein reizender viktorianischer Garten angelegt wurde. Die Terrassen um das Schloß sind von niedrigen, zinnenbekrönten Mauern gefaßt. Durch einen weiteren Triumphbogen führt der Weg auf einen runden Vorplatz, nördlich durch das Geviert der Offices begrenzt (ebenfalls mit Türmen und Zinnen ausgestattet), während im Süden sich das eigentliche Schloß erhebt. Durch etwas finstere Vorräume gelangt man in das ovale Prunktreppenhaus mit seiner unkonventionellen Säulenstellung, das nur von oben Licht empfängt. Elegant geschwungene Treppenläufe führen ins Hauptgeschoß, und wenn man die Salons betritt, sind die Aussichten auf den Park und besonders über die Irische See überwältigend, ebenso die Pracht und Feinheit der Innenräume, die sich nirgendwo im schroffen, kargen Äußeren angedeutet hatte.

Ähnliche Wurzeln wie Adams Castle Style hat auch Downton Castle in Herefordshire; hier baute sich der junge Richard Payne Knight – später ein berühmter, aber auch umstrittener Kunstkenner – gleich nach Erreichen der Volljährigkeit 1774 einen Landsitz. Knight stammte aus einer Familie von Eisenproduzenten und -händlern. Sein Vater war der einzige von sieben Brüdern, der sich nicht diesem Geschäft, sondern der Theologie zugewandt hatte; ironischerweise hatte er den gesamten Familienbesitz geerbt und an seinen Sohn weitergegeben.[10]

Payne Knight entwarf sein Haus selber. In der Behandlung der glatten Mauerflächen, der Fenster und des Zinnenkranzes kommt er Adams Stil nahe, aber Downton hat einen L-förmigen Plan und betont unterschiedliche Ecktürme; es gilt als das erste Landhaus, bei dem die zentrale Forderung des englischen Gartenstils nach Asymmetrie auch auf die Architektur übertragen wurde – bald danach wurde dies die Regel. Das Innere war in einem griechisch-römischen Mischstil ausgestattet, ohne die Delikatesse der Firma Adam, aber doch elegant und im Kontrast zum Äußeren. Knight rechtfertigte diesen Widerspruch mit dem Argument der höheren Bequemlichkeit. Er vertrat aber auch die im 18. Jahrhundert verbreitete Ansicht, daß die mittelalterlichen Festungsbauten verdorbene römische Architektur seien; daneben dürften auch hier die – gemalten und tatsächlichen – italienischen Kastelle von Einfluß gewesen sein.

Downton Castle liegt auf einer Terrasse und blickt über das Tal des Teme, das sich hier zwischen zwei Schluchten aufweitet. Knight legte einen Rundweg an und ließ zwei massive Brücken, eine davon zinnenbewehrt, bauen. Die gurgelnden Flußschnellen unter ihren Bögen und die engen Felsschluchten am Ein- und Ausgang des Tals sind von jener Wildheit, die man als eine Ursache von Erhabenheit betrachtete. In der Schlucht ließ Knight auch einige angemessene Parkbauten – eine Eremitage unter einem überhängenden Felsen und »römische« Thermen – errichten.[11] Humphry Repton hat diese wilden Szenen (die Knight malen ließ) eindrucksvoll beschrieben: die »awful precipices«, das schäumende Wasser, die romantischen Brücken, die dunklen Schatten.[12]

In seinen späteren theoretischen Schriften wandte sich Knight gegen Burkes radikal physiologische Theorie und redete einer Assoziationsästhetik das Wort. Dabei widersprach er auch der traditionellen Verknüpfung des Sublimen mit dem großen Maßstab; es seien vielmehr

»(...) der Natur einfache Werke, mit Verstand bekleidet,
kunstvoll ausgewählt, mit Geschmack dargestellt,
wo Mitgefühl und Schrecken sich vereinen,
den Geist zu bewegen, zu schmelzen und zu erhöhen.«[13]

Der Talkessel selbst zwischen den beiden Schluchten wirkt heute ruhig und malerisch; anders als das Schloß ist er teilweise zugänglich. Zu Knights Zeiten ragten hier einzelne kahle Felsen aus dem

ARCHITEKTUR FÜR ERHABENE LANDSCHAFTEN

137   Downton Castle. Blick über das ehemalige Parkgelände zum Schloß von Richard Payne Knight.

138   Downton Castle. Der asymmetrische Gebäudekomplex wurde im 19. Jahrhundert zur rechten Seite hin erweitert.

VON DER LUST AM SCHRECKEN: DAS »ERHABENE«

139  Downton Castle. Waldschlucht bei Downton. Federzeichnung von Thomas Hearne um 1790. (Mit freundlicher Genehmigung des Victoria and Albert Museum, London)

140  Downton Castle. Das Tal flußaufwärts unterhalb des Schlosses mit der Castle Bridge. Stich von Benjamin Thomas Pouncy nach Thomas Hearne, 1792.

141 Downton Castle. Die Überreste der Eremitage in der Schlucht.

Boden: Dieser Effekt galt als erhaben und ist häufig von Malern benutzt worden; Loudon, der große Gartenenzyklopädist des frühen 19. Jahrhunderts, fand ihn allerdings häßlich. Am Fluß standen Gebäude zum Schmelzen und Schmieden von Eisen, die mit Feuerschein, Rauch und den Geräuschen des Hammerwerks die Landschaft belebten. Natürlich fällt es uns heute schwer, Landschaftsästhetik und Industrie zu vereinen, wie Loudon es tat[14] – aber man darf sich in Downton keine großen Fabrikanlagen vorstellen. Das Schloß war viel größer als die (im übrigen recht weit entfernte) Hammerschmiede. In Landschaftsdarstellungen des 18. und 19. Jahrhunderts sind ja auch Handwerks- und Manufakturbetriebe mit ihren in den Himmel steigenden Rauchwolken gern benutzte Staffagen.

## Hawkstone Park: die Natur als Predigt

Einen Versuch, das Erlebnis des Sublimen wieder auf das Konzept der »natürlichen Religion« zurückzuführen und es gleichzeitig mit evangelikalem Fundamentalismus zu verbinden, unternahm Richard Hill, der zweite Baronet von Hawkstone, auf seinem Familiensitz etwa 17 Meilen nördlich von Shrewsbury.[15] Dort gibt es einen Platz, an dem die von Norden leicht ansteigende Hochebene plötzlich in einer Kette von Felsriffen abbricht; von der Kante hat man eine weite Aussicht – über fünfzehn Grafschaften, wie Fürst Pückler bei seinem Besuch 1827 zählte. Der Blick geht bei klarer Sicht hinüber zu den Bergen von Wales, und auch das Meer will Pückler (der allerdings zu Übertreibungen neigte) von hier gesehen haben. Auf einem Ausläufer dieser Klippen war schon in der Eisenzeit eine Befestigung angelegt worden, Bury Walls genannt und im Volksmund den Römern zugeschrieben. Ein südwestlich vorgelagerter Hügel trägt eine ausgedehnte mittelalterliche Burg, das Red Castle. Beide waren ideale Eyecatcher im späteren Park.

Das Kernstück dieses Parks kam in der Mitte des 16. Jahrhunderts in den Besitz der Hills, einer alten Familie aus Shropshire, die durch Geschäfte in London zu Geld und dadurch zu politischem Einfluß gekommen war; sie stellten zum Beispiel den ersten protestantischen Lord Mayor der City. Obwohl die Hills Tories waren, hatten sie die Thronfolge der Hannoveraner unterstützt und im 18. Jahrhundert Besitz und Einfluß ausdehnen können. Aber auch das protestantisch-theologische Engagement blieb in der Familientradition erhalten.

Um 1700 wurde das Herrschaftshaus – vermutlich als einfaches Backsteingebäude – errichtet, 1719–1725 erweitert und barockisiert; Francis Chambre legte einen formalen Garten mit einer großen Ulmenallee nach Westen an. Sein Nachfolger, Sir Rowland Hill, erster Baronet, baute das Haus innen und außen um und fügte die Seitenflügel an. In der langen Zeit (1727–1783), die er auf Hawkstone residierte, scheint er das Parkland im »natürlichen« Stil umgewandelt und einige Gartenbauten errichtet zu haben. Sein Nachfolger, Richard Hill, der zweite Baronet, machte den Park zu einem berühmten Touristenziel, in dem viele junge Ehepaare aus den benachbarten Industrie- und Hafenstädten ihre Flitterwochen verbrachten. Vielleicht war er angespornt vom Beispiel seines Verwandten Noel Hill, des ersten Lord Berwick, der 1782 seinen Landsitz in Attingham bauen und ab 1797 den dortigen Park in neuartiger Weise von Humphry Repton umgestalten ließ. Sir Richard stellte der ruhigen Idylle des baumübersäten Weidelandes nicht nur das aufregende Erlebnis des Erhabenen gegenüber, er fügte auch religiösbelehrende Bilder ein, die in den Kommentaren gebildeter Besucher leicht der Lächerlichkeit anheimfielen.

Richard Hill war einer der Theologen in der Familie, aber er hatte aufgrund seiner evangelikalen Anschauungen keine Pfarrei erhalten. Auf Hawkstone verfaßte er, teilweise unter Pseudonym, seit 1770 religiöse Traktate. Das größte war der Park selbst, der mehr den Besuchern als dem Besitzer selbst diente. Deshalb richtete er ein Gasthaus ein,

142 Hawkstone Park im frühen 19. Jahrhundert.

1 Gasthaus
2 Neptun's Whim
3 Windmühle
4 Szene aus Otaheita
5 Gulph mit Brücke
6 Grotte
7 Gotischer Bogen
8 Schweizer Szene
9 Eremitage
10 Höhle
11 Gotisches Sommerhaus (White Tower)
12 Säule (Obelisk)
13 Aussichtsturm
14 Ehemaliger Weinberg
15 Löwengrube

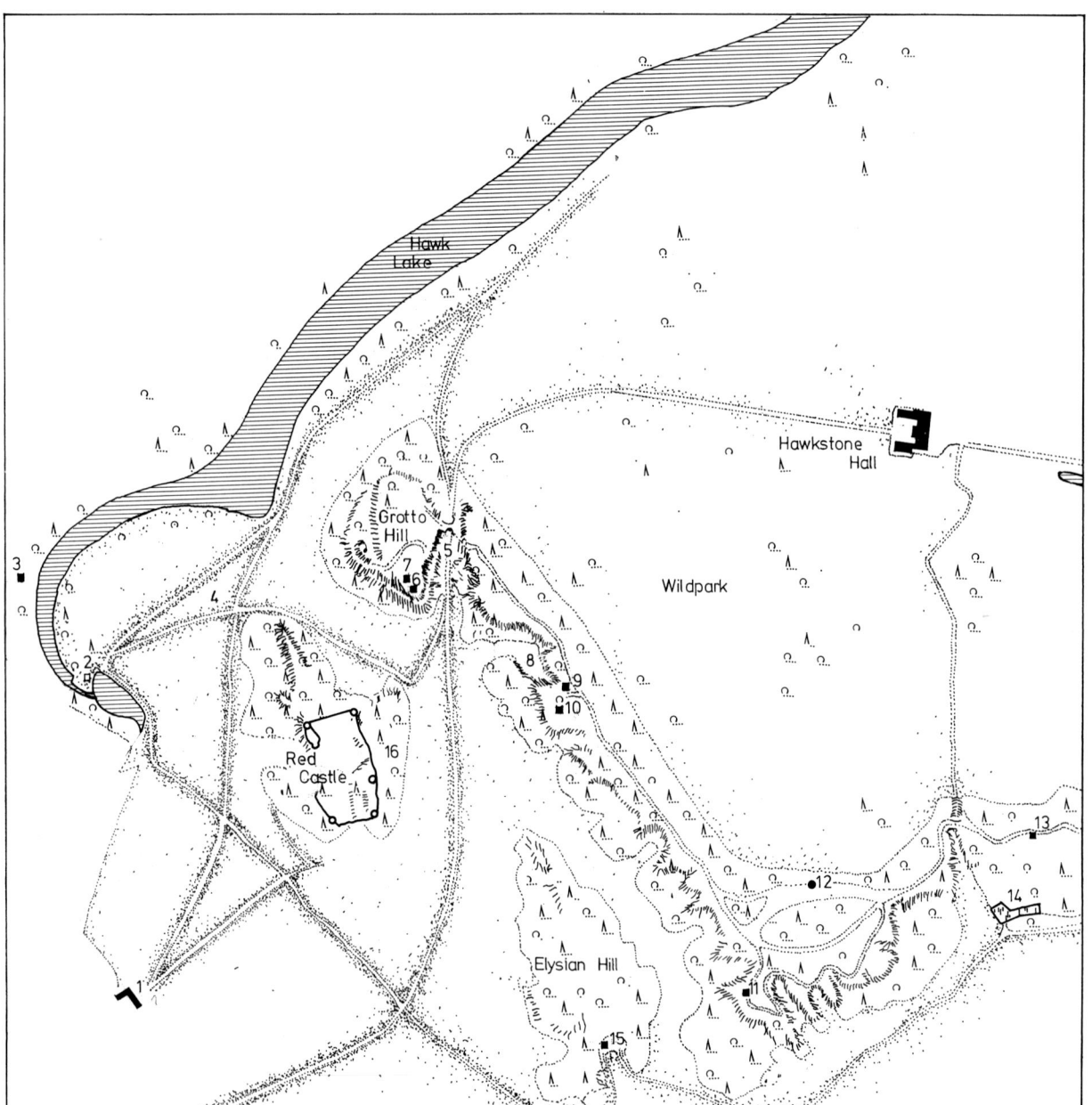

das manche Besucher – so Pückler – besser fanden als das Schloß selbst. Bedienstete führten die Besucher durch den Park.

Es war wohl auch Sir Richard, der den langen, schmalen See aufstaute. Nach anfänglicher Kritik an der allzu offensichtlichen Künstlichkeit seiner Schlangenlinie wurde er erweitert. Man bepflanzte streckenweise die Ufer, auch um Dämme zu kaschieren, und versteckte die Enden so geschickt, daß ihn Pückler für einen Fluß hielt. Auf dem See fuhr ein Vergnügungsboot, und eine Kapelle spielte für die Besucher.

Vom Gasthaus aus gelangte man zuerst zu einem Haus in »holländischem« Stil, das im Inneren mit Bildern aus der Schweiz dekoriert war; hier wohnte der Wärter. Wegen einer großen Neptunsfigur hieß die Hütte Neptun's Whim. Am anderen Ufer des Sees stand eine holländische Windmühle; an einer chinesischen Pagode vorbei führte der Weg zu einer Hütte aus Wurzelwerk, Temple of Patience geheißen, denn hier mußte man auf den Führer warten. Eine nahe Lichtung zeigte eine »Szene aus Otaheita« mit Hütte, Boot und Kultgegenständen nach Art der Südseebewohner; sie war nach Angaben James Cooks angelegt. Diese Szene und einige andere Bauten nahebei (unter anderem ein achteckiges Sommerhaus und ein Kaltbad) waren wohl von Sir Richards Vorgänger errichtet und um 1800 schon teilweise im Verfall begriffen. Durch ihre Einbindung in den großen Rundweg gab ihnen der verhinderte Prediger einen neuen Sinn: Auf kleinstem Platz, und auf einen Blick, versammelte er die »ganze« Welt. Von hier verlief der Weg zum Fuß der Klippen und durch einen natürlichen Felsspalt (the Gulph), den er ausgegraben hatte, zum dunklen Eingang der Höhlen von Hawkstone, die im Inneren des Hügels auf die Klippen führen, aus deren Gestein sie gehauen sind: Es sind die größten Grotten, die je in einem englischen Park angelegt wurden. Ihre Wände waren mit Muscheln und Mineralien aus den entferntesten Ländern bekleidet, buntes Glas in den Fenstern brach das Licht: nach dem langen Gang durch die Finsternis ein unwirklicher Eindruck, der seine Wirkung wohl auf keinen Besucher verfehlte. Die Ausgestaltung, auch mit figürlichen Darstellungen, war das Werk von Lady Hill.

Nach diesen illusionistischen Effekten war der Blick über das weite Land besonders überraschend, die tief unten liegende Landschaft wirkte entrückt. Über dem Vorplatz der Grotte ragt ein rui-

HAWKSTONE PARK: DIE NATUR ALS PREDIGT

143   Hawkstone. Auf den Klippen ist der gotische Bogen zu erkennen.

144   Hawkstone. Der gotische Bogen über dem Ausgang der Grotte.

145  Hawkstone. Blick von den Felsen über den unteren Teil des Parks. Hinter der Baumreihe im Mittelgrund beginnt der See.

146  Hawkstone. In den Fels gehauener Sitz auf den Klippen.

147  Hawkstone. Das Innere der Grotte war ursprünglich mit Muscheln und bunten Steinen inkrustiert.

148  Hawkstone. Blick durch ein Fenster der Grotte in Richtung Schweizer Szene.

Hawkstone Park: Die Natur als Predigt

149 Hawkstone. Einer der zahlreichen Hohlwege des oberen Parks.

150 Hawkstone. Der Eremit von Hawkstone. Historisches Foto. (Mit freundlicher Genehmigung der Royal Commission on the Historical Monuments)

nöser Spitzbogen auf – eine Andeutung der sakralen Aura, die dem oberen Teil des Parks zugedacht war. Der Blick über die von Kupferadern gefärbten Felsvorsprünge hinab ins Tal und über die Ebene ist schwindelerregend. Der Rundpfad führt rings um Grotto Hill, vorbei an Ruhesitzen, die unter hohen alten Bäumen in den Stein gehauen sind, und über einen weiteren Felsspalt, der wohl durch ein Erdbeben verursacht wurde; er erinnerte damit an die Gewalt der Schöpfung. Das nämlich ist Sir Richards Predigt: Die dunkle Grotte stimmte, nachdem man sozusagen die Welt durchwandert hatte, auf ein gesteigertes Naturempfinden ein, in dem die Allmacht des Schöpfers in der Anschauung der Natur erlebbar wurde – eine Absicht, die zusätzlich ein Gedicht Sir Richards an einem der Sitze verdeutlichte: An einen Hymnus Joseph Addisons erinnernd, pries es Gott angesichts seiner Schöpfung.

So sind der Aufweg durch Schlucht und Höhle, der Gedanke an das Erdbeben, das diese Felsen zerriß, die Unbequemlichkeit und Gefährlichkeit der engen Stiege und Treppen in den Klüften Symbol einer Läuterung; danach scheint alles den Herrn zu preisen, von den Muscheln und Mineralien bis zu den Bäumen und Vögeln.

Der weitere Weg führte auf einer wackeligen Holzbrücke über den Gulph in steilem Aufstieg zum Kamm des Höhenzugs, zu einer Eremitage, an der man zu klingeln hatte. Über ihrer Pforte stand die Inschrift »Procul, o procul este profani«. Unter den Worten Vergils saß hier jedoch ein uralter, bärtiger Eremit. Vor ihm lagen ein Schädel, ein Stundenglas, ein Buch und eine Brille. Auf Knopfdruck hob er die Hand und sprach ein Memento Mori – die Figur war eine bewegliche Puppe, die mit Hilfe des Führers »belebt« wurde. Unparteiische Besucher beschrieben diese Einrichtung als ziemlich abgeschmackt; aber alle stimmten in der Bewunderung für die natürlichen Gegebenheiten dieses Platzes überein. Vorbei an einer Höhle, in der sich – der Sage nach – einmal ein Angehöriger der Hill-Familie vor den Häschern des Parlaments verborgen hatte, führte der Weg zu einer Säule (Obelisk) von mehr als 120 Fuß Höhe mit einer Aussichtsplattform unter dem Standbild von Lord Mayor Rowland Hill und zu einem gotischen Sommerhaus (White Tower); von hier war die Aussicht auf den Kontrast der »entsetzlichen« Klippen mit der Sanftheit des grünen Tals darunter und des Elysian Hill gegenüber zu bewundern. Nach Osten gelangte man zu einem Weinberg, dem wohl nördlichsten Europas, der gelegentlich auch als Fort bezeichnet wurde, so hohe Wände sollten ihn vor rauhen Winden schützen (das Experiment wurde bald wieder aufgegeben). Der Rückweg führte durch ein sanftes Tal zu einem »gotischen« Gewächshaus aus rauhem Stein, zu einer Hütte mit allerlei ausgestopftem Getier und über den Elysian Hill, dem ganz die Schroffheit jener Felsen fehlte, die man jetzt von einer Reihe schattiger Sitze aus noch einmal in Ruhe betrachten konnte – das Wilde und Romantische war wieder in die Ferne gerückt. Auf dem Rückweg passierten die Besucher das Red Castle auf seinem Felsen, mit der Ruine des Donjon (Giant's Well). An seinem Fuß ruhte ein steinerner Löwe in einer Grube, die in den Fels gehauen war; doch diese Sehenswürdigkeit ersparten sich manche müde Wanderer, wie die Beschreibungen belegen.

Sir Richard Hill werkelte zeitlebens an seinem Park, fügte gelegentlich neue Sehenswürdigkeiten hinzu, während alte Gebäude verfielen; doch die Hauptattraktion waren immer die Felsklippen. Der Park blieb noch lange ein Ausflugsziel und war bis zum Zweiten Weltkrieg gegen Eintritt zu besichtigen. Das Schloß wurde 1926 an die Kongregation der Redemptoristen verkauft; der ehemalige Wildpark, der im 19. Jahrhundert dazu gehörte, ist mittlerweile unter den Pflug genommen. Die tiefergelegenen Teile des ehemaligen Landschaftsparks werden heute als Golfplatz genutzt. Die Pfade, Steigen und Treppen und ein Teil der Bauten in den Klippen sind erhalten, können dem Publikum aber nicht zugänglich gemacht werden. Man müßte sie sichern und Geländer anbringen: Das aber würde den alten Eindruck vollständig zerstören.

## Belsay: der Park im Steinbruch

Die Parklandschaften Englands sind von Natur selten dramatisch, und die Klippen von Hawkstone sind eine so außergewöhnliche Ausnahme, daß sie bereits vor Richard Hills gärtnerischer Predigt Gegenstand von Andichtungen waren. So blieb manchem Parkbesitzer nichts anderes übrig, als künstliche Felsen oder Grotten auf einer Holz- und Drahtarmatur zu errichten. Selten kamen dabei so eindrucksvolle Bilder zustande wie bei der ganz natürlich wirkenden Kaskade von Virginia Water, die Thomas Sandby 1768 (nach einer Überschwemmung) neu gebaut hat: Sie besteht aus großen Findlingen und schließt den Damm für den See, den sein Bruder Paul Sandby angelegt hatte; es ist der größte künstliche See in einem englischen Park.[16]

Eine andere Möglichkeit, in einer eher flachen und langweiligen Gegend einen eindrucksvollen Akzent zu setzen, fand Sir Charles Monck in Belsay, als er einen Steinbruch in seinen Park einbezog.

Monck stammte aus der Familie der Middletons, die in Northumberland alteingesessen war, aber seit dem Mittelalter keine überregionale Rolle spielte. Ihr Sitz war Belsay Castle, eine Burg aus dem 14. Jahrhundert, die im 17. und frühen 18. Jahrhundert zu einem wohnlichen Schloß erweitert worden war. Der formale Garten vor dem Schloß, den ein Stich von 1728 belegt, wurde verändert und in eine »ferme ornée« einbezogen, deren Wirt-

151 Windsor Great Park. Virginia Water. Die große Kaskade von Thomas Sandby.

152–154 Belsay. Der von Sir Charles Monck im Steinbruch von Belsay Hall angelegte Felsengarten.

BELSAY: DER PARK IM STEINBRUCH

schaftsgebäude – mit einem zinnenbewehrten Turm – noch vorhanden sind. Sir Charles, der den Besitz 1799 erbte, gab das alte Schloß auf. An der Stelle des umgesiedelten Dorfes ließ er 1807–1817 nach eigenem Entwurf ein neues Haus im strengsten dorischen Stil erbauen; es ist ein großer Kubus von 100 Fuß Seitenlänge mit zwei riesigen dorischen Säulen, die in die Portalnische eingestellt sind. Damit schloß er an den kontinentalen Klassizismus an, den er auf seiner Hochzeitsreise kennengelernt hatte. Zwischen dem Kubus von Belsay Hall und dem Geviert des Wirtschaftshofs sind noch Reste der Dorfkirche und des alten Friedhofs erhalten.

Sir Charles machte sich auch daran, den Landschaftspark neu zu gestalten. Ein größerer See, den er plante, blieb auf die Proteste der umgesiedelten Dorfbewohner hin jedoch ungeflutet, so daß das Bootshaus heute in den Feldern buchstäblich auf dem Trockenen sitzt. Direkt beim Haus legte er, entsprechend den neueren Theorien von Uvedale Price und Humphry Repton, eine formale Terrasse über Stützmauern an. Sie war sehr lang und etwas eintönig, womit sie die architektonische Wirkung des Hauses unterstrich (seine Nachfahren haben sie mit Busch- und Baumpflanzungen aufgelockert). Noch auf Sir Charles gehen die Steinfassungen für die Blumenbeete an der Westseite zurück, die heute mit Sträuchern gefüllt sind. Die Terrasse führt um drei Seiten des Hauses herum und ist an der Nordseite von einer Magnolienreihe gefaßt; die angrenzenden formalen Gärten wurden erst im 20. Jahrhundert eingefügt.

Dahinter hatte Sir Charles einen Steinbruch für den Bau des Hauses eröffnen lassen; aus diesem entwickelte er nach der Beendigung der Maurerarbeiten den interessantesten Teil des Parks. Er ist nicht sehr groß und bequem in einer Viertelstunde zu erwandern. Die Felsen sind nicht allzu hoch, aber Monck wußte die engen Spalten, die drei Kessel bilden, geschickt auszunutzen und durch Bepflanzung zu überhöhen. Künstliche Elemente benutzte er nur sehr sparsam: Im ersten Abschnitt rinnt eine Quelle in ein kleines Becken, im zweiten überspannt eine plumpe Brücke eine Engstelle und weckt Assoziationen an Piranesi. Eine Holztür schließt den dritten Teil ab, von dem aus man einen schönen und überraschenden Blick auf den alten Turm der Burg hat. Zwischen den anstehenden Felsen pflanzte Sir Charles exotische Pflanzen aus aller Welt. Die dunklen Klüfte quellen über vor Farben und Formen, und auf den Felsen stehen hohe und dunkle Nadelbäume, so daß man sich für eine kurze Wegstrecke in einem düsteren Gebirgstal wähnen kann – wie schon Burke sagte: Wahre Kunst ohne Täuschung gibt es nicht.

### Fonthill Abbey oder Das Leben ein Alptraum

Keine besondere Dramatik fand der Dichter William Beckford in der Landschaft seines Familiensitzes in Fonthill vor – im Gegenteil, die Umgebung des alten Hauses, dem zudem die erhöhte Lage fehlte, wurde als »monoton« beschrieben. Diesen Landsitz hatte sich vor 1740 Alderman William Beckford gekauft, dessen Vermögen aus den Sklavenplantagen Jamaicas stammte. Er lebte als Händler und Politiker in London, war Lord Mayor und Abgeordneter, ohne vornehme Bildung, aber ein scharfzüngiger und aggressiver Redner, Wortführer des Unterhauses gegen die Krone: der typische Whig. In Fonthill ließ er Haus und Land im Stil seiner schon vornehm gewordenen politischen Freunde anlegen. Das alte Gebäude erhielt eine klassische Fassade und wurde fortan Fonthill Redivivus genannt. Den Bach staute Beckford auf und baute eine fünfbogige Brücke darüber. Ein Stich von 1753 zeigt, wie langweilig und gekünstelt eine solche »natürliche« Landschaftsgestaltung wirken konnte: Der See war gleichmäßig und sorgsam mäandriert, seine Ufer hatten saubere Ränder, und glatte Rasenflächen zogen sich die Hänge hinauf, nur hier und da waren sie mit Buschwerk bestanden. Über dem Haus stand ein Tempelchen im Hang, hinter einem Gehölz lugte eine Pagode hervor, eine Kirche mit tuskischem Portikus (wie in Covent Garden) bildete einen Blickfänger.

Nachdem das Haus 1755 abgebrannt war, ließ es Beckford als Fonthill Splendens in deutlicher Anlehnung an Robert Walpoles Houghton Hall wieder aufbauen. Am See errichtete er ein monumentales Bootshaus, und der eindrucksvolle Torbau für die öffentliche Straße dürfte vom selben, nicht sicher identifizierten Architekten stammen. Für die Boote legte er fast barocke Landeplätze mit Treppen, Balustraden und großen Vasen an.[17]

In der Einsamkeit dieses Tals wuchs, unter der Aufsicht einer strengen Mutter und praktisch vaterlos, der junge William Beckford (1760–1844) auf, »Englands wealthiest son« (Byron), für eine große politische Karriere vorbestimmt. Der Adelsbrief sei schon ausgestellt gewesen, hieß es – da brach im Jahr 1784 der Skandal über ihn herein. Seine Affären mit älteren Damen und vor allem mit jüngeren Männern wurden in die Boulevardpresse lanciert, und der junge Beckford mußte ins Ausland fliehen, bis die Empörung abgeebbt war. Danach zog er sich nach Fonthill zurück und lebte seinen Neigungen. Seit 1777 hatte Beckford lange Reisen zu den großartigen Landschaften des Kontinents durchgeführt; unter dem Vesuv hatte er in Lady Hamilton, der Frau seines Onkels, eine Vertraute gefunden. Alexander Cozens, der ihn als Zeichenlehrer begleitete, weckte in ihm jene Sensibilität für die Stimmung einer Landschaft, die Beckfords Prosa vor aller romantischen Literatur auszeichnet.

Schon früh hatte sich der sensible Junge in seine Phantasien eingelebt. Das dreitägige Fest im »Palais des unterirdischen Feuers«, einer Dekoration Philip de Loutherbourgs, in der er im Winter 1781 seine Volljährigkeit feierte, war die erste kurzlebige Gegenwelt, die er sich schuf.

»Verloren in Träumen und magischem Schlummer gleiten meine Stunden sanft vorbei«, schrieb er 1780 von einer Europareise.[18] Seine Erinnerungen an die gesehenen Landschaften verdichteten sich zu »Dreams, Waking Thoughts, and Incidents« (1783 gedruckt), und seine Träume brachten wiederum die bizarren Landschaften in »Vathek« hervor (1786 erschienen), das er 1782 angeblich in drei Tagen und zwei Nächten geschrieben hatte: die Geschichte eines Kalifen, Bauherrn von fünf Palästen, die den fünf Sinnen gewidmet waren. Um die Rätsel des Alls zu entdecken, unterwarf sich der Kalif den Mächten des Dunkels und stieg schließlich hinab zum Grund der Welt, wo er den »Alcazar des unterirdischen Feuers« fand, der überquillt von allen Schönheiten der Welt – und der deshalb die gräßlichste Hölle ist. (Der Roman, der Beckford den Beinamen »Caliph of Fonthill« eintrug, soll das Lieblingsbuch Lord Byrons gewesen sein.)

Es leuchtet ein, daß die langweilige Klarheit und die harmlose Entspanntheit eines palladianischen Landhauses, daß die gezähmte Natürlichkeit seines Parks diesem Geist nicht genügen konnten; politische Solidarität mit seiner Klasse brauchte er nach 1784 auch nicht mehr zu demonstrieren. Das Haus des Vaters ließ er 1807 abreißen, ebenso das noch unvollendete Gebäude, das jener nach einem Entwurf Robert Adams in Witham Park begonnen hatte. Zunächst »naturalisierte« der junge Beckford die Ufer des Sees und trug sich mit dem Gedanken,

FONTHILL ABBEY ODER DAS LEBEN EIN ALPTRAUM

155   Fonthill. Lageplan. Das Haus William Beckfords befindet sich in der Mitte des Plans; rechts ist das Gelände des alten Parks. Stich aus: John Rutter, Delineations of Fonthill and his Abbey, 1823.

156   Fonthill. Ansicht der Abbey von Südwesten. Stich aus: John Rutter, Delineations of Fonthill and his Abbey, 1823.

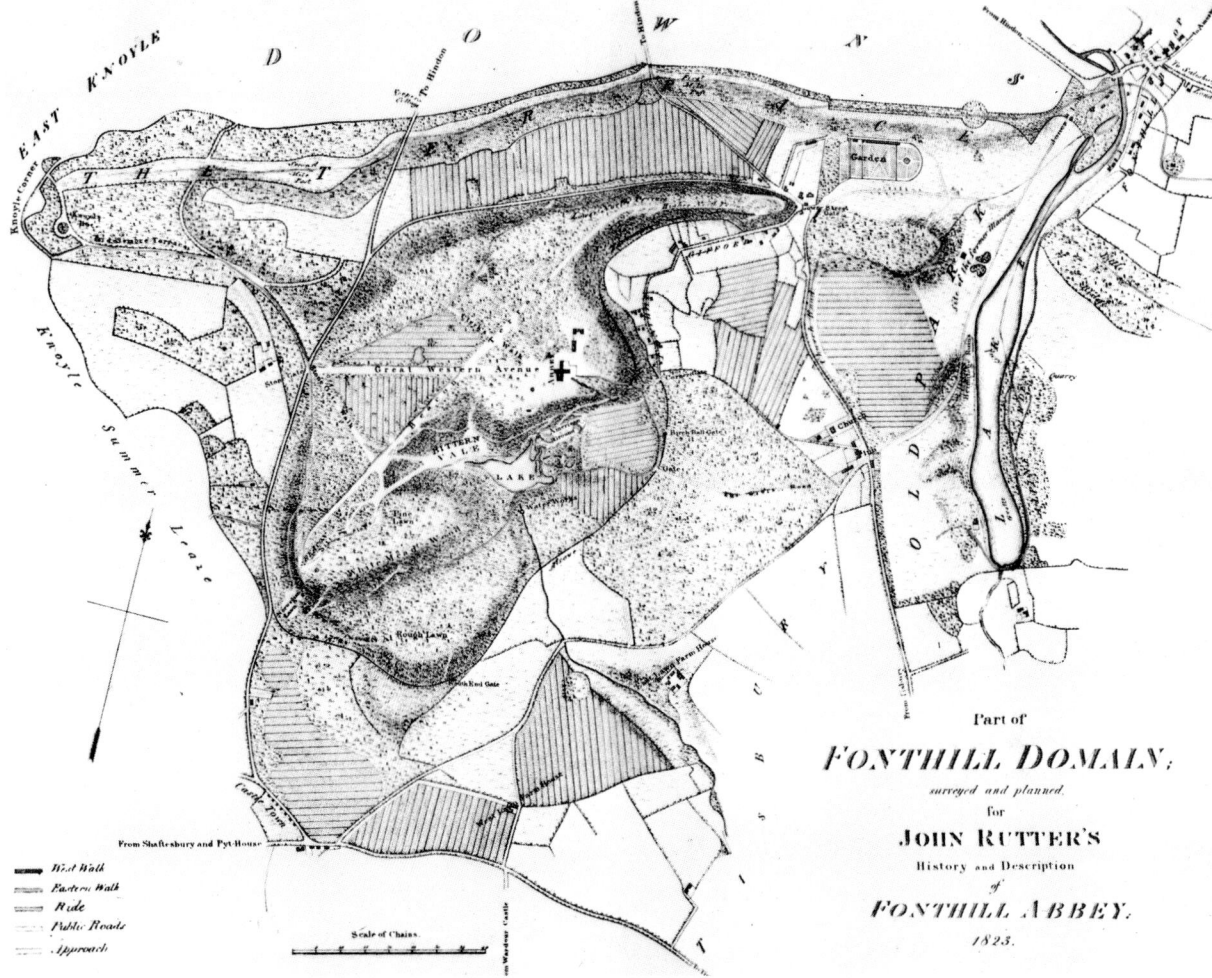

Von der Lust am Schrecken: das »Erhabene«

157 »Fonthill Abbey. Sonnenuntergang«. Aquarell von William Turner aus dem Fonthill-Skizzenbuch (XLVII,10), 1798. Die Skizze zeigt die noch unvollendete Abbey am Abend. (Mit freundlicher Genehmigung der Tate Gallery, London)

158 »Fonthill Abbey. Morgen«. Gemälde von William Turner, nach 1798. Im Mittelgrund der Bitham Lake mit den American Grounds; darüber erhebt sich das Gebäude der Abbey. (Mit freundlicher Genehmigung der Art Gallery of Ontario, Toronto. Bequest of John Paris Bickell, 1952)

FONTHILL ABBEY ODER DAS LEBEN EIN ALPTRAUM

Von der Lust am Schrecken: das »Erhabene«

159   Fonthill. Tor zu Fonthill Splendens. Dieses Bauwerk ist ein Überrest des ehemaligen Landsitzes von Alderman William Beckford.

160   Fonthill. Die Überreste der Abbey.

Inseln anlegen zu lassen. Um 1794 ließ er in der Nähe des Ufers einige grottenartige Konstruktionen aufführen. Eine war Eremitage genannt, eine andere sollte einen Cromlech vorstellen; Baumeister war Josiah Lane aus Tisbury, dessen Vater schon die Grotten in Painshill angelegt hatte. Aber bald konzentrierte er sich auf das bergige Gelände hinter dem alten Park, das 1792 mit einer hohen und langen Mauer – gegen Jäger, aber auch gegen Neugierige – eingefaßt worden war. Dort legte er einen neuen, ganz anderen Park an. 1796 hat er sein Ziel so formuliert: »Wenn nach einer gewissen Zeit meine Hügel vollständig mit Tannen bewachsen sind, werde ich mich in das Zentrum dieses düsteren Kreises zurückziehen. (. . .) Dort werde ich meinen Turm bauen und meine Bücher und Schriften aufbewahren und über ihnen brüten.«[19]

Auf der Spitze des Beacon Hill ist der Sockel eines Gebäudes auf dreieckigem Grundriß mit runden Ecktürmen zu finden. Bereits John Rutter berichtete, die Mauern seien malerisch überwuchert; er schrieb das Projekt, als dessen Vorbild unschwer Alfred's Tower im nahen Stourhead zu erkennen ist, Alderman Beckford zu. William Beckford scheint sein erstes Turmprojekt ebenfalls für diese Stelle geplant zu haben, zog dann aber einen Platz auf dem etwas tiefer gelegenen Plateau vor und ließ sich von James Wyatt ein neues Haus bauen. Was zuerst nur ein bewohnbares Gartenhaus, ein »Convent in ruins«, hätte werden sollen, wuchs im Verlauf von fünf Bauphasen (1796–1815) zu einem gigantischen Schloß ohne Vorbild und Vergleich heran, von düsterem Prunk, das Anspielungen auf ein Kloster (ein beliebter blasphemischer Topos der schwarzen Romantik) und eine mittelalterliche Residenz mit dem Vierungsturm einer Kathedrale (in Konkurrenz zum nahen Salisbury) verband. Allerdings wurde die Turmspitze bereits während des Baus von einem Sturm heruntergeweht und blieb unvollendet. Überhaupt machten Wyatts Experimente mit modernen und billigen Konstruktionen bald Reparaturen nötig; zudem waren die langen Galerien und hohen Räume unwohnlich und mußten selbst im Sommer aus zahlreichen Kaminen geheizt werden.

Das umfriedete Gelände um die Abbey, das heute weitgehend aufgeforstet ist, war damals größtenteils kahl. Beckford ließ einige schnurgerade Alleen anlegen, die das Haus gut in Erscheinung brachten. Sie waren jedoch nicht von Reihen gleichartiger Bäume, sondern von einer kunstvoll unregelmäßigen Bepflanzung gesäumt. Dazu kam ein Gewirr von Pfaden, der Topographie angepaßt, in dem man sich verirren konnte. Denn eine Übersicht verhinderten die Gärten und Wälder, die angelegt wurden und nur eine Reihe kalkulierter Prospekte freigaben. Der Park enthielt keine der üblichen klassischen, chinesischen oder gotischen Gartengebäude; lediglich eine hölzerne »Norwegerhütte« ist belegt. Aber die einzelnen Teile des Gartens waren sorgfältig so geplant, daß alles zufällig schien. Die scheinbar wild durcheinander wachsenden Pflanzen waren höchst delikat gemischt und geographisch thematisiert.

Zu Fonthill Splendens hatte schon ein Alpine Garden in einem alten Steinbruch gehört, in dem rote Rosen und Schneeball, Gummibäume, Flieder, Goldregen und Stechapfel wuchsen; der Weg war von Buchen und Rosen gesäumt – eine außergewöhnliche Mischung für einen Landschaftsgarten –, aber die Gärten von Fonthill Abbey waren noch viel reicher. Beckford ließ Pflanzen aus aller Welt kommen, darunter viele Blumen und Blütensträucher; wie der Kalif Vathek schien er alle Herrlichkeit der Welt zusammentragen und aufhäufen zu wollen, so daß die schiere Pracht und Fülle überwältigte: Auch dies hatte Burke als eine Wurzel des Erhabenen definiert. Der düstere Bitham Lake, ein künstlicher Nemi-See, gab die Assoziation eines erloschenen Vulkans, und zugleich erinnerte er an den Schacht, durch den Vathek ins Innere der Erde, in den »Alcazar des unterirdischen Feuers« – seinen Traum und seine Hölle – hinabgestiegen war.

Oberhalb des Sees ragte die Abbey mit ihren Türmen und Galerien in den Himmel. Doch blieb sie den Neugierigen verschlossen, und Beckford wußte die Gerüchte um den geheimnisvollen Bau mit seinen Büchern und Kunstschätzen wohl zu nähren. Wie sehr er dieses Gebäude als Teil und Krönung der Landschaft verstanden hat, zeigen die Skizzen und Aquarelle, die William Turner ab 1798, noch vor Vollendung des Turms, in seinem Auftrag anfertigte. Aber der Park von Fonthill Abbey war nicht die Verwirklichung seiner Träume, nur der dauerhafte Abglanz seiner flüchtigen Phantasien. Die Freuden der Einbildungskraft sind von kurzer Dauer, und an einem Spätsommertag des Jahres 1822 fuhr Beckford für immer und ohne eine Geste des Abschieds davon. Er zog nach Bath, sein »heiliges Grabmal« verkaufte er an einen Waffenhändler aus Schottland; wenige Jahre später stürzte es ein.

161 »Virginia Water«, Aquarell von William Turner, um 1829. Im Hintergrund das ehemalige chinesische Gartenhaus. (Privatbesitz)

162 Wroxton. Chinesisches Haus und chinesische Brücke. Zeichnung von Mary Delaney, 1754. (Mit freundlicher Genehmigung der National Gallery of Ireland, Dublin)

# Das Exotische im Landschaftsgarten

»Exotische« Vorstellungen und Formen spielten im Landschaftsgarten immer eine gewisse Rolle, während des 18. Jahrhunderts allerdings eine Nebenrolle: Sie lieferten Analogien und Rechtfertigungen, ohne direkt nachgeahmt zu werden, oder sie setzten als pikante Einzelstücke einen unterhaltsamen Akzent gegen die allzu steife Klassik.[1] Das entscheidende Merkmal war die Fremdartigkeit, die sonderbar berührte, Neugier und Verlangen weckte. »Exotisch« bezeichnet deshalb auch kein einheitliches Formenrepertoire, sondern faßt als Sammelbegriff verschiedene National- und Phantasiestile zusammen, vor allem den chinesischen, in geringerem Maße den indischen, ferner den japanischen, persischen und den türkischen Stil (unter letzterem kann man sich alles nicht weiter Klassifizierbare vorstellen).[2] Anfangs wurde sogar die Gotik zu dieser Gruppe gerechnet, so weit war sie vom Ideal des Klassischen entfernt (Theorien über ihren vermeintlich maurischen Ursprung hielten sich lange); die Austauschbarkeit mit Chinoiserien zeigt beispielsweise Richard Bentleys nicht ausgeführter Entwurf eines Gartenhauses für Horace Walpole in Twickenham. Schließlich hatten alle diese Stile – zumindest in europäischen Augen – einiges gemeinsam: vor allem ihre Kleinteiligkeit und die Neigung zu elegant oder bizarr geführten Kurven statt der klaren Rechtwinkligkeit der Säule-Architrav-Architektur. Aufgesetztes Ornament – eher pflanzenartig als tektonisch – ließ Fläche und Umriß unklar erscheinen, und wenn sich solche Bauten im Wasser spiegelten, wurde der Eindruck des Unwirklichen noch erhöht.

## China in England

Der wichtigste exotische Stil war der chinesische. Er hatte schon eine lange Tradition, die sich, wenn man es genau nehmen will, bis auf Marco Polos Berichte zurückverfolgen läßt. Einigermaßen zuverlässige Nachrichten aus China lagen am Ende des 17. Jahrhunderts vor, und das chinesische Beispiel war ein wichtiges Argument für den unregelmäßigen Garten (allerdings gab es auch eine literarische Konvention, Kritik an den heimischen Zuständen als Berichte aus fernen Ländern zu kleiden). Um so mehr fällt auf, daß in England – im Gegensatz zum Kontinent – erst im letzten Viertel des 18. Jahrhunderts Versuche gemacht wurden, »chinesische« Gartenszenen zu gestalten, etwa in Park Place um 1780. Aber schon um die Jahrhundertmitte gab es eine regelrechte Mode, orientalisch wirkende Architekturen in Landschaftsparks einzusetzen.[3] Nur wenige davon haben die Zeit überdauert, denn es waren zumeist nur leichte Konstruktionen aus Holz und Tuch, so wie das 1738 zum ersten Mal erwähnte chinesische Haus in Stowe (auch als »Indian House« bezeichnet – man nahm es nicht so genau): eine kleine, bunt bemalte Pfahlhütte mit vergitterten Fenstern.[4] Es wurde vermutlich 1750 nach Wotton Underwood transloziert, wo es über zweihundert Jahre lang stand, um 1957 erneut umgesetzt zu werden, diesmal nach Harristown in Irland. So kommt es, daß dieses wohl älteste chinesische Haus zugleich eines der wenigen erhaltenen ist. Von anderen »chinesischen« Bauten der vierziger Jahre wissen wir nur durch Abbildungen und gelegentlich aus Beschreibungen, zum Beispiel von Fonthill Splendens oder Studley.

Daß die Chinamode der Jahrhundertmitte auch Teil des Rokokostils war, belegen viele Zeichnungen. Sehr deutlich kann man dies an den Gärten von Wroxton Abbey in Oxfordshire erkennen.
Den ursprünglich klösterlichen Besitz mit einem Manor House aus dem frühen 17. Jahrhundert erwarb 1671 Francis North, der erste Baron Guilford, ein Tory. Er begann mit Pflanzungen von Bäumen und anderen gärtnerischen Maßnahmen; sein Sohn und sein Enkel setzten diese Arbeiten fort und ließen ab 1727 einen formalen Garten anlegen, der jedoch nicht lange Bestand hatte: Der dritte Baron Guilford wurde nämlich 1730 Lord of the Bedchamber beim Prince of Wales und übte dieses Amt bis zu dessen Tod 1751 aus. Dort lernte er die neue Art der Gartenkunst kennen und gestaltete ab 1735 seinen Besitz im natürlichen Stil um. Der Teich erhielt einen neuen Damm mit einer hohen Kaskade und einen unregelmäßigen Umriß. Sein Ablauf und ebenso der Fluß, in den er mündete,

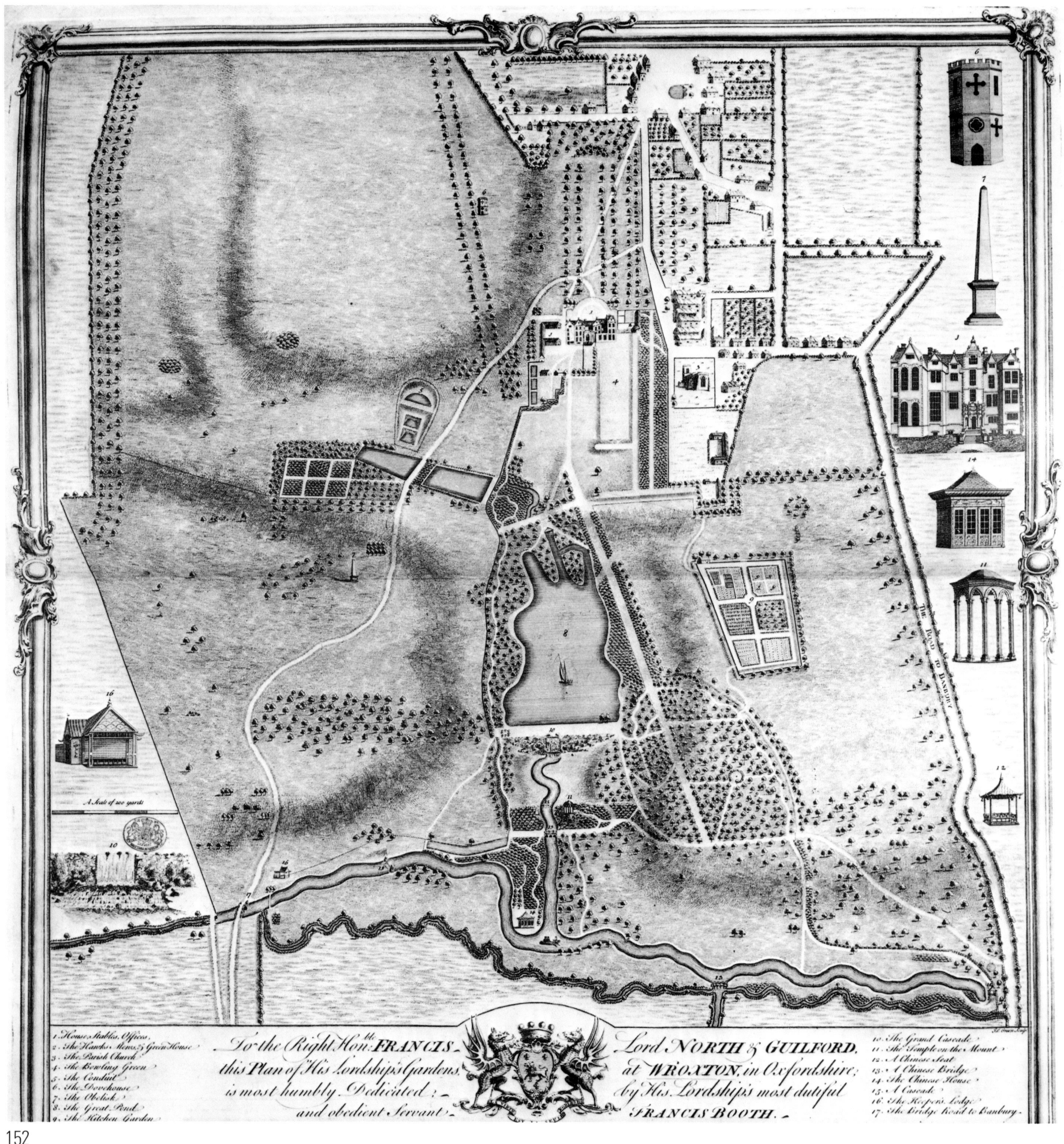

163 Wroxton. Plan des Parks nach Francis Booth, um 1750. Der »chinesische« Teil befindet sich am unteren Rand des Planes.

164 Wroxton. Der gotische Tempel stand auf einem künstlichen Hügel, zu dem eine chinesische Brücke führte. Zeichnung von Samuel Henry Grimm. (Mit freundlicher Genehmigung der British Library, London)

wurden in heftigen Schlangenlinien gekrümmt und mehrfach aufgestaut; nicht nur, weil Kaskaden so ungemein belebten, sondern vor allem, weil sonst zuwenig Wasser da war (der große Wasserfall am Teich konnte nur zu besonderen Gelegenheiten in Betrieb genommen werden).
Ebenso künstlich »natürlich« wurden die Wege mit ihren engen Windungen angelegt. Man errichtete einige Brücken und Pavillons im chinesischen Stil, über die wir durch die Zeichnungen von Mary Delaney von 1754 unterrichtet sind. Horace Walpole hielt diese Pavillons für die ersten chinesischen Parkbauten in England. Ab 1744 ließ sich Lord North von Sanderson Miller bei der Errichtung gotischer Bauten beraten – nicht immer gut, denn 1747 stürzte der von Miller geplante Kirchturm ein.[5] Das Taubenhaus im Stil von Millers Turm auf Edge Hill hat jedoch – als eines der wenigen Parkgebäude – die Zeiten überdauert. Im unteren Teil des Parks wurde ein gotischer Tempel errichtet, dessen Kuppel Miller als zu schwer empfand und abzuändern riet. Der ursprüngliche Entwurf ist auf dem Plan von Francis Booth (um 1750) zu sehen, der sich in der Bodleian Library befindet, die ausgeführte Version auf den Zeichnungen Samuel H. Grimms von 1781 in der British Library.[6] Gerade die letzteren belegen, wie verwandt Chinoiserien und Gotizismen dem 18. Jahrhundert erschienen sind. Der Plan des Gartens zeigt aber auch, wie der Weg vom Haus mit seiner noch sehr formalen Umgebung in immer »wildere« Gebiete führt; das »China« des Parks ist im entlegensten Teil, als wäre der Spaziergang dorthin eine Weltreise im Kleinen.[7]

Mit einer Weltreise im Großen hat eine andere chinesische Szene zu tun, deren Kernbau noch erhalten ist, weil er stabiler als üblich ausgeführt wurde: das chinesische Haus in Shugborough, dem gemeinsamen Besitz der Brüder Thomas und George Anson. Thomas Anson war Kunstsammler und -kenner, Gründungsmitglied der Society of Dilettanti und ab 1747 Abgeordneter. Sein jüngerer Bruder, der eigentliche Whig, brachte den Reichtum in die Familie: Er war Admiral der Flotte, die er in den fünfziger Jahren gründlich reorganisierte. 1744 war George Anson von einer ebenso verlust- wie erfolgreichen Kriegsfahrt rund um die Welt zurückgekommen und hatte seine Beute im Triumphzug durch London geführt. Als er gegen 1750 die Anlagen um Shugborough Hall neu gestaltete, nahm die ganze Familie Anson daran teil. Als Planer stand ihm der Astronom Thomas Wright zur Seite, der sich bereits durch die Anlage von Grotten einen Namen gemacht hatte. In dieser ersten Phase wurden vor allem verspielte, kleinmaßstäbliche Szenen in der näheren Umgebung des Herrenhauses von 1693 eingerichtet und Wasserflächen aufgestaut.
Das chinesische Haus von 1747 war wohl das erste Parkgebäude. Es geht auf Zeichnungen von Percy Brett, dem späteren Admiral, zurück, der unter Anson Leutnant war und mit ihm vor Kanton gelegen hatte, und ist eine der wenigen Chinoiserien, die eine gewisse Authentizität beanspruchen können. Der einfache Rechteckbau mit einem geschwungenen Dach, dessen Zierat man bei einer späteren Rekonstruktion reduzierte, steht auf einem kleinen Hügel, einer künstlichen Insel im Fluß Sow, dessen Bett später verändert wurde. Der Zugang erfolgte über zwei geschwungene Holzbrücken, die 1813 einer wenig stilgerechten Eisenkonstruktion weichen mußten. Die heute sehr lebhafte Farbe ist ebenfalls nicht original; der ursprüngliche Eindruck war viel zarter. Der Admiral stattete das Haus mit chinesischen Laternen und Blumentöpfen aus, seine Frau gestaltete das Innere. Es handelte sich also um eine Art persönliches Erinnerungsstück. Auch das Bootshaus nebenan wies – zurückhaltende – chinesische Anspielungen auf.
Um 1752 wurde eine sechsgeschossige Pagode errichtet, die von einem Vorbild in Kanton abgeleitet sein soll und als ein Vorläufer der großen Pagode von Kew gilt. Sie wurde wahrscheinlich bei der Überschwemmung von 1795 zerstört, ist aber auf den Bildern von Moses Griffith zu erkennen. Ihr Standort war in einiger Entfernung vom Haus, auf einer Insel im Sherbrook, auf die zwei stark gekrümmte, kleine Brücken führten; sie ragte aus einer Gruppe von Bäumen heraus, was sie dem

DAS EXOTISCHE IM LANDSCHAFTSGARTEN

165  Shugborough. Lageplan. Rekonstruktion des Zustands Ende des 18. Jahrhunderts.

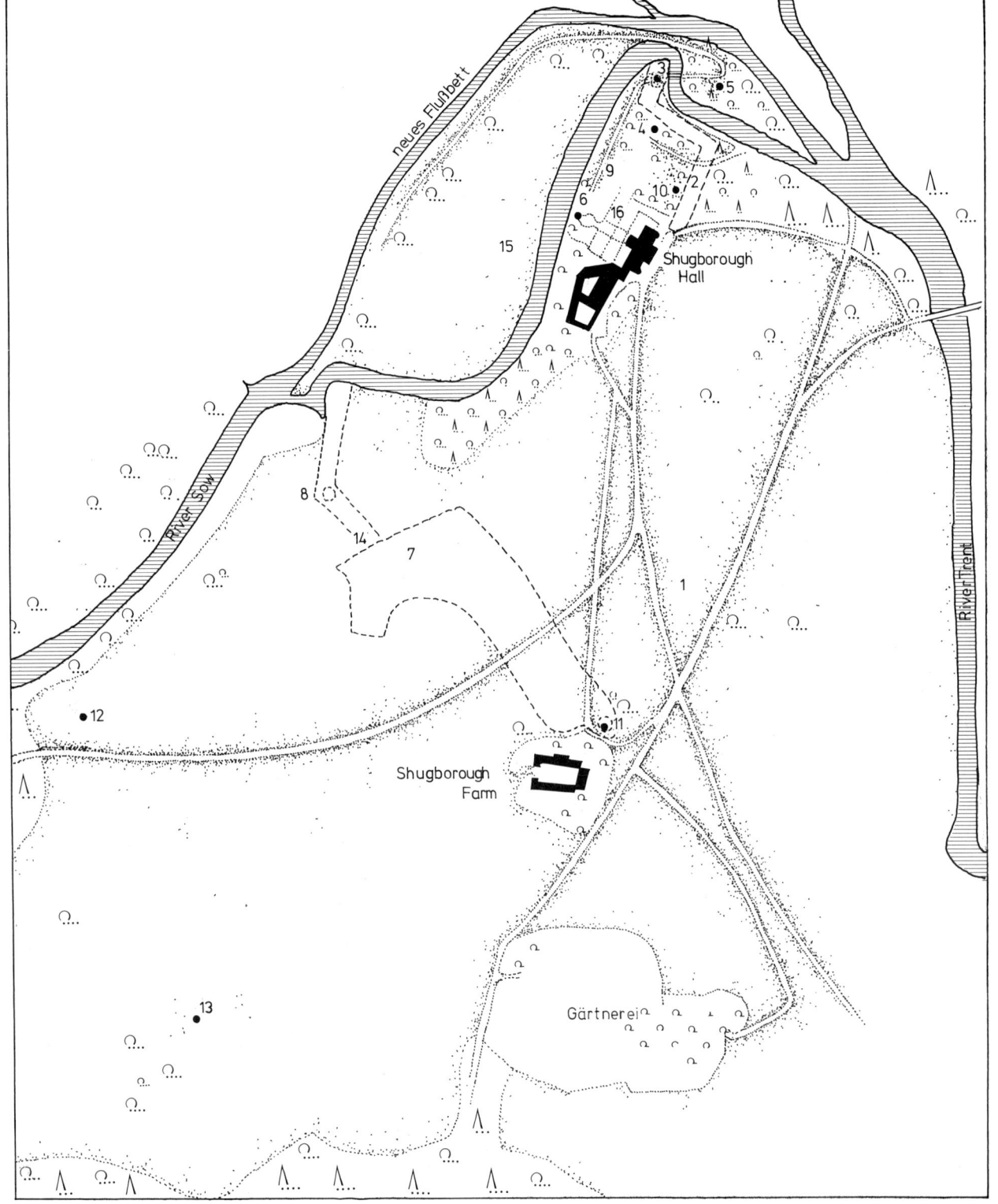

1   Lage des ehemaligen Dorfes Shugborough
2   Reste des Grabens um das alte Manor House, als Ziergewässer gestaltet
3   Chinesisches Haus
4   Shepherd's Monument
5   Katzenmonument
6   Künstliche Ruine (Druiden-Monument)
7   Ehemaliger Mühlenteich
8   Standort der ehemaligen Pagode
9   Standort der ehemaligen Orangerie
10  Dorischer Tempel
11  Turm der Winde
12  Lysikrates-Monument
13  Hadriansbogen
14  Ehemaliger Mühlendamm und palladianische Brücke
15  Standort der römischen Ruine

166 Shugborough. Chinesisches Haus. Die rotlackierte Brücke stammt von 1813.

DAS EXOTISCHE IM LANDSCHAFTSGARTEN

167 Shugborough. Der Turm der Winde stand ursprünglich auf einer Insel im Mühlenteich und war über zwei chinesische Brücken erreichbar.

168 Shugborough. Der dorische Tempel James Stuarts ist neben dem Hephaistostempel in Hagley das früheste Beispiel für die Rezeption griechisch antiker Ordnungen in England.

169 Shugborough. Panorama des Parks. Gemälde von Nicholas Dall. Von links nach rechts: Hadriansbogen, Turm der Winde, Dorf Shugborough, Lysikrates-Monument, Pagode, Shugborough Hall, Brücke nach Essex. (Mit freundlicher Genehmigung der National Trust Photographic Library)

170 Shugborough. Gemälde von Nicholas Dall. Von links nach rechts: chinesisches Haus, römische Ruine, Orangerie, Druiden-Monument, Rückseite von Shugborough Hall. (Mit freundlicher Genehmigung der National Trust Photographic Library/ Erik Pelham)

171 Kew Gardens. Römischer Torbogen mit Durchblick zum Apollotempel. Stich aus: William Chambers, Plans, Elevations, Sections, and Perspective Views of the Gardens and Buildings at Kew in Surry, 1763.

172 Kew Gardens. Lageplan von William Chambers, 1763. Am rechten Rand ist der achteckige Grundriß der Pagode zu erkennen.

173 Kew Gardens. Blick auf Alhambra und Pagode. Stich von H. Schutz nach einer Zeichnung von Franz Joseph Mannskirch, 1798.

Betrachter zusätzlich entrückte. Vermutlich hat sie Thomas Wright entworfen, der auch weitere Follies anlegte: mehrere »klassische« Ruinen – eine davon, in der Achse des Salons, steht noch – und eine Kaskade unter einem palladianischen Portikus. Auch das Shepherd's Monument geht auf ihn zurück, eine etwas altertümelnde Säulenstellung mit einem Relief Peter Scheemakers' nach Poussins berühmtem Bild »Et in Arcadia ego«.[8] Die elegische Stimmung in ihrer manchmal ironischen englischen Variante wird durch ein pompöses Monument in einem Hain von finsteren Nadelbäumen unterstrichen: Es ist das Grabmal für Admiral Ansons Katze.

In den sechziger Jahren ließ Thomas Anson Haus und Park beträchtlich erweitern. Shugborough Hall erhielt ein von Piranesi beeinflußtes »römisches« Interieur (während die kühle Eleganz des Äußeren auf eine dritte Ausbauphase unter James Wyatt, 1792–1807, zurückgeht). Im Park wurde »Athenian« Stuart beschäftigt, der hier seine Zeichnungen der »Altertümer von Athen« verwerten konnte. Er arbeitete dabei mit Nicholas Dall zusammen, einem Kulissenmaler von Covent Garden. Sie respektierten durchaus den etwas verspielten Charakter des älteren Parkteils und zeigten Gefühl für seine theatralischen Effekte: Die – um 1800 verschwundene – Orangerie belegt dies ebenso wie der dorische Tempel, der nur eine Schaufront hat (wie sein Vorgänger in Hagley, dem Sitz von Ansons Freund Lyttelton).

Etwas weiter entfernt stehen ein Lysikrates-Monument, ein Turm der Winde und ein Hadriansbogen ziemlich verloren auf der Weide. Allerdings ist der heutige Eindruck nicht ganz der ursprüngliche. Der Turm der Winde stand auf einer kleinen Insel und soll über zwei chinesische Brücken zugänglich gewesen sein – sicher ein merkwürdiger Kontrast. Diese etwas beziehungslos angesammelten Einzelstücke ergeben kein erkennbares Programm; auch fehlt der Weg, der die für sich ganz hübschen Einzelszenen verbinden (was schon Gilpin monierte). Für die Familie Anson konnten sie sehr persönliche Bedeutungen annehmen; beispielsweise wurde der Hadriansbogen durch Zufügen einiger Ausstattungsstücke von der Hand Scheemakers' zu einem Denkmal für Admiral Anson und seine Gattin umgestaltet.[9]

An Stabilität und Authentizität waren die Chinoiserien von Shugborough Ausnahmen; die Regel waren leichte Gebilde, die man nicht sehr ernst nahm. Um die Jahrhundertmitte waren sie eine regelrechte Mode, die sich auch auf den Rummelplätzen austobte: In Vergnügungsparks wie Ranlagh und Vauxhall bei London tauchten »chinesische« Gebäude auf, und sogar eine chinesische Brücke über die Themse hat es – bei Hampton Court – gegeben. Gegen 1760 ging die Mode der Rokoko-Chinoiserien in England zu Ende, während sie auf dem Kontinent erst ihrem Höhepunkt zustrebte. Die Vertreter des Malerischen machten sich nun über die putzigen kleinen Dinger lustig.[10] Eine Ausnahme war William Chambers, der seine »Designs of Chinese Buildings« 1757 veröffentlichte.[11] Damit hinkte er zwar den Musterbüchern für chinesische Gartenbauten etwas hinterher, aber er konnte eine Autorität beanspruchen, die die Langleys oder die Halfpennys nicht hatten.

Als Architekt der Prinzessin-Witwe Augusta hatte Chambers Gelegenheit, seine Vorstellungen von Gartenarchitektur zu verwirklichen. 1757–1762 plante er die Neuordnung von Kew Gardens, wo er schon einige Parkbauten vorfand, darunter ein vielbewundertes Haus des Konfuzius. Chambers' Layout für Kew sah einen Rundweg am Rand des Parks vor, mit einer abschirmenden Bepflanzung nach außen und mit Blicken in den Park. An diesem Weg reihte er weitere Gartengebäude auf, die zum Teil Heinrich Müntz entworfen hatte: kleine klassische Tempel, einen »römischen« Ruinen-Bogen (eine etwas bescheidene Piranesi-Adaption), einen großen gotischen Sitz, eine Moschee, eine Alhambra – die meisten dieser Bauten waren kurzlebig. Glanzstück war die große Pagode, die heute immer noch steht, wenn auch ihres goldglänzenden Schmuckes beraubt. Trotz seiner heftigen Polemik gegen den »Salatgärtner« Brown in seiner »Dissertation« von 1772 kann man leicht erkennen, daß Chambers' Leistungen – und vielleicht auch seine Neigungen – eher auf dem Gebiet der Architektur als der Gartenkunst lagen. Auf dem Kontinent wurden seine Äußerungen über chinesische Gartengestaltung beachtet und ernsthaft umgesetzt[12] – in

A PLAN
OF THE GARDENS
OF KEW
An 1763
Scale of Rods
Scale of Feet

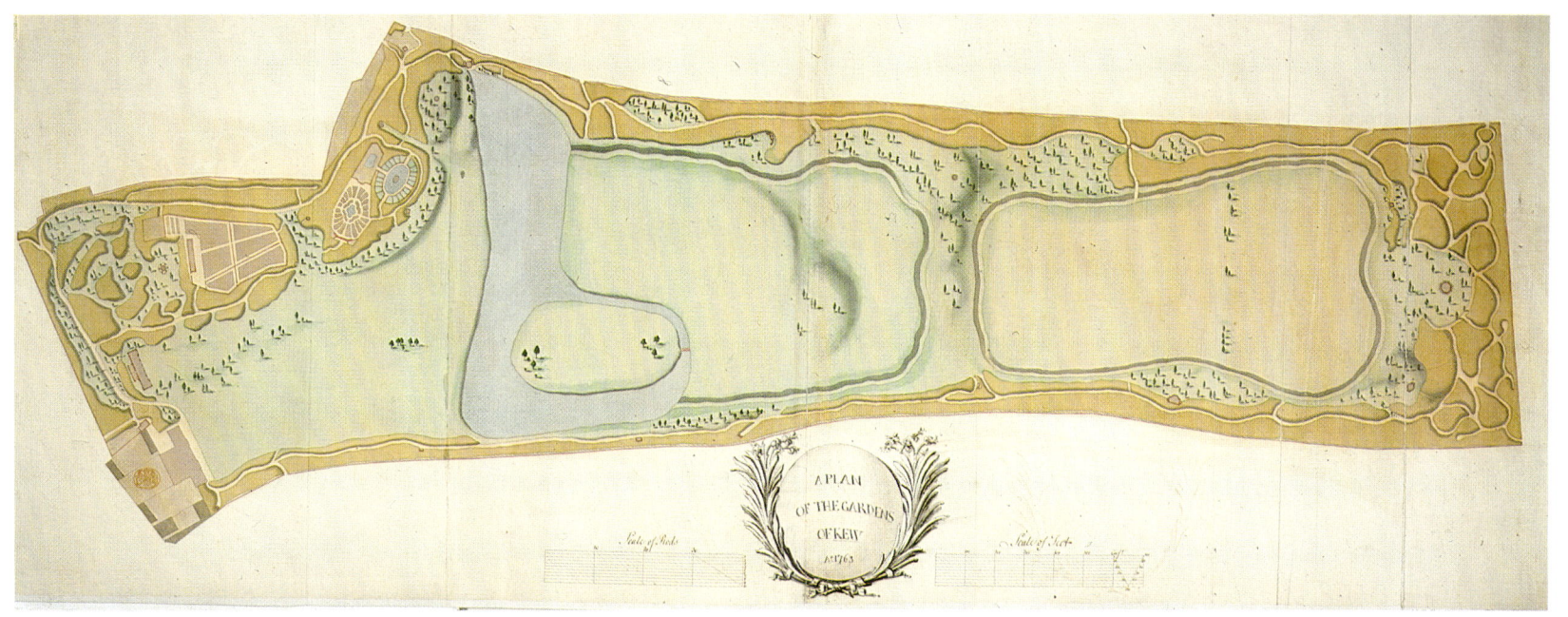

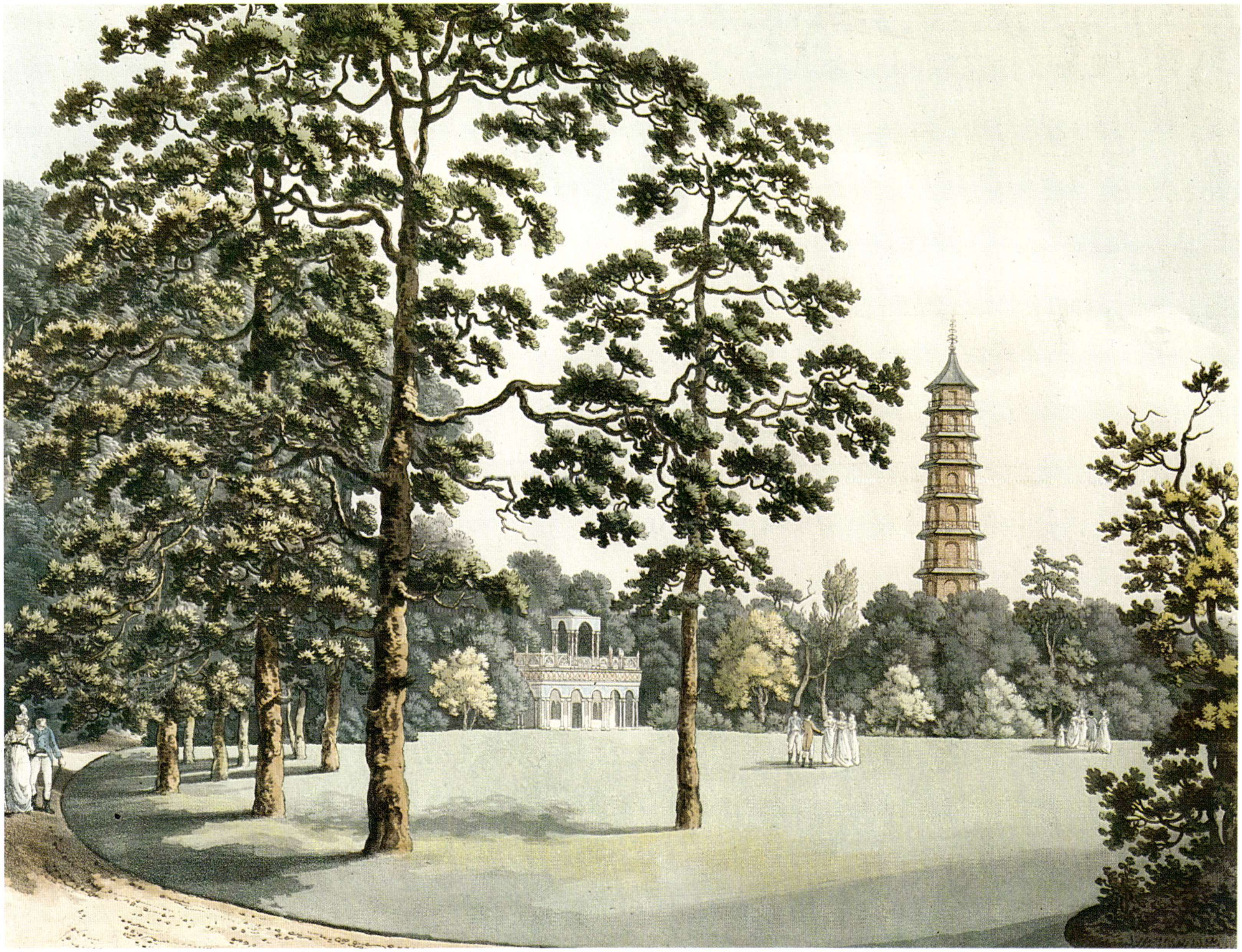

174   Woburn Abbey. Ansicht der Chinese Dairy von Humphry Repton. Kolorierte Radierung von Thomas Morris, 1803.

175 Melchet Park. Indischer Tempel für Warren Hastings. Stich von William Daniell.

England blieben sie jedoch ziemlich bedeutungslos. Vor allem Fels-Bizarrerien und Wassergärten fanden sich im England des 18. Jahrhunderts nicht; hier beschränkte man sich allenfalls auf die Anpflanzung fernöstlicher Blumen – so hatte es auch in Fonthill Abbey eine »chinesische« Abteilung gegeben.

Erst gegen und nach 1800 erwuchs wieder neues Interesse an Chinas Gartenkunst – vor allem durch Berichte aus Kanton, wo die Gärten kleiner waren als die kaiserlichen Anlagen von Peking, über die Jean-Denis Attiret berichtet hatte. Kleinteilige Bepflanzung galt jetzt als chinesisch – ein Merkmal des beginnenden viktorianischen Gartenstils.[13] Humphry Repton erhob denn auch den Anspruch, in Woburn Abbey den ersten wirklich »chinesischen« Garten im Königreich geschaffen zu haben. Allerdings hatte er den kleinen Park von Dropmore übersehen, der ab 1792 für Lord Grenville angelegt wurde und der gut erhalten ist. Er enthält einen ausgedehnten Blumengarten an der Südseite des Hauses und eine Voliere aus bemaltem Eisengitterwerk mit Formen, die auf die Ming-Zeit anspielen.[14]

Es ist nicht ohne Ironie, daß Chambers, der Architekt des Hofes und der Tories, 1785 zwei Aufträge für Chinoiserien an Henry Holland, den Schwiegersohn und Partner seines Lieblingsfeindes Brown, abgeben mußte, weil die Auftraggeber zu den Whigs tendierten: die Neugestaltung von Carlton House für den Prince of Wales und den Auftrag für den Park von Woburn Abbey, wo der junge fünfte Herzog von Bedford nach dem Antritt seines Erbes ins liberale Lager wechselte. Holland, dessen Chinoiserien französischen Einfluß zeigten, hat Chambers sozusagen re-importiert. In Woburn errichtete er die Chinese Dairy, die heute noch steht und vor einigen Jahren restauriert worden ist. In eleganter Kurve zieht sich ihr gedeckter Gang hinter den Wirtschaftsbauten um einen kleinen Teich mit Seerosen. Unter mächtigen Baumwipfeln leuchtet das Gebäude der Molkerei hervor und spiegelt sich im Wasser. Eigentlich »chinesisch« sind nur die Gesimsdetails und Stücke der Einrichtung; die bunte und leichte Architektur bewirkt jedoch den gewünschten Kontrast zum Klassizismus des Schlosses. Leider war die lebhafte Bepflanzung mit Kletterrosen und anderen Blumen, die Repton vorgeschlagen hatte, nicht sehr dauerhaft.[15] Als Fürst von Pückler-Muskau 1826 in Woburn weilte, äußerte er sich höchst entzückt über diese Art von »chinesischem Tempel«. Kurz nach Pücklers Besuch wurde etwas abseits eine weitere chinesische Szene angelegt, die schon das viktorianische Verständnis zeigt: ein Rundtempel mit Pagodendach nach einem Entwurf von Robert Peake Nixon als Zentrum eines Labyrinths aus Buchshecken.

## Moghul-Architektur für die Nabobs

Vermutlich hat gerade die Unzugänglichkeit des Reiches der Mitte die Neugier und das Interesse der Europäer beflügelt; wie anders ist der Vorzug zu erklären, den der chinesische Stil vor anderen Orientalismen genoß? Vor allem die Baukunst Indiens, jenes anderen großen Märchenlandes, fand lange Zeit keine Aufnahme bei den Briten, obwohl es genug Gelegenheiten gab, sie kennenzulernen. Auch Chambers ist in Bengalen gewesen und hatte Bauaufnahmen gemacht;[16] es hat allerdings keinen merklichen Eindruck hinterlassen. Dies änderte sich erst gegen Ende des 18. Jahrhunderts, als eine neue Gruppe zu den Landbesitzern aufschloß: die »Nabobs«, Kaufleute, Verwaltungsmänner oder Militärs, die in Indien ihr Glück gemacht hatten und in die Heimat zurückkehrten. Der Grund für die Rezeption indischer Formen in Architektur und Landschaftsgestaltung war also zunächst der persönliche Erinnerungs- und Statuswert, aber die indischen Formen erweckten auch bei den zu Hause Gebliebenen Interesse und Gelüste, und daraus entstand schließlich so etwas wie eine viktorianische Modeströmung.

Eine sehr exzentrische »indische« Anlage lernte Humphry Repton 1790 bei einem Besuch der Eremitage von Louth in Kent kennen, und der Bericht in seinen Memoiren zeigt Staunen und Verwunderung.[17] Die Anlage hatte Reverend Jolland zur Erinnerung an seinen in Indien verstorbenen Bruder angelegt; sie war über einen gedeckten Gang, überwachsen von Rosen und Kletterpflan-

176 Sezincote. Lageplan. Heutiger Zustand. Auf Grundlage der 6" Ordonance Survey Map.
1 Sezincote House
2 Formaler Garten
3 Tent Room
4 Temple Pool mit Suryatempel und Stupa
5 Indische Brücke
6 Snake Pool
7 Rock Pool
8 Island Pool
9 See
10 Eingang

177 Sezincote. Ansicht des Hauses. Aquatinta von John Martin, um 1817.

zen, zu erreichen und umfaßte Zelle, Bibliothek und Kapelle eines »Eremiten«. Der Primitivismus der Konstruktion (moosige Wände, Holzknüppeldecke, grottenartige Räume) war durchaus traditionell, aber die grellen Kontraste der einzelnen Räume müssen schockierend gewesen sein, und eigenartig waren die Materialien: polierte Pferdezähne als Fußbodenbelag in der strahlend hellen Kapelle oder Bambusmöbel in der Bibliothek. Reptons Bewunderung führte jedoch nicht gleich zur Nachahmung; er kam erst anderthalb Jahrzehnte später wieder mit indischen Formen in Berührung.

In den achtziger und neunziger Jahren hatten Maler wie William Hodges sowie Thomas und William Daniell den indischen Subkontinent bereist und begonnen, große Ansichtswerke zu publizieren; sie gaben neue Anregungen, und Joshua Reynolds hatte die »barbarische Kraft« orientalischer Kunst zum Studium empfohlen.

Um 1790 ließ sich Warren Hastings sein Landhaus in Daylesford erbauen. Er zeigte sich bedacht, nicht allzu exzentrisch zu wirken. Hastings war in Daylesford aufgewachsen, wo seine Familie früher begütert war. Der Besitz war aber lange vor seiner Geburt verkauft worden; schon als Junge hatte er davon geträumt, ihn zurückzuerwerben. Hastings war vom einfachen Angestellten der Ostindienkompanie zum Generalgouverneur von Bengalen aufgestiegen, und als er nach England zurückgekehrt war, setzte er alles daran, seinen Jugendtraum zu verwirklichen. Es gelang ihm schließlich auch; das alte Haus ließ er abreißen und ein neues bauen.

Hastings vergab den Auftrag an den Londoner Architekten Samuel Pepys Cockerell, dessen Brüder ebenfalls in Indien gewesen und seine Freunde waren. Cockerell hatte sich einen Namen mit klassizistischen Gebäuden gemacht, und auch in Daylesford gelang es ihm, Anspielungen auf Indien dem klassizistischen Kanon anzupassen – zum Beispiel die zentrale Kuppel und Teile der Inneneinrichtung. Daylesford war das erste orientalisierende Herrenhaus in England, und sein Erfolg ermutigte zu entschiedeneren Annäherungen an asiatische Formen.[18]

Thomas Daniell bot sich um 1800 die Gelegenheit, einen indischen Tempel nach seinen eigenen Gemälden, freilich unter radikaler Vereinfachung, zu errichten. Es war ein kleines Gebäude auf quadratischem Grundriß, mit Zinnenkranz und polygonalem Spitzdach, in Anlehnung an einen Hindutempel in Fort Rotas. Der Cella war eine zweisäulige Vorhalle vorgelagert, auf deren Dach Plastiken heiliger Stiere saßen: Darstellungen Nandis, der zu Shiwa gehört. Der Tempel, eines der ersten Parkgebäude in indischem Stil, stand in Melchet Park, dem Sitz des Majors John Osborne, der in Indien gedient hatte und ein enger Freund Hastings' war. Diesem war der Tempel gewidmet: Eine Büste des ehemaligen Gouverneurs auf einer Lotosblüte stand wie ein Heiligenbild im Innern.[19]

## Sezincote: Erinnerungen an Indien

In den Cotswolds, zwischen Moreton-in-Marsh und Stow-in-the-Wold, steht an einem Abhang mit weitem Blick nach Osten und Süden ein orientalisches Märchenschloß, überragt von einer grünen Kuppel, so daß man leicht an Coleridges »Stately Pleasure Dome« in »Xanadu« denken mag. Es ist nicht einfach zu finden und auch nicht immer geöffnet, denn es ist Privatbesitz und wird von einem Londoner Ehepaar bewohnt. Unter mächtigen Bäumen führt ein Feldweg an weidenden Rindern und Schafen vorbei zum Eingang. Der Platz heißt Sezincote – der Name ist normannischen Ursprungs und bedeutet soviel wie »Eichenhügel«; er ist bereits im Domesday-Book erwähnt.

Ursprünglich gehörte das Anwesen zu Bruene Abbey, wurde später säkularisiert und im Bürgerkrieg verwüstet. Den verlassenen Platz kaufte 1795 John Cockerell, der Oberst in Indien gewesen war. Er starb aber schon drei Jahre später und hinterließ das Land zu gleichen Teilen seinen Brüdern Charles und Samuel Pepys sowie einer Schwester, die sich für ihr Erbteil abfinden ließ. Samuel Pepys hatte bereits Hastings' Landhaus in Daylesford (etwa 3 Meilen östlich von Stow) gebaut; Charles Cockerell (1809 zum Baron ernannt und Abgeordneter bis zu seinem Tod 1837) hatte über zwanzig Jahre in Indien gelebt und war dort reich geworden. Aus Indien kannte er sowohl Thomas Daniell, von dem er einige Gemälde kaufte, als auch William Hodges, den Künstlerfreund von Warren Hastings, und natürlich den ehemaligen Gouverneur selbst.

Vielleicht hatte schon John Cockerell hier den Bau eines »indischen« Landhauses beabsichtigt; Charles jedenfalls begann ohne zu zögern mit den Planungen. Die Architektur des Hauses ist das Werk von Samuel Pepys, der indische Garten eine Gemeinschaftsarbeit der Cockerells mit Thomas Daniell; als Berater für die Gesamtanlage fungierte Humphry Repton.[20]

Es ist nicht einfach, die jeweiligen persönlichen Anteile voneinander zu unterscheiden. Repton deutet in seiner Publikation der Entwürfe für den Royal Pavilion in Brighton an, daß er bereits um 1799 in die Planungen einbezogen gewesen sei,[21] und zwar bei der Auswahl von »Motiven« aus den Bildern Thomas Daniells, von denen einige einen vagen Vorbildcharakter für die Gesamtanlage hatten, aber Samuel Pepys (der selbst nicht in Indien war) sicher auch stilistische Detailkenntnisse vermittelten. Für Repton scheint sich das Engagement nicht gelohnt zu haben, denn er äußerte sich in den »Designs for the Pavillon at Brighton« sehr reserviert über das Ergebnis. Dennoch führte er 1806 den Prince of Wales durch die 1800 begonnenen, aber noch unvollendeten Gartenanlagen.

Der Baubeginn für das Haus ist nicht exakt zu ermitteln; zwei Daten werden genannt: 1803 und 1805. Als Charles 1808 heiratete, scheint es im wesentlichen fertig gewesen zu sein. 1809 begann man mit dem Bau der indischen Brücke, über die seitdem die Hauptzufahrt verläuft. 1817 wurde John Martin, damals auf der Höhe seines vergänglichen Ruhms und mit den größten Künstlern der Renaissance verglichen, beauftragt, Haus und Garten zu malen. Eines von Martins Bildern zeigt die Landschaft gespiegelt in den Glastüren des Eingangs und thematisiert so beide Aspekte des »picturesque«: den visuellen und den imaginativen.

Das Gelände des Parks erstreckt sich von der Landstraße unter dem Kamm des Höhenzugs nach Südosten, mit großartigem Blick bis zum Fosse Way. Möglicherweise hat der Besitz der Cockerells bis nach Condicote und Lower Swell gereicht, wie der indische Stil einiger Häuschen dort vermuten läßt. Im Norden ist der Park von einer schattigen Klamm mit älterem Baumbestand begrenzt. Hier sprudelt eine kräftige Quelle und versorgt die Thornery, den Stein- und Wassergarten. Über die Klamm führt die indische Brücke zu einer Terrasse im Gelände. Die Anlagen sind heute überwuchert, so daß das Landhaus erst allmählich in Sicht kommt und seine Zwiebelkuppel in ihrer Fernwirkung beeinträchtigt wird. Das Haus mit kleinen formalen Gärten vor der Nord- und Südfront ist gegen Westen durch den bewaldeten Kamm abgeschirmt, nach Osten öffnet sich der Blick über den grasbewachsenen Abhang, an dessen Fuß ein Weiher wie ein großer Fluß im Schatten der Bäume glänzt.

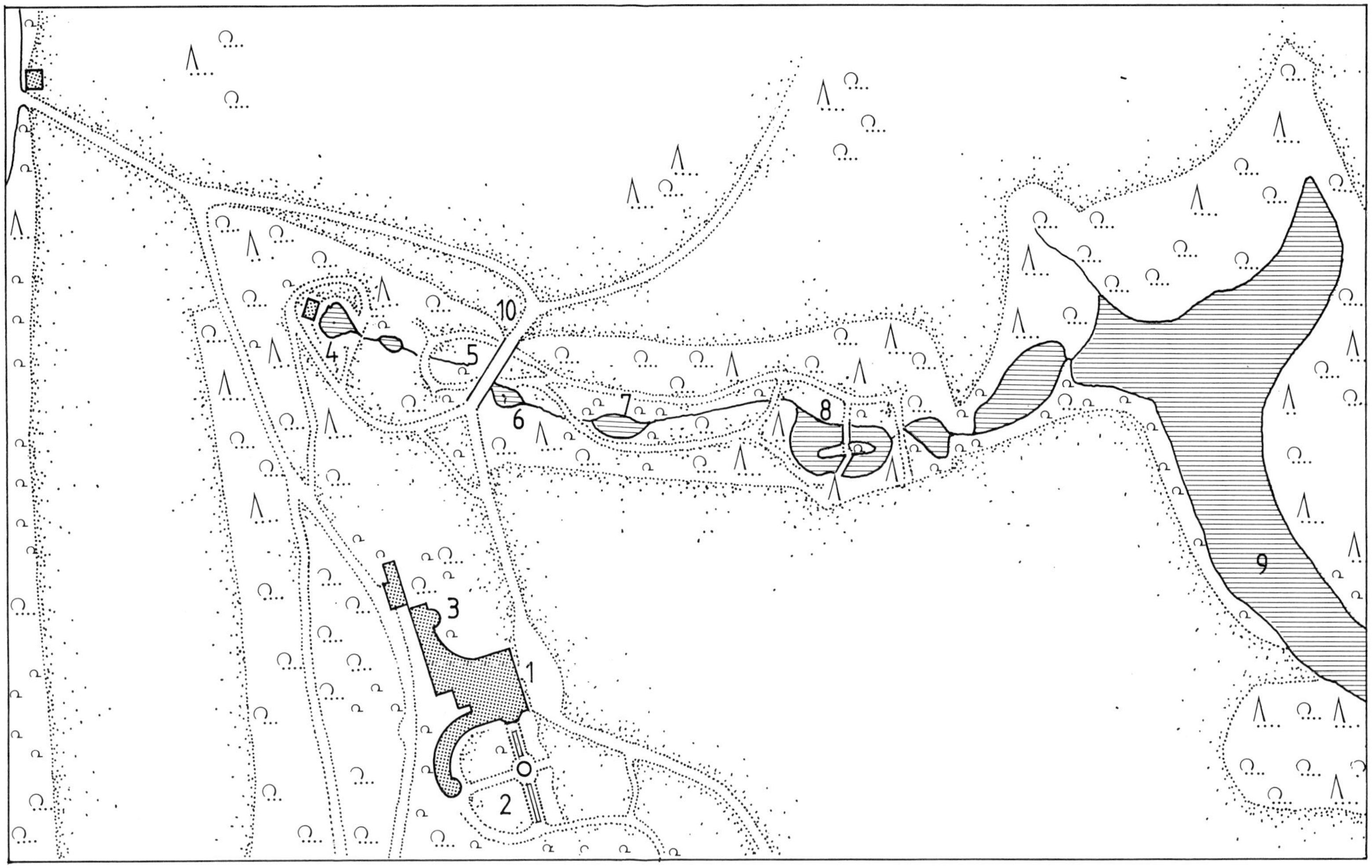

163

178 Sezincote. Stier auf dem Brückengeländer. Darstellung von Nandi dem Glücklichen.

179 Sezincote. Tent Room, das Schlafzimmer von Sir Charles Cockerell.

180 Sezincote. Die indische Brücke.

181 Sezincote. Gewächshaus an der Südseite des Hauses.

182  Sezincote. Die Südfassade des Hauses mit dem formalen Garten.

SEZINCOTE: ERINNERUNGEN AN INDIEN

## Das Exotische im Landschaftsgarten

183   Sezincote. Temple Pool. Aquatinta von John Martin, um 1817.

184   Sezincote. Rock Pool mit Blick zur indischen Brücke. Aquatinta von John Martin, um 1817.

Sezincote: Erinnerungen an Indien

185   Sezincote. Temple Pool. Heutiger Zustand.
186   Sezincote. Snake Pool und indische Brücke.

187 Brighton. Royal Pavilion. Blick von der Gartenfassade auf die See. Entwurf von Humphry Repton. Aus: Humphry Repton, Designs for the Pavillon at Brighton (1808).

188 Brighton. Royal Pavilion. Ansicht der Westfassade über den Garten. Aus: John Nash und Edward W. Bradley, Illustrations of Her Majesty's Pavilion at Brighton, 1838. (Mit freundlicher Genehmigung der Staatlichen Museen Preußischer Kulturbesitz, Berlin)

Es war keine leichte Aufgabe, die indischen Formen und den englischen Landhaustyp zu vereinen. Der indische Wohnbau gruppierte die einzelnen Wohnbereiche als eingeschossige Pavillons um einen Hof – eine Lösung, die in England nicht nur das Klima, sondern auch die Konvention verboten. Deshalb mußte sich Cockerell von anderen Bautypen inspirieren lassen. Anregungen konnte er sich aus den Gemälden der Daniells holen, etwa vom Bild des Museums von Lahl Baug.

Von den beiden westlichen Hausecken traten viertelkreisförmige Wintergärten zurück, die in Pavillons enden (der südliche ist erhalten) – eine durchaus palladianische Planfigur. Die Dachlandschaft wird von den Chattris auf den polygonal hervortretenden Ecklisenen, dem Oberlichtaufsatz mit seinen Ecktürmchen (den Kaminen), Chayas und der alles beherrschenden Kuppel bestimmt; die Kuppel ist so weit zurückgesetzt, daß sie in der Nahsicht nicht erdrückend wirkt. Die Detailformen des Hauses orientieren sich an der Moghul-Architektur, einem hinduistisch-islamischen Mischstil des 17. Jahrhunderts. Die Fassadengliederung spielt auf die Eingeschossigkeit des indischen Wohnbaus an, indem sie die Geschosse mit Lisenen und Blendbögen vertikal zusammenfaßt. Die Ecklisenen sind als Türmchen ausgebildet. In der Nordfassade tritt ein Mittelrisalit heraus, der den Blendbogen der mittleren Fensterachse aufnimmt. Die Mittelachse in der Ostfassade ist als Liwan, als orientalische Portalnische, gestaltet; in der Südfassade springt der Mittelrisalit mit drei Seiten eines Achtecks hervor. Hier liegen die wichtigsten Gesellschaftsräume. Die Fenster mit Vielpaßbögen sind großflächig, so daß die Wand in fast gotischer Manier aufgelöst erscheint. Der Balkon mit dem leichten Eisengeländer unterbricht diese Vertikalgliederung nicht. Der gelbe Werkstein hat einen warmen Ton und ist mit Schmuckformen in einem feinen Relief überzogen.

Eine Reihung von Vielpaßbögen bildet auch die Front des Gewächshauses. Der steinerne Pavillon am Ende war früher eine Voliere. Eine gleichartige Konstruktion schloß ebenfalls an die Nordseite an; 1829 wurde sie durch den Wirtschaftsflügel von Charles Robert Cockerell, dem berühmten Sohn Samuel Pepys', ersetzt. Der anschließende Pavillon blieb erhalten, er enthielt das Schlafzimmer des leicht exzentrischen Sir Charles und wurde Tent Room genannt; die Anspielung auf die provisorischen Unterkünfte seiner Expeditionen ist nicht zu übersehen. Im Erdgeschoß liegen Räume wie Bibliothek, Frühstücks- und Billardzimmer, im Obergeschoß die Repräsentationsräume. Eine zentrale Promenadentreppe führt in der Halle hinauf; die Verwendung gußeiserner Träger ermöglichte es, sie leicht und elegant zu konstruieren.

Aus den Bäumen hinter dem Gewächshaus ragt eine Säule zum Gedenken an Wellingtons Siege hervor, die zugleich als Schornstein für eine von Charles Robert Cockerell eingebaute Heizung dient. Der Dichter John Betjeman nannte dies eine »nützliche Anregung« für War Memorial Commitees. Die Farmgebäude mit den Personalwohnungen liegen südwestlich des Hauses in einiger Entfernung; sie bilden ein langgezogenes Rechteck mit Eck- und Mittelpavillons, die durch aufgesetzte Chattris und Chayas betont sind. Heute verschwindet der Wirtschaftshof fast völlig hinter Bäumen; eine Darstellung John Martins von 1817 zeigt eine große Rasenfläche davor, die nur von wenigen Büschen und Bäumen aufgelockert wurde.

In der direkten Umgebung des Hauses ist der Garten formal angelegt, was Reptons Theorie entspricht. Allerdings sind diese Anlagen von den gegenwärtigen Besitzern neu gestaltet worden. Den alten Zustand dokumentieren auch hier die Bilder Martins.[22] Die heute überwucherten Stützmauern vor dem Gewächshaus sind so weitergeführt, daß sich die Andeutung eines Amphitheaters ergab, das sich gegen das Tal öffnet. Im Rasen waren Inseln von Blumen und Sträuchern unregelmäßig eingestreut, wohl ein Vorschlag Reptons. Solche Einsprengsel finden sich heute noch in der südlich anschließenden Rasenkuppe, wo auch eine kleine Grotte aus der Erbauungszeit erhalten ist. Der stilgerechte Tennispavillon stammt allerdings aus den sechziger Jahren unseres Jahrhunderts. Die jetzige Besitzerin ließ zwei kleinere Springbrunnen beseitigen und legte die Mittelachse dieses Gartenteils vor den Risalit der Südfront; sie markierte sie mit zwei neu angelegten Kanälen, die einen achteckigen Brunnen in die Mitte nehmen (er scheint aus der Erbauungszeit zu stammen). Die Wege werden von regelmäßig gepflanzten irischen Eiben begleitet.

Dieser formale Garten wird durch eine niedrige Hecke abgeschlossen; ein breiter Kiesweg liegt wie eine Aussichtsterrasse vor dem Haus. Hangabwärts zieht sich offene Weide, im Tal von alten Bäumen begrenzt. Eine Ansicht Martins läßt vermuten, daß auch hier Inselbeete mit Blumen und niedrigen Sträuchern in die Wiese eingestreut waren. Das Aha ist auf den älteren Ansichten noch nicht zu sehen.

Nördlich des Hauses leitet ein kleiner, von einer mächtigen Blutbuche überschatteter Rasen über zum schönsten Teil des Parks, dem indischen Stein- und Wassergarten, Thornery genannt. Hier ist der Wasserlauf einer Klamm genutzt worden, um eine Reihe intimer und melancholischer Situationen zu schaffen, die früher untereinander und mit dem Haus in Sichtbeziehung standen; heute sind die Durchblicke fast völlig zugewachsen.

Die Thornery beginnt mit dem Temple Pool. Unter einem Grashang mit kleinen Grotten liegt ein Teich, dessen gemauerte Einfassung den Umriß einer Lotosblume hat. In seiner Mitte erhebt sich eine Säule auf einem Stufenpodest, das Modell eines Stupa, dessen Schirm die Strahlen eines Springbrunnens sind. In die Einfassung sind kleine Nischen mit Andeutungen primitiver Architekturformen eingearbeitet, darin stehen Vasen und Kultgegenstände aus Stein. In der Mitte dieser verkleinerten Abbildung indischer Höhlentempel erhebt sich auf einem siebenstufigen Unterbau ein kleiner Schrein, ein Tempel des Gottes Surya in indisch-hellenistischen Formen. Das Relief des Gottes ist, wie die Architektur des Schreins, klassizistisch behandelt. Man ließ auch das zweite Paar Arme weg: Die Anpassung des indischen Gedankens an die europäische Ästhetik ist wesentlicher Teil der Aussage.

Die Grotten, der Memorialbau des Stupa, der aus dem Wasser aufsteigt, überragt vom Tempel Suryas: Hier ist der Gedanke der Wiedergeburt thematisiert. Surya, der indische Sonnengott, entspricht dem griechischen Apoll, und wie dessen Sonnentempel, etwa in Stourhead, krönt der Tempel hier die ganze Anlage. Die Analogie zwischen Surya und Apollo ist zugleich eine Analogie zwischen der östlichen und der westlichen Kultur.

Der Pfad führt von hier abwärts, durch ein Tal mit Blumen, seltenen Gehölzen – unter anderem indischen Baumsorten – und satten Rasenflächen, unter der indischen Brücke am Eingang hindurch, auch hier die Adaption eines klassischen Motivs des Landschaftsgartens. Die Brücke ruht auf schweren polygonalen Steinpfeilern, die denen der Höhlen von Elephanta nachempfunden sind. Auf jedem der Steingeländer der Brücke liegen zwei kleine Stiere, wie sie öfters im Park von Sezincote

169

189 Brighton. Royal Pavilion. Entwurf einer pagodenförmigen Voliere von Humphry Repton. Aus: Humphry Repton, Designs for the Pavillon at Brighton (1808).

zu finden sind und auch auf dem Vordach des Tempels von Melchet Park saßen: Darstellungen von Nandi, dem Glücklichen. (Heute sind es nurmehr Abgüsse, da die Originale zu sehr verwittert waren.) Zwischen den Brückenpfeilern ist das Wasser aufgestaut, aber man kann über Trittsteine weitergehen und sogar unter der Brücke auf einer Steinbank rasten. Auf einer Insel im folgenden Snake Pool ringelt sich eine metallene Schlange mit drei Köpfen um einen Baumstrunk, ein weiteres Symbol der Wiedergeburt. Sie konnte übrigens Wasser speien, aber beim Besuch des Prince of Wales weigerte sie sich. (Weil Sonntag war, sagten einige, aus Entrüstung über den Lebenswandel des Prinzen, behaupteten andere). Es folgt der Rock Pool, ein kleiner Teich, von Findlingen eingefaßt, die heute von blühenden Sträuchern überwuchert sind; diese Pflanzungen sind größtenteils jüngeren Datums. John Martins Aquatinten zeigen diese Felsen nackt und sehr dramatisch aufgeschichtet. Allerdings läßt Martin auch alle Situationen größer erscheinen, als sie in Wirklichkeit sind.

Als nächstes gelangt man zum Island Pool. Eine fragile Holzbrücke spiegelt sich im ruhigen Wasser und führt auf die Insel hinüber, die dem Teich seinen Namen gab. Der Besucher ist jetzt in der Talsohle angelangt, wo der lange, schmale See, sich wie ein Fluß windend, in den Blick kommt; er wurde erst am Ende des 19. Jahrhunderts angelegt. Beeindruckend in der Umgebung der unteren Becken sind die mächtigen Libanonzedern, die von den Erbauern von Sezincote schon vorgefunden wurden. Unter ihren tief herabhängenden Ästen sieht man über die Wiese hinauf zum Haus. Fremdartig thront es auf dem Hügel.

### Ein Spielzeug für den Prince of Wales

Sezincote, der Ort des Rückzugs in die Cotswolds, ist verknüpft mit der Entstehung der großartigsten und verwirrendsten indischen Phantasie, die der Westen hervorgebracht hat: dem Royal Pavilion in Brighton. Dort hatte der Thronfolger 1787 von Henry Holland ein bescheidenes Haus zum Feriendomizil ausbauen lassen, und William Porden hatte ab 1803 eine Reithalle mit Stallungen dazu gebaut, eine kühne Kuppelkonstruktion, die heute als Konzerthalle etwa 2500 Besuchern Platz bietet. Porden hatte bei Samuel Pepys Cockerell gearbeitet, und dort vielleicht auch die Daniells kennengelernt.

Jedenfalls benutzte er indische und maurische Stilformen mit Blendgliederungen, Fächerbögen und Fialen. Der Prince of Wales hatte Freude an diesen orientalischen Formen; sie erinnerten ihn an seine Kindheit in Kew.

Der bescheidene Wohnbau konnte auf die Dauer den Ansprüchen des Prinzen und seiner Gesellschaft nicht genügen. 1805/06 arbeitete Porden einen Entwurf in chinesischen Formen aus, in dem sehr schlanke Säulen und zierliches Ornament wie ein Schleier vor die kompakten Baukörper gehängt sind. Die Entwürfe wurden 1806 in der Royal Academy ausgestellt, dann hörte man nichts mehr von ihnen. Mittlerweile (im Oktober 1805) hatte der Prinz Humphry Repton herbeordert, der schon zwischen 1797 und 1802 die Außenanlagen des Hauses überarbeitet hatte, und bei ihm neue Entwürfe bestellt. Repton, dessen Kopf zu dieser Zeit voll von den Wundern Hindustans war,[23] fand nur den indischen Stil angemessen und legte im Februar 1806 den großen Band mit Entwürfen vor, der sich jetzt in Windsor Castle befindet. Die Architektur des Moghul-Palastes überließ er seinen Söhnen, er selbst plante jedoch den Garten. Seine Hoffnung auf einen königlichen Auftrag dieses Umfangs war groß, und seine Enttäuschung bitter, als er erkennen mußte, daß die Pläne nicht realisiert würden.

Deshalb veröffentlichte er die Entwürfe im Jahr 1808. Seine »Designs for the Pavillon at Brighton« schließen auch die Diskussion verschiedener Stile, auf ihr konstruktives Prinzip reduziert, ein; eine »Magna Charta des Stils« ist das Buch deshalb genannt worden. In den Entwürfen für das Hauptgebäude ist die Ähnlichkeit mit Sezincote überdeutlich, auch die Detailformen sind den Ansichtswerken der Daniells entnommen. Der Gesamteindruck ist von leichter Eleganz und hebt sich dadurch in witziger Weise von den indischen Vorbildern ab, die Repton selbst eher schwerfällig fand. Auch die Gartenanlagen spielten auf Asien eher durch Analogien als durch die Übernahme von Details an. Das Gelände war eng und daher schwierig. Repton hielt deshalb einen formalen Garten von intimer Wirkung für sinnvoller als einen Landschaftsgarten im kleinen, der hier nicht hätte wirken können. Im Zentrum des Gartens sah er eine glatte Rasenfläche vor, die durch eingestreute, etwas erhöhte Blumeninseln belebt werden sollte. Diese Fläche sollte von Baumpflanzungen hinterfangen werden, die auch als Windschutz dienten, aber nach Süden den Blick auf die Weite des Kanals freigäben. Den Hauptbau flankierten die Gänge der Gewächshäuser: indische Kleinarchitekturen – Säulengänge, Tempelchen – spiegelten sich im Wasser eines etwa quadratischen Beckens. Die Fasanerie und das Vogelhaus übersetzten die plumpe indische Palast- und Stupa-Architektur in leichtes Gitterwerk.

Der Kronprinz erklärte, Reptons Entwurf solle ohne Änderungen ausgeführt werden, doch das Projekt hatte schon wegen der Grundstücks- und Finanzsituation keine Chance auf Realisierung. George, dem ein etwas sprunghafter Charakter nachgesagt wird, erteilte 1812 James Wyatt den Auftrag für Neuplanungen, aber der starb im folgenden Jahr, und 1815 durfte John Nash, der dem Prinzen auch in anderer Hinsicht dienlich war, mit seinen Planungen beginnen. Der frühere Partner Reptons hatte schon gewisse Erfahrungen mit exotischen Stilen gesammelt. In Sundridge Park hatte er ein orientalisches Gewächshaus und für die Jahrhundertfeier des Hauses Hannover in England eine chinesische Brücke mit einer Pagode darauf im St. James Park gebaut – leider war sie schon vor dem Höhepunkt der Feierlichkeiten abgebrannt.

In Brighton entschied auch er sich für die Moghul-Architektur, deren glitzernde und malerische Effekte bis heute die Aufmerksamkeit des Publikums erregen und der Konkurrenz der riesigen Reithalle standhalten können. 1822 war der exotische Traum vollendet und leuchtete weit ins viktorianische Zeitalter hinein. Der Prinz aber verlor nach der Fertigstellung das Interesse daran.[24]

190 Sheffield Park. Die Ansicht ist kennzeichnend für die malerischen Gärten an der Wende zum 19. Jahrhundert.

# Die Ästhetik des Malerischen

Burkes Begriff vom »Erhabenen« bot die bis dahin radikalste Gegenvorstellung zu den weitläufig-harmlosen, »schönen« Landschaften Browns und seiner Schüler, war aber kein Konzept, das eine Breitenwirkung hätte entfalten können, und dies nicht nur aus praktischen Gründen, weil die ebene oder hügelige Topographie Englands selten geeignete Voraussetzungen bot. Vor allem waren »erhabene« Erlebnisse für den normalen Grundbesitzer, der in ländlicher Ruhe seine Sommermonate verbringen wollte, zu aufregend und zu anstrengend. Schließlich hatten selbst Theoretiker des Schrecklichen (wie Chambers) betont, daß sie diese Kategorie stets nur als Kontrast zu besänftigenden und schönen Szenen sehen wollten: Wie eine Dissonanz verlangte sie nach Auflösung. Der Einfluß der Ästhetik des Sublimen blieb deshalb im Bereich der Gartenkunst begrenzt, eine Zutat.

Die wirkliche Alternative zur kommerzialisierten Idealität der Brownschen Manier entstand unter einem anderen Begriff, dem des »Malerischen«. Dieser Begriff und die damit verbundene naturalistische Tendenz hatten eine Tradition seit den Anfängen des Landscape Movement. Im letzten Drittel des 18. Jahrhunderts fanden sie eine theoretische Begründung und praktische Anwendung, die über alle bisherige Naturnachahmung hinausgingen. Der Stil Browns wurde endgültig abgelöst. Verantwortlich für diese letzte und extremste Konsequenz des »natürlichen Stils« war sicher das große Ausmaß der Veränderungen, die Brown und einige weniger talentierte Nachfolger in der englischen Landschaft bewirkt hatten. In großem Umfang angewandt, wurde sein Formenrepertoire nicht nur langweilig, sondern es trat auch seine Künstlichkeit unübersehbar vor Augen. Dem standen eine immer bessere Kenntnis und intensivere Erfahrung wirklicher britischer Landschaft gegenüber, zu der sich manchmal auch eine gewisse Verachtung für die Neureichen »sine nobilitate« gesellte, die sich von professionellen Planern hatten bedienen lassen. In das ästhetische Urteil mischte sich zudem Sozialkritik: Zur Veränderung des vorher kleinteiligen und abwechslungsreichen Landschaftsbildes trugen die zahlreichen Acts of Enclosure bei, durch die das Zusammenlegen und Einfrieden von Streuäckern und ehemaliger Allmende zugunsten der Grundbesitzer ermöglicht wurden – Maßnahmen zur Umwälzung der landwirtschaftlichen Produktion, die letztlich die industrielle Revolution überhaupt erst ermöglichten.[1]

Der alte Feudaladel hatte seine Schlösser am Rande der Ortschaften errichtet, wo sie die Schnittstelle zwischen Siedlung und Park bildeten; Cirencester und Petworth sind Beispiele dafür. Der neue Geldadel scheute jedoch den direkten Kontakt mit den Bauern und Pächtern, und in zahlreichen Fällen wurden Dörfer, die zu nahe beim Bauplatz der neuen Herrschaftshäuser lagen, abgerissen (manchmal unter Gewaltanwendung) – Shugborough und Milton Abbas seien stellvertretend genannt. Oliver Goldsmith, der Tory-Schriftsteller und Freund Chambers', hat diese Zerstörung einer gewachsenen Kulturlandschaft beklagt und vor allem Lancelot Brown angelastet. Als Vorbild für sein Gedicht »The Deserted Village« hat Mavis Batey Nuneham Courtenay bei Oxford identifiziert.[2] Goldsmiths Argumente waren von sozialem Mitgefühl ebenso getragen wie von einer ästhetischen Wertschätzung des Vertrauten. Arbeit, Armut, sogar Zerfall wurden in einer modernisierten Umwelt zu Gegenständen ästhetischen Gefallens, obwohl (oder sogar weil) sie dem akademischen Schönheitsbegriff widersprachen – eine auch für die Theorie schwierige Erfahrung.

## William Gilpin und die »malerische« Wahrnehmung

Die Entdeckung der Reize der heimischen Landschaft stand in enger Wechselbeziehung mit der Landschaftsgestaltung, wenn auch Poesie und Malerei zunächst vermittelnde Instanzen waren. Zum Prediger dieser neuen Landschaftserfahrung wurde im letzten Viertel des Jahrhunderts der Reverend William Gilpin; er setzte auch das Schlagwort für die neue Sehweise in Umlauf: »picturesque« (eine Wortbildung, die gelegentlich auf Pope zurückgeführt wird). Gilpin, der sich bereits als junger Mann gartentheoretisch versucht hatte, bereiste – zumeist mit seiner Frau – das Wyetal, Nordwales und den Lake District, Schottland und Cornwall; seine Reiseberichte kursierten unter Freunden und Kennern als Manuskripte, lange bevor er begann, sie zu veröffentlichen.[3]

Gilpin analysierte schöne Aussichten nach den formalen Kriterien der Landschaftsmalerei, mit Vorder-, Mittel- und Hintergrund, und er illustrierte seine Beobachtungen mit flächig angelegten Aquatinten. Als Vorzug der englischen Landschaft hob er ihren Abwechslungsreichtum und die Unterteilung der Kulturlandschaft durch Gehölze hervor. Seine Abbildungen verraten ein Vergnügen an Unübersichtlichkeit wie an rauhen Felsen oder alten, absterbenden Bäumen. Dabei unterschied Gilpin zwischen der freien Landschaft, wo sich das Malerische mit dem Erhabenen verbindet, und dem Garten als Ort des Malerisch-Schönen. Die Parks, die er auf seinen Reisen besuchte, beurteilte er wie die von ihm favorisierten Landschaften und machte häufig Vorschläge, wie sie zu verbessern seien. Er lehnte alles Formale, alle sichtbare Künstlichkeit ab, auch Gartengebäude im klassischen oder chinesischen Stil. Obwohl er sich grundsätzlich zur Gestaltungsweise Browns bekannte, wollte er die »Natürlichkeit« ihrer Details steigern: So kritisierte er glatte, konkav geschwungene Rasenhügel und forderte rauhe, zerrissene Oberflächen und Umrisse, auch schienen ihm sturmzerzauste Bäume mit abgestorbenen Ästen interessanter als die gepflegten Baumgruppen der Landschaftsparks.

Seine Beobachtungen versuchte Gilpin in theoretischen Abhandlungen zu systematisieren.[4] Er formulierte seine Vorstellungen im Anschluß an Burkes Wahrnehmungstheorie, ging dabei aber vom Begriff des Schönen aus, den er erweitern und bereichern, doch nicht aufheben wollte. Als entscheidenden Unterschied zwischen dem Malerischen der Natur und dem Schönen der Kunst definierte er die »Rauheit«. Zwar konnte er keine schlüssige Theorie dafür anbieten, aber wenn er erläutert, daß das Gemälde des runzeligen Gesichtes eines alten Menschen (der seine Schönheit verloren hat) doch bewundert und genossen werden kann, so wird sein Anliegen deutlich.

## Nuneham Courtenay: ein Garten für Rousseau

Gilpin hat sich selbst nicht gärtnerisch betätigt, sein Freund und Amtskollege William Mason jedoch machte den Schritt von der Theorie in die Praxis. Entschiedener als Gilpin hat Mason – in einer vielbeachteten Kontroverse mit Chambers – für Brown Partei ergriffen.[5] Doch sein berühmter Flower Garden in Nuneham Courtenay gab eine neue, lebendige und sehr bunte Vorstellung von malerischer Schönheit.

Nuneham Courtenay liegt wenige Meilen außerhalb von Oxford über dem Tal der Themse. Den Besitz mit einem alten Dorf und einer mittelalterlichen Kirche hatte Sir Simon Harcourt, Lord Chancellor unter Queen Anne, im Jahre 1712 erworben. Sein Neffe, der erste Earl Harcourt, hatte ihn schon in seinen jungen Jahren geerbt. Er war ein gebildeter Mann, den Idealen des Augustan Age verpflichtet und Gründungsmitglied der Society of Dilettanti. Bei Hof und später im diplomatischen Dienst hatte er wichtige Ämter inne. Ab 1756 ließ er sich von dem Architekten Stiff Leadbetter eine palladianische Villa am Ortsrand von Nuneham bauen, den alten Familiensitz in Stanton Harcourt gab er auf. Die Lage des neuen Hauses war wegen der schönen Aussicht gewählt – ein Grund, der damals noch als ausgefallen galt. Der Earl plante seinen Park selbst; mit formalen Lichtungen und geraden Vistas, aber auch mit einzelnen Baumgruppen schuf er sich eine »italienische« Szenerie. Das Dorf wurde verlegt, 1764 ließ er die alte Kirche abbrechen und durch einen Zentralbau mit Kuppel und verschiedenen klassischen Portiken ersetzen, die wie Gartenmotive in dieser Bildungslandschaft wirken sollten. Den Entwurf lieferte James Stuart, nach Skizzen des Auftraggebers. Der Earl zog sich 1777 nach Nuneham zurück, um sich mit Kunst zu beschäftigen, aber er ertrank kurz darauf beim Versuch, einen Hund aus einem Brunnen zu retten.

Sein Sohn und Nachfolger war ein großer Verehrer Jean-Jacques Rousseaus, den er 1766 in einem Cottage in Nuneham beherbergte. Der zweite Earl gab seine radikalen republikanischen Attitüden auf, als er älter wurde, doch blieben seine philanthropische Gesinnung wie seine Liebe zur Natur und zu den Künsten erhalten. Sein Haus war Treffpunkt von Malern und Literaten, er selber galt als ausgezeichneter Graphiker. Er förderte die »Picturesque Travels«, die Entdeckungsreisen in die heimische Landschaft, und auf seine und Masons Anregung entschied sich Gilpin, seine Beobachtungen zu veröffentlichen.

Anders als ein halbes Jahrhundert zuvor in Stowe war dieser intellektuelle Zirkel keine oppositionelle Keimzelle – im Gegenteil: Lady Harcourt erhielt 1784 ein Amt bei Hof, und der Earl selbst gehörte ab 1790 zum Haushalt Georges III., der sich mit seiner Familie oft und gern in Nuneham aufhielt. Aber der Park hatte sich seit der Hochzeit des Königs sehr verändert. Harcourt, der Rousseau-Freund, konnte sich mit der Bildungslandschaft seines Vaters und ihren formalen Elementen nicht zufrieden geben. Einen Teil des Parks – den Weg am Nordrand mit seinen Ausblicken auf Haus, Kirche und das Tal der

191 Nuneham Courtenay. Blick vom Terrassenweg am Nordrand des Parks auf die Kirche von James Stuart. Stich aus: Paul Sandby, The Virtuosi's Museum, 1780.

Themse – gestaltete der neue Besitzer selbst um. Er war bemüht, den Prinzipien Gilpins zu folgen (was man heute nur schwer erkennt, obwohl der Weg immer noch reizvoll ist). Vor Antritt seines Erbes hatte er vergeblich versucht, Gilpin zur Übersiedlung nach Nuneham zu bewegen, doch assistierte ihm Mason, der auch die Pfarrstelle übernahm, bei seinen Gartenarbeiten. Ab 1771 hat Mason dann den Flower Garden angelegt, den er im vierten Buch seines Poems »The English Garden« beschrieb. Mason blieb der Vorherrschaft des Schönen verpflichtet, aber sein kleiner Garten wirkt in der elegischen, weitläufigen Landschaft von Nuneham überraschend; er verkörpert Rousseaus Ideal einer Versenkung in gestaltete Natur aus der »Nouvelle Héloïse«. Begrenzt und nach außen gänzlich abgeschlossen wird er durch eine unregelmäßige Busch- und Heckenpflanzung, überschattet von alten, dunklen Bäumen.

Wenn man vom Haus kommend den Garten betritt, öffnet er sich wie eine Lichtung in einem Wald, von blühenden Hecken gesäumt und von Blumeninseln übersät. Dem Eingang gegenüber steht ein kleiner weißer Tempel vor dunkelgrünem Hintergrund. Ein gewundener Pfad führt auf der Innenseite der Begrenzung rings um den Garten, Statuen und Urnen von Flora und Hebe, für Locke, Cato und für die Freundschaft waren Stationen der Versenkung ins Gefühl. Eine Grotte mit einem Milton-Zitat, ein Bower (ursprünglich mit Rosentapeten behängt) und eine Orangerie mit beweglichen Verglasungen zeigten die verschiedenen Aspekte der Natur. Das Bower freilich ist verschwunden, und von der Orangerie existiert nur noch die Rückwand, über-

192 Nuneham Courtenay. Die Kirche von James Stuart. Rechts im Hintergrund der Carfax-Brunnen.

193 Nuneham Courtenay. Mason's Flower Garden. Rechts die Überreste der Orangerie.

194 Nuneham Courtenay. Mason's Flower Garden. Blick von der Grotte auf den Floratempel.

195 Nuneham Courtenay. Der weithin sichtbare Carfax-Brunnen in der von Brown gestalteten Landschaft.

NUNEHAM COURTENAY: EIN GARTEN FÜR ROUSSEAU

DIE ÄSTHETIK DES MALERISCHEN

196 Nuneham Courtenay. Ansicht des Flower Garden vom Eingang zum Floratempel. Links die Rückwand der Orangerie. Stich von William Watts nach Paul Sandby.

197 Nuneham Courtenay. Der Flower Garden vom Floratempel aus gesehen. Rechts die Kirche. Stich von William Watts nach Paul Sandby, 1777.

ragt von der Kuppel der Kirche. Mit diesem kleinen, vom Park ausgegrenzten Bezirk hat Mason den ersten informellen Blumengarten geschaffen. Die exotischen Gewächse und literarischen Inschriften bilden eine wahrhaft romantische Szenerie, lange vor der romantischen Bewegung, und einen Höhepunkt in der Gartenkunst der Empfindsamkeit.

Für den weitläufigen Park, der Haus und Blumengarten umgibt und der sich weit über die Hänge des Tals und hinunter zur Themse zieht, war diese sehr kleinteilige, dichte und lebhafte Gestaltungsweise nicht anwendbar; Harcourt griff auf Bewährteres zurück und engagierte Lancelot Brown, der die geraden Vistas auflöste, lockere Baumgruppen pflanzte und einen gewundenen Weg entlang der Geländekante anlegte, mit kalkulierten, von Bäumen gerahmten Aussichten auf die einzelnen Teile des Besitzes, auf das Themsetal und die ferne Silhouette des Kirchturms von Abingdon. Brown schlug auch die Errichtung einer gotischen Ruine auf einem Hügel in Sichtweite des Hauses vor, aber als Harcourt der Carfax-Brunnen aus Oxford angeboten wurde, gab er diesem Stück heimischer Handwerkskunst des ausgehenden Mittelalters den Vorzug. Brown baute auch das Haus um, dessen palladianische Steifheit der Besitzer zu unbequem fand. Die Arbeit in Nuneham war einer der letzten Aufträge des großen Landschaftsgärtners.[6]

## Die Gotik im Landschaftsgarten

Mit dem Carfax in Nuneham hat Harcourt – dies entsprach durchaus der zeitgenössischen Theorie – das ältere Motiv des »gotischen« Parkgebäudes aller Assoziationen entkleidet und auf seine optischen Qualitäten reduziert, während die professionellen Architekten sich gerade anschickten, aus spielerischen Gedanken Ernst zu machen und wieder gotische Häuser und Kirchen zu bauen.[7]

Begonnen hatte die Mode gotischer Parkgebäude mit emblematischen Erinnerungsstücken und Bedeutungsträgern, wie in Shotover, Cirencester oder Stowe. Aber bald hatten die Gartenarchitekten – allen voran Lancelot Brown – deren optische Qualität entdeckt und sie als Blickfänger benutzt, die allenfalls vage, irgendwie »romantische« Gefühle auslösen konnten, vor allem aber dem Auge einen festen Halt im grünen Meer der Parks bieten und ihnen räumliche Tiefe verleihen sollten. Adaptionen der Gotik im Geist des Rokoko bestimmten

198 Alnwick. Der Brizlee Tower von Robert Adam. Die feinziselierte Steinmetzarbeit ist kennzeichnend für Adams Verbindung von klassischem und gotischem Formempfinden.

DIE GOTIK IM LANDSCHAFTSGARTEN

eine Reihe solcher Follies. Nicht die Konstruktion, sondern der flach auf die Wand aufgelegte Dekor war Träger des Stils; wichtig waren die ausgezackten Umrisse und die Unregelmäßigkeit der Formen, ihre Ähnlichkeit mit Pflanzen: »Gotisch« wurde gleichgesetzt mit »naturhaft«. Bentleys Illustrationen zu Grays Oden demonstrieren dies ebenso wie viele der Gartengebäude und Innenausstattungen. Von dieser Art waren die zahlreichen zumeist hölzernen Parkbauten, nach den Musterbüchern von William Halfpenny und von den Langleys,[8] wie sie auch in den Parks von Hagley oder The Leasowes als Sitze und Schirme für Bänke dienten. Ein besonders schönes Beispiel (und eines der wenigen, die noch bewundert werden können) ist der gotische Tempel von Painshill.

Auch Robert Adam hat sich vor seiner Italienreise mit dieser vegetabilischen Auffassung der Gotik als Ornamentstil beschäftigt, wie seine Zeichnungen im Soane Museum in London zeigen. »Gotische« Architekturen entwarf er zum Beispiel für Alnwick, den Sitz des Duke of Northumberland, wo er gegen 1770 als Nachfolger von James Paine zugezogen wurde und nicht nur Innenräume im Schloß gestaltete. Auf einem Hügel im weitläufigen Park (den Lancelot Brown angelegt hat) steht ein Turm, Brizlee Tower genannt, mit rundem Grundriß; seine Säulenstellungen mit gefiederten Kapitellen tragen die Spitzbögen und Rosetten. Der Turm enthält auch fächergewölbte Räume, darunter einen Salon und einen Bankettsaal. Da dieser Bau benutzt und also aus der Nähe erlebt wurde, ist der Dekor fein ziseliert; das Gotische ist in die Eleganz der Gegenwart überführt. Unterhalb von Brizlee Tower liegt in einem idyllischen Wiesental die Ruine von Hulne Priory, in der sich der Herzog ein Sommerhaus einrichten ließ.

Die Gotisierungen in Schloß und Park sollen der Herzogin zuliebe ausgeführt worden sein, die sich für alte Baukunst ebenso wie für alte Poesie interessierte. Thomas Percy, ein entfernter Verwandter, hat ihr seine Sammlung »Reliques of Ancient Poetry« gewidmet und im Vorwort die Bewunderung für diese alte, ungehobelte Kunst damit gerechtfertigt, daß sie nicht Produkt des Kunstwollens, sondern der Natur selbst sei.[9]

Zum Park von Alnwick gehört der – ebenfalls von Adam geplante – Eyecatcher auf den Klippen von Ratcheugh, der auf Fernwirkung bedacht war und deshalb weder Feinheit noch historische Genauigkeit brauchte. Solche Ansichtsstücke, die durch

ihre bloße Masse wirkten, hatte schon William Kent – etwa in Rousham – errichtet. Sanderson Miller war ihm gefolgt und hatte um die Jahrhundertmitte teilweise sogar bewohnbare Sham Castles entworfen. Miller hatte mit seinem Turm auf Edge Hill, der an eine Schlacht des Bürgerkriegs erinnerte, einen Bankett- und Aufenthaltsraum für Besucher auf seinem Landsitz Radway Grange geschaffen, der viel bewundert und besungen wurde.[10] In der Folge war er auch auf anderen Landsitzen mit der Errichtung solcher Bauten beauftragt worden – seine berühmteste Ruine ist die von Hagley. In Arbury Hall, dem Sitz des Tory Sir Roger Newdigate, wurde er für den Park und das Äußere des Hauses zugezogen (während die delikate Rokoko-Gotik des Inneren das Werk von Henry Keene ist). Ebenso lieferte Miller eine Skizze für eine künstliche Ruine auf einem entfernten, aber in der Achse des Hauses gelegenen Punkt bei Wimpole, wo Bridgeman den Park angelegt hatte. Aber gebaut wurde sie erst Ende der sechziger Jahre von James Essex, als Brown den Park umgestaltete und erweiterte. Wenn Spazierwege in die Nähe solcher Eyecatcher führten oder wenn diese gar benutzt wurden, war

es natürlich sehr schwer, ihr geringes Alter zu verbergen. Man könne ruhig »Erbaut 1772« über den Eingang schreiben, spottete Gilpin. Da hatten es die Besitzer echter Ruinen besser.

Schon lange, bevor es Mode geworden war, hatte John Aislabie Interesse an baulichen Altertümern gefunden. Sein Vorhaben, die Ruinen von Waverley Abbey als Eyecatcher für eine Villa von Colen Campbell zu benutzen, wurde jedoch nicht ausgeführt; danach versuchte er, die Zisterzienserabtei Fountains zu kaufen und in den Park von Studley zu integrieren, aber die Verhandlungen scheiterten. Erst 1768 gelang es seinem Sohn, die gewaltigen Ruinen zu erwerben.

1758 erweiterte Thomas Duncombe III seinen Park in North Yorkshire, den sein Großvater hatte anlegen lassen, um eine Terrasse, die in weitem Schwung unter dem Sattel eines Berges entlangläuft. An beiden Enden standen Tempel: ein tuskischer Rundtempel und ein ionischer auf rechteckigem Grundriß, der als Bankettsaal eingerichtet wurde. Die ganze Terrasse, einst beliebtes Ausflugsziel für Gesellschaften von Duncombe House, ist eine Aussichtsplattform auf die Ruinen von Rievaulx Abbey im Tal tief darunter. In der Bewegung von einem Tempel zum anderen wechselt das Bild ständig, immer von Bäumen im Vordergrund gerahmt, und vor dem Hintergrund dunkler Höhenzüge. Rievaulx Terrace bietet eine echte und beeindruckende Ruine – aber nur als Bild, außerhalb des Gartens.

Die Kritik, die Gilpin an den künstlichen Ruinen geübt hatte, entsprach wohl einem verbreiteten Unbehagen, so daß »gotische« Gartengebäude gegen Ende des 18. Jahrhunderts seltener wurden. An ihre Stelle traten Hütten, als Witterungsschutz für Besucher oder als Wohnung für Bedienstete, die aus grobem Wurzel- und Astwerk zusammengefügt waren (im 19. Jahrhundert gehörten sie zur Standardausstattung europäischer Parks). Eines der schönsten erhaltenen ist das strohgedeckte Cottage von John Nash im Park von Blaise. Da es bewohnbar ist, wurde das grobe Holzwerk auf eine feste Wand nur aufgesetzt. Die Art, wie Nash aus krummen Ästen Spitzbogen bildete, illustriert den Topos von der »Natürlichkeit«, der quasi-pflanzlichen Form der Gotik. Für einen der Eingänge von Blaise Park entwarf Nash einen »mittelalterlichen« steinernen Torbau mit Zinnen – eine solche Gestaltung von Pförtnerbauten wurde ebenfalls für das 19. Jahrhundert vorbildlich.

199 Wimpole. Der gotische Eyecatcher wurde Ende der sechziger Jahre des 18. Jahrhunderts nach einem Entwurf von James Essex errichtet.

DIE GOTIK IM LANDSCHAFTSGARTEN

200   Fountains Abbey. Die gewaltigen Ruinen der Zisterzienserabtei wirkten in Studley als Eyecatcher. Undatierter Stich von Francis Vivares nach Thomas Smith.

201   Strawberry Hill. Ansicht der Gartenseite. Aquatinta von Francis Jukes, 1781.

Horace Walpoles Haus in Strawberry Hill ist mit seinen verschiedenen Baustufen geradezu ein Anschauungsobjekt für die Entwicklung der Neugotik von einer ironischen Rokoko-Variante zur ernsthaften Anwendung im Profanbau,[11] unregelmäßig gruppiert und von einem exzentrischen Turm dominiert. In Strawberry Hill war diese Gliederung das Ergebnis des Bauprozesses, der sich ab 1747 ohne Gesamtplan über mehrere Jahrzehnte hinzog. In Downton Castle dagegen war die Asymmetrie von Anfang an gewollt: als Übertragung der Prinzipien der Gartenkunst auf die Architektur. Darin war es vorbildhaft für den größten Teil der Landhausarchitektur des späten 18. und des ganzen 19. Jahrhunderts. Die »malerische« Gruppierung ermöglichte die Anwendung gotischer Formen an Wohnbauten, ohne ihnen eine sakrale Aura zu geben. Damit konnte der »mittelalterliche« Stil (wozu auch der Jacobean und der schottische Baronial Style gerechnet wurden) die klassische Formensprache bei dieser Bauaufgabe weitgehend verdrängen. Einer der wichtigsten Architekten dieser Richtung war James Wyatt, der in Fonthill Abbey und Lee Priory noch sehr bewußt mit sakralen Assoziationen spielte, bevor er mit Bauten wie Ashridge zu einem eigenen Profanstil fand, der – nicht zuletzt in den riesigen Treppenhäusern – das Erhabene mit dem Malerischen verband.[12] Etwas bürgerlicher, einer anderen Klientel angemessen, waren die »gotischen« Villen und Häuser von John Nash, der mehrere Jahre lang mit Humphry Repton eine Partnerschaft unterhalten hat: Park und Haus konnten so in Übereinstimmung geplant werden.[13]

## Uvedale Price

William Gilpin hatte eine ästhetische Erfahrung benannt und beschrieben, der vorher allenfalls eine Nebenrolle zugefallen war, doch er hatte keine Theorie dieser Erfahrung entwickelt. Dies besorgte in den neunziger Jahren Sir Uvedale Price, teilweise flankiert von seinem Freund und Nachbarn Richard Payne Knight. Er wollte das Malerische nicht als spezifische Erscheinungsform des Schönen oder Erhabenen belassen, sondern es als eigenständigen ästhetischen Charakter bestimmen.
Die Familie Price war in Wales alteingesessen und durch die Stiftung sozialer Einrichtungen bekannt. Uvedale Tomkins Price, der Großvater von Sir Uvedale, sammelte Bilder und Zeichnungen und war ein Freund des Malers Thomas Gainsborough, der damals in Bath lebte. Die beiden musizierten gemeinsam, und Gainsborough porträtierte seinen Freund als Maler (das Bild ist in der Neuen Pinakothek in München). Sein Interesse an wilden Landschaften übertrug er auf seinen Sohn Robert Price, der 1741 an der ersten Mont-Blanc-Expedition (unter Leitung von Richard Pococke und William Wyndham) teilnahm. Aber er war auch dem Nützlichen zugetan, betrieb botanische Forschungen und (mit Benjamin Stillingfleet) landwirtschaftliche Versuche. In den fünfziger Jahren gestaltete er den Familiensitz Foxley um, wobei er seine ästhetischen Interessen mit agrartechnischen Neuerungen zu verbinden wußte. Im Talgrund legte er Zäune nieder, um zusammenhängende Flächen zu erhalten. Die Hänge wurden als Weide genutzt und die Höhenzüge mit wertvollen Hölzern bepflanzt: Eiben, Eschen, Buchen, Kastanien und Lärchen, je nach Eignung des Bodens. Diese Waldstreifen bildeten den Hintergrund und trennten die einzelnen Bereiche; unregelmäßig gepflanzte freistehende Bäume wirkten als Bindeglieder. Auf bequemen Wegen kam man zu besonders schönen Plätzen, gewundene Pfade führten zu Aussichtspunkten auf den Höhen.
Es war wohl auch schon Sir Robert, der den formalen Garten aufhob und das Haus, einen Backsteinbau aus dem Jahr 1714, teilweise durch Bäume verdeckte. Die pastorale Szenerie von Foxley war ausschließlich mit Mitteln des Farmbetriebs gestaltet; auf alle Parkbauten, Grotten, Inschriften, selbst auf Kaskaden und Wasserflächen wurde verzichtet. Anders als bei den Landschaftsparks Lancelot Browns waren die Konturen der einzelnen Abschnitte verwischt: Die Waldkante war keine deutlich gezogene Schlangenlinie, sondern durch vorgesetzte Einzelbäume aufgelöst, und die Baumgruppen standen nicht als selbständige formale Elemente in den Weideflächen.
Dies war das Erbe, das Uvedale Price 1764 antrat. Sein Interesse galt ebenso den Bäumen wie der Landwirtschaft (später bekleidete er das Amt des Superintendent of the Forest of Dean). Er ging so weit, an Bäumen einzelne Äste abzusägen, um ihnen ein unregelmäßiges Aussehen zu geben. So machte er Foxley zu einem Kunstwerk, das »natürlicher« aussah als die Natur selbst; es versteht sich aber, daß solche Feinheiten nicht lange Bestand hatten. Von Prices gärtnerischen Aktivitäten ist weder auf seinem eigenen noch auf den Anwesen seiner Freunde etwas Erkennbares erhalten.[14] Bekannt und für die Ästhetik wie für die Gartenkunst einflußreich wurden seine theoretischen Schriften. Sie reflektieren nicht nur mehrere Jahrzehnte Improvement auf Foxley, sondern vor allem die Erfahrung des Alterns der berühmten Parks und der Auflösung ihrer einmal genau definierten Formen – Uvedale Price fand gerade dies besonders interessant.
Seine wichtigste Schrift ist der umfangreiche »Essay on the Picturesque...« von 1794, in dem er ästhetische Erfahrungen, wie sie etwa Gilpin beschrieben hat, in eine feste sensualistische Theorie zu fassen sucht. Ausschließlicher als die anderen Autoren der »malerischen« Bewegung konzentriert Price sich dabei auf den visuellen Aspekt, dem er zur Autonomie verhelfen will. Er empfiehlt deshalb dem Landschaftsgärtner, seinen Blick an der Malerei zu schulen – nicht um Gemälde im Garten nachzustellen, sondern als Hilfsmittel gegen die Erstarrung einer idealistisch reduzierten Landschaftsauffassung. »Intricacy« und »variety«, Unübersichtlichkeit und Abwechslung also, sind die Grundbegriffe, von denen er ausgeht. Addisons Forderungen werden mit Burkes physiologischer Theorie verknüpft: Wenn das »Schöne« mit Liebe und Freundschaft, das »Erhabene« mit Gefahr und Selbsterhaltung verbunden ist, so erwächst die Freude am Malerischen aus der Wißbegier, einem Trieb, dessen Erfüllung die Mitte zwischen Erregung und Besänftigung hält. Doch räumt Price ein, daß die konsequente Trennung der drei ästhetischen Charaktere akademisch sei: In der Praxis träten üblicherweise je zwei miteinander vermischt auf.
Sein Grundmodell fand er in den Bildern von Claude Lorrain, die keine übersichtlichen Tableaus bieten, sondern durch Repoussoirs einen irritierenden Tiefenzug schaffen. Dazu kam das Kolorit der Venezianer und Holländer mit der Auflösung fester Kanten und Linien (auch der geschwungenen), mit dunklen Schatten und gebrochenen Farbtönen und mit allen Stufungen von Braun. Zum ersten Mal in der englischen Gartenästhetik wurde der Herbst dem Frühling vorgezogen – in den Farben wie in der Stimmung. Wie die graphische Produktion dieser Jahrzehnte beweist, waren Alter und Verfall regelrecht modisch.
Price wandte sich damit gegen die Reinlichkeit und Aufgeräumtheit der gepflegten Parks à la mode: Schilf und Sumpf an den Ufern eines Gewässers

sollten ebenso zugelassen sein wie alte, halb abgestorbene Bäume mit knorrigen, in die Luft ragenden Wurzeln; Blumenwiesen wollte er statt des kurzgeschorenen englischen Rasens, und Feldwege mit Pfützen und Wagenspuren waren ihm lieber als gepflegte Kieswege. Auch sollten die Spuren der Arbeit – und die Arbeitenden selbst – sichtbar bleiben. Wie Gilpin setzte Price der Glätte und Sanftheit des (rokokohaft eingeengten) Schönheitsbegriffs das Rauhe und Herbe entgegen, dem regelhaft Erstarrten das Unregelmäßige oder sich Verändernde, daher Interessante. Damit wurde der Faktor Zeit in die Ästhetik eingeführt: Sie verwandelt das Schöne wie das Häßliche gleichermaßen; das Alte ist das Malerische – und ein Zeichen von Würde.

Prices Angriff richtete sich explizit gegen Lancelot Brown, den er persönlich nicht kannte, aber offensichtlich haßte. Er warf ihm Arroganz und Despotie vor und kolportierte polemische Anekdoten. Wenn Brown mit seinem begrenzten Repertoire ganz England umforme, »dann adieu allem, was der Maler bewundert: alle Unübersichtlichkeit, alle schöne Abwechslung der Formen, Dunkelheit, Licht und Schatten, jeder tiefe Rücksprung, jeder kräftige Vorsprung, das phantastische Wurzelwerk von Bäumen, die Windungen der Schafstriften: alles muß verschwinden – ein paar Stunden und schlechter Geschmack zerstören vollständig, was allein die Zeit und tausend glückliche Zufälle reifen ließen, um einem Gainsborough oder Ruysdael Bewunderung und Bemühen abzunötigen – und reduziert es zu einer Sache, wie sie jederzeit ein Ölhändler aus der Thames Street für sein Anwesen in Islington oder Mile-End in Auftrag gibt (...).«

## Die Malerei und das »Malerische«

Der Vergleich der Landschaftsgärtnerei mit der Malerei ist ein fester Topos in der englischen Gartenliteratur des 18. Jahrhunderts; daß er gelegentlich allzu wörtlich genommen wurde, hat in der Forschungsliteratur zu dem Mißverständnis einer direkten Ableitung geführt. Das Verhältnis beider Künste war aber von einer wechselseitigen Beeinflussung bestimmt. Dabei verschob sich im Laufe des Jahrhunderts das Interesse von der Invention und Komposition hin zu Textur und Farbe. Die häufige Bezugnahme auf die italienische Landschaftsmalerei des 17. Jahrhunderts (Lorrain, Poussin, Rosa) diente in der frühen Phase des Landscape Movement vor allem der Verteidigung der »natürlichen« Gestaltungsweise. Umgekehrt trug der neue Gartenstil dazu bei, daß die englische Landschaft als Gegenstand der Malerei akzeptiert wurde. Bei Richard Wilson, der einige Jahre in Venedig und Rom verbracht hatte, finden wir englische Parkszenen im Stil von Lorrain oder Poussin in sanfte Melancholie getaucht. In der Tradition der Historienmalerei blieben seine elegischen Landschaften ebenso wie die »sublimen« Gemälde von Thomas Jones Bedeutungsträger und Symbol menschlichen Schicksals. Joshua Reynolds hat in einer Rede Wilson dafür getadelt und Gainsborough gelobt, weil dieser nicht versuchte, die Begrenztheit der Landschaftsmalerei im akademischen Wertesystem zu durchbrechen, sondern sie akzeptierte.

Gainsboroughs Blick war schon an den Formen der Landschaft Suffolks geschult, bevor er zu malen anfing. Mehr als die italienischen Maler, die noch lange als Vorbild galten, beeinflußten ihn die Holländer, deren Bilder er durch Restaurierungsaufträge kennenlernte. Anerkennung und Erfolg fand er durch Porträts mit weicher Kontur und ätherischen Wirkungen im Spiel von Licht und Schatten, die an Watteau erinnern. Doch galt sein größeres Interesse der Natur. Bei seinen Zeichenexkursionen, die der Vorbereitung der Gemälde im Atelier dienten, hat ihn manchmal der junge Uvedale Price begleitet, der später von seiner Gerührtheit angesichts friedlicher Szenen berichtete: Gainsborough suchte, wie John Hayes zeigte, in seinen Bildern einen Frieden, den er im Leben nicht erfuhr. Nicht Aufgewühltheit und romantische Verzweiflung, sondern eine etwas nostalgische Sehnsucht nach Harmonie zeichnen sie aus.

Gainsborough beeinflußte eine ganze folgende Generation von Künstlern – sei es durch sein direktes Vorbild oder durch die Vermittlung anderer. So unterhielt sein Freund Dr. Thomas Monro eine Zeichenschule, die unter anderem Thomas Girtin und William Turner besuchten.

Turner, der schnell zu Ruhm, Stellung und Einkommen kam, setzte sich mit allen akademischen Vorbildern ebenso auseinander wie mit englischen Landschaften und Baudenkmälern. Zu seinen Brotarbeiten gehörten »Picturesque Views« und topographische Zeichnungen, die in England damals ungemein populär waren. Seine Arbeiten für Architekturbüros (unter anderem bei William Porden) gab er nach 1790 auf und wandte sich zeitweilig der reinen Landschaftsdarstellung zu. Im sogenannten Fonthill-Skizzenbuch[15] zeigt sich, wie er von peniblen Bleistiftzeichnungen über fast abstrakte Farbskizzen zu jenen Ansichten kam, in denen Architektur, Landschaft und Licht zu einer Einheit verschmolzen.

Turner fand Freunde und Auftraggeber unter den Parkbesitzern; Richard Colt Hoare von Stourhead war der erste, William Beckford folgte. Der wohl wichtigste war der dritte Lord Egremont von Petworth. Doch die Landschaftsstudien, die Beschäftigung mit dem »Malerischen« nach Gilpin und Price, die Kopien nach Thomas Hearne und John Robert Cozens waren nur eine Vorstufe emotioneller Aufgewühltheit. Turners eigentliches Thema war das Sublime der Ausdehnung und des Lichtes, wie es durch die Physiko-Theologie popularisiert worden war: Wenn er seinen Bildern Zitate von James Thomson beigab, die Alpen, Schottland oder Seestürme malte, sich mit den Theorien des Lichtes und der Farbe beschäftigte, so erwies er sich als malender Kommentator des sich festigenden naturwissenschaftlichen Weltbildes am Ende des 18. Jahrhunderts.

Die Landschaft als reine Anschauung tritt bei John Constable hervor. Wie Gainsborough stammte er aus Suffolk und kam durch die Erfahrung der Natur zur Malerei. Anders als Turner war Constable tief religiös, und die Nüchternheit des evangelischen Fundamentalismus mag die beinahe sachliche Haltung gegenüber seinen Bildgegenständen geprägt haben. Wo Turner etwa bei Szenen aus dem Lake District zu Exaltationen neigte, milderte Constable dieselben Ansichten im Sinne des »Malerischen« ab; auch wenn er sich mit Lorrain, Wilson oder Gainsborough auseinandersetzte, fehlt in seinen Bildern deren Erinnerungen an ein Goldenes Zeitalter.

Sein eigentliches Thema fand Constable in den flachen, hügeligen und sumpfigen Gegenden Südenglands, in der Darstellung der »common nature« und bäuerlicher Arbeit. Hingegen scheinen ihn die großen Landschaftsparks wenig interessiert zu haben. Stourhead skizzierte er wohl eher übungshalber, und das große Gemälde von Wivenhoe Park (1816) ist eine Ausnahme in seinem Werk: Der Major-General Francis Slater-Rebow, Eigentümer von Wivenhoe und Alredsford Hall, gab ihm den Auftrag, um ihm bei seiner Heirat finanziell zu helfen. Constables Bild versieht den Park im Stil Lance-

DIE ÄSTHETIK DES MALERISCHEN

202 »Blick auf Syon House von Richmond Gardens«. Gemälde von Richard Wilson, um 1760–1765. Die Sanftheit und elegische Stimmung in Wilsons Gemälde entsprachen Browns »idealer Natur«. (Mit freundlicher Genehmigung der Bayrischen Staatsgemäldesammlungen, München)

203 »Wivenhoe Park, Essex«. Gemälde von John Constable, 1816. Constable schränkt in seiner Darstellung die Natur nicht auf ein Ideal ein. Er stellt die Arbeit in der ländlichen Natur dar und verzichtet auch nicht auf Spuren des Gebrauchs und des Verfalls. (Mit freundlicher Genehmigung der National Gallery of Art, Washington, D.C., Widener Collection)

204 »Buchen in Foxley«. Zeichnung von Thomas Gainsborough, um 1760. Die Darstellung eines ausgefahrenen Weges und eines primitiven Zaunes unter alten, unregelmäßig gewachsenen Bäumen nimmt vorweg, was Uvedale Price einige Jahre später als Ästhetik des Malerischen beschreibt. (Mit freundlicher Genehmigung der Whitworth Art Gallery, University of Manchester)

lot Browns mit der Ikonographie der Arbeit und der guten Wirtschaftsführung: eingezäunte Weiden mit Vieh, alte Bäume und ein Fischzug im See.
Ein anderer Freund und Auftraggeber war Sir George Beaumont von Coleorton, selbst ein guter Zeichner im Stil Gainsboroughs, bei dem der alte Uvedale Price gärtnerisch tätig war.[16] Mit Price teilte Constable das Interesse am Morbiden und Rauhen, an der Darstellung des Vergänglichen, dem Wechsel von Wolken und Wetter. Und er teilte den patriotischen Zungenschlag, mit dem in der Zeit der Kontinentalsperre der Ackerbau beurteilt wurde – zahlreiche Weideflächen, die das Bild der großen Landschaftsparks bestimmt hatten, wurden wieder unter den Pflug genommen.
Daß er indessen die »picturesque«-Ästhetik und -Nostalgie auch parodieren konnte, zeigt sein Gemälde »The Cornfield« von 1826, lange nach den Napoleonischen Kriegen und den auf sie folgenden sozialen Unruhen entstanden: Es ist die vollkommene Verkörperung des Malerischen, mit Zitaten von Gainsborough und Verweisen auf die Schriften von Price – und es zeigt eine vernachlässigte Landwirtschaft, die weder Constables Ideal noch der englischen Wirklichkeit entsprach.

## Die Rückkehr zum Formalen

Es erscheint erstaunlich: Gegenüber der erkünstelten »Natürlichkeit« der Brownschen Manier ließ Uvedale Price sogar barocke Gartenformen wieder gelten und lobte das bereits gealterte Gartenparterre in Blenheim, das bisher als krude und willkürlich gegolten hatte. Selbst die schmucklosen roten Backsteinhäuser vom Ende des 17. Jahrhunderts, fand er, könnten »picturesque« wirken – wenn sie nämlich alt geworden oder teilweise von Bäumen verdeckt seien.
Noch weiter ging sein Nachbar Richard Payne Knight, dessen Abhandlung »The Landscape« gleichzeitig mit Prices »Essay« entstanden und zu ähnlichen Schlußfolgerungen gekommen war.[17] Aber Knight, der Woburn Farm, vor allem aber wilde Szenen wie in Hafod oder Hawkstone bewunderte, argumentierte radikaler und vom Standpunkt einer reinen Assoziationsästhetik. Das Geschmacksurteil wies er ausschließlich dem Bereich des Gefühls zu und bezweifelte gleichzeitig, daß es eine allen Menschen gemeinsame Grundlage ästhetischen Empfindens gäbe. Damit stellte er zwei Grundannahmen der Aufklärung in Frage und begründete einen Relativismus, den er auch auf die Gartengestaltung anwandte: Es schien ihm durchaus möglich, auf der Suche nach Neuheit und Abwechslung wieder zu formalen Prinzipien zurückzukehren: zu efeuüberwachsenen Balustraden, hohen Terrassen, Statuen, Labyrinthen und Alleen.[18]
Beide Autoren vertraten die Ansicht, daß ein Herr von Geschmack seinen Park persönlich und individuell gestalten solle; allerdings scheint Knight außerhalb seiner Wohnsitze Downton und Stonebrook nichts angelegt zu haben. Price assistierte lediglich einigen Freunden, wie den Beaumonts auf Coleorton. Professionalität schätzten sie beide nicht. Schon deshalb war der Konflikt mit Humphry Repton wohl unvermeidlich, der Mitte der neunziger Jahre zum bekanntesten Landschaftsplaner Englands aufgestiegen war.

## Humphry Repton

Humphry Repton (1752–1818)[19] stammte aus einer bürgerlichen Familie in Bury St. Edmunds. Sein Vater hatte ihn zum Kaufmann bestimmt und schickte den Zwölfjährigen nach Holland in die Lehre. Als Geschäftsmann scheint er zunächst erfolgreich gewesen zu sein, doch galten sein Interesse den Künsten und seine Bewunderung dem landbesitzenden Adel. Im Jahre 1778 benutzte er das elterliche Erbe, um sich als Grundbesitzer in Sustead niederzulassen. Er zeichnete und las viel, verschaffte sich autodidaktisch umfassende Kenntnisse in Kunst und Wissenschaft, schrieb Gedichte und ein Schauspiel. Bald zählten Intellektuelle ebenso zu seinen Bekannten wie Grundbe-

205 Sheffield Park. Blick auf das Haus von Lord Sheffield, das nach einem Entwurf von James Wyatt errichtet wurde. Den Garten entwarf Humphry Repton. Stich von William Angus nach Humphry Repton, 1791.

sitzer und Angehörige der politischen Elite. Finanziell war er jedoch weniger erfolgreich, und nach dem Verlust einiger Schiffe sah er sich gezwungen, mit seiner vielköpfigen Familie (von sechzehn Kindern überlebten ihn sieben) in ein bescheideneres Domizil zu ziehen: nach Hare Street in der Nähe Londons, wo er bis zu seinem Tode wohnte.

1788 etablierte sich Repton als professioneller Gartengestalter. Sein angenehmes Auftreten, seine umfassenden Kenntnisse und sein Zeichentalent begründeten seinen raschen Erfolg, der freilich ohne seine weitreichenden gesellschaftlichen Verbindungen so schnell kaum möglich gewesen wäre. Repton war der erste, der sich einen berufsmäßigen Landschaftsgärtner nannte, aber er leitete selbst keine Arbeiten, wie es etwa Brown getan hatte. Seine Arbeiten könnte man eher als Planungsgutachten bezeichnen, deren Realisierung dem Grundeigentümer und seinen Leuten überlassen blieb (die denn auch häufig von seinen Vorschlägen abwichen). Die berühmten Red Books, die so heißen, weil viele von ihnen in rotem Leder gebunden waren, enthalten handschriftlich die Beschreibung und Begründung vorgeschlagener Maßnahmen und Pläne; das Auffallendste in ihnen aber sind die kolorierten Zeichnungen.

Repton war ein guter Zeichner. Wie Kent und anders als Brown entwickelte er seine Vorschläge in Ansichten, nicht in Plänen. Als erster Gartenarchitekt benutzte er optische Geräte zur präzisen Darstellung einer vorgefundenen Situation, die er auf Deckblätter (»slides«) zeichnete; wenn man sie hochhob, entdeckte man darunter seine Verbesserungsvorschläge.

Einen Teil des in den Red Books gesammelten Materials nahm Repton in seine theoretischen Schriften auf.[20] Dabei ging es ihm aber nicht um einen weiteren Beitrag zu einer systematischen Ästhetik, sondern um eine umfassende Darstellung und Begründung seiner Praxis – sicher auch mit dem Ziel, neue Aufträge einzuwerben. Wohl kannte er alle wichtigen Autoren seiner Zeit, nannte Gilpin, Mason, Whately und Girardin als Grundlage, zitierte Chambers und berief sich vor allem auf Kames, aber den Rationalismus der Aufklärung, der alles auf ein Prinzip zurückführen wollte, teilte er nicht. Man kann seine Arbeitsweise eher einen praktischen Eklektizismus nennen: Er wählte aus und fügte zusammen, was ihm jeweils angemessen schien. Unter den Gärten, die ihn beeinflußt hatten, ist vor allem Masons Blumengarten in Nuneham Courtenay zu nennen, den er 1800 auch in Peacockes »Polite Repository« veröffentlichte. Das Motiv der unregelmäßig geformten und verstreuten Beete mit bunten Blumen tauchte in zahlreichen seiner Entwürfe wieder auf; Blumen brauche man im Park wie Möbel in einem Zimmer, schrieb er im Red Book von Woburn Abbey.

Als Repton im Herbst 1789 nach Herefordshire reiste, wo ihn Aufträge erwarteten, besuchte er Downton Castle und schloß Freundschaft mit Knight und mit Price, mit dem er eine Exkursion ins Tal des Wye unternahm. Um so härter trafen ihn die Attacken der beiden Gentlemen, denen er sich seit 1794 ausgesetzt sah.

Price und Knight scheuten sich nicht, auch ihre eigenen Differenzen öffentlich auszutragen; gegen den armen Repton gar richteten sie ihre Polemik mit einer Schärfe, die er nicht erwidern konnte – auch aus Rücksicht auf seine vornehme Klientel. Der Anlaß war im Grunde geringfügig: Repton hatte im Red Book für Tatton vorgeschlagen, an der Auffahrt einen Stein mit dem Wappen des Besitzers aufzustellen. Knight fand solche Protzerei degoutant und zitierte ihn obendrein falsch. Damit löste er eine Kontroverse aus, die schließlich ins Grundsätzliche ging und die das Publikum unterhielt, bis es durch die Napoleonischen Kriege auf ernstere Themen kam.

Die öffentliche Meinung unterstützte weitgehend Price und Knight. Repton, der als neureicher Stutzer galt, stand allein. Seine Freunde hielten sich zurück oder begnügten sich mit albernen Bemerkungen (wie George III., der sich für Reptons Position entschied, weil dessen Buch dünner als die Abhandlungen seiner Gegner war). Doch verteidigte er sich mit Anstand, und seinen Aufträgen scheint die Dis-

DIE ÄSTHETIK DES MALERISCHEN
206 Sheffield Park. Trotz der viktorianischen Überpflanzung ist Humphry Reptons Konzeption malerischer Gartengestaltung noch erkennbar.

HUMPHRY REPTON

207 Sheffield Park. Blick über den oberen See auf die Gartenseite des Landhauses.

208 Sheffield Park. Chinesische Brücke über einer Wassertreppe, die möglicherweise auf Lancelot Brown zurückgeht.

kussion nicht geschadet zu haben. Die Kontroverse wurde auch dadurch am Leben gehalten, daß die Diskutanten sich gegenseitig falsch interpretierten. Repton verstand nicht den allgemein-ästhetischen Charakter von Prices Traktat und wies dessen freilich maßlose Polemik gegen Brown anhand gartentechnischer Details (die Price gar nicht interessiert hatten) zurück. So kam er in die Rolle eines Verteidigers und bald eines Nachfolgers von Lancelot Brown.

Im Sommer 1789 hielt sich Repton mehrfach in Sheffield Park auf. Den Besitz hatte 1769 John Baker Holroyd, der spätere Earl Sheffield, gekauft, ein bedeutender Agrarpolitiker, Freund und Herausgeber des Historikers Edward Gibbon. Lancelot Brown hatte 1776 einen Plan für den Park geliefert; die beiden unteren Seen, wahrscheinlich auch die treppenartige Kaskade dazwischen, gehen auf ihn zurück. Zugleich erhielt James Wyatt den Auftrag für das neue Haus. Es ist einer seiner ersten gotischen Entwürfe, noch sehr steif und regelmäßig (Erker und Portal wurden erst im nächsten Jahrzehnt angefügt). Repton arbeitete für Sheffield kein Red Book aus, so daß sein Anteil am Park schwer zu bestimmen ist. Er pflanzte wohl einen Teil der Bäume – darunter schöne Eichen – um die unteren Seen und ließ in der Senke, die sich zum Haus hinaufzieht, kleine Teiche aufstauen, die in der zweiten Hälfte des 19. Jahrhunderts vergrößert wurden; das bunte Bild der Gehölze geht ebenfalls auf diese spätere Zeit zurück. Die obere Brücke mit der Balustrade läßt sich auf 1880 datieren.[21]

Reptons Vorgehen war nie radikal. Im Gegensatz zu Brown hatte er keine Patentrezepte, und er scheute große Erdbewegungen. Vielmehr suchte er eine vorgefundene Situation anzureichern, dabei aber ihre Charakteristik möglichst zu erhalten und zu verstärken. Außerdem betonte er – anders als Price und Knight – den Gebrauchsaspekt und unterschied deshalb den Bereich nahe beim Haus, der das Wohnen ins Freie fortsetzte, von den weiter entfernt liegenden Wald- und Weideflächen (gepflügte Felder hielt er eines Adligen für unwürdig; sie waren Sache der Bauern). Aus dieser Unterscheidung ergab sich eine meist unregelmäßig, aber unverkennbar künstlich gestaltete Zone für Parterres, Blumenbeete und Gartengebäude, in die auch Küchengärten integriert werden konnten. Je nach Lage zum Haus und zur Landschaft wurde dieser Bereich wiederum in einzelne Segmente aufgeteilt. Im Red Book für Courteenhall (1791) ist dies bereits zu erkennen: Das Haus, 1791–1793 nach Plänen des Chambers-Schülers Samuel Saxon erbaut, stand auf drei Seiten frei und war von unterschiedlichen Rasenflächen umgeben. Die Nebengebäude versteckte er hinter Büschen und Bäumen, in denen sich Lichtungen öffneten; in einer davon lag auch der ovale Blumengarten für die Frau des Hauses.

Repton sah keinen Grund, die Künstlichkeit der Zone zwischen Haus und Park zu verbergen. »Gardens are works of Art rather than of Nature« war das Motto, das er der Veröffentlichung seiner »Designs for the Pavillon at Brighton« (1808) voranstellte. Entsprechend seiner Maxime, daß Annehmlichkeit und Nützlichkeit ebenso wichtig seien wie malerisches Aussehen, stattete er diesen Bereich mit Gartengebäuden und Bänken aus, aber selten mit klassischen Gebäuden oder künstlichen Ruinen; statt dessen bevorzugte er leichte Konstruktionen: vor allem Treillagen, aber auch Zelte, Gewächshäuser oder »rustikale« Holzhütten. Unter Berufung auf Kames' »Elements of Criticism« ging er dazu über, einzelne Kompartimente dieses Gartenteils symmetrisch anzulegen; er entwickelte sogar neobarocke Broderien (beispielsweise für Woburn Abbey, Endsleigh und Beaudesert).

Haus und Park gehörten für Repton zusammen, aufeinanderbezogen nach dem Prinzip des Kontrastes. (So empfahl er, klassische Gebäude mit Nadelbäumen von konischem Umriß zu umgeben, während gotische Häuser zwischen Laubbäumen mit runden Kronen stehen sollten.) Dem repräsentativen symmetrischen Schloßtyp zog er locker gruppierte Ensembles vor. In einigen Parkszenen zeichnete er zwar Häuser ein (zum Beispiel die gotischen Gebäude für Garnons in Herefordshire, 1791); doch blieb seine eigene architektonische Tätigkeit gering; er zog es vor, mit professionellen Baumeistern zusammenzuarbeiten, zuerst auf Honorarbasis mit William Wilkins sen. in Norfolk. 1795 ging er eine Partnerschaft mit John Nash ein, den er fünf Jahre zuvor kennengelernt hatte.[22]

John Nash, der in London mit Bauspekulationen gescheitert war, hatte sich nach Wales zurückgezogen und seit 1787 eine neue Karriere als Architekt für den Landadel begonnen. Unter anderem plante er 1793 einige Veränderungen für das neugotische Haus von Thomas Johnes in Hafod, im Tal von Ystwyth. Dort lernte er Richard Payne Knight, einen Verwandten des Bauherrn, kennen und ließ sich vom Virus des »Malerischen« anstecken. Zur gleichen Zeit entwarf er in Aberystwyth für Uvedale Price ein gotisches Sommerhaus, dessen dreieckiger Grundriß auf die Aussicht über die Küste ausgerichtet war; das zerklüftete Äußere sollte zu dieser Landschaft passen.

Mit diesen Erfahrungen schien er für Repton der richtige Partner zu sein, obwohl der als grobschlächtig geschilderte Nash ein völlig anderes Naturell hatte als der liebenswürdige Repton. Die beiden verhalfen sich gegenseitig zu Aufträgen und zahlten sich hohe Provisionen dafür. Zu den gemeinsamen Projekten zählten etwa Bulstrode, Corsham Court, Sundridge Park und Luscombe. Repton schickte zwei seiner Söhne zu Nash in die Lehre. Nach 1800 kam es allerdings wieder zur Trennung, weil der taubstumme John Adey Repton sich betrogen fühlte. Der andere Sohn, George Stanley, blieb hingegen in Nashs Büro; er gehörte zu den Wegbereitern einer antiquarisch genauen Neugotik, während sein Arbeitgeber in einer romantisch-assoziativen Auffassung verharrte.

Auch in Blaise bei Bristol, dem Schloß und Park des Bankiers John S. Harford, arbeiteten Repton und Nash zusammen; Repton hatte im Park zudem Bauwerke entworfen, so ein Woodman's Cottage als Blickfänger in einem schattigen Winkel, der zu düster war für eines der üblichen, nur dem Vergnügen dienenden Gartengebäude. Die schlichte Architektur dieses Cottage gibt Reptons Wunschbild vom einfachen Landleben mit einer intakten sozialen Hierarchie wieder.

Nash teilte Reptons Zurückhaltung nicht, als er 1811 wieder nach Blaise gerufen wurde, wo er unter Mitarbeit George Stanley Reptons einige Cottages für Bedienstete entwarf. Diese Häuser sind reich und phantasievoll mit allen Ingredienzen ländlicher Bautradition – ohne Beschränkung auf einen sozialen Rang – aufgeputzt und um einen grünen Anger arrangiert. Die Baugruppe wirkt wie ein Bühnenbild oder ein Architekturmodell im Maßstab 1:2. (Heute ist dieses Modelldorf namens Blaise Hamlet Alterssitz für Angestellte des National Trust.) Auch nach der Trennung von Repton entwarf Nash Landsitze. Ravensworth Castle und der Royal Pavilion in Brighton gehören zu seinen berühmtesten Bauten. Auf dem Land bevorzugte er zumeist »malerische« Stilformen, während er in städtischem Kontext die klassische Tradition beibehielt, etwa in Regent Street (1817), rings um den

209 Bristol, Blaise Hamlet. Ein malerisches Idealdorf, das von John Nash im Auftrag von John S. Harford entworfen und von den Angestellten des Schlosses bewohnt wurde.

HUMPHRY REPTON

Die Ästhetik des Malerischen

210 Bristol, Blaise Castle. Die Eyecatcher auf einer Anhöhe im Park.

211 Bristol, Blaise Castle. Cottage im Park. Die primitive Holzarchitektur ahmt Formen der Gotik nach und greift die Idee von der natürlichen Entstehung der Gotik auf.

ASHRIDGE UND SHERINGHAM: KRÖNUNG UND ABSCHLUSS

212 Sheringham. Lageplan aus dem Red Book von Humphry Repton. Das Haus und der Garten befinden sich auf der windgeschützten, der See abgewandten Seite eines Hügels.

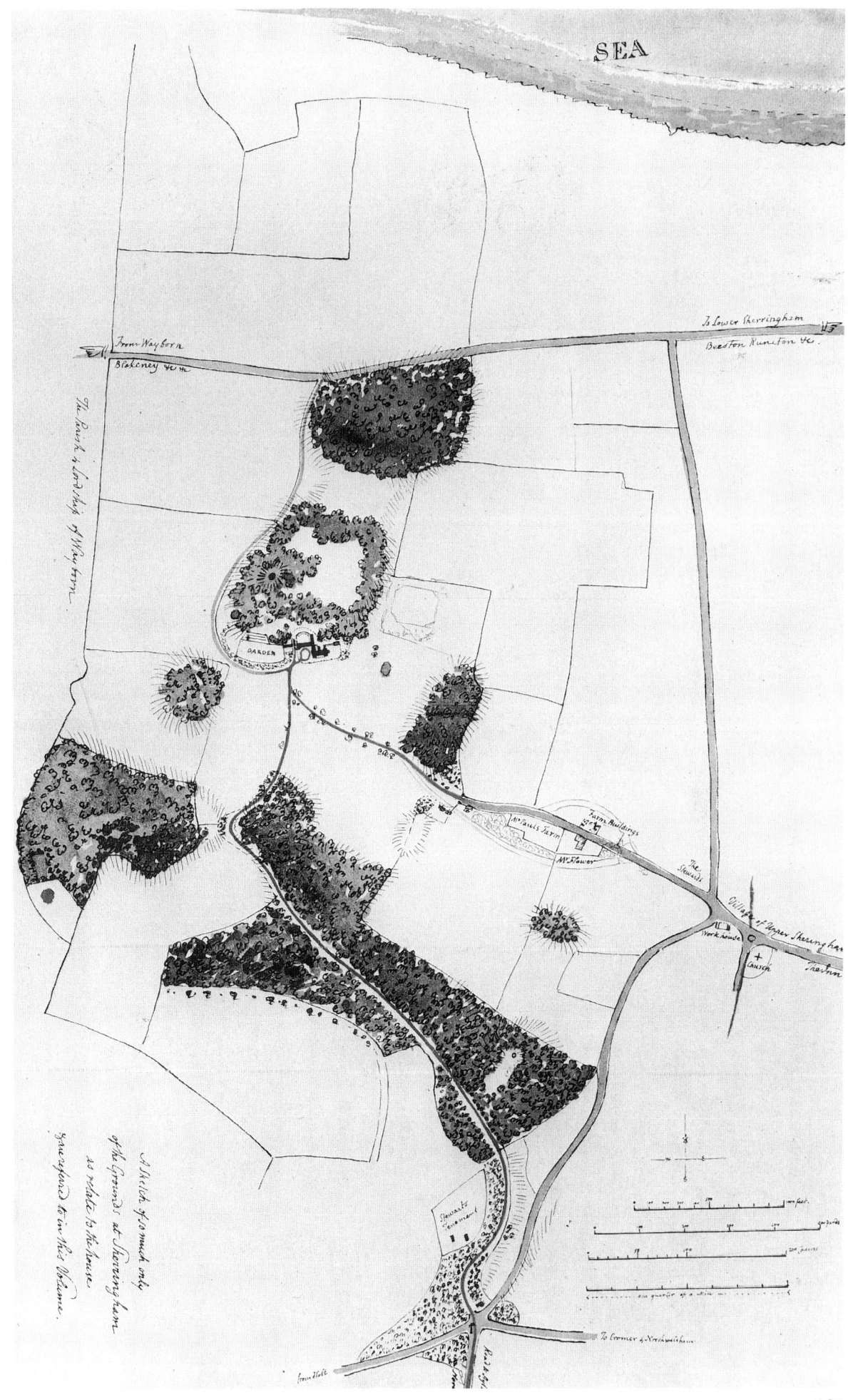

Park, den er fünf Jahre zuvor angelegt hatte, oder beim Umbau des Buckingham-Palastes.
In der Zeit der Napoleonischen Kriege wurde die Auftragslage für Repton schlechter, obwohl er seine Tätigkeit auf städtische Plätze, unter anderem in Bloomsbury, ausgedehnt hatte. 1811 erlitt er bei einem Kutschenunfall Verletzungen, die ihn für den Rest seines Lebens an den Rollstuhl fesselten. Zu seiner Behinderung kamen finanzielle Schwierigkeiten, nicht zuletzt aufgrund der schlechten Zahlungsmoral seiner Auftraggeber, und die politische und soziale Entwicklung machte ihm Sorgen: Sein geliebtes ländliches England schien von der industriellen Revolution zerstört zu werden. Dennoch entstanden gerade jetzt einige seiner schönsten und wichtigsten Entwürfe.

## Ashridge und Sheringham: Krönung und Abschluß

Als Repton 1808 im Auftrag der Regierung einen Landsitz suchte, den man der Familie des gefallenen Admirals Nelson überlassen wollte, brachte ihn dessen Sohn William, der als Rechtsanwalt im Grundstücksgeschäft tätig war, nach Sheringham an der Küste von Norfolk. Das Geschäft mit dem Nelson Trust kam zwar nicht zustande, doch konnte William den Besitz zwei Jahre später, nach einem Act of Enclosure, an Abbot Upcher verkaufen, einen Grundbesitzer aus der Gegend. Das Ehepaar Upcher wird als fromm und ernsthaft geschildert, aber mit einem tiefen Hang zur Romantik und zur Mode des Malerischen: die ideale Kundschaft für Humphry Repton, der mit den Planungen für Park und Haus beauftragt wurde. Im Red Book für Sheringham von 1812[23] ging er in vielen Wendungen auf diese ihre Wesenszüge ein und malte die Reize des Ortes in der sonst flachen Küstenregion liebevoll aus. 1812 zog das junge Ehepaar mit seinen Kindern in das alte Bauernhaus von Sheringham Bower und begann bald darauf mit dem Bau eines angemessenen Familiensitzes.[24] Abbot Upcher starb jedoch 1819. Die Innenausstattung des Hauses wurde unterbrochen, und einige der Vorschläge Reptons blieben unausgeführt.
Wegen des oft stürmischen Wetters an der Nordseeküste hat Repton das Haus nicht zur See hin orientiert. Es steht im Windschatten eines Hügels und blickt nach Süden über ein flaches, geschütztes Tal. Repton liebte lange Auffahrtswege; auch

DIE ÄSTHETIK DES MALERISCHEN

213   Sheringham. Gesamtansicht des Parks. Im Hintergrund ist zwischen den Hügeln die See zu erahnen.

214   Sheringham. Blick in den Park mit der Rotunde, die in den siebziger Jahren unseres Jahrhunderts errichtet wurde und dem Entwurf Reptons nachempfunden ist.

215   Sheringham. Die Eichen im Park wurden weit auseinander gepflanzt, damit sie ihren Habitus voll zu entwickeln vermochten. Dies geschah nicht nur, um den Prinzipien der malerischen Ästhetik zu genügen, sondern auch um das Holz im Schiffsbau verwenden zu können.

216   Sheringham. Blick auf Sheringham House.

217 Sheringham. Blumenbeete, Gewächshaus und Treillage im Garten nahe des Hauses. Die Abbildung zeigt den Zustand »after improvement«. Am linken Rand ist die Rückseite der Deckklappe zu erkennen, auf der Repton die ursprüngliche Ansicht festgehalten hat.

ASHRIDGE UND SHERINGHAM: KRÖNUNG UND ABSCHLUSS

View from the proposed Site looking towards the East.

hier legte er einen solchen an. Wo dieser Weg den Forst verläßt, hat man den ersten und umfassendsten Blick über die Senke auf das Haus und die Nebengebäude vor einer dunkel bewaldeten Hügelkette. Durch einen Einschnitt sieht man in der Ferne das Meer aufblinken. Von hier senkt sich der Weg hinab und führt in weiten Kurven über die Weideflächen zu Sheringham Hall. Das zweistöckige Haus, dessen Werkpläne John Adey Repton zeichnete, fiel etwas kleiner aus als ursprünglich vorgesehen, doch hatte man ohnedies nicht an eines der palladianischen Schlösser gedacht. Die äußeren Fensterachsen sind etwas nach vorn gezogen. Dazwischen erstreckt sich ein eingeschossiger Säulenportikus. Der Wirtschaftsflügel ist unsymmetrisch angefügt; eine Orangerie auf der anderen Seite blieb unausgeführt. In der Nähe des Hauses waren mehrere Sitzgruppen und von Kletterpflanzen bedeckte Treillagen vorgesehen. Repton hat die von Rosen überwucherten Sommerhäuser und die Blumenbeete der Isle of Wight als sein Vorbild genannt, und seine Zeichnungen geben die entspannte und intime Atmosphäre gut wieder. Auf einem Hügel am östlichen Rand der Senke sah er einen Monopteros vor, dessen Kuppel auf Rundbögen ruhen sollte (ein diesem Vorschlag ähnlicher Bau wurde in den siebziger Jahren unseres Jahrhunderts realisiert).

Lücken in den schützenden Waldungen füllte Repton auf und bedeckte die kahlen Kuppen der Hügel. Er pflanzte Birken, Sykomoren und vor allem Eichen, die er, einem allgemeinen Topos folgend, als ausgesprochen britisch ansah. Zudem setzte er die Eichen weit auseinander; denn er wollte keine geraden Hochstämme, sondern knorrige, breit gelagerte und malerisch verästelte Kronen erreichen. Gekrümmtes Astholz und Gabelungen wurden für den Schiffsbau benötigt, und sie zu pflanzen galt schon immer als patriotische Tat.

Doch hatte Reptons Patriotismus eine spezifisch konservative Färbung gewonnen. Seit seinen ersten Red Books hatte er immer wieder die Bedeutung des Besitzes hervorgehoben und die soziale Hierarchie auf dem Lande verteidigt. Damit reagierte auf die bedrohlichen Nachrichten aus Frankreich, aber auch auf die Veränderungen im eigenen Land. So wurde der Landschaftsgarten, einst »Symbol eines liberalen Weltentwurfs« (Adrian von Buttlar), nach weniger als einem Jahrhundert zu einer konservativen Manifestation.[25] Aber auch ästhetisch bezeichnet Sheringham

218 Ashridge. Gartenfassade. Im Zentrum der Turm mit dem gewaltigen Treppenhaus von James Wyatt. Nach links anschließend die Erweiterungen von Jeffrey Wyattville. Ganz links, angeschnitten, beginnt der formale Teil des Gartens. Undatierter Stich von Henry Le Keux nach Frederick Mackenzie.

einen Extrem- und deshalb einen Endpunkt der »natürlichen« Gestaltung; eine Weiterentwicklung war nur in der Rückkehr zu einer formalen Gestaltungsweise denkbar. Davor hatte sich Repton nie gescheut, wie so grandiose Entwürfe wie die der Terrassen von Beaudesert zeigen.

In diese Richtung weist auch sein Entwurf für Ashridge, das »Kind seines Alters und seiner schwindenden Kräfte«, wie er in den »Fragments« schrieb.[26] Ashridge, wo im Mittelalter ein College bestanden hatte, gelangte nach der Säkularisierung in den Besitz der Familie Bridgewater. In den siebziger Jahren hatte Lancelot Brown einen Teil des sehr weitläufigen Geländes als Park angelegt. 1803, als der siebte Earl of Bridgewater sein Erbe antrat, war das alte Haus bereits eine Ruine, und der Graf, dessen hervorstechendster Charakterzug der Stolz auf seinen Reichtum gewesen sein soll, beauftragte James Wyatt, der gerade mit Fonthill Abbey viel Aufsehen erregt hatte, mit einem gotischen Neubau.[27] Der große Komplex mit seinem gewaltigen Treppenhaus ist eine von Wyatts bedeutendsten Leistungen. Nach seinem Tod wurde der Bau von seinem Neffen Jeffrey Wyattville vollendet.

Der Auftrag, den Humphry Repton erhielt, beschränkte sich auf das Gelände nahe beim Haus. 1813 lieferte er das Red Book ab, das jedoch bald verschwand. Für die Publikation in den »Fragments« zeichnete er die Entwürfe aus dem Gedächtnis noch einmal. Später ist das Red Book aber wieder aufgetaucht, und Wyattville, dann auch Digby Wyatt übernahmen einige von Reptons Ideen bei der Gestaltung des Gartens.

Repton beließ die weiten Rasenflächen mit einzelnen Bäumen, die er im Südosten des Schlosses bereits vorfand, und auf die der Blick von den wichtigsten Räumen geht. Südwestlich sah er jedoch ein System von unregelmäßig geschlängelten Wegen vor, die, in Buschwerk und Bäumen verborgen, zu einer Reihe thematisch bestimmter, kleiner Spezialgärten führen sollten – darunter ein Gebirgsgarten, ein Amerikanischer Garten, ein kreisförmiger, von einem Blumenspalier eingefaßter Rosengarten, eine Grotte und ein »Mönchsgarten« mit gotischem Brunnen, der an die Geschichte des Ortes erinnern sollte.

Mit Sheringham hat Humphry Repton die Ära des Landschaftsgartens abgeschlossen; in Ashridge nahm er die Ästhetik des neu heraufkommenden Zeitalters vorweg. John Claudius Loudon, der 1806 noch mit Price und Knight gegen Repton Stellung bezogen hatte, mußte erkennen, daß der Mann aus Norfolk den Weg für die Weiterentwicklung der Gartenkunst gewiesen hatte. 1839 gab er – mit einem langen, zustimmenden Kommentar – Reptons Schriften erneut heraus, die so zur Grundlage des viktorianischen Gartenstils wurden.

ASHRIDGE UND SHERINGHAM: KRÖNUNG UND ABSCHLUSS

219   Ashridge. Lageplan des formalen Gartens aus: Humphry Repton, Fragments on the Theory and Practice of Landscape Gardening, 1816.

220   Ashridge. Reptons Entwurf für einen Rosengarten aus: Humphry Repton, Fragments on the Theory and Practice of Landscape Gardening, 1816.

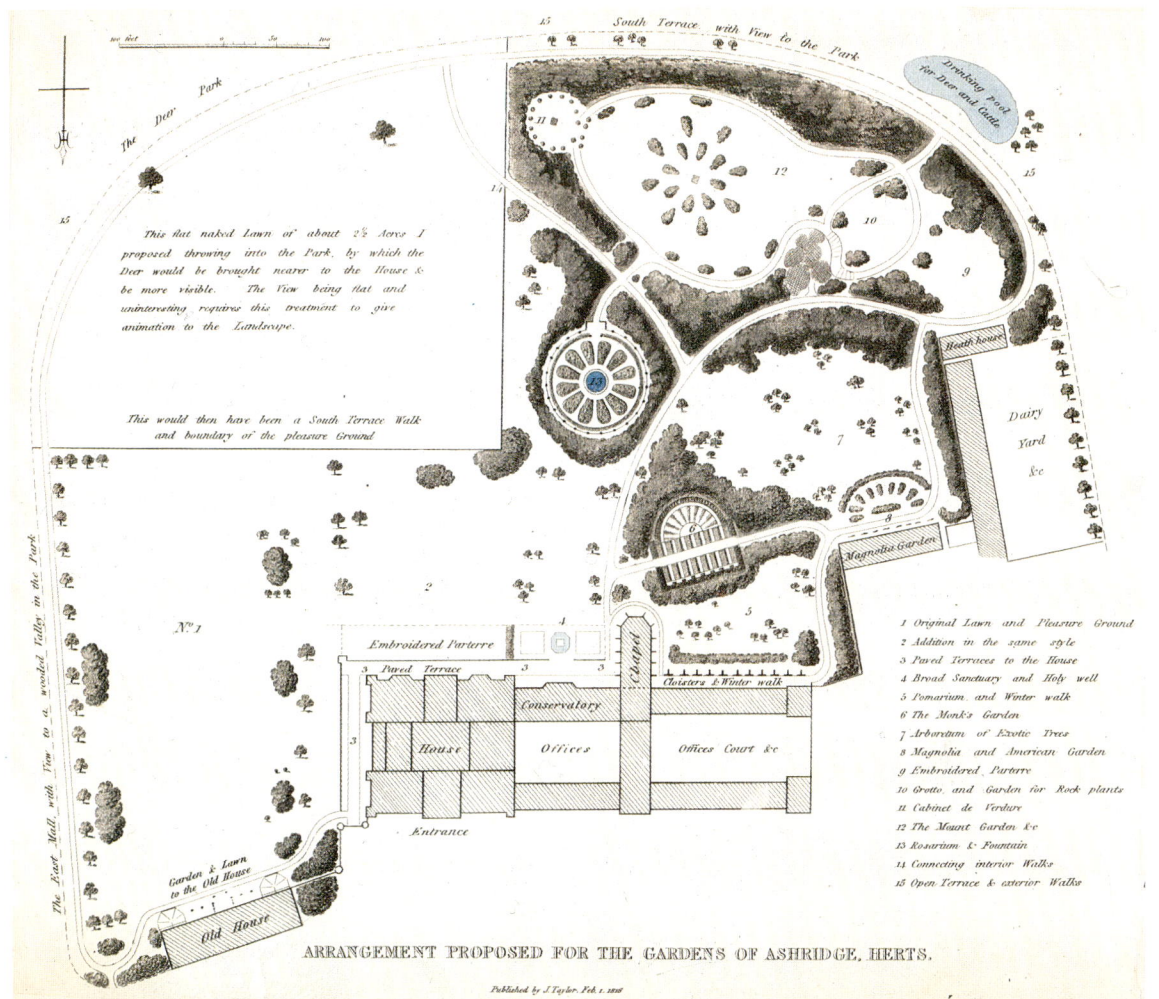

DIE ÄSTHETIK DES MALERISCHEN

221  Ashridge. Der Monk's Garden von Jeffrey Wyattville, in Anlehnung an Reptons Entwurf im Red Book von Ashridge, doch vereinfacht ausgeführt. Der gotische Brunnen besteht aus Gußeisen.

ASHRIDGE UND SHERINGHAM: KRÖNUNG UND ABSCHLUSS

222 Ashridge. Reptons Entwurf für einen gotischen Brunnen. Links im Hintergrund der Rosengarten, rechts der Eingang zu dem von Repton vorgesehenen Monk's Garden. Aus: Humphry Repton, Fragments on the Theory and Practice of Landscape Gardening, 1816.

DIE ÄSTHETIK DES MALERISCHEN
223   Ashridge. Blick in den heutigen Rosengarten.

# Anmerkungen

Abkürzungen sowie in KAPITÄLCHEN gesetzte Namen und Kurztitel werden in der Ausgewählten Bibliographie aufgeschlüsselt.

## »Natur« im Wandel

1. Stephen Switzer, Ichnographia Rustica, 3 Bde., London 1718. Bei dem dreibändigen Werk handelt es sich um eine erweiterte Fassung des 1715 erschienenen einbändigen Werkes »The nobleman, gentleman, and gardener's recreation«.
2. BUTTLAR 2, S. 9.
3. Tatler Nr. 161 vom 18./20. August 1710.
4. Alexander Pope, Essay on Criticism, London 1711, Vers 90–91.
5. TREVELYAN 2, S. 328.
6. Vgl. zum folgenden Abschnitt BUTTLAR 1, S. 95ff.
7. BUTTLAR 1, S. 96.
8. Ausführliche Informationen über Studley: Fountains Abbey & Studley Royal, Offizieller Führer des National Trust, 1988; Mr. Aislabie's Gardens: Three North Yorkshire Gardens landscaped during the 18C by John Aislabie and his son, William, New Arcadians, Leeds 1981; Patrick Eyres, Studley Royal & Hackfall: The Classical and the Sublime landscapes of North Yorkshire, Leeds 1985; s. auch: HUSSEY 2, S. 132–139; EVANS, S. 113f.; JONES, S. 28, 30; FLEMING/GORE, S. 82f.; HARRIS 2, S. 194f.; JACQUES 2, S. 44, 62f., 100; CL 8, S. 696–704; 70, S. 94–99, 128, 154–159, 180–186; 130, S. 284–287; 153, S. 335; 173, S. 912–914; JGH VII, 4 (1987), S. 307–411; The Garden, London 1983, S. 301–305; York Georgian Society Annual Report 1974, S. 17–24; GH I, 1 (1972), S. 22f.; Quarterly Newsletter. Garden History Society, Nr. 8, 1968, S. 15–18.
Die wichtigsten gedruckten Quellen sind: ENGLAND DISPLAYED, S. 127–128; YOUNG 2, dt. Ausgabe, I, S. 354–358; DEFOE, Tour 1778, III, S. 142–144; SULIVAN, II, S. 123; NEW DISPLAY, II, S. 432–435; WARNER 2, I, S. 263–272; GILPIN 2, S. 179–190; HISTORICAL MANUSCRIPTS COMMISSION, II, 1970, item 2171; III, 1971, items 3219, 3493; Philip Yorke, A Journal of What I Observed Most Remarkable in a Tour into the North, 1744, in: HUNT/WILLIS, S. 237ff.
9. Zit. nach HUNT/WILLIS, S. 120f.
10. The Moralists, 2. Teil, 4. Abschnitt, zit. nach: Shaftesbury, Ein Brief über den Enthusiasmus. Die Moralisten, Hamburg 1980, S. 108.
11. Op. cit., S. 157.
12. Op. cit., S. 129.
13. WEISER, S. 459.
14. Vgl. Shaftesbury, Characteristics of Men, Manners, Opinions, Times, hg. von John M. Robertson, 2 Bde., Indianapolis/New York 1964; I, 108.
15. Misc. Refl. III, 2 in: Shaftesbury, Characteristics, op. cit.
16. BUTTLAR 1, S. 105.
17. Vgl. K. Kluxen, Das Problem der politischen Opposition. Entwicklung und Wesen der englischen Zweiparteienpolitik im 18. Jahrhundert, Freiburg/München 1956.
18. 1717 wurde die Londoner Großloge gegründet.
19. R. Koselleck, Kritik und Krise, 2. Aufl., Freiburg/München 1973, S. 71.
20. »Zeitweilig« aus zweierlei Gründen: Erstens weil man sich zumindest während der »Season« in der City aufhielt, um seinen Parlamentssitz wahrzunehmen. Zweitens weil man sich mit dem Bewußtsein zurückzog, bald wieder zurückzukehren, und zwar an die Macht.
21. Vgl. RØSTVIG, II, S. 182.
22. Bibliographische Hinweise s. Kap. Der Garten als »Historiengemälde«.
23. Vgl. John Locke, An essay concerning human understanding, London 1689 u.ö., dt. Über den menschlichen Verstand, Hamburg 1962 u.ö.
24. Joseph Addison, The Pleasures of the Imagination, in: Spectator Nr. 411–421, 21. Juni – 3. Juli 1712.
25. Samuel Clarke wird bisweilen als Verteidiger der Offenbarungsreligion bezeichnet. Seine Schriften, die diesen Schluß nahezulegen scheinen, müssen jedoch im Kontext seiner Stellung als Hoftheologe beurteilt werden. Schon zu Zeiten von Queen Anne hatte ihn der Vorwurf mangelnder Rechtgläubigkeit von seiten der High Church einmal um sein Amt als Kaplan der Königin gebracht. Berühmt wurde Clarke als »Sprachrohr« Newtons in einem von Queen Caroline in die Wege geleiteten philosophischen Streit um Raum, Zeit und Gott mit dem Philosophen Leibniz. Clarkes Stellung am Hof, die ihn zum »Court Whig« stempelte, machte eine deutliche Abgrenzung von Freidenkern wie M. Tindal und J. Toland notwendig, die mit den »Country Whigs« sympathisierten. Sein Anhänger William Wollaston wurde durch die 1724 veröffentlichte Schrift »The Religion of Nature Delineated« bekannt.
26. Ausführliche Informationen über Shotover: CL vom 22.12.1977, S. 1912–1914 und 29.12.1977, S. 1978–1979; BATEY 1, S. 102, 106–108; Mavis Batey, Landscape Gardens in Oxfordshire, in: RAPHAEL/THACKER/BATEY/WOOD, S. 58f.; VCH V, S. 275–281; MCCARTHY 2, S. 27.
27. Tyrrell gehörte auch zu jenem Freundeskreis um Locke, der an der Entstehungsgeschichte der »Abhandlung über den Verstand« maßgeblichen Anteil hatte. Laut Mavis Batey war er einer der »fünf oder sechs Freunde«, die Locke im »Sendschreiben an den Leser« erwähnt; vgl. John Locke, Über den menschlichen Verstand, Bd. I, Hamburg 1962, S. 7.
28. Beide Bauwerke existieren noch. Der Tempel wurde 1987 restauriert; die Entwurfszeichnung Kents für den Tempel ist bei HUNT 5 abgebildet (Kat. Nr. 101); s. auch WARE, Abb. 38, 39, 42.
29. Vgl. zum folgenden: Rudolf Wittkower, English Neo-Palladianism, the Landscape Garden, China and the Enlightenment, in: WITTKOWER.
30. »Lerne daher, die althergebrachten Regeln nach ihrem Verdienst zu schätzen: / nach der Natur zu arbeiten heißt, nach ihnen zu arbeiten.« Alexander Pope, Essay on Criticism, Vers 139/140.
31. SWITZER, I, S. 55; s. auch S. 317, 273.
32. Zit. nach HUNT/WILLIS, S. 205; die folgenden Zitate entstammen derselben Quelle; wie Peter Martin in seinem Buch »Pursuing Innocent Pleasures. The Gardening World of Alexander Pope« 1984 festgestellt hat, war Popes Essay wenig mehr als eine Zusammenfassung von Inhalten, die bereits von Sir William Temple in »Upon the Gardens of Epicurus« und Joseph Addison in seinen Spectator-Essays dargestellt worden waren; s. MARTIN, S. 4–8.
33. Spectator Nr. 411–412.
34. Spectator Nr. 414 vom 25. Juni 1712, zit. nach der dt. Übersetzung Berlin 1782, Bd. 6; abgedruckt in WIMMER, S. 150.
35. SWITZER, I, S. xviii–xix.
36. Addison, op. cit., S. 146.
37. WALPOLE 1, S. 263.
38. Vgl. d'Argenville, La Théorie et la Pratique de Jardinage, Paris 1709, S. 73ff.
39. DEFOE, Tour 1742, III, Appendix.
40. CASTELL.
41. CASTELL, S. 116f.
42. William Temple, Upon the Gardens of Epicurus: or, Of Gardening, in the Year 1685, veröffentlicht 1692; auszugsweise wiedergegeben in: HUNT/WILLIS, S. 96–100.
43. Zit. nach HUNT/WILLIS, S. 99.
44. LANGLEY, Introduction, S. IV.
45. Kit-Cat-Mitglieder waren auch Viscount Cobham von Stowe, General Dormer von Rousham und der Earl of Burlington. Alle drei ließen in den zwanziger und dreißiger Jahren des 18. Jahrhunderts Gärten anlegen, die von wegweisender Bedeutung waren.
46. Ausführliche Informationen über Castle Howard: KAISER; s. auch: HUSSEY 2, S. 114–131; CLARK 2, S. 39f.; WHISTLER 2, S. 28–31, 62–82; EVANS, S. 111f.; JONES, S. 26–29; FLEMING/GORE, S. 87–91;

JACQUES 2, S. 15, 18, 21, 33f., 42; CL 16, S. 486–495; 20, S. 492–494; 61, S. 884–893, 1022–1030; 62, S. 200–208, 230–237; 156, S. 694; 173, S. 636.
Die wichtigsten gedruckten Quellen sind: CAMPBELL, I, Abb. 63–71; III, Abb. 5,6; ENGLAND DISPLAYED, II, S. 147; SPENCER, S. 520; YOUNG 2, dt. Ausgabe, I, S. 221–224; BURLINGTON, S. 574; ANGUS, S. 3; JEWITT/HALL, S. 74–92; WALPOLE 2, S. 72f.; NEALE, IV, 1. Serie; NEW DISPLAY, II, S. 149f.; SWITZER, II, S. 197f.; HUNT/WILLIS, S. 263–266; Tatham (Hg.), The Mausoleum of Castle Howard, 1812.
Die wichtigsten handschriftlichen Quellen (Pläne, Rechnungen, Beschreibungen usw.) liegen im Archiv von Castle Howard sowie im VAM und in der BL. Zudem existiert im Yale Center for British Art in New Haven, Conn., ein Manuskript mit dem Titel »Iter Boreale«, das eine ausführliche Beschreibung des Parks aus dem Jahre 1732 von John Tracy Atkins enthält. Eine Photokopie befindet sich in Castle Howard.

47 Die Zuschreibung geht auf SWITZER, II, Kap. VII, S. 198 zurück.
48 Zit. nach dem Gedicht »Castle Howard«, das vermutlich von Carlisles Tochter Lady Irwin um 1731 verfaßt und um 1733 veröffentlicht wurde. Es ist auszugsweise in HUNT/WILLIS, S. 228–232 wiedergegeben.
49 Vgl. WOODBRIDGE 3, S. 17.
50 Ausführliche Informationen über Popes Villa und Garten in Twickenham: MACK, Kap. I–III; BROWNELL, Kap. III–V; MARTIN, Kap. I, II; s. auch: RORSCHACH, S. 11–15; WATKIN, S. 4f.; HUSSEY 2, S. 41–44; VCH, Middlesex, III, S. 143; SIRÉN, S. 20–24; Eighteenth-Century Life VIII, n.s. 2 (1983), S. 26–35; Huntington Library Quarterly 12 (1948/49), S. 141–162; ECS V (1971/72), S. 450–455; CL 143 (1968), S. 512ff.; JGH VII,1 (1987), S. 58–72; GH IV,1 (1976), S. 30–53, 57–87; GH V,2 (1977), S. 9–23; Times Literary Supplement vom 22. Juni 1973, S. 715f.; The Durham University Journal 65 (1973), Heft 3, S. 248–259.
Die wichtigsten gedruckten Quellen sind: An Epistolary Description of the late Mr. Pope's House and Gardens at Twickenham, in: The Newcastle General Magazine, or Monthly Intelligencer, Januar 1748, vollständig abgedruckt in MACK, S. 238–243; John Serle, A Plan of Mr Pope's Garden as it was left at his Death: With a Plan and Perspective View of the Grotto, London 1745; s. auch: SPENCE, Zitate 602–620; HUNT/WILLIS, S. 204–214; SHERBURN; Alexander Pope's Villa, Views of Pope's villa, grotto and garden: a microcosm of English landscape, Ausst. Kat., London 1980; WALPOLE 1, S. 268.

51 S. Brief an den Earl of Strafford vom 5. Okt. [1725], in: SHERBURN, II, S. 328.
52 S. John Macky, A Journey Through England. In Familiar Letters from a Gentleman Here, To His Friend Abroad (1722), 4. Aufl., (o.O.) 1724, S. 62.
53 Alexander Pope, An Epistle to Lord Burlington (1731). Der Originaltext lautet: »Start, ev'n from Difficulty, strike, from Chance; / Nature shall join you; Time shall make it grow / A Work to wonder at (...).«
54 Serle, zit. nach MACK, S. 260 (Appendix C).
55 S. Works, TE, VI, S. 383f.; zum Ursprung des zitierten Gedichts s. Otto Kurz, Huius nympha Loci: A pseudo-classical inscription and a drawing by Dürer, in: Journal of the Warburg and Courtauld Institutes XVI (1953), S. 171–177.
56 Sein Nymphäum fand etwa zwanzig Jahre später im Garten von Stourhead eine Umsetzung in die Realität.
57 S. Popes Brief an Bolingbroke vom 3. Sept. 1740: »I hope yet to live to philosophise with you in this museum, which is now a study for virtuosi, and a scene for contemplation«. Works, TE, VII, S. 406.
58 S. MACK, Kap. II.
59 Horaz, Episteln I, 18, Zeile 103: »abseits der Heerstraße, ein ins Verborgene führender Pfad des Lebens«. Die an die epikureische Forderung »Lebe im Verborgenen« anknüpfende Zeile war für Pope ebenso wie für sein Vorbild Horaz eher eine dichterische Attitüde, die ihre ironische Brechung in der Biographie beider Dichter fand.
60 Aus: An Epistolary Description of the late Mr. Pope's House and Gardens at Twickenham, in: The Newcastle General Magazine, or Monthly Intelligencer, Januar 1748; zit. nach MACK, S. 237–243.
61 Zwei von Kent für Pope entworfene Vasen sind bei VARDY (Abb. 25) abgebildet.
62 Der Obelisk trug folgende Inschrift: AH EDITHA! / MATRUM OPTIMA / MULIERUM AMANTISSIMA / VALE.
63 BUTTLAR 1, S. 65; Buttlar verweist auf den Serle-Plan.
64 SPENCE, Zitat 610.
65 SPENCE, Zitat 606.

## Der Garten als »Historiengemälde«

1 Reports of the Historical Manuscripts Commission, Nr. 42, Carlisle, S. 143f.
2 Eine umfassende Dokumentation zu Kents gartenplanerischem Werdegang findet man bei HUNT 5; die folgenden Abschnitte verdanken dieser Darstellung zahlreiche Anregungen; s. auch WOODBRIDGE 2; WILSON; JOURDAIN.
3 Zit. nach G.B. Clarke, Moral Gardening (The History of Stowe X), in: The Stoic XXIV (Juli 1970), S. 113.
4 Alexander Pope, Essay on Man, Second Epistle, 2.
5 WHATELY, S. 150f.
6 Vgl. zum folgenden: Rudolf Wittkower, Lord Burlington and William Kent, in: WITTKOWER, S. 115–132; LEES-MILNE, S. 122ff.
7 WALPOLE 1, S. 270.
8 Ausführliche Informationen über die Einsiedelei: Judith Colton, Kent's Hermitage for Queen Caroline at Richmond, in: Architectura, Heft 4, 1974, S. 181–189; Cinzia Maria Sicca, Like a shallow cave by nature made: William Kent's »natural« architecture at Richmond, in: Architectura, Heft 1, 1987, S. 68–82.
9 Ausführliche Informationen über Carlton House: HUNT 5, S. 44–48; RORSCHACH, S. 18f., JACQUES 2, S. 32, 34, 162, 203; PYNE, III; H.M. Colvin/J. Mordaunt Crook/Kerry Downes/John Newman (Hg.), The History of the King's Works, London 1976, V (1660–1782), S. 138.
10 Ausführliche Informationen über den Garten von Chiswick House: GH I,3 (1973), S. 23–30; GH X,1 (1982), S. 36–69; JGH II,2 (1982), S. 133–142; JGH VII,1 (1987), S. 43–57; Apollo 100 (1974), S. 126–137; British Museum Quarterly, Febr. 1960, S. 40–43; Architectural Review, Mai 1944, S. 125–129, u. April 1953, S. 269–270; CL 9 (1901), S. 520–521; 14 (1903), S. 336–340; 43 (1918), S. 130–137, 160–165; 124 (1958), S. 228–231; 163 (1978), S. 624f.; 174 (1983), S. 570–571; s. auch: RORSCHACH, S. 16–18, 21–24, WATKIN, S. 6f.; FLEMING/GORE, Abb. 57–59; LEES-MILNE, S. 140–147; SIRÉN, S. 25f.; CLARK 1 u. 2; s. auch die Kent-Monographien von Hunt, Wilson und Joùrdain.
Die wichtigsten gedruckten Quellen sind: WALPOLE 2, S. 22f.; KENT; PÜCKLER, Theil 3, S. 53ff.; NEW DISPLAY, I, S. 25–27; WATTS, Abb. 30; BURLINGTON, S. 330; DEFOE, II, S. 134; BADESLADE/ROCQUE, Abb. 82, 83; CAMPBELL, III, Abb. 26; KNYFF/KIP 1, I, Abb. 30; HASSELL, S. 83; NEALE, V, 2nd series; PICTURESQUE VIEWS; SPENCE, Zitate 1060, 1064, 1121.
Ein Großteil des Nachlasses Burlingtons liegt heute in Chatsworth/Derbyshire. Das VAM bewahrt ein handschriftliches Reisetagebuch mit dem Titel »Voiage d'Angleterre, d'Hollande et de la Flaindre fait en l'Année 1728«, mit einer frühen Beschreibung des Gartens (fol. 137).
11 Vgl. SPENCE, Zitat 612.
12 Vgl. zur folgenden Interpretation: Cinzia Maria Sicca, Lord Burlington at Chiswick: Architecture and Landscape, in: GH X,1 (1982), S. 36–69.
13 Dieses rechteckige, mit vier Eckürmchen versehene Backsteingebäude, das im 18. Jahrhundert

weiß gestrichen war, gehört zu den frühesten Gartenbauten Vanbrughs.

14 Ausführliche Informationen über Claremont: JACQUES 2, S. 32, 35f., 42, 49f., 69, 107; RORSCHACH, S. 52–54; WATKIN, S. 11–13; THOMAS, S. 116–118; FLEMING/GORE, Abb. 53, 54; WILLIS 1, S. 48–50, 178; National Trust Year Book, London 1975/76, S. 32–37; STROUD 1, S. 142–144; WHISTLER 2, S. 151–155; CLARK 2, S. 54f.; Phyllis M. Cooper, The Story of Claremont, Neuaufl. 1979; Claremont Landscape Garden, offizieller Führer des NT, 1984; The Garden, 1979, S. 181–185; CL 10 (1901), S. 776–781; 150 (1971), S. 1366–1368; 160 (1976), S. 532; 165 (1979), S. 1547–1550; s. auch die Kent-Monographien von Wilson, Hunt, Jourdain.
Die wichtigsten gedruckten Quellen sind: CAMPBELL, III, Abb. 77/78; BADESLADE/ROCQUE, Abb. 9–23; WHATELY, S. 48–50; WATTS, Abb. 6; NEW DISPLAY, I, S. 92; NEALE, IV; BRAYLEY/BRITTON, II, S. 440–450; KEANE 2, S. 25–30; JEFFERSON, S. 112; HASSELL, S. 262; DEFOE, I, S. 221; RICHARDSON, I, Abb. 61-63.

15 Zu Esher s. HUNT 5.
16 Zit. nach: Claremont Landscape Garden, NT, 1984, S. 22.
17 BUTTLAR 1, S. 77.
18 Horace Walpole, Correspondence, Bd. 18 (1955), S. 254–255.
19 Walpole an Chute, 4. August 1753, in: Yale Walpole, XXXV, S. 76.
20 Stowe gehört zu den bestdokumentierten englischen Gärten. Ausführliche Informationen: The Stoic (Schulzeitung von Stowe), darin: »The History of Stowe« von George B. Clarke und Michael J. Gibbon, The Stoic XXII (März 1967) – The Stoic XXV (Juli 1973); und: Apollo XCVII (1973), Sonderheft über Stowe; s. auch: Huntington Library Quarterly XXXVI, Mai 1973, S. 267–298; CL 122 (1957), S. 68–71, 390–393; 124 (1958), S. 464–466; 125 (1959), S. 352–353; 130 (1961), S. 464; 140 (1966), S. 260–263; 145 (1969), S. 6–9, 78–80; 151 (1972), S. 1254–1256, 1416–1417; 155 (1974), S. 852–853; 173 (1983), S. 116–117; Architect and Building News 141 (1935), S. 70–71; Connoisseur 155 (1964), S. 173–176; Connaissance des Arts 241 (1972), S. 66–75; ECS 6 (1972), S. 85–98; The Burlington Magazine CXV (1973), S. 220–231; Architectural History 20 (1977), S. 31–44; JGH II,1 (1982), S. 53–55; Architectural Review 173, Nr. 1033 (1983), S. 53–57; HUSSEY 2, S. 89–113; MCCARTHY 1, S. 33–49; WILLIS 1, S. 106–127; PAULSON, S. 19–34; MÜLLENBROCK; WOODBRIDGE 3; HUNT 1, 2, 4, 5; WHISTLER 2, S. 178–188, 190–193; RORSCHACH, S. 26–33; WILLIS 2, S. 48–56; STROUD 1, S. 47–53; offizieller Führer von Stowe School; s. auch die Kent-Monographien von Jourdain, Wilson und Hunt.
Die wichtigsten gedruckten Quellen sind: Alexander Pope, Epistle to Lord Burlington (1731), auszugsweise abgedruckt bei HUNT/WILLIS, S. 211ff.; Defoe, Tour 1742, Appendix über Stowe; The Triumph of Nature, anonymes Gedicht im »Gentleman's Magazine« von 1742; Gartenführer von Seeley ab 1744, s. SEELEY; Gilpin, Dialog über Stowe, 1748 u.ö., s. GILPIN 1; BICKHAM; BRIDGEMAN; WHATELY, S. 213–227; YOUNG 3, dt. Ausgabe, S. 13–18; West, Gedicht über Stowe (1732), s. HUNT/WILLIS, S. 215ff.; BRAY, S. 344; MARSHALL, I, S. 298–304; SHAW, S. 188–193; NEALE, I; PÜCKLER, Theil 3, S. 295ff.; BURLINGTON, S. 221–223; POCOCKE, I, S. 165f.; JEFFERSON, S. 112; NEW DISPLAY, I, S. 272–281; SPENCER, S. 332; Views of Stowe. Drawings of Stowe by John Claude Nattes in the Buckinghamshire County Museum, hg. von C.N. Gowing und G.B. Clarke, Buckingham County Museum & Stowe School 1983.
Ein großer Teil der Estate Papers liegt in der Huntington Library, San Marino, Kalifornien; der Bridgeman-Plan von Stowe liegt in der Bodleian Library, Oxford.

21 Brief von Lord Perceval an Daniel Dering vom 14. August 1724; Ms. des Earl of Egmont in St. James Palace; zit. nach WHISTLER 2, S. 182.
22 Sowohl das Gedicht von West als auch Popes Epistle sind bei HUNT/WILLIS abgedruckt.
23 S. Michael Gibbon, Gilbert West's Walk through the Gardens in 1731; Teil IX der »History of Stowe« in: The Stoic XXIV (März 1970), S. 62.
24 Zit. nach: SEELEY, Ausgabe 1769, S. 10.
25 SPENCE, Zitat 1122, Southcote um 1752.
26 MÜLLENBROCK, S. 18; vgl. PAULSON.
27 Vgl. Michael J. Gibbon, Lord Cobham's Garden Buildings, Part 1 (1715–1737): Vanbrugh, Gibbs, Kent; Teil XI der »History of Stowe« in: The Stoic, XXIV (Dezember 1970), S. 181.
28 Aus Corneille, Horace, II.3.481: »Je rends graces aux Dieux de nestre pas Romain.«
29 Ausführliche Informationen über Rousham: Art Journal 1912, S. 33–41; Connoisseur 153 (1963), S. 158–165; Studio International 186 (1973), S. 121–125; Apollo 100 (1974), S. 282–291; GH XI,2 (1983), S. 125–132; GH XV,2 (1987), S. 110–114; JGH VI,3 (1986), S. 187–226; Proceedings of the American Philosophical Society, Philadelphia, Nr. 130 (1986), S. 406–423; The Burlington Magazine CVII (1965), S. 81ff.; CL 27 (1910), S. 306–315; 99 (1946), S. 1084–1087, 1130–1133; JOURDAIN, S. 80f.; SIRÉN, S. 32–34; HUSSEY 2, S. 147–153; JONES, S. 378; WILLIS 1, S. 66–68 u.ö.; JARRETT, S. 30–41; FLEMING/GORE, S. 101–104; BATEY 1, S. 104f., WATKIN, S. 25–27; HINDE, S. 32–39; RORSCHACH, S. 19ff.; VCH XI (1983), S. 161, 193; HADFIELD 1, S. 35f.; JACQUES 2, S. 38; MARTIN, S. 17f.; HUNT 1; HUNT 4, S. 210–216 u.ö.; HUNT 5, S. 79–88 u.ö.; BROWNELL, S. 178–183.
Die wichtigsten gedruckten Quellen sind: PLOT, S. 266; lat. Gedicht in: The Museum Or the Literary and Historical Register XXXII (1747), S. 204–205; WALPOLE 1, S. 268ff.; WALPOLE 2, S. 25ff.; Popes Korrespondenz, s. SHERBURN; Brief des Gärtners »Clary« von 1750, s. GH XI,2 (1983), S. 125–132; Sarah Markham, John Loveday of Caversham 1711–1789. The Life of an Eighteenth-Century Onlooker, Salisbury 1984, S. 375; VARDY, Abb. 37, 39.
In Rousham House liegen: Colonel Dormer's Account Book; die »Rousham Letters« des technischen Verwalters White (Mikrofilme in der Bodleian Library); der Gartenplan von ca. 1738; ein Ölbild von Thomas Jones von 1773 (abgebildet in Apollo 100 [1974], S. 283); Skizzen Kents vom Venustal, von den Blickfängern und vom Townesend's Building.
In Chatsworth liegen zwei weitere Kent-Skizzen (Sterbender Gladiator, Temple of the Mill). Eine Estate Map von 1721 liegt im County Record Office von Oxford (Cott. I/1); der Bridgeman-Plan befindet sich in der Bodleian Library in Oxford (MS Gough Drawings A4/fo. 63).

30 WALPOLE 1, S. 269.
31 Zit. nach: Mavis Batey, An Early Naturalistic Garden, Shotover, Oxfordshire, in: Country Life, 22. Dez. 1977, S. 1914.
32 S. SHERBURN.
33 SHERBURN, II, S. 416.
34 SHERBURN, IV, S. 150.
35 Originale in Rousham House; Mikrofilme in der Bodleian Library; Auszüge in: Kenneth Woodbridge, William Kent's Gardening, The Rousham Letters, in: Apollo 100 (1974), S. 282ff.
36 »Hic Scipio (General Dormer) solitus vestigia tendere, carmen / Arrecta Popii suaviloquum aure bibens«; s. The Museum Or The Literary and Historical Register XXXII (1747), S. 204–205. Der Verfasser ist unbekannt.
37 Der General vermachte Rousham seinem Cousin Sir Clement Cottrell, der sich ab jener Zeit auf Wunsch des Generals »Cottrell-Dormer« nannte. Rousham befindet sich noch heute im Besitz der Cottrell-Dormers.
38 Vgl. WOODBRIDGE 2, Anm. 13.
39 Veröffentlicht von Mavis Batey, The Way to view

40 Hussey 2, S. 151.
41 Walpole 1, S. 269.
42 K. Woodbridge, The Rousham Letters, in: Apollo 100 (1974), S. 284.
43 Wie aus einem Stich in G.B. Faldas »Le Fontane di ... Roma« hervorgeht, flankierte sie dort einen »Rombrunnen«, der sich vor einem theatralischen Modell des antiken Roms erhob. Das Werk erschien 1675–1691. Der Stich ist abgebildet in Hunt 4, Abb. 109.
44 L.B. Alberti, Zehn Bücher über Baukunst, ins Dt. übertr. u. eingel. v. Max Theuer, Wien/Leipzig 1912, S. 301.
45 George Vertue in seinem Notizbuch: »(...) distant prospects of various kinds – a Noble Triumphal Arch the utmost point of view and distant three miles or thereabouts.« Zit. nach: J. Fleming, in: Connoisseur 153 (1963), S. 159f.; vgl. auch »Clary« in seinem Brief von 1750: »the Grant Triumphant Arch in Aston Field«.
46 Daß dieser klassische literarische Topos von den Zeitgenossen tatsächlich assoziiert wurde, belegt das bereits zitierte lateinische Gedicht mit dem Titel »Rowshamius Hortus« aus dem Jahre 1747, in dem es heißt: »Mire luxurians Natura locum per amoenum / Munera diffundit plenius alma sinu.«
47 S. GH XI,2 (1983), S. 125–132.
48 Vgl. Mark Laird, Planting Research and Restoration at Painshill Park, in: Referate des 3. Ludwigsburger Fachseminars Denkmalpflege und historische Grünanlagen vom 2.–4. Oktober 1986, hg. von der Deutschen Gesellschaft für Gartenkunst und Landschaftspflege e.V., Landesgruppe Baden-Württemberg, (MS), S. 312.
49 Die heute vorhandene Rinne aus Beton weicht vermutlich etwas vom ursprünglichen Erscheinungsbild ab. »Clary« beschreibt eine Rinne, in der sich Fische tummelten. Sie muß daher breiter und tiefer gewesen sein.
50 Walpole 1, S. 270.
51 Vgl. Sarah Markham, John Loveday of Caversham 1711–1789, The Life and Tours of an Eighteenth-Century Onlooker, Salisbury 1984, S. 375. S. dort die Beschreibung Lovedays von 1747, wo es heißt: »the Pyramid, among other Antiques has a Roman Marble with a sepulchral Inscription.«
52 Platon, Apologie, 31D–32A.
53 »Clary«, zit. nach GH XI,2 (1983), S. 129.
54 Hartmann, S. 21.
55 Die Cupidofiguren fehlen heute. Lediglich die Schwäne sind noch vorhanden.
56 In einem Brief Whites vom 6. Dez. 1740 heißes: »Praeneste's gates are shut up.« Zit. nach K. Woodbridge, The Rousham Letters, in: Apollo 100 (1974), S. 286.
57 Panofsky, S. 355.
58 Die Interpretationsgeschichte von Stourhead, auf die am Ende des Kapitels eingegangen wird, spiegelt sich in folgender Chronologie von Schriften: Kenneth Woodbridge, Henry Hoare's Paradise, in: Art Bulletin 47 (1965), S. 83–116; Malins 1, S. 49–68; Hussey 2, S. 158–164; Kenneth Woodbridge, The Sacred Landscape. Painters and the Lake-garden of Stourhead, in: Apollo 88 (1968), S. 210–214; Woodbridge 1; Ronald Paulson, The Pictorial Circuit & Related Structures in 18th-Century England, in: Peter Hughes/David William (Hg.), The Varied Pattern: Studies in the 18th Century, Toronto 1971, S. 165–187; Kenneth Woodbridge, The Dream of Aenaes: A Rosa Source for Cheere's River God, in: The Burlington Magazine CXVI (1974), S. 756; Paulson, S. 28–33; James Turner, The Structure of Henry Hoare's Stourhead, in: Art Bulletin 61 (1979), S. 68–77; Max F. Schulz, The Circuit Walk of the Eighteenth Century Landscape Garden and the Pilgrim's Circuitous Progress, in: ECS 15 (1981); Kenneth Woodbridge, The Stourhead Landscape, offizieller Führer des NT, 1982, 2. Aufl. 1984; Malcolm Kelsall, The Iconography of Stourhead, in: Journal of the Warburg and Courtauld Institutes 46 (1983), S. 133–143.
Weitere Informationen über Stourhead s.: Sirén, S. 47–51; Coats, S. 136–143; Jones, S. 44–48; Jarrett, S. 56–65; Brownell, S. 241–246; Fleming/Gore, S. 67–76; Thomas, S. 221–224; Hellyer, S. 243–249; Hinde, S. 40–45; Rorschach, S. 74–79; Jacques 2, S. 51f. u.ö.; CL 9 (1901), S. 432–439; 57 (1925), S. 592–594; 83 (1938), S. 608–614; GH IV,1 (1976), S. 88–109; GH VII,2 (1979), S. 102–124; GH VIII,3 (1980), S. 96–101; JGH II,1 (1982), S. 49–50, 59–70.
Die wichtigsten gedruckten Quellen sind: J. Hannay, Journal of a eight days journey, 1757, Vol. I, S. 137–142; Defoe, Tour 1778, I, S. 316–321; Sulivan, I, S. 131–146; Hoare 1; Warner 1, S. 104–115; Gilpin 3, S. 117–124; Simond, I, dt. Ausgabe, S. 221–223; Hoare 2, I, S. 163ff.; Neale, V; Pococke, II, S. 42f.; Walpole 2, S. 41–44; Spence, Zitat 1105; New display, II, S. 304f.; Campbell, III, Abb. 41–43.
Zeichnungen von Francis Nicholson befinden sich im BM; Zeichnungen von S.H. Grimm in der BL; Zeichnungen von C.W. Bamphylde im VAM; einige Gemälde und Zeichnungen des Gartens sind in Stourhead House bewahrt.
59 Walpole 2, S. 43f.
60 Neben Ceres befanden sich noch zwei Frauenbüsten, zwei Altäre und vier Sitze (nach Vorbildern in Montfaucon's Supplement to Antiquity Explained, 1725) im Inneren des Gebäudes. Die Kopie der Borghese-Vase und die beiden antiken Vorbildern nachempfundenen Büsten, die sich heute ebenfalls dort befinden, stammen von einem Venetian Seat, der in den Jahren zwischen 1790 und 1800 abgerissen wurde.
61 »Drinnen ein süßer Quell und Bänke natürlichen Steines, / Für die Nymphen die Wohnung«.
62 Eine Nachbildung der antiken »Kleopatra« oder »Ariadne« genannten Skulptur, die sich heute in den Vatikanischen Museen in Rom befindet; vgl. Haskell/Penny, S. 184ff.
63 Vgl. Otto Kurz, Huius nympha Loci: A pseudo-classical inscription and a drawing by Dürer, in: Journal of the Warburg and Courtauld Institutes XVI (1953), S. 171–177.
64 »Haec domus, haec sedes, haec sunt penetralia magni / Amnis; in hoc residens facto de cantibus antro / Undis jura dabat, nymphisque colentibus undas«. – »Hier ist das Haus und der Wohnsitz, die heilige Stätte des großen / Stromes; er pflegte allhier in felsiger Höhle den Wassern / Recht zu sprechen sowie den wasserbewohnenden Nymphen.« (I, 574ff.)
65 Die 1756 fertiggestellte Marmorplastik zählt zu den besten Arbeiten des Niederländers. Links davon erkennt man eine Flora, ebenfalls von Rysbrack, eine Diana und eine Hl. Susanna. Rechts des Herkules eine antike Livia Augusta als Ceres, dann Meleager und zuletzt Isis.
66 Henry Hoare an Lady Bruce, 23. Okt. 1762, zit. nach Woodbridge 1, S. 53; mit »Gaspard« ist der Landschaftsmaler Gaspard Dughet, der Schwager Nicolas Poussins gemeint, dessen Name Dughet annahm.
67 Henry Hoare an Lady Bruce, 23. Okt. 1762, zit. nach Woodbridge 1, S. 53
68 Ironie des Schicksals: George III. entsprach in keiner Weise dem ersehnten Ideal, und kurz nach der Fertigstellung des Turmes (1772) brach der amerikanische Unabhängigkeitskrieg aus.
69 Undatierter Brief Henry Hoares; eventuell 1778; zit. nach Woodbridge 1, S. 68.
70 S. Spence, Zitat 1105.
71 Die im folgenden angesprochene Literatur ist in Anm. 58 des vorliegenden Kapitels chronologisch aufgelistet.

## Lancelot Brown: Höhepunkt und Erstarrung

1. STROUD 1; WATKIN; STUART; MCCARTHY 2; Capability Brown and the Northern Landscape, Newcastle u.T. 1983. Brown selbst hat keine Schriften über seine Theorie oder Praxis verfaßt, doch finden sich in der Gartenliteratur seiner Zeit zahlreiche Hinweise: WALPOLE 1; WALPOLE 2; MASON 1; WHATELY; REPTON 1; (anonym:) The Rise and Progress of the present Taste in Planting Parks, Pleasure Grounds, Gardens etc., London 1767.
2. Isaac Ware, Complete Body of Architecture, London 1756.
3. WHATELY, S. 84ff.; STROUD 1, S. 57ff.
4. RYKWERT, S. 113.
5. Ausführliche Informationen über Petworth: STROUD 1; Apollo 105, 1977 (Themenheft Petworth); Petworth House (offizieller Führer des National Trust), o.J.; Gervaise Jackson-Stops, Petworth and the Proud Duke, in: CL vom 28. Juni 1983; ders.: Wilderness to Pleasure Grounds, in: CL vom 26. Juni 1975; Marcus Binney, Petworth Park in Danger, in: CL vom 6. September 1973; FLEMING/GORE.
Die wichtigsten gedruckten Quellen sind: DEFOE, I; PÜCKLER; SIMOND, II.
6. STROUD 1; WATKIN; Christopher Thacker, The History of Gardens, London 1979; STUART.
7. STROUD 1; John Miller, An Englishman's Home, London 1985.
8. Ausführliche Informationen über Chatsworth: James Lees-Milne und John Cornforth: Chatsworth, Derbyshire, Serie in: CL 1968; STROUD 1; FLEMING/GORE; HINDE; Chatsworth, the Home of the Duke and Duchess of Devonshire, Derby 1986; The Duchess of Devonshire, The House, a Portrait of Chatsworth, London 1982; O.L. Gilbert und D.H. Hopkins, The ancient Lawns of Chatsworth, in: The Garden, London 1983.
Die wichtigsten gedruckten Quellen sind: GILPIN 2; BRAY; SIMOND, II; SULIVAN, II; SANDBY; (anonym:) Chatsworth, a poem, o.J. (1788).
9. Ausführliche Informationen über Blenheim: Davis Green, Blenheim Park and Gardens, Oxford 1986; ders.: Blenheim Palace, House and Grounds, Woodstock 1986; HINDE; STROUD 1; James Bond, Kate Miller u.a.: Blenheim. Landscape for a Palace, Oxford 1987; FLEMING/GORE; John Summerson, Architecture in Britain 1530 to 1830, 5. Aufl., Harmondsworth 1969.
Die wichtigsten gedruckten Quellen sind: MAVOR; GILPIN 2; SHAW; SIMOND, II; PÜCKLER; WHATELY.
10. Ausführliche Informationen über Wardour: STROUD 1; R.B. Pugh und A.D. Saunders, Old Wardour Castle, 6. Aufl., London 1984; Wardour Castle (Führer), Wardour 1976; John Summerson, Architecture in Britain 1530 to 1830, 5. Aufl., Harmondsworth 1969; Fiona Cowell, Richard Woods (?1716–93), a preliminary account, Part II, in: GH 15,1, Oxford 1987; Christopher Thacker, The History of Gardens, London 1979.
Die wichtigsten gedruckten Quellen sind: POCOCKE, II; SULIVAN II, John Rutter, Historical (...) Sketch of Wardour, Shaftesbury 1822.

## Die Emanzipation des Landschaftlichen

1. HUNT 3, S. 103.
2. Vgl. etwa WHATELY, S. 116ff.
3. GILPIN 1.
4. In: The Spectator, Nr. 414.
5. J. Warton, The Enthusiast, nach: HUNT/WILLIS, S. 241.
6. »Liberty«, 1735/36, in: THOMSON, S. 309ff.
7. James Thomson: The Seasons I – Spring, Z. 905ff.
8. Vgl. etwa JACQUES 2, S. 23f.; Robert William, Rural Economy and the Antique in the English Landscape Garden, in: JGH VII,1 (1987), S. 73ff.
9. Zur Person Southcotes und der Geschichte seines Parks s. R.W. King, The Ferme ornée, in: GH I,3 (1974), S. 27ff. Die detaillierteste Beschreibung seines Parks in den Notizen von John Parnell, in: James Sambrook, Wooburn Farm in the 1760s, in: GH VIII,2 (1979); eine ausführliche Wertung in: WHATELY.
10. In: Brief an Cole, 16. Juni 1781; Yale Walpole, Bd. 2, S. 275.
11. Ausführliche Informationen über The Leasowes: James Sambrook, Parnells Garden Tours: Hagley and The Leasowes, in: PEVSNER 2; John Riely, Shenstone's Walks, in: Apollo 9/1979; A.R. Humphreys, William Shenstone, An Eighteenth Century Portrait, Cambridge 1937.
Die wichtigsten gedruckten Quellen sind: NEW DISPLAY; James Woodhouse, Poems of several Occasions, 2. Aufl., London 1766; R. Dodsley, A Description of the Leasowes, in: SHENSTONE 2; SHENSTONE 3; LUXBOROUGH; MARSHALL; Richard Graves, The Spiritual Don Quixote, London 1967.
12. In den Satiren »Columella« und »The Spiritual Don Quixote«.
13. Ausführliche Informationen über Hagley Park: Sambrook, in PEVSNER 2; POCOCKE; WHATELY; MARSHALL; HEELY 2; NEW DISPLAY; I.U.W. Chase, Horace Walpole Gardenist, Princeton 1943; ferner: MCCARTHY 1; Geoffrey Beard, Hagley Hall, Worcestershire, in: The Connoisseur Year Book, New York 1954; Gordon Nares, Hagley Hall, Worcestershire, in: CL vom 19. September 1957; Rose Mary Davies, The Good Lord Lyttelton, Bethlehem, Penn., 1939; Bernhard Bock, George Lord Lyttelton und seine Stellung in der englischen Literatur des 18. Jahrhunderts, (Diss.), Göttingen 1927.
14. RORSCHACH, S. 42, Anm. 1; s. auch BROWNELL, S. 219f.
15. S. Davies, op. cit. (zit. Anm. 13), S. 113.
16. »Spring«, Z. 895ff.
17. Ansichten und Grundrisse bei Buckler, British Museum, Dept. of Manuscripts, Add. 36 393.
18. S. Davies, op. cit. (zit. Anm. 13), S. 168; Beschreibungen in Pocockes Bericht von 1751, Zeichnungen in Parnells Tagebuch.
19. S. auch MCCARTHY 2.
20. So bei HEELY; ebenso MARSHALL. Auch Thomas, der zweite Lord Lyttelton (»the wicked Baron«), mochte die klassischen Allusionen nicht und überließ Hagley seinen Verwandten. Vgl. Thomas Frost, The Life of Thomas Lord Lyttelton, London 1876.
21. GILPIN 1.
22. SPENCE, Zitat 1103.
23. Zit. nach Alison Hodges, Painshill Park, Cobham, Surrey (1700–1800): Notes for a History of the Landscape Garden of Charles Hamilton, in: GH II,2 (1973), S. 41.
24. Ausführliche Informationen über Painshill: Alison Hodges, Painshill Park, Cobham, Surrey (1700–1800): Notes for a History of the Landscape Garden of Charles Hamilton, in: GH II,2 (1973), S. 39–68; J.W. Lindus Forge/Mavis Collier, Painshill, Walton & Weybridge Local History Society, Paper No. 23, 1986; Michael Symes, Nature as the Bride of Art: The Design and Structure of Painshill, in: MACCUBIN/MARTIN. S. auch JACQUES 2, S. 63f., 89ff., 97f., 119; FLEMING/GORE, S. 105; JONES, S. 39–44; SIRÉN, S. 42–46; HADFIELD 1, S. 43–46; CLARK 2, S. 43–53; JGH II,1 (1982), S. 46; JGH VI,4 (1986), S. 321–329; GH III,1 (1974), S. 77–82; GH IV,2 (1975), S. 23–28; GH VIII,1 (1980), S. 91–106; GH VIII,2 (1980), S. 21; GH IX,1 (1981), S. 62–67; GH XI,2 (1983), S. 112–124, 173–174; CL 123 (1958), S. 18–21, 62–65; 166 (1979), S. 2332–2335; 170 (1981), S. 638–640.
Einige der wichtigsten Quellentexte sind in den angegebenen Artikeln in GH und JGH wiedergegeben. Weitere Quellen sind: WALPOLE 1, S. 274ff.; WALPOLE 2, S. 36f.; SPENCE, Zitate 1080, 1100–1104; POCOCKE, II, S. 166; BRAYLEY/BRITTON, S. 369–378; PROSSER (3 Stiche); NEALE, 2nd series, I; NEW DISPLAY, I, S. 109f.; WHATELY, S. 184–192; YOUNG 1, S. 187–192; DODSLEY, V, S. 100–102; DEFOE, I, S. 206f.; BURLINGTON, S. 62; JEFFERSON, S. 112; HASSELL, S. 265–269.

25 Vgl. SPENCE, Zitate 602–620 und 1055–1147.
26 Vgl. Mark Laird, Planting Research and Restoration at Painshill Park, in: Referate des 3. Ludwigsburger Fachseminars Denkmalpflege und historische Grünanlagen vom 2.–4. Oktober 1986, hg. von der Deutschen Gesellschaft für Gartenkunst und Landschaftspflege e. V., Landesgruppe Baden-Württemberg, (MS), S. 308–317.
27 POCOCKE, II, S. 166.
28 YOUNG 1, S. 189.
29 Vgl. Michael Symes, Nature as the Bride of Art, in: MACCUBIN/MARTIN.
30 Philip Miller; zit. nach Laird (vgl. Anm. 26).
31 WALPOLE 2, S. 36f.
32 Lorraingläser, auch Claudegläser genannt, waren leicht konvex gewölbte Spiegel von etwa 10 cm Durchmesser, die von den »picturesque travellers« des 18. Jahrhunderts, wie William Gilpin oder Thomas Gray, benutzt wurden, um eine reale Landschaft auf ihre malerischen Qualitäten zu überprüfen.
33 1772 wurde südlich des Gotischen Pavillons am Fuß des Hanges die sogenannte Abteiruine an jenem Ort errichtet, wo sich zuvor Hamiltons Ziegelbrennerei befunden hatte. Das Gelände, auf dem die Tonerde abgebaut worden war, wurde zur selben Zeit als östlicher Seearm aufgestaut. Bei der Abteiruine handelt es sich um eine einfache gotische Schaufassade aus verputztem Ziegelmauerwerk. Sie stand etwas abseits des Rundweges und wurde nur von sehr wenigen Zeitgenossen beachtet.
34 Zitat John Parnell; zu Parnells Beschreibung von Painshill s. James Sambrook, Painshill Park in the 1760's, in: GH VIII,1 (1980), S. 91–106.
35 Zitat Frederick Piper; Piper besuchte Painshill 1779 und fertigte Zeichnungen von der Kaskade, dem Türkischen Zelt und einen Grundriß der Grotte an; zu seiner Beschreibung der Grotte s. auch SIRÉN, S. 42–46.
36 YOUNG 1, S. 189.
37 WHATELY, S. 189.
38 WALPOLE 1, S. 274f.
39 Zit. nach der deutschen Übersetzung der Beschreibung Whatelys in C.C.L. Hirschfeld, Theorie der Gartenkunst, Leipzig 1779/1780; Reprint Hildesheim/New York 1973, Bd. 2, S. 181.
40 Parnell, zit. nach: James Sambrook, Painshill Park in the 1760's, in: GH VIII,1 (1980), S. 93.
41 Die Zeichnungen Robert Adams, drei Deckenentwürfe und ein Entwurf für ein Piedestal, befinden sich im Soane Museum in London.
42 Restauriert wurde bislang die Bepflanzung des Amphitheaters und der Halbinsel, der Gotische Pavillon, die Abteiruine, die chinesische Brücke, die Kaskade und das Wasserrad. In Arbeit sind die Grotte, das Mausoleum und der Aussichtsturm. Die Einsiedelei, der Bacchustempel und das Türkische Zelt existieren nicht mehr; sie sollen im Verlauf der Restauration nach zeitgenössischen Vorlagen wieder aufgebaut werden (Stand 1989).
43 Eine umfangreiche Untersuchung über Hackfall mit einer provisorischen Datierung gibt: Edward S. Harewood, William Aislabie's Garden at Hackfall, in: JGH VII,4 (1986); s. ferner: Marcus Binney, Hackfall, in: Sunday Telegraf, 21. Januar 1987.
44 Zu den wichtigsten gedruckten Quellen gehören: YOUNG 2; DEFOE, III; BRAY; GILPIN 2; SKRINE; PENNANT; WARNER 2; History of Ripon, with Description of Studley Royal, Fountains Abbey, Newby, Hackfall, etc., 2. Aufl., Ripon 1806; John Richard Walbran, A Guide to Ripon, Fountains Abbey … etc., 5. Aufl., Ripon 1851; s. auch: 6" Ordonance Survey Map, 1. Aufl., 1845.

## Von der Lust am Schrecken: das »Erhabene«

1 The Spectator, Nr. 412.
2 Vgl. HUNT 2, S. 171ff.; ferner: MONK; NICOLSON; TUVESON.
3 S. dazu: John Harris, William Chambers, Knight of the Polar Star, London 1970; darin zu Chambers' Verhältnis zum Begriff des Sublimen: Eileen Harris, Kap. 10; und diess., Burke and Chambers on the Sublime, in: Concerning Architecture. Essays in the History of Architecture, Oxford 1966.
4 Zit. nach HUNT 2, S. 172.
5 HOME, S. 210ff.
6 HEELY 2, Bd. 2, XII.
7 BUTCHER, S. 96f.
8 nach MONK, S. 222.
9 GILPIN 2.
10 Dazu: CLARKE/PENNY.
11 Vgl. etwa: Nicholas Pennant, Architecture and Landscape at Downton, in: CLARKE/PENNY.
12 REPTON 1; REPTON 4, S. 440.
13 KNIGHT 1, Z. 38ff.
14 LOUDON 2, S. 151, 371f.
15 RODENHURST; WARNER 2; BUTCHER; A Description of Hawkstone. Shrewsbury 1827 u.ö.; PÜCKLER; The Hawkstone Handbook, 7. Aufl., Shrewsbury 1937; s. auch: 6" Ordonance Survey Map, 1. Aufl., 1889 (Aufn. 1880); s. auch: FLEMING/GORE; WATKIN.
16 Christopher Thacker, Die Geschichte der Gärten, Zürich 1979, S. 211ff.; ferner: BRAYLEY/BRITTON.
17 POCOCKE; GILPIN; RUTTER; John Harris, in: CL vom 24. November 1966.
18 Zit. nach: W. Beckford: Dreams, Waking Thoughts, and Incidents…, Introduction by Robert J. Gemett, Rutherford 1971, S. 16.
19 Zit. nach: Norbert Miller, William Beckfords Verwandlung von Fonthill Abbey, in: Daidalos 4/1982, S. 44; zur Chronologie s. WISCHERMANN. Gedruckte Quellen: vor allem STORER; RUTTER.

## Das Exotische im Landschaftsgarten

1 In diesem Sinne: der Brief von Jemina Grey an Lady Gregory vom 7. Juli 1748 über einen Besuch in Stowe, zit. nach: Patrick Conner, Oriental Architecture in the West, London 1979.
2 Conner, op. cit. (Anm. 1), S. 63.
3 Vgl. vor allem die Musterbücher über chinesische (und gotische!) Gartengebäude von Batty und Thomas Langley und von William Halfpenny; s. auch McCARTHY 2.
4 Vgl. SEELY.
5 Vgl. Lilian Dickins und Mary Stanton, An Eighteenth Century Correspondence, London 1910, S. 277.
6 BL, Dept. of Manuscripts, Add. 15 546, Kaye Coll., Bd. X, fol. 76–83.
7 Paul Edwards, The Gardens at Wroxton Abbey Oxfordshire, in: GH XIV (1986), S. 50ff.
8 Vgl. WRIGHT.
9 JONES' VIEWS; HUSSEY 3, II, S. 79ff.; WATKIN, S. 30; Conner, op. cit. (Anm. 1)
10 Vgl. etwa KNIGHT 1, II, Z. 242.
11 CHAMBERS 2; sein Plan von Kew Gardens in BL, Dept. of Manuscripts; Zeichnungen der Pagode von Kew in RIBA, Drawings Coll., E 3/61; ferner: DESCRIPTION; BRAYLE/BRITTON, S. 140ff.; R.C. Bald, Sir William Chambers and the »Chinese Garden« in Regency England, in: Journal of the History of Ideas, Philadelphia 1950, S. 287ff.; John Harris, Sir William Chambers, London 1970; ders., Exoticism at Kew, in: Apollo, August 1963, S. 103ff.
12 Vgl. u.a.: ERDBERG.
13 Vgl. Patrick Conner, The »Chinese Garden« in Regency England, in: GH XIV (1986), S. 42ff.
14 Vgl. CARTER/GOODE/LAURIE.
15 Humphry Repton, Red Book for Woburn Abbey, 1804; REPTON 3.
16 Eine Aufnahme des Tempels von Chillimbrun in RIBA, Drawings Coll., E 3/62. S. etwa Carl F. Weinhard, The Indian Taste, in: Metropolitan Museum of Art Bulletin, New York, Bd. 16 (1958), S. 208ff.; Conner, op. cit. (zit. Anm. 1), S. 113ff.
17 H. Repton, Memoir, zit. nach CARTER/GOODE/LAURIE, S. 135.

18 Vgl. Paul F. Norton, S.P. Cockerell's Residence for Warren Hastings, in: Journal of Architectural Historians XXII, Okt. 1963, S. 127ff.; Isabel Stuebe, William Hodges and Warren Hastings, in: The Burlington Magazine 115 (Okt. 1973), S. 659f.

19 Evan Cotton, The Hindu Temple at Melchet Park, in: Bengal Past and Present, Bd. 40, Calcutta 1930, S. 71ff.

20 Es gibt keinen Beleg dafür, daß irgendwelche Entwürfe Reptons ausgeführt wurden; auch sind weder ein Red Book für Sezincote noch Abrechnungen bekannt, aber es existieren Skizzen und Pflanzpläne von seiner Hand, die zumindest als Anregungen gedient haben können.

21 REPTON 6; Edward Malins, Indian Influence on English Houses and Gardens at the Beginning of the Nineteenth Century, in: GH VIII (1980), S. 46ff.; John Betjeman, Sezincote, Moreton-in-Marsh, in: Architectural Review LXIX (Mai 1931), Nr. 414, S. 161ff.; Jan Pieper, Sezincote – ein westöstlicher Diwan, in: Daidalos 19 (1986), S. 56ff. S. auch Conner, op. cit. (Anm. 1), S. 129ff.; HUSSEY 3, III, S. 66ff.

22 Skizzen, Entwurfszeichnungen und Pflanzpläne von Repton, Th. Daniell und den Cockerells in RIBA, Drawings Coll., J5/15 und J5/17–28.

23 Vgl. REPTON 3, S. 41f.; Memoir, zit. nach: CARTER/GOOD/LAURIE, S. 86.

24 Vgl. u.a.: Conner, op.cit. (Anm. 1); John Nash und Edward W. Bradley, Illustrations of Her Majesty's Pavilion at Brighton, 2. Aufl., London 1838; John Morley, The Making of the Royal Pavilion at Brighton, London 1984.

## Die Ästhetik des Malerischen

1 Vgl. H.J. Plump, England in the Eighteenth Century, Harmondsworth 1950; COSGROVE/DANIELS.

2 Mavis Batey, Oliver Goldsmith. An Indictment on Landscape Gardening, in: Furor Hortensis, Edinburgh 1974, S. 57ff.

3 GILPIN 2; GILPIN 3.

4 William Gilpin, Remarks on forest Scenery ... relative chiefly to Picturesque Beauty ... London 1791; GILPIN 4.

5 MASON 1; MASON 2.

6 (anonym), Description of Nuneham Courtenay, 1797; BL, Dept. of Manuscripts, Add. 5726 F (5); Mavis Batey, Nuneham Courtenay, Oxfordshire, 3. Aufl., Oxford 1984; BATEY 2.

7 Zur Geschichte der Neugotik grundlegend: Georg Germann, Neugotik, Stuttgart 1974; McCARTHY 2.

8 Thomas & Batty Langley, Gothic Architecture improved..., London 1747; William Halfpenny, New Designs for Chinese Temples ..., London 1751.

9 Nach RYKWERT, S. 169f.

10 Anthony Wood und William Hawkes, Sanderson Miller's Work at Radway, Banbury Historical Society 1969; diess., Radway, Warwickshire: The Making of a Landscape, in: JGH VII,2 (1987); vgl. Richard Jago, Edge Hill, in: Poems, Moral and Descriptive, London 1784.

11 Die Literatur zu Strawberry Hill ist umfangreich, weil Horace Walpole sich zum Begründer der Neugotik stilisieren wollte. Neueste Forschungen in: McCARTHY 2; NORBERT MILLER; ferner Norbert Miller, Raum als Einbildungskraft des Betrachters, in: Daidalos 9/1983.

12 Zu Wyatt: DALE; ROBINSON.

13 Zu Nash: T. DAVIS; John Summerson, The Life and Work of John Nash, London 1980; Nigel Temple, John Nash and the Village Picturesque, Gloucester 1978.

14 Price verwahrte sich gegen den Vorwurf des »Improvement through neglecting«, doch LAMBIN hat gezeigt, daß das »malerische« Aussehen Foxleys auch das Ergebnis unterlassener Investitionen war.

15 Turner-Bequest XLVII, Tate Gallery, London.

16 Marcia Allentuck, Sir Uvedale Price and the picturesque Garden: The Evidence of the Coleorton Papers, in PEVSNER 2, S. 211ff.

17 KNIGHT 1; KNIGHT 2; CLARKE/PENNY.

18 Knight, The Landscape, Book II, Z. 67ff.

19 Zu Repton gibt es umfangreiche Literatur. Die wichtigsten Veröffentlichungen sind: STROUD 2; CARTER/GOODE/LAURIE; SANECKI; s. ferner auch: WIMMER, S. 227ff.; LOUDON 2; John Claudius Loudon, The Landscape Gardening and Landscape Architecture of the late Humphry Repton Esq., Neuaufl., London 1839, das alle Publikationen Reptons enthält (wobei die schönen Aquatinten leider durch grobe Holzschnitte ersetzt wurden).

20 S. vor allem: REPTON 1; REPTON 2; REPTON 4; REPTON 6.

21 Ansicht in: WATTS; Sheffield Park (NT), Neuaufl. 1987; STROUD 2; ROBINSON; DALE.

22 Davis, op. cit. (Anm. 13).

23 MALINS 2.

24 Zu den Umständen des Verkaufs an die Upchers und dem Baubeginn des Hauses s. Stephen Daniels, Cankerous Blossoms, in: JGH VI,2 (1987), S. 146ff.

25 S. dazu: Stephen Daniels, in: CARTER/GOODE/LAURIE; ferner Daniels, in: COSGROVE/DANIELS.

26 Zu Ashridge: Kay Sanecki, The Gardens at Ashridge, durchges. Neuaufl., Ashridge 1983; ferner: SANECKI; STROUD 2; DALE, S. 166ff.; ROBINSON, S. 63ff.

27 Ansichten des alten wie des neuen Hauses und seiner Umgebung in: Buckler, Architectural Drawing IV, BL, Dept. of Manuscripts, Add. 36 359.

# Ausgewählte Bibliographie

ABKÜRZUNGEN

BL: British Library
BM: British Museum
CL: Country Life
ECS: Eighteenth Century Studies
GH: Garden History
JGH: Journal of Garden History
NT: National Trust
RIBA: Royal Institute of British Architects
VAM: Victoria and Albert Museum
VCH: Victoria County History

ALLEN, B.S.: B. Sprague Allen, Tides in English Taste (1619–1800), 2 Bde., New York 1969
ALLEN, R.J.: Robert J. Allen, The Clubs of Augustan London, Hamden (Conn.) 1967
ANGUS: William Angus, Seats of the nobility and gentry in Great Britain and Wales, in a collection of select views..., London 1787; Reprint New York 1982

BADESLADE/ROCQUE: Thomas Badeslade/John Rocque, Vitruvius Britannicus, Bd. 4, London 1739; Reprint 1967
BARIDON: Michel Baridon, Ruins as a mental construct, in: JGH V,1 (1985), S. 84–96
BATEY 1: Mavis Batey, Oxford Gardens, Oxford 1982
BATEY 2: Mavis Batey, The High Phase of English Landscape Gardening, in: MACCUBBIN/MARTIN, S. 44ff.
BEARD: Geoffrey Beard, The Work of Robert Adam, Edinburgh/London 1978
BICKHAM: George Bickham, The Beauties of Stowe, 1750 u.ö.
BICKHAM/CHATELAIN: Sixteen Perspective Views together with a general Plan of the Magnificent Buildings and Gardens at Stow... drawn on September 1752 by Mons. Chatelain, engraved by George Bickham Junior
BINNEY/HILLS: Marcus Binney/Anne Hills, Elysian gardens, London 1979
BOYDELL 1: John Boydell, A collection of views in England and Wales, drawn and engraved by John Boydell..., London 1790
BOYDELL 2: John and Josiah Boydell, An history of the River Thames, 2 Bde., London 1794
BRAY: William Bray, Sketch of a tour into Derbyshire and Yorkshire, including part of Buckingham, Warwick, Leicester, Nottingham, Northampton, Bedford and Hertfordshire, 2. Aufl., London 1783; zit. nach John Pinkerton, A general collection of the best and most interesting voyages in all parts of the world, London 1808–1814, Bd. 2

BRAYLEY/BRITTON: Edward Wedlake Brayley/John Britton, Topographical history of Surrey, 5 Bde., London 1841–1848
BRETT: R.L. Brett, The Third Earl of Shaftesbury, London 1951
BRIDGEMAN: Sarah Bridgeman, A General Plan of the Woods, Parks and Gardens of Stowe, the Seat of the Right Honourable The Lord Viscount Cobham with Several Perspective Views in the Gardens, 1739
BRITISH MUSEUM, Catalogue of maps, prints, drawings, etc. forming the geographical and topographical collection attached to the library of his late Majesty King George the Third..., London 1829
BRITTON/BRAYLEY: John Britton/Edward Brayley, The beauties of England and Wales, 18 Bde., London 1801–1815
BROWNELL: Morris R. Brownell, Alexander Pope & the Arts of Georgian England, Oxford 1978
BURKE, E.: Edmund Burke, A philosophical enquiry into the origin of our ideas of the sublime and beautiful, London 1759; dt. Fassung unter dem Titel »Vom Erhabenen und Schönen«, Hamburg 1980
BURKE, J.B.: John Bernard Burke, A visitation of the seats and arms to the noblemen and gentlemen of Great Britain, 2 Bde., London 1852–1855
BURLINGTON: Charles Burlington u.a., The modern universal and accurate traveller..., London 1779
BUTCHER: Edmund Butcher, An Excursion from Sidmouth to Chester, London 1805
BUTT: John Butt, Pope and the Opposition to Walpole's Government, in: ders., Pope, Dickens and Others, Essay and Addresses, Edinburgh 1969
BUTTLAR 1: Adrian von Buttlar, Der englische Landsitz 1715–1760, Symbol eines liberalen Weltentwurfs, (Diss.), Mittenwald 1982
BUTTLAR 2: Adrian von Buttlar, Der Landschaftsgarten, München 1980
BUTTLAR 3: Adrian von Buttlar, Der Landschaftsgarten. Gartenkunst des Klassizismus und der Romantik, Köln 1989

CAMPBELL: Richard Owen Campbell, Vitruvius Britannicus, or the British architect..., 3 Bde., London 1715–1725; Reprint 1967
CARRÉ: Jacques Carré, Lord Burlington's Garden at Chiswick, in: GH I,3 (1973), S. 23–30
CARTER/GOODE/LAURIE: George Carter/Patrick Goode/Kedrun Laurie, Humphry Repton, landscape gardener, 1752–1818, Norwich/London 1982
CASTELL: Robert Castell, The Villas of the Ancients Illustrated, London 1728; Reprint New York/London 1982

CATTELAN: Reto Cattelan, Wirtschaftliche und politische Prämissen des Landschaftsgartens in England und in Deutschland, (Diss.), Zürich 1980
CHAMBERS 1: William Chambers, A Dissertation on Oriental Gardening, London 1772; Reprint 1972
CHAMBERS 2: William Chambers, Plans, Elevations, Sections, and Perspective Views of the Gardens and Buildings at Kew in Surrey, London 1763
CLARK 1: H.F. Clark, Eighteenth Century Elysiums, The Rôle of »Association« in the Landscape Movement, in: Journal of the Warburg and Courtauld Institutes VI (1943), S. 165–189
CLARK 2: H.F. Clark, The English Landscape Garden, London 1948
CLARKE/PENNY: Michael Clarke/Nicholas Penny (Hg.), The Arrogant Connoisseur: Richard Payne Knight, Manchester 1982
COATS: Peter Coats, Great gardens of Britain, London 1963
COLVIN/HARRIS: Howard Colvin/John Harris, The country seat: studies in the history of the British country house, London 1970
COSGROVE/DANIELS: Charles Cosgrove/Stephen Daniels, The iconography of landscape, Cambridge 1988

DALE: Anthony Dale, James Wyatt, Oxford 1956
DANIELS: Stephen Daniels, The political iconography of woodland in later Georgian England, in: COSGROVE/DANIELS, S. 43ff.
DAVIS, R.D.: Rose D. Davis, The Good Lord Lyttelton. A Study in Eighteenth Century Politics and Culture, Bethlehem (USA) 1939
DAVIS, T: Terence Davis, John Nash: The Prince Regent's Architect, London 1966, 2. Aufl., Newton Abbot 1973
DEFOE: Daniel Defoe, A tour through the whole island of Great Britain, divided into circuits or journies, 4 Bde., 3. Aufl., London 1742 u.ö., zit. nach der Ausgabe von 1778
DESCRIPTION: A Description of the Gardens and buildings at Kew... with the engravings belonging thereto in Perspective. To which is added, a short account of the principal Seats and Gardens in and about Richmond and Kew, Brentford [1770?] (anonyme Version von Henrietta Pyes »Short Account...«, London 1760)
DESMOND: Ray Desmond, Bibliography of British Gardens, Winchester 1984
DOBAI: Johannes Dobai, Die Kunstliteratur des Klassizismus und der Romantik in England, 3 Bde., Bern 1974–1977
DODSLEY: Robert und J. Dodsley, London and its environs described..., 6 Bde., London 1761
DRAPER: John W. Draper, William Mason. A Study in 18th-Century Culture, New York 1924

ENGLAND DISPLAYED; being a new, complete, and accurate survey and description of the Kingdom of England, and Principality of Wales... By a Society of Gentlemen... The particulars respecting England revised, corrected, and improved by P. Russell, and those relating to Wales by O. Price, 2 Bde., London 1769

ERDBERG: Eleanor von Erdberg, Chinese influence on European garden structures, Cambridge (Mass.) 1936

EVANS: H. Evans, The beautiful gardens of Britain, London 1974

EVELYN: John Evelyn, Diary, hg. von E.S. de Beer, Oxford 1955

FLEMING/GORE: Laurence Fleming/Alan Gore, The English Garden, London 1979

GEORGIAN ARCADIA: Architecture for the Park and Garden, An Exhibition to mark the Golden Jubilee of the Georgian Group, Ausst. Kat., London 1987

GIBBS: James Gibbs, A Book of Architecture containing Designs of Buildings and Ornaments, London 1728

GILPIN 1: [William Gilpin], A dialogue upon the gardens of the Right Honourable the Lord Viscount Cobham at Stow in Buckinghamshire, 1748; Reprint Los Angeles 1976

GILPIN 2: William Gilpin, Observations, relative chiefly to picturesque beauty, made in the year 1772, on several parts of England; particularly the mountains and lakes of Cumberland and Westmoreland, London 1786; Reprint Richmond 1973

GILPIN 3: William Gilpin, Observations on the western parts of England, London 1798; Reprint Richmond 1973

GILPIN 4: Willam Gilpin, Three Essays: on the picturesque beauty, on picturesque travel and on sketching landscape, to which is added a poem on landscape painting, 2. Aufl., London 1794

GOTHEIN: Marie Luise Gothein, Geschichte der Gartenkunst, 2 Bde., Jena 1914, Reprint Hildesheim/New York 1977

HADFIELD 1: Miles Hadfield, The English Landscape Garden, Aylesbury 1977

HADFIELD 2: Miles Hadfield u.a., British Gardeners. A biographical dictionary, London 1980

HADFIELD 3: Miles Hadfield, A History of British Gardening, 3. Aufl., London 1979

HARRIS 1: John Harris, A Catalogue of British Drawings for Architecture, Decoration, Sculpture and Landscape Gardening 1550–1900 in American Collections, New Jersey 1971

HARRIS 2: John Harris, The artist and the country house: a history of country house and garden views painting in Britain, 1540–1870, London 1979

HARRIS 3: John Harris (Hg.), The Garden, A Celebration of One Thousand Years of British Gardening, Ausst. Kat., London 1979

HARRIS 4: John Harris, A Country House Index, Shalfleet Manor, Isle of Wight 1971 (darin enthalten eine Liste der zeitgenössischen Gartenführer)

HARTMANN: Günter Hartmann, Die Ruine im Landschaftsgarten, Worms 1981

HASKELL/PENNY: Francis Haskell/Nicholas Penny, Taste and the Antique, New Haven/London 1981, 2. Aufl. 1982

HASSELL: J. Hassell, Picturesque rides and walks with excursions by water thirty miles round the British Metropolis, 2 Bde., London 1817–1818

HAYES: John Hayes, The Drawings of Thomas Gainsborough, London 1970

HEELY 1: Joseph Heely, A description of The Leasowes, London 1777

HEELY 2: Joseph Heely, Letters on the beauties of Hagley, Envil and The Leasowes; with critical remarks, and observations on the modern taste in gardening, 2 Bde., London 1777

HELLYER: A. Hellyer, Gardens of genius, London 1980

HERSEY: G.L. Hersey, Associationism and Sensibility in Eighteenth Century Architecture, in: ECS IV (1970), S. 71–89

HINDE: Thomas Hinde, Stately Gardens of Britain, London 1983

HINNANT: Charles H. Hinnant, A Philosophical Origin of the English Landscape Garden, in: Bulletin of Research in the Humanities 83 (1980), S. 292–306

HIPPLE: Walter John Hipple jr., The Beautiful, The Sublime and The Picturesque in Eighteenth Century British Aesthetic Theory, Carbondale 1957

HISTORICAL MANUSCRIPTS COMMISSION, Architectural history and the fine & applied arts: sources in the National Register of Archives, 5 Bde., London 1969–1974

HOARE 1: Sir Richard Colt Hoare, A description of the house and gardens at Stourhead (1801), durchges. Neuaufl. Bath 1818

HOARE 2: Sir Richard Colt Hoare, The History of Modern Wiltshire, 6 Bde., London 1822–1844

HOFFMANN: Alfred Hoffmann, Der Landschaftsgarten, in: Dieter Hennebo/Alfred Hoffmann, Geschichte der deutschen Gartenkunst, Bd. III, Hamburg 1962–1965

HOFMANN: Werner Hofmann (Hg.), William Turner und die Landschaft seiner Zeit, Ausst. Kat., München 1976

HOHNHOLZ: Jürgen Hohnholz, Der englische Park als landschaftliche Erscheinung, (Diss.), Tübingen 1964

HOME: Henry Home, Lord Kames, Elements of Criticism, London 1762

HUMPHREYS: A.R. Humphreys, The Augustan World. Life and Letters in Eighteenth-Century England, London 1954

HUNT 1: John Dixon Hunt, Emblem and Expressionism in the Eighteenth-Century Landscape Garden, in: ECS IV (1970/71), S. 294–317

HUNT 2: John Dixon Hunt, The Figure in the Landscape: Poetry, Painting, and Gardening during the Eighteenth Century, Baltimore/London 1976

HUNT 3: John Dixon Hunt, Ut Pictura Poesis, Ut Pictura Hortus, and the Picturesque, in: Word and Image I (1985), S. 87–107

HUNT 4: John Dixon Hunt, Garden and Grove. The Italian Renaissance Garden in the English Imagination: 1600–1750, London/Melbourne 1986

HUNT 5: John Dixon Hunt, William Kent. Landscape Garden Designer, London 1987

HUNT/WILLIS: John Dixon Hunt/Peter Willis, The Genius of the Place, The English Landscape Garden 1620–1820, London 1975

HUSSEY 1: Christopher Hussey, The Picturesque, London 1927, 2. Aufl. 1967

HUSSEY 2: Christopher Hussey, English gardens and landscapes, 1700–1750, London 1967

HUSSEY 3: Christopher Hussey, English Country Houses, 3 Bde., London 1955–1958

HUTCHESON: Francis Hutcheson, An Inquiry into the Original of our Ideas of Beauty and Virtue, in Two Treatises, London 1725 u.ö.; dt. Frankfurt/Leipzig 1762

HYAMS: Edward Hyams, The English garden, London 1964

JACQUES 1: David Jacques, The Art and Sense of the Scribblers Club in England, 1715–35, in: GH IV,1 (1976), S. 30 53

JACQUES 2: David Jacques, Georgian gardens: the reign of nature, London 1983

JARRETT: David Jarrett, The English Landscape Garden, London 1978

JEFFERSON: Thomas Jefferson, Garden book, 1766–1824, Philadelphia 1944

JEWITT/HALL: Llewellyn Jewitt/Samuel Carter Hall, The stately homes of England, London 1874, 2. Reihe, London 1877

JONES: Barbara Jones, Follies & Grottoes, 2. Aufl., London 1974

JONES' VIEWS of the Seats, Mansions, Castles, etc. of noblemen and gentlemen in England, Wales, Scotland and Ireland and other picturesque scenery..., London 1829

JOURDAIN: Margaret Jourdain, The Work of William Kent, London 1948

KAISER: Wolfgang Kaiser, Castle Howard, ein englischer Landsitz des frühen 18. Jahrhunderts, (Diss.), Freiburg i.B. 1984
KALLICH: Martin Kallich, The Association of Ideas and Critical Theory in Eighteenth Century England. A History of a Psychological Method in English Criticism. Den Haag/Paris 1970
KEANE 1: William Keane, The beauties of Middlesex; being a particular description of the principal seats of the nobility and gentry in the county of Middlesex, Chelsea 1850
KEANE 2: William Keane, Beauties of Surrey; being a particular description of about one hundred and twenty seats of the nobility and gentry in the county of Surrey..., London [1849?]
KENT: William Kent, The Designs of Inigo Jones, consisting of Plans and Elevations for Public and Privat Buildings, London 1727
KIRBY: P.F. Kirby, The Grand Tour in Italy 1700–1800, New York 1952
KNIGHT 1: Richard Payne Knight, The Landscape; a didactic poem, 2. Aufl., London 1795, Reprint Farnborough 1972
KNIGHT 2: Richard Payne Knight, An Analytic Inquiry into the Principles of Taste, 4. Aufl., London 1808, Reprint Farnborough 1972
KNYFF/KIP 1: Leonard Knyff/Johannes Kip, Britannia illustrata or views of several of the Queen's Palaces and also of the principal seats of the nobility and gentry of Great Britain, 2 Bde., London 1714–1715
KNYFF/KIP 2: Leonard Knyff/Johannes Kip, Nouveau théâtre de la Grande Bretagne..., London 1724–1729; 4 Bde., London 1728

LAMBIN: Denis A. Lambin, Foxley: the Price's estate in Herefordshire, in: JGH VII,3 (1987), S. 244ff.
LANG 1: Susan Lang, A Note on Sharawaggi, in: Nikolaus Pevsner (Hg.), Studies in Art, Architecture and Design, London 1968
LANG 2: Susan Lang, The Genesis of the English Landscape Garden, in: Nikolaus Pevsner, The Picturesque Garden and its Influence outside the British Isles, Washington D.C. 1974
LANGLEY: Batty Langley, New Principles of Gardening, London 1728; Reprint Westmead, Farnborough 1971
LEATHERBARROW: David Leatherbarrow, Character, Geometry and Perspective: the Third Earl of Shaftesbury's Principles of Garden Design, in: JGH IV,4 (1984), S. 332–358

LEES-MILNE: James Lees-Milne, Earls of Creation: five great patrons of eighteenth-century art, London 1962
LE ROUGE: George Louis le Rouge, Détail des nouveaux jardins à la mode. Jardins anglo-chinois, Paris 1776–1787; Reprint Paris 1978
LOUDON 1: John Claudius Loudon, An encyclopaedia of gardening..., London 1822
LOUDON 2: John Claudius Loudon, A treatise on forming, improving and managing country residences..., 2 Bde., London 1806
LOVEDAY: John Loveday, Diary of a tour in 1732 through parts of England, Wales, Ireland and Scotland, Edinburgh 1890
LOVEJOY: Arthur O. Lovejoy, Die große Kette der Wesen. Geschichte eines Gedankens, übers. von Dieter Turck, Frankfurt a.M. 1985
LUXBOROUGH: Henrietta Knight Lady Luxborough, Letters written by the honorable Lady Luxborough to William Shenstone Esq., London 1775

MACCUBBIN/MARTIN: Robert P. Maccubbin/Peter Martin (Hg.), British and American Gardens in the Eighteenth Century, Eighteen illustrated essays on garden history, Williamsburg (Virg.) 1984
MACE: Dean Tolle Mace, Transformations in classical art theory: From »poetic composition« to »picturesque composition«, in: Word and Image I (1985), S. 59–86
MACK: Maynard Mack, The Garden and the City. Retirement and Politics in the later Poetry of Pope 1731–1743, Toronto/Buffalo/London 1969
MALINS 1: Edward Malins, English landscaping and literature 1660–1840, London 1966
MALINS 2: Edward Malins, Red books of Humphry Repton (Antony House, Sheringham, Attingham), 4 Bde., London 1976
MARSHALL: William Marshall, On planting and rural ornament, London 1803
MARTIN: Peter Martin, Pursuing Innocent Pleasures. The Gardening World of Alexander Pope, Hamden (Conn.) 1984
MASON 1: William Mason, The English Garden, A Poem in Four Books; A New Edition, corrected. To which are added a Commentary and Notes, by W. Burgh, York 1783; Reprint Farnborough 1971
MASON 2: William Mason, An Heroic Epistle to Sir William Chambers..., London 1777; Reprint Farnborough 1971
MAVOR: William F. Mavor, New description of Blenheim, 1793; Reprint New York 1982
MCCARTHY 1: Michael McCarthy, Eighteenth Century Amateur Architects and their Gardens, in: PEVSNER 2
MCCARTHY 2: Michael McCarthy, The Origins of the Gothic Revival, New Haven/London 1987

MILLER, NAOMI: Naomi Miller, Heavenly Caves. Reflections on the Garden Grotto, London 1982
MILLER, NORBERT: Norbert Miller, Strawberry Hill: Horace Walpole und die Ästhetik der schönen Unregelmäßigkeit, München 1986
MONK: Samuel H. Monk, The Sublime. A study of critical Theories in XVIII-Century England, New York 1935
MORRIS: Robert Morris, An Essay in Defense of Ancient Architecture; or, A Parallel of the Ancient Buildings with the Modern, London 1728
MÜLLENBROCK: Heinz Joachim Müllenbrock, Der englische Landschaftsgarten des 18. Jahrhunderts und sein literarischer Kontext, Göttingen 1986

NEALE: J.P. Neale, Views of the seats of noblemen and gentlemen in England, Wales, Scotland and Ireland, 6 Bde., London 1818–1823
NEW DISPLAY: A new display of the beauties of England..., 2 Bde., 2. Aufl., o.O. 1773–1774
NEWTON: N.T. Newton, Design on the land: the development of landscape architecture, Harvard 1971
NICOLSON: Marjorie Hope Nicolson, Mountain Gloom and Mountain Glory: The Development of the Aesthetics of the Infinite, Ithaca (N.Y.) 1959

PANOFSKY: Erwin Panofsky, Et in Arcadia ego. Poussin und die Tradition des Elegischen, in: ders., Sinn und Deutung in der bildenden Kunst, Köln 1978
PARK UND GARTEN IM 18. JAHRHUNDERT: Colloquium der Arbeitsstelle 18. Jahrhundert, Gesamthochschule Wuppertal, Heidelberg 1978
PAULSON: Ronald Paulson, The Poetic Garden, in: ders., Emblem and Expression. Meaning in English Art of the Eighteenth Century, London 1975
PENNANT: Thomas Pennant, A Tour from Downing to Alston-Moor, London 1801
PEVSNER 1: Nikolaus Pevsner, The Genesis of the Picturesque, in: Nikolaus Pevsner (Hg.), Studies in Art, Architecture and Design, London 1968
PEVSNER 2: Nikolaus Pevsner (Hg.), The Picturesque Garden and its Influence outside the British Isles, Washington D.C. 1974
PICTURESQUE VIEWS of the Principal Seats of the Nobility and Gentry in England and Wales, By the most eminent British artists. With a description of each seat. London [1786–1788]
PINTO: John Pinto, The landscape of Allusion: Literary Themes in the Gardens of classical Rome and Augustan England, in: Smith College Studies in History XLVIII, Northampton (Mass.) 1980, S. 97–113
PLOT: Robert Plot, The natural history of Oxfordshire, 2. Aufl., Oxford 1705

Pococke: Richard Pococke, Travels through England... during 1750, 1751, and later years, 2 Bde., London 1888–1889
Possin: Hans-Joachim Possin, Natur und Landschaft bei Addison, Tübingen 1965
Price: Uvedale Price, Essays on the Picturesque, As compared with the Sublime and the Beautiful; and, on the Use of Studying Pictures, for the Purpose of Improving Real Landscape, 3 Bde., London 1810; Reprint Farnborough 1971
Prosser: George Frederick Prosser, Select illustrations of the county of Surrey comprising picturesque views of the seats of the nobility and gentry..., London 1828
Pückler: Hermann Fürst von Pückler-Muskau, Briefe eines Verstorbenen. Ein fragmentarisches Tagebuch aus Deutschland, Holland und England... in 4 Theilen, geschrieben in den Jahren 1826–1829, Stuttgart 1831
Pyne: William Henry Pyne, The history of the royal residences of Windsor Castle, St. James's Palace, Carlton House, Kensington Palace, Hampton Court, Buckingham House and Frogmore..., 3 Bde., London 1819

Quaintance: Richard Quaintance, Walpole's Whig Interpretation of Landscaping History, in: Studies in Eighteenth Century Culture IX (1979), S. 285–300

Raphael/Thacker/Batey/Wood: Sandra Raphael/Christopher Thacker/Mavis Batey/Denis Wood, Of Oxfordshire Gardens, Oxford 1982
Repton 1: Humphry Repton, Sketches and hints on landscape gardening collected from designs and observations now in the possession of the different noblemen and gentlemen for whose use they were originally made..., London 1795
Repton 2: Humphry Repton, Observations on the Theory and Practice of Landscape Gardening, London 1803
Repton 3: Humphry Repton, An Inquiry into the Changes of Taste in Landscape Gardening..., London 1806; Reprint Farnborough 1969
Repton 4: Humphry Repton, Fragments on the theory and practice of landscape gardening, including some remarks on Grecian and Gothic architecture..., London 1816
(Repton 1/2/3 gesammelt publiziert von J.C. Loudon, The landscape gardening and landscape architecture of the late Humphry Repton, o.O. 1840; Reprint 1969)
Repton 5: The Red Books... s. Malins 2
Repton 6: Humphry Repton, Designs for the Pavillon at Brighton, London o.J. (1808)
Richardson: G. Richardson, New Vitruvius Britannicus, 2 Bde., 1802–1808
Ricly: John Ricly, Shenstone's Walks: the Genesis of the Leasowes, in: Apollo 110 (1979), S. 202–209
Ritter: Joachim Ritter, Landschaft. Zur Funktion des Ästhetischen in der modernen Gesellschaft, Münster 1963
Robinson: John Martin Robinson, The Wyatts; An Architectural Dynasty, Oxford 1979
Rockley: Lady Alicia Margaret Rockley, Historic gardens of England, London 1938
Rodenhurst: T. Rodenhurst, A Description of Hawkstone, Shrewsbury 1783 u.ö.
Rorschach: Kimerly Rorschach, The Early Georgian Landscape Garden, New Haven (Conn.) 1983
Rosenthal: Michael Rosenthal, Constable, London 1976
Røstvig: Maren-Sofie Røstvig, The Happy Man. Studies in the Metamorphosis of a classical Ideal, 2 Bde., Oslo 1958
Royal Institute of British Architects, Catalogue of the drawings collection: A–S, 7 Bde., London 1968–1976
Rutter: John Rutter, Delineations of Fonthill and his Abbey, Shaftesbury/London 1823
Rykwert: Joseph und Anne Rykwert, Robert und James Adam – Die Künstler und der Stil, Stuttgart 1987

Sandby: Paul Sandby, A collection of one hundred and fifty select views in England, Scotland and Ireland, 2 Bde., London 1781
Sanecki: Kay N. Sanecki, Humphry Repton, Aylesbury 1974
Seeley: Benton Seeley, A Description of the House and Gardens... at Stow, Northampton 1744 u.ö. (der Seeley-Führer erschien in ständig aktualisierten Versionen bis 1832)
Shaw: Stebbing Shaw, Tour to West of England in 1788; zit. nach John Pinkerton (Hg.), A general collection of the best and most interesting voyages in all parts of the world, London 1808–1814, Bd. 2
Shenstone 1: William Shenstone, Unconnected Thoughts on Gardening, in: The Works in Verse and Prose of William Shenstone, Esq., London 1764, Bd. II
Shenstone 2: William Shenstone, The letters of William Shenstone, hg. von M. Williams, Oxford 1939
Shenstone 3: The poetical works of William Shenstone, with Life, critical Dissertation and explanatory by the Rev. George Gilfillan, New York 1854; Reprint New York 1968
Sherburn: George Sherburn (Hg.), The Correspondence of Alexander Pope, 5 Bde., Oxford 1949
[Simond]: [Louis Simond], Journal of a tour and residence in Great Britain during the years 1810 and 1811, by a French traveller..., 2 Bde., Edinburgh 1815; zit. nach der dt. Ausgabe, Leipzig 1817
Sirén: Osvald Sirén, China and gardens of Europe of the Eighteenth Century, New York 1950

Skrine: Henry Skrine, Three successive Tours in the North of England and great Part of Scotland, London 1795
Spence: Joseph Spence, Observations, Anecdotes and Characters of Books and Men, hg. von James M. Osborn, 2 Bde., Oxford 1966
Spencer: Nathaniel Spencer (Pseud. für Robert Sanders), The complete English traveller; or, a new survey and description of England and Wales, London 1771
Stoic: The Stoic (Schulzeitung von Stowe), darin: »The History of Stowe« von George B. Clarke and Michael J. Gibbon; Stoic XXII (März 1967) – Stoic XXV (Juli 1973)
Storer: James Storer, A Description of Fonthill Abbey, 1812
Streatfield: David C. Streatfield, Art and Nature in the English Landscape Garden; Design Theory and Practice, 1700–1818, in: ders., Landscape in the Gardens and the Literature of Eighteenth-Century-England, Los Angeles 1981
Strong: Roy Strong, The Renaissance garden in England, London 1979
Stroud 1: Dorothy Stroud, Capability Brown, London 1950, 2. Aufl., 1975
Stroud 2: Dorothy Stroud, Humphry Repton, London 1962
Stuart: David C. Stuart, Georgian Gardens, London 1979
Stukeley: William Stukeley, Itinerarium curiosum; or, an account of the antiquities and remarkable curiosities in nature or art observed in travels through Great Britain, 2 Bde., 2. Aufl., London 1776
Sühnel: Rudolf Sühnel, Der Park als Gesamtkunstwerk des englischen Klassizismus am Beispiel von Stourhead, Heidelberg 1977
Sulivan: Richard Joseph Sulivan, A tour through part of England, Scotland and Wales in 1778. In a series of letters, 2 Bde., 2. Aufl., London 1785
Switzer: Stephen Switzer, Ichnographia rustica; or, the nobleman, gentleman, and gardener's recreation, 3 Bde., London 1718

Temple: Sir William Temple, Works, 4 Bde., London 1814
Thomas: Graham S. Thomas, Gardens of the National Trust, London 1979
Thomson: James Thomson, The complete poetical works, hg. von J. Logie Robertson, London/New York/Toronto/Melbourne 1908
Thorpe: Clarence De Witt Thorpe, Addison and Hutcheson on the Imagination, in: English Literary History II (1935), S. 215–234
Trevelyan 1: George Macaulay Trevelyan, Geschichte Englands, 2 Bde., München 1947

TREVELYAN 2: George Macaulay Trevelyan, Kultur- und Sozialgeschichte Englands, Hamburg 1948
TURNER, J.: James Turner, Stephen Switzer and the Political Fallacy in Landscape Gardening History, in: ECS 11 (1978), S. 489–496
TURNER, R.: Roger Turner, Capability Brown and the eighteenth-century landscape, London 1985
TURNER, T.: Tom Turner, English Garden Design, History and styles since 1650, o.O. 1986
TUVESON: Ernest Tuveson, Space, Deity and the »Natural Sublime«, in: Modern Language Quarterly XII (1951), S. 20–38

VARDY: John Vardy, Some Designs of Mr. Inigo Jones and Mr. Wm. Kent, London 1744; Reprint 1967

WALPOLE 1: Horace Walpole, Essay on modern gardening, Twickenham 1785 (bereits 1771 in den »Anecdotes of Painting in England« erschienen); zit. nach: Reprint New York/London 1982
WALPOLE 2: Horace Walpole, Horace Walpole's journals of visits to country seats, 1751–84, hg. von Paget Toynbee in Walpole Society, Bd. 16, 1927–1928, Oxford 1928
WARE: Isaac Ware, Designs of Inigo Jones and others..., [1735]
WARNER 1: Richard Warner, Excursions from Bath, Bath 1801
WARNER 2: Richard Warner, A tour through the northern counties of England, and the borders of Scotland, 2 Bde., Bath 1802

WATKIN: David Watkin, The English Vision. The Picturesque in Architecture, Landscape and Garden Design, London 1982
WATTS: William Watts, The seats of the nobility and gentry in a collection of the most interesting & picturesque views, London 1779
WEIBEZAHN: Ingrid Weibezahn, Geschichte und Funktion des Monopteros, Hildesheim/New York 1975
WEISER: Christian Friedrich Weiser, Shaftesbury und das deutsche Geistesleben, Leipzig/Berlin 1916
WHATELY: Thomas Whately, Observations on modern gardening, London 1770; Reprint New York/London 1982
WHEELER MANWARING: Elizabeth Wheeler Manwaring, Italian Landscape in Eighteenth Century England, London 1925 u.ö.
WHISTLER 1: Laurence Whistler, Sir John Vanbrugh, Architect & Dramatist, 1664–1726, London 1938
WHISTLER 2: Laurence Whistler, The imagination of Vanbrugh and his fellow artists, London 1954
WILLEY: Basil Willey, The Eighteenth Century Background. Studies on the Idea of Nature in the Thought of the Period, London 1961
WILLIS 1: Peter Willis, Charles Bridgeman and the English landscape garden, London 1977
WILLIS 2: Peter Willis (Hg.), Furor hortensis: essays on the history of the English landscape garden in memory of H.F. Clark, Edinburgh 1974
WILSON: Michael J. Wilson, William Kent. Architect, Designer, Painter, Gardener, 1685–1748, London 1984
WILTON: Andrew Wilton, J.M.W. Turner – Leben und Werk, München 1979

WIMMER: Clemens Alexander Wimmer, Geschichte der Gartentheorie, Darmstadt 1989
WISCHERMANN: Heinfried Wischermann, Fonthill Abbey. Studien zur profanen Neugotik Englands im 18. Jahrhundert (= Berichte und Forschungen zur Kunstgeschichte 3), Freiburg 1979
WITTKOWER: Rudolf Wittkower, Palladio and English Palladianism, London 1974, 1983, 1985
WOODBRIDGE 1: Kenneth Woodbridge, Landscape and Antiquity. Aspects of English Culture at Stourhead 1718 to 1838, Oxford 1970
WOODBRIDGE 2: Kenneth Woodbridge, William Kent as Landscape-Gardener. A Re-Appraisal, in: Apollo 100 (1974), S. 126–137
WOODBRIDGE 3: Kenneth Woodbridge, Iconographic variations, Classical and Gothic themes in the English landscape garden in the 18th century, in: Lotus 30 (1981)
WRIGHT: Thomas Wright, Arbours & grottos. A facsimile of the two parts of »Universal Architecture« (1755 and 1758) with a catalogue of Wright's works in architecture and garden design by Eileen Harris, London 1979

YOUNG 1: Arthur Young, A six weeks tour through the southern counties of England and Wales, London 1768
YOUNG 2: Arthur Young, a six months tour through the North of England, 4 Bde., 2. Aufl., London 1771; dt. Leipzig 1772
YOUNG 3: Arthur Young, The farmer's tour through the East of England, 4 Bde., London 1771; dt. Leipzig 1775

# Glossar

| | |
|---|---|
| Act of Enclosure | Einfriedung eines Besitzes unter Einschluß der darinliegenden Allmendflächen; dazu war eine Genehmigung des Parlaments erforderlich |
| Aha | auch Haha; Graben mit einer Futtermauer zur Seite des Parks; ermöglicht die unsichtbare Abgrenzung eines Geländes, z.B. gegen Vieh |
| Alcove | Nische in einer Gebüschkante, häufig mit einem Sitz |
| Belt Walk | Weg, der den Grenzen eines Parks entlang geführt wird; zumeist von einem Baumgürtel begleitet |
| Bower | eigtl. Laube; Einfriedung eines Freisitzes oder Freibereichs |
| Bowling Green | Rasenfläche hinter dem Haus; trat an die Stelle der französischen Parterres |
| Cottage | eigtl. Bauernhaus; rustikale Hausform, oft Sommerhaus oder Nebengebäude mit Wohnungen für Angestellte |
| Eyecatcher | Blickfänger; Gebäude in einiger Entfernung, oft ohne weitere Funktion, das dem Auge einen festen Bezugspunkt geben soll; häufig als Sham Castle geformt |
| Dairy | Molkerei; für die Selbstversorgung eines Landsitzes unentbehrlich, wegen ihrer Kühle aber auch gern als Sommerhaus genutzt (für Schäferspiele), deshalb oft als Architekturphantasie gestaltet |
| Folly | eigtl. Verrücktheit; Bezeichnung für Gartengebäude, oft ohne konkrete Funktion, die an andere Bautypen erinnern sollen, z.B. Burgen, Tempel oder Pagoden |
| Gänsefuß | frz. patte d'oie; barocke Platzform, bei der drei Straßen oder Wege im (gleichen) spitzen Winkel ankommen |
| Grotto | Grotte, selbständiges Gartengebäude oder Raum im Erdgeschoß eines Hauses; höhlenartig gestaltet, ursprünglich durch Architekturformen, später als naturalistische Imitation |
| Home Park | der zu einem Landsitz gehörende landwirtschaftliche Betrieb; besteht aus den Wirtschaftsgebäuden (Home Farm), Ackerflächen (beide zumeist vom Haus aus nicht sichtbar) und Weideland |
| Improvement | eigtl. Verbesserung; Umgestaltung eines landwirtschaftlich genutzten Anwesens nach ästhetischen und agrartechnischen Gesichtspunkten |
| Pleasureground | Bereich des Landsitzes, der nicht mehr zum Garten in unmittelbarer Nähe des Hauses (der ehemaligen Parterrezone) und noch nicht zum Park – jenem Teil des Anwesens, der ökonomisch genutzt wurde – gehörte; meist handelte es sich um ein offenes Gehölz, das mit Kleinarchitekturen, Skulpturen und Wasserspielen ausgestattet war |
| Quincunx Grove | regelmäßige Baumpflanzung in Reihen, oft auch in Form einer Fünf auf dem Würfel |
| Seat | Gartensitz, häufig überdacht und als Hütte oder Sommerhaus gestaltet |
| Sham Castle | Folly, Mock Ruin; Gebäude, das die Assoziation einer Burg oder Ruine erwecken soll |
| Topiary Work | zu geometrischen, architektonischen oder figürlichen Formen geschnittene Hecken |
| Vista | Durchblick durch Alleen oder durch unregelmäßige Baumpflanzungen |

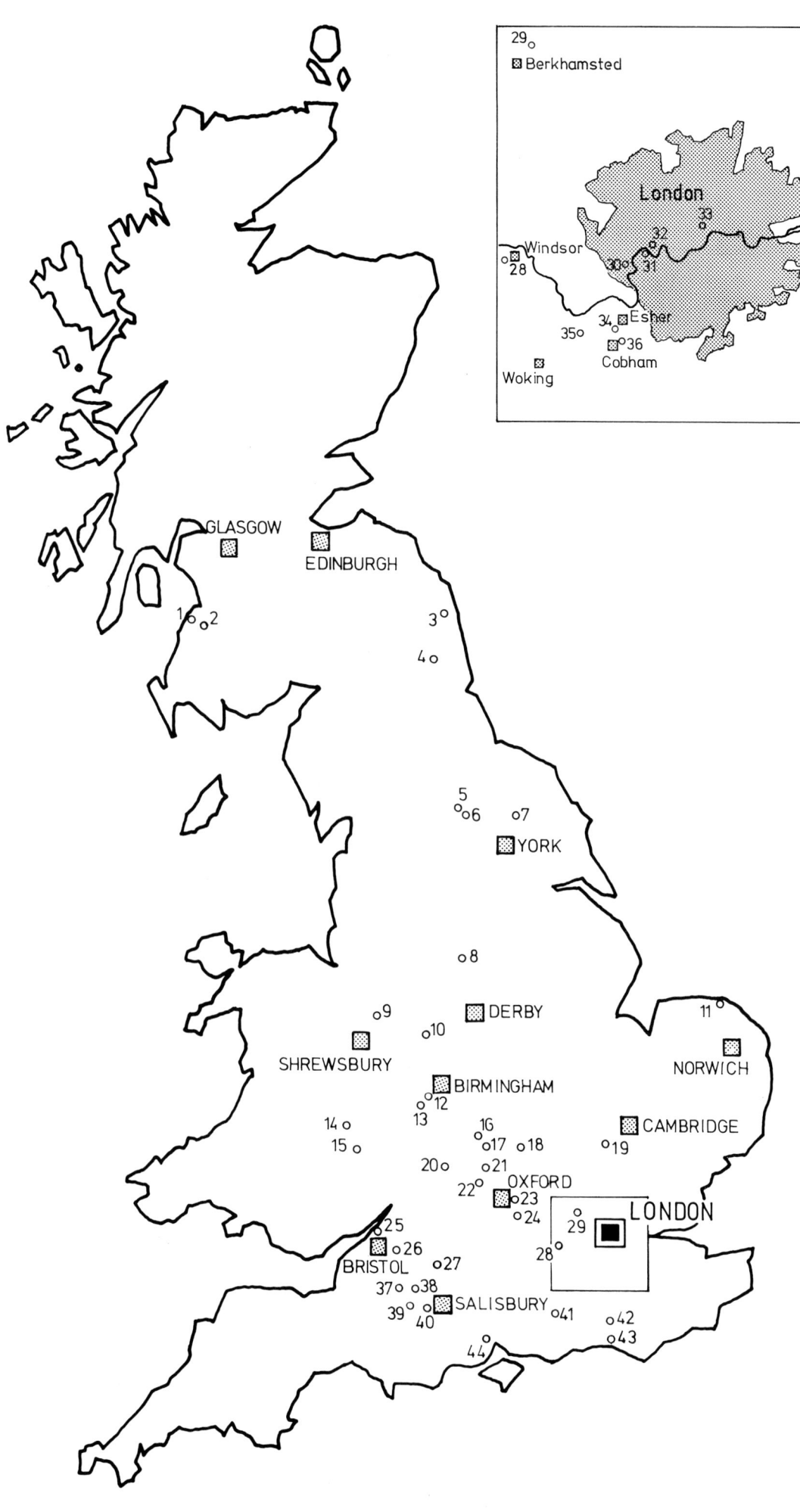

1 Culzean Castle, Strathclyde ○ □
2 Dalquharran Castle, Strathclyde ◐ ■
3 Alnwick, Northumberland ○ ⊞
4 Belsay, Northumberland ● □
5 Hackfall, North Yorkshire ● □
6 Studley, North Yorkshire ○ □
7 Castle Howard, North Yorkshire ○ □
8 Chatsworth, Derbyshire
9 Hawkstone, Shropshire ◐ ■
10 Shugborough, Staffordshire ◐ □
11 Sheringham, Norfolk ○ □
12 The Leasowes, West Midlands ● □
13 Hagley, West Midlands ● □
14 Downton Castle, Hereford & Worcester ◐ ■
15 Foxley, Hereford & Worcester ● ■
16 Radway Grange/Edge Hill, Warwickshire ◐ ■
17 Wroxton, Oxfordshire ◐ □
18 Stowe, Buckinghamshire ○ ⊞
19 Wimpole, Cambridgeshire ○ □
20 Sezincote, Gloucestershire ○ ⊞
21 Rousham, Oxfordshire ○ □
22 Blenheim, Oxfordshire ○ □
23 Shotover, Oxfordshire ○ ⊞
24 Nuneham Courtenay, Oxfordshire ◐ ⊞
25 Blaise, Avon ◐ □
26 Prior Park, Avon ◐ □
27 Bowood, Wiltshire ○ □
28 Virginia Water, Berkshire ◐ □
29 Ashridge, Hertfordshire ○ ⊞
30 Popes Garten, Twickenham ● ■
31 Kew/Richmond Gardens, London ◐ □
32 Chiswick House, London ◐ □
33 Carlton House, London ● ■
34 Claremont, Surrey ○ □
35 Painshill, Surrey ○ ⊞
36 Woburn Farm, Surrey ● ■
37 Stourhead, Wiltshire ○ □
38 Fonthill, Wiltshire ● ■
39 Wardour, Wiltshire ◐ □
40 Wilton House, Wiltshire ◐ □
41 Petworth, West Sussex ○ □
42 Sheffield Park, East Sussex ◐ □
43 Brighton, East Sussex ○ □
44 Broadlands, Hampshire ○ □

Erhaltungsgrad des Zustandes des 18. Jahrhunderts:
○ gut erhalten
◐ verändert oder schlecht erhalten
● zerstört

Zugänglichkeit:
□ leicht zugänglich
⊞ selten oder nach Anmeldung
■ unzugänglich

Die genauen Öffnungszeiten können folgenden Broschüren entnommen werden (sie erscheinen jährlich neu):
Historic Houses, Castles and Gardens open to the Public, British Leisure Publ., East Grinstead
Gardens of England and Wales, National Gardens Scheme, Lower Belgrave Street, London

Erhaltungsgrad des Zustandes des 18. Jahrhunderts:
○ gut erhalten
◐ verändert oder schlecht erhalten
● zerstört

Zugänglichkeit:
□ leicht zugänglich
⊞ selten oder nach Anmeldung
■ unzugänglich

Die genauen Öffnungszeiten können folgenden Broschüren entnommen werden (sie erscheinen jährlich neu):
Historic Houses, Castles and Gardens open to the Public, British Leisure Publ., East Grinstead
Gardens of England and Wales, National Gardens Scheme, Lower Belgrave Street, London

# Register

Die kursiv gesetzten Zahlen verweisen auf die Nummern der Bildunterschriften.

## Gärten, Parks und Landsitze

Aberystwyth 188
Alnwick Castle 92, 178; *198*
Arbury Hall 178
Ashridge 180, 191–194; *218–223*
Attingham 137

Badminton 45, 50, 51, 70
Beaudesert 188
Belsay 142–144; *152–154*
Blaise Castle 178, 188; *210, 211*
Blaise Hamlet 188; *209*
Blenheim 15, 54, 89–92, 184; *8, 89–91*
Bolton Park *95*
Bowood 85
Broadlands 85
Bulstrode 188
Byfleet 98, 112

Carlton House, London 16, 37, 41–43, 45, 58, 75, 161; *35, 36*
Castle Howard 27–32, 50, 57, 71, 92; *18–26*
Chatsworth 45, 70, 85–89; *84–88*
Chiswick 16, 32, 37, 39, 42, 43, 57, 58, 89, 100; *31, 37–39*
Cirencester Park 98, 173, 176
Claremont 37, 45–50, 98, 112, 118; *34, 40–45*
Coleorton 184
Corsham Court 188
Courteenhall 188
Croome 81
Culzean Castle 131; *133, 135, 136*

Dalquharran Castle 131; *134*
Downton Castle 134, 180, 184, 185; *137–141*
Dropmore 161
Duncombe House 178

Endsleigh 188
Envil 131
Esher Place 45, 50, 98, 112
Euston 50, 51

Fonthill 118, 120, 122, 144–149, 151, 161, 194; *155–160*
Fountains Abbey 10, 15, 120, 178; *200*
Foxley 180; *204*

Garnons 188

Hackfall 15, 110, 120–127, 131; *122–131*
Hafod 184, 188; *132*
Hagley 54, 58, 105–110, 120, 122, 131, 158, 178; *102–110*
Hall Barn 10, 15
Hampton Court 85
Harborough 101, 104
Hastings' Landhaus, Daylesford 162
Hawkstone 121, 137–142, 184; *142–150*
Hendersfelde Castle 27
Holkham 50, 51, 70; *46*
Houghton Hall 144

Kensington 39, 57
Kew 39, 54, 78, 100, 130, 153, 158; *171–173*
Kiddington Hall 81

Langley 92
Leasowes, The 54, 64, 100–105, 120, 131, 178; *98–101*
Lee Priory 180
Longleat 85
Louth, Eremitage 161
Luscombe 188

Melchet Park 162, 170; *175*
Mickleton 100
Milton Abbas 92, 173
Moccas Park *96*

Nuneham Courtenay 173–176, 185; *191–197*

Oatlands 98, 100, 112, 118

Painshill 78, 98, 110–120, 149, 178; *111–121*
Park Place 151
Petworth 81, 82–85, 173, 181; *79–83*
Piercefield 121, 131
Popes Garten, Twickenham 32–35, 39, 41, 68; *27–30*
Prior Park 85

Radway Grange, Edge Hill 178
Ravensworth Castle 188
Richmond 85, 98; *202*
  Queen Carolines Einsiedelei 17, 18, 40–41, 56; *9, 10*
Rievaulx Abbey 178
Roche Abbey 95
Rousham 16, 37, 39, 45, 61–71, 178; *60–68*
Royal Pavilion, Brighton 162, 170, 188; *187–189*

Sandbeck 95
Sezincote 162–170, 171; *176–186*
Sheffield Park 188; *190, 205–208*
Sheringham 191–194; *213–217*
Shotover 19–22, 61, 176; *11–14*
Shugborough 26, 100, 153, 173; *165–170*
St. James Park, London 85, 171
Stonebrook 184
Stourhead 64, 71–79, 98, 149, 168, 181; *69–78*
Stowe 16, 22, 24, 32, 37, 45, 51–61, 62, 64, 71, 81, 85, 97, 98, 107, 110, 151, 176; *47–59*
Strawberry Hill 180; *201*
Studley 10–15, 75, 120, 178; *2–7*
Sundridge Park 171, 188

Tatton 185
Tottenham Park 85

Villa Aldobrandini, Frascati 38
Villa d'Este, Tivoli 37, 67
Villa Emo, Fanzolo 71
Villa Hadriana, Tivoli 26, 45, 131
Villa Ludovisi, Rom 32
Villa Pratolino bei Florenz 38, 64
Villa Rotonda, Vicenza 32, 43
Virginia Water, Windsor Great Park 142; *151, 161*

Wardour 95, 118; *93, 94*
Warlies 100
Warwick Castle 92
Waverley Abbey 178

Wilbury House 71
Wilton House 61, 85, 107
Wimpole 100; *1, 199*
Witham Park 144
Wivenhoe Park 181; *203*
Woburn Abbey 161, 185, 188; *174*
Woburn Farm 98–100, 112, 184; *97*
Woodstock Manor 89
Wootton Underwood 151
Wotton 81
Wroxton Abbey 151; *162–164*

## Personen

Abercorn, 6. Earl of 110
Adam, Robert 81, 85, 120, 131, 134, 144, 178; *133–135, 198*
Addison, Joseph 9, 18, 22, 24, 27, 37, 58, 97, 100, 129, 130, 131, 142, 180
Aislabie, John 10, 15, 75, 120, 178; *127*
Aislabie, William 10, 15, 120, 121, 122
Alberti, Leon Battista 24, 32, 67
Alfred der Große 41, 42, 58, 75, 78
Allen, Ralph 85
Altdorfer, Albrecht 9
Angus, William *96, 205*
Anne, Kgin. v. England 92, 174
Anson, George 153
Anson, Thomas 153, 158
Archer, Thomas 89
Argenville, Antoine Joseph Dézallier d' 10, 15, 24
Armstrong, Colonel 92
Arundell, 8. Baron 95
Attiret, Jean-Denis 161
Augusta, Prinzessin 130, 158

Bacon, Francis 18, 56
Bamphylde, Copplestone Warre, Baron 78; *69, 70*
Barnard, John 58
Baron, Bernard 50
Batey, Mavis 173
Bathurst, Lord 58, 98
Beaumont, George 184
Beckford, William, Alderman 144, 149; *159*
Beckford, William 120, 144, 149, 181; *155*
Bedford, 5. Duke of 161
Benazech, Peter-Paul 40
Benson, William 71
Bentley, Richard 151, 178
Bernini, Giovanni Lorenzo 41
Berwick, Noel Hill, 1. Lord 137
Betjeman, John 168
Bickham, George *11, 49, 51, 52, 55, 56*
Blair, Hugh 131
Blount, Edward 32
Boileau, Nicolas 129
Bolingbroke, Henry Saint-John, Viscount 16, 33, 41, 58, 78, 98, 104, 106
Booth, Francis 153; *163*
Bosc, Claude Du *9, 37*
Boydell, John 151
Boyle, Lady 89
Boyle, Richard s. Burlington
Boyle, Robert 17, 18, 19
Bradley, Edward W. *188*
Brett, Percy 153

Bridgeman, Charles 22, 24, 33, 37, 38, 39, 45, 50, 54, 56, 57, 61, 62, 81, 98, 178; *41, 45, 47, 50, 60*
Bridgeman, Sarah 56; *48, 50*
Bridgewater, Familie 194
Bridgewater, 7. Earl of 194
Brooke, Lord 92
Brown, Lancelot »Capability« 51, 61, 81–95, 97, 98, 100, 129, 131, 158, 161, 173, 176, 178, 180, 181, 184, 185, 188, 194; *79, 80, 86, 92, 96, 195, 208*
Bruce, Lord 75, 78, 85
Bruno, Giordano 129
Buononcini, Giovanni Battista 39
Burke, Edmund 98, 130, 131, 134, 144, 149, 173, 180
Burlington, Richard Boyle, 3. Earl of 32, 33, 37, 38, 39, 40, 41, 42, 43, 45, 57, 58, 62, 71, 81, 89, 92, 97, 100, 112; *10, 31, 32*
Burlington, Charles 89
Burnet, Thomas 129
Butcher, Edmund 131
Buttlar, Adrian von 194
Byron, George Gordon, Lord 144

Campbell, Colen 15, 22, 39, 43, 71, 178
Carlisle, Charles Howard, 3. Earl of 27–32, 37
Caroline, Kgin. v. England 40; *9*
Carpenter, Andrew 15
Cassilis, Thomas Kennedy, 9. Earl of 131
Cassilis, 10. Earl of 131
Castell, Robert 24, 26, 98; *16*
Cavendish, Familie 89
Cavendish, William 85
Chambers, William 78, 85, 92, 100, 130, 158, 161, 173, 185; *171, 172*
Chambre, Francis 137
Chatelain, Jean-Baptiste-Claude *37, 49, 51*
Cheere, John 116
Chesterfield, Lord 58
Churchill, John s. Marlborough
Chute, John 110
Clarke, Samuel 17, 18
»Clary«, Gärtner in Rousham 64, 67, 68, 70, 71
Cleveland, Anne, Duchess of 100
Cobham, Richard Temple, 1. Viscount 32, 41, 53, 54, 56, 57, 58, 61, 81; *49, 51*
Cockerell, Charles 162, 168; *179*
Cockerell, Charles Robert 168
Cockerell, John 162
Cockerell, Samuel Pepys 162, 170
Coleridge, Samuel Taylor 162
Collins, William 130
Congreve, William 27, 54
Constable, John 85, 181, 184; *203*
Cook, James 138
Cooper, Antony Ashley s. Shaftesbury
Coventry, Lord s. Deerhurst
Cozens, Alexander 144
Cozens, John Robert 181
Cromwell, Oliver 56

Dall, Nicholas 158; *169, 170*
Daniell, Thomas 162, 168, 170
Daniell, William 162, 168, 170; *175*
Decker, Paul 122
Deerhurst, Lord (später Lord Coventry) 81
Defoe, Daniel 45, 54
Delaney, Mary 153; *162*
Dennis, John 129
Descartes, René 17
Devonshire, 4. Earl of und 1. Duke of 85, 89
Devonshire, 2. Duke of 89
Devonshire, 3. Duke of 89
Devonshire, 4. Duke of 89
Devonshire, 6. Duke of 89
Dodsley, Robert 101, 104; *98*
Dolman, Mary 104
Donowell, John 38
Dormer, James, General 61, 62, 67
Dormer, Robert 61
Dormer, Robert, Colonel 61, 62, 67
Drake, Francis 58
Dryden, John 62
Dughet, Gaspard 75, 129
Duncombe III, Thomas 178
Dungarvon, Lord 75
Dyer, John 130

Edward III., Kg. v. England 42
Edward, Prince of Wales 41, 58
Egremont, Charles Wyndham, 2. Lord 81
Egremont, 3. Earl of 85, 181
Elizabeth I., Kgin. v. England 56
Essex, James 178; *1, 199*

Falda, Giovanni Battista 32
Flitcroft, Henry 41, 71, 74, 75, 78; *74, 76*
Fox Henry 110, 112
Frederick, Prince of Wales 39, 41, 58, 105, 110, 130, 151

Gainsborough, Thomas 180, 181, 184; *204*
Garrett, David *23*
Gay, John 62
George I., Kg. v. England 54, 56
George II., Kg. v. England 41, 42, 56
George III., Kg. v. England 75, 78, 174, 185
George, Prince of Wales (George IV.) 161, 162, 170, 171
Gerard, Alexander 98
Giambologna 70, 116
Gibbon, Edward 188
Gibbon, Michael 56
Gibbs, James 32, 43, 56, 61, 81; *57, 58*
Gilpin, William 97, 110, 121, 131, 173, 174, 178, 180, 181, 185
Girardin, René-Louis, Marquis de 185
Girtin, Thomas 181
Goldsmith, Oliver 173
Gravelot *9*
Graves, Richard 101, 104, 106
Gray, Thomas 98, 100, 101, 104, 129, 130, 178
Grenville, George 81
Grenville, Lord 161
Grenville, Richard, Lord Temple 58, 61, 81
Gresham, Thomas 58
Griffith, Moses 153
Grillet, Monsieur 89
Grimm, Samuel Henry 153; *164*
Guelfi, Giovanni Battista 39
Guilford, Francis North, 1. Baron 151
Guilford, 2. Baron 151
Guilford, 3. Baron 151, 153

Halfpenny, William 178
Hamilton, Charles 78, 85, 110, 112, 114, 115, 116, 120; *121*
Hamilton, Lady 144
Hampden, John 56
Harcourt, Simon 174
Harcourt, 1. Earl of 174
Harcourt, 2. Earl of 174, 176
Hardwick, Bess of 85
Harford, John S. 188; *209*
Hartmann, Günter 70
Hastings, Warren 162; *175*
Hawksmoor, Nicholas 22, 27, 32, 57, 92; *25*
Hayes, John 181
Hearne, Thomas 181; *139, 140*
Heely, Joseph 104, 131
Henry II., Kg. v. England 92, 127
Herring, Thomas 129
Hill, Noel s. Berwick
Hill, Rowland, 1. Baronet 137, 142
Hill, Richard, 2. Baronet 137, 138, 142
Hoare I., Henry 71
Hoare II., Henry 71, 74, 75, 78, 79, 85, 112, 114; *69*
Hoare, Richard 75
Hoare, Richard Colt 78, 181
Hoare, William 78
Hobbes, Thomas 16
Hodges, William 162
Hogarth, William 38, 70; *32*
Holland, Henry 161, 170
Holroyd, John Baker s. Sheffield, Earl of
Horne, Edward *100*
Howard, Charles s. Carlisle, 3. Earl of
Howard, Lord William 32
Huber, Wolf *9*
Huet, Nicolas 89; *84*
Hunt, John Dixon 37, 38, 97
Hussey, Christopher 9, 67
Hutcheson, Francis 98

Jago, Richard 130
James, John 10

Jenkins, D. *99*
Jervas, Charles 35
Johnes, Thomas 188
Johnson, Dr. Samuel 101
Jolland, Reverend 161
Jones, Inigo 38, 58, 71
Jones, Thomas 98, 181
Jonson, Ben 62
Jukes, Francis *201*
Juvarra, Filippo 38, 41

Kaiser, Wolfgang 32
Kames, Henry Home, Lord 131, 185, 188
Keene, Henry 120, 178
Kelsall, Malcolm 79
Kennedy, Thomas s. Cassilis, 9. Earl of
Kennedy, Thomas 131
Kent, William 17, 22, 24, 33, 37–51, 54, 56, 57, 61, 62, 67, 68, 70, 74, 78, 81, 89, 100, 114, 122, 129, 178, 185; *9, 11, 12, 29, 32–35, 38, 42, 44, 46, 52–54, 62–64*
Kip, Johannes *84*
Kneller, Godfrey 27
Knight, Richard Payne 134, 180, 184, 185, 188, 194; *137*
Knyff, Leonard *84*

Lane, Joseph 118, 149
Lane, Josiah 95, 118, 149
Langley, Batty 26, 39, 116, 178; *17*
Le Blond, Jean-Baptiste-Alexandre 15
Le Keux, Henry *218*
Le Nôtre, André 10, 54
Leadbetter, Stiff 174
Leoni, Giacomo 22, 24, 67
Lincoln, Lord 112
Litchfield, Lord 100
Locke, John 9, 16, 17, 18, 19, 56, 129, 174
London, George 27, 82, 89; *20*
Loraine, William 81
Lorrain, Claude 35, 75, 78, 127, 131, 180, 181
Loudon, John Claudius 134, 194
Louthenbourg, Philip de 144
Love, William 81
Lovejoy, Arthur O. 16
Luxborough, Henrietta Knight, Lady 104, 105
Lyttelton, Familie 105
Lyttelton, George, 1. Baron 58, 97, 105, 106, 107, 110, 112, 120, 122, 131, 158
Lyttelton, Lady (Elizabeth Rich) 107, 110
Lyttelton, Thomas, 2. Baron 110, 120
Lyttelton, Thomas, 4. Baronet 105

Mack, Maynard 33
Mackenzie, Frederick *218*
Mallet, David 129, 130
Mandeville, Bernard 15
Mannskirch, Franz Joseph *173*
Marchmont, Lord 58
Marlborough, John Churchill, 1. Duke of 54, 92; *89*
Marlborough, Sarah, 1. Duchess 10, 92
Marlborough, 4. Duke of 92
Marlborough, 9. Duke of 92
Marshall, William 101
Martin, John 98, 162, 168, 170; *177, 183, 184*
Mason, William 95, 173, 174, 176, 185
Middleton, Familie 142
Miller, Hugh 101
Miller, Philip 100, 114
Miller, Sanderson 81, 105, 110, 153, 178; *102, 107, 110*
Milton, John 56, 71, 79, 98, 106, 110, 131, 174
Monck, Charles 142, 144; *152–154*
Monro, Thomas 181
Montagu, Lady Elizabeth 120, 131
More, Henry 129
Morris, Robert 23
Morris, Roger 15, 61
Morris, Thomas *174*
Morris, Valentine 131
Mowbray, Roger de 127
Müntz, Heinrich 158

Nash, John 171, 178, 180, 188; *188, 209*
Nelson, Horatio, Admiral 191
Nelson, William 191
Newcastle, Thomas Pelham-Holles, Earl of Clare, Duke of 45, 50, 112

Newdigate, Roger 178
Newton, Isaac 17, 18, 56, 129
Nikolaus Cusanus 129
Nixon, Robert Peake 161
Norfolk, Duke of 100
North, Francis s. Guilford, 1. Baron
Northumberland, Earls of 82, 178
Northumberland, 9. Earl of 82
Nost, Jan van 70

Osborne, John 162

Paine, James 89, 95, 178; *85, 88*
Palladio, Andrea di Pietro, genannt 22, 32, 39, 40, 43, 71, 118
Palmerston, 2. Viscount 85
Parnell, James 101, 110
Parr, Nathaniel *30*
Paxton, Joseph 89
Peacocke, William 185
Pelham-Holles s. Newcastle, Duke of
Pelham, Henry 50, 112
Pembroke, 9. Earl of 61
Perceval, Lord 54
Percy, Familie s. Northumberland, Earls of
Percy, Thomas 178
Petre, 2. Lord 100, 114
Pine, John *35*
Piranesi, Giovanni Battista 144, 158
Pitt, John 110; *106*
Pitt, Thomas 107; *104*
Pitt der Ältere, William 58, 104, 105, 106
Pococke, Dr. Richard 98, 107, 110, 120, 180
Polo, Marco 149
Pope, Alexander 9, 17, 22, 23, 24, 32, 33, 38, 39, 41, 43, 54, 58, 62, 64, 68, 74, 81, 97, 98, 105, 106, 110, 114, 130; *27–30, 32*
Porden, William 170, 171, 181
Pouncy, Benjamin Thomas *100, 140*
Poussin, Nicolas 35, 71, 75, 85, 104, 131, 158, 181
Pratt, Roger 53
Price, Robert 180
Price, Uvedale 144, 180, 181, 184, 185, 188, 194; *204*
Price, Uvedale Tomkins 180
Pride, Thomas 90
Prosser, George Frederick *117*
Pückler-Muskau, Hermann Ludwig Heinrich, Fürst 137, 138, 161

Raleigh, Walter 58
Repton, George Stanley 188
Repton, Humphry 134, 137, 144, 161, 162, 168, 171, 180, 184–194; *174, 187, 189, 205, 206, 212, 214, 219, 220, 222*
Repton, John Adey 188, 194
Revett, Nicolas 110
Reynolds, Joshua 162, 181

Rich, Elizabeth s. Lyttelton, Lady
Richardson, Jonathan 38
Robinson, Thomas 37
Rocque, John 45; *39, 40, 42*
Rosa, Salvator 79, 104, 127, 129, 181
Rousseau, Jean-Jacques 174
Rubens, Peter Paul 95
Rutter, John 149; *155, 156*
Ruysdael, Salomon van 181
Rysbrack, Michael 56, 71
Rysbrack, Pieter Andreas *30, 37*

Sandby, Thomas 142; *151*
Sandby, Paul 98, 142; *85, 191, 196, 197*
Saxon, Samuel 188
Scheemakers, Peter 58, 67, 158; *64*
Schutz, H. *173*
Sckell *119*
Serle, John *27, 28*
Seymour, Charles s. Somerset, 6. Duke of
Shaftesbury, Antony Ashley Cooper, 3. Earl of 16, 22, 37, 129
Shakespeare, William 56, 70
Sheffield, John Baker Holdroyd, 1. Earl of 188; *205*
Shelbourne, 1. Earl of 85
Shenstone, William 100, 101, 104, 105, 110, 130, 131; *98, 99*
Sicca, Cinzia Maria 45
Slater-Rebow, Francis 181
Smith, J. *102*
Smith, Thomas 104; *101, 200*
Somerset, Charles Seymour, 6. Duke of 82, 92
Southcote, Philip 50, 56, 98, 100, 112, 114, 115; *97*
Southcote, Thomas 98
Spence, Joseph 32, 35, 39, 98, 100, 110, 112, 114
Stamford, Earl of 104, 131
Steele, Richard 27
Stillingfleet, Benjamin 180
Stourton, Familie 71
Streatfield, Thomas *104*
Street, George Edmund 106
Stroud, Dorothy 85
Stuart, James »Athenian« 110, 158, 174; *109, 168, 191, 192*
Sullivan, Luke *97*
Sunderland, Earl of 10
Swift, Jonathan 54, 58, 62
Switzer, Stephen 9, 22, 23, 24, 37, 97, 98, 100, 105

Talman, John 37, 40; *84*
Talman, William 27, 37, 89
Temple, Richard, Viscount Cobham 105, 106
Temple, Lord s. Grenville, Richard
Temple, William 26
Thomson, James 97, 105, 106, 129, 181
Thornhill, James 38, 39
Tinney, John *35*
Tonson, Jacob 27

Townesend, William 22
Tribolo, Niccolo 15
Turner, William 85, 127, 149, 181; *81, 91, 124, 157, 158, 161*
Tyrrell, Colonel James 22, 61
Tyrrell, James 19–22

Upcher, Abbot 191

Vanbrugh, John 10, 27, 32, 45, 50, 54, 56, 62, 71, 82, 89, 92, 131; *8, 19, 21, 24, 35, 41, 43, 51*
Vardy, John 10
Vieri, de 64
Vivares, Francis *69, 70, 95, 102, 200*
Voltaire, Jean-Marie Arouet, genannt 75

Walker, Anthony *4, 5*
Waller, Edmund 10, 62
Waller, Harry 10
Walpole, Horace 24, 50, 51, 61, 62, 67, 71, 92, 98, 100, 101, 110, 116, 118, 129, 149, 153; *46*
Walpole, Robert 16, 41, 42, 51, 58, 105, 106, 144, 180; *52*
Ware, Isaac 81
Warner, Richard 122
Warton, Joseph 97, 98, 130
Watkins, William 92
Watteau, Antoine 50, 181
Watts, William *85, 196, 197*
West, Gilbert 54, 56, 58
West, Molly 105, 107
Westmoreland, Lord 58
Whately, Thomas 38, 56, 61, 100, 118, 185
White, William 62; *61*
Wilhelm von Oranien s. William III., Kg. v. England
Wilkins sen., William 188
William III., Kg. v. England 24, 53, 56, 88
Wilson, Richard 81, 105, 181; *202*
Wise, Henry 81, 89
Wollaston, William 17, 18
Wood, Robert 78
Woodbridge, Kenneth 78, 79
Woods, Richard 95
Wollett, William *36, 38, 116*
Wootton, John 71
Wren, Christopher 71
Wright, Thomas 153, 158
Wyatt, Digby 194
Wyatt, James 149, 158, 171, 180, 188, 194; *205, 218*
Wyattville, Jeffrey 89, 194; *218, 221*
Wyndham, Charles s. Egremont., 2. Lord
Wyndham, William 82, 180

Yalden, Thomas 130
Young, Arthur 115, 118, 131

Zinzendorf, Nikolaus Graf von 106

## Abbildungsnachweis

Die Aufnahmen für den vorliegenden Band stammen, wenn in den Bildunterschriften nicht anders vermerkt, von Joachim Wilke. Die modernen Pläne und die Übersichtskarte wurden von Valentin Hammerschmidt gezeichnet. Autoren und Verlag danken allen Museen, Bibliotheken, Institutionen und Privatleuten, die das zusätzliche Abbildungsmaterial zur Verfügung gestellt haben.